陳之邁

學而優則仕的誘惑與代價

江勇振　著

記念　麗豊

研究・奉獻・包容

前言

一個學者會研究什麼樣的題目，一個作家會寫什麼樣的書，並不是偶然的。個性、性情、興趣、好惡心——不管是對人、對事、或是對題——都是決定性的因素。只是，我越來越相信這其實都是因緣注定的。即使不是因緣注定，常常也是有前因後果可尋的。有趣的是，如果我們細數前因後果，到頭來不也就等於說是因緣注定的嗎？

以我個人的經驗來說，我留美以後所寫的每一本書不但都是因緣注定的，而且都跟我後來所撰寫的書環環相扣，有前因後果的關係的。這也就是說，我所撰寫的每一本書，彷佛是在冥冥中注定一樣，總是為接下去所撰寫的書種下前因。於是，我所接下去寫的一本書就變成了前一本書的後果了。

我的每一本書不但都是因緣注定的，而且每一本都是環環相扣，具有前因後果的關係。這種奇妙的經驗是從我寫博士論文的時候就開始的。這需要稍加解釋，否則好像在故弄玄虛。

我哈佛大學的博士論文寫的是二十世紀初年中國社會科學的發展，我所選擇的個案是燕京大學的社會系以及南開大學的經濟研究所。我所描述分析的，是這兩個二十世紀初年中國社會科學的重鎮，在美國洛克斐勒基金會資助之下崛起的歷程。我的博士論文改寫、擴充以後，又加入了洛克斐勒基金會在不知情的情況之下所資助的陳翰笙——共產國際成員——的農村經濟研究團隊。那本書的題目是：《社會工程與中國社會科學，1919-1949》（*Social Engineering and the Social Sciences in China, 1919-1949*），是二〇〇一年由劍橋大學出版社出版的。

雖然我寫博士論文已經是四十年前的事了，但我到今天仍然清楚地記得是什麼前因讓我選擇了那個題目。我在師大讀歷史系的時候，常常喜歡去逛位於牯嶺街的舊書攤。有一天，我在那裡買到了作者為「費通」的《鄉土中國》與《鄉土重建》。我已經不記得我當時是否知道「費通」就是「費孝通」。那是書商在白色恐怖時代，為了迴避警備總司令部的審查以及取締禁書而不得不用的障眼法。

多年以後，等我到了哈佛大學唸研究所，到了選擇論文題目的時候，費孝通那兩本我在大學時代就讓我擊節歎賞的書，就躍然眼前了。可是，當時剛好有一本用英文寫的費孝通傳出版，我因此把題目擴大為燕京大學的社會系。由於燕京是教會大學，我很早就知道我必須到耶魯大學神學院的檔案館去找從前教會大學保存在那裡的檔案。從耶魯大學神學院的檔案，我接著到了洛克斐勒基金會位於紐約市北郊的檔案館。在洛克斐勒基金會的檔案館，我發現洛克斐勒基金會當時不只是資助燕京大學，而且還資助了南開大學的經濟研究所，資料非常豐富。這個到檔案館尋寶的開始，後來會引導我繼續到哥倫比亞大學、史丹佛大學、加州柏克萊大學的檔案館去找資料。我完全沒有預想到我大學時代在舊書攤偶遇「費通」所著的那兩本禁書的前因，居然種下了我在十多年以後寫《社會工程與中國社會科學，1919-1949》的後果。

自從我寫博士論文開始，我愛上了去美國檔案館尋寶的經驗。美國檔案館的工作人員待人接物都極為得體，而且非常專業。我非常喜歡他們訓練有素、井然有序的作業程序，也喜歡觀察那些去作研究的人。看著每一個人認真、嚴肅、專注地在看資料，分秒必爭，一直看到關門的時刻。那真是一幅最讓人動容的學術共和國的圖景。

如果我博士論文選題的前因是大學時代所讀到的《鄉土中國》與《鄉土重建》，則寫論文以及成書過程中去檔案館尋寶的樂趣之果，又接著變成了我後來研究胡適的前因了。

在我一生所研究的人物裡，我用力最深、歷時最久的是胡適。有意味的是，我會研究胡適並不是因為我最景仰他的為人、最信服他的思想、或是最私淑他的學術，而是因為他是近代中國人裡留下最豐富的檔案資料的人。一九九〇年代初期，「胡適檔案」開放，我在美國知道了消息，興奮莫名，立即申請了一筆經費趕到北京。沒想到在我到了以後，才發現所謂的開放是有名無實的。在一開始的時候，我叩門而不得入。後來在經高人指點以後，進了門卻以我已經看得夠多了為理由拒絕讓我再看。這也就是說，在我人都已經進到了「胡適檔案」的門庭以後，卻愕然地收到謝客令而被請出。

出乎我意料之外的，「胡適檔案」在二〇〇二年以後突然間對我開放了，可惜就是不讓我複印，只能手抄。胡適所留下來的檔案，中文材料有兩千卷，英文材料五百卷。面對這麼浩瀚龐大的檔案資料，就是抄一輩子也不可能抄完。我在當下就作了先看英文檔案的決定。理由是：第一，我的直覺告訴我英文檔案裡可能有胡適在中文檔案裡不說、或者沒說的資料；第二，比較起來，五百卷的英文檔案總比兩千卷的中文檔案有看完的一天。當然，即使是五百卷也是太多。我的作法是先看目錄，然後從中選擇比較有名、可能有用、有趣、甚至是可疑的卷宗看起。很快地，我就發現了許多情書，多到了我覺得可以寫成一本書的地步。這就是我寫《星星‧月亮‧太陽——胡適的情感世界》的緣起。

在寫完了《星星‧月亮‧太陽——胡適的情感世界》以後，我對使用「胡適檔案」已經摸到了訣竅，可以說是到了可以駕輕就熟的地步。於是我的《舍我其誰：胡適》四部曲，就得以順暢地從二〇一一年到二〇一八年陸續出版，歷時七年。

結果，《舍我其誰：胡適》又成為我後來寫《蔣廷黻：從史學家到聯合國席次保衛戰的外交官》的前因。這是因為我寫到《舍我其誰：胡適，第四部：國師策士》的時候，發現胡適在一九四六年回到中國以後的日記已經沒有什麼史料的價值了。他一九四九年以後的日記，特別是關鍵的一九四九年，更幾乎是一無用處。要知道胡適一九四九年以後在美國的所作所為，就必須依賴英文裡的資料。而在一九四九、五〇年間，最有價值、最能告訴我們胡適所思所為的資料，是蔣廷黻的英文日記。

有意味的是，《舍我其誰：胡適》會在後來變成我寫《蔣廷黻：從史學家到聯合國席次保衛戰的外交官》的前因，這個因緣我自己在當時居然一點都沒有意識到。我在寫完《舍我其誰：胡適》四部曲的時候，還曾經有一點不知道自己下一步要做什麼的失落感。

一直到二〇一九年春夏之交，我才突然間領悟到蔣廷黻那二十二年的英文日記是一個研究他的寶藏。蔣廷戳的英文日記、他在哥倫比亞大學所作的口述史，再加上廣西師範大學出版社所出版的哈佛燕京圖書館典藏的蔣廷黻的資料，這豈不是像「胡適檔案」一樣的第二個史料的寶藏嗎？主意既定，我就在二〇一九年夏天開始搜集資料。於是，二〇二一年出版的《蔣廷黻：從史學家到聯合國席次保衛戰的外交官》就成為我的《舍我其誰：胡適》四部曲的後果了。

從某個角度來說，我在二〇二二年出版的《楚材晉育：中國留美學生，**1872-1931**》既是《舍我其誰：胡適》四部曲的前因，也是那四部曲的後果。這是因為我開始想要研究二十世紀初年中國留美學生的歷史是跟胡適連在一起的。這其中的道理顯而易見。胡適是留美學生，要了解胡適就必須先了解那個年代中國的留美學生。再加以我在一九九〇年代初既然看不成「胡適檔案」，就只好退而求其次，先研究胡適身在其中的留美學生歷史的大脈絡。

然而，就在我寫留美學生漸入佳境的時候，「胡適檔案」卻突然間對我開放了。意外、但驚喜的我於是立刻把留美學生的研究放在一旁。沒想到這一束之高閣，居然就幾乎二十年，一直到我完成了我的胡適系列以及蔣廷黻一書以後，才再重拾起來。因此《楚材晉育》不只是與我的胡適系列環環相扣、具有前因後果的關係。由於蔣廷黻也是留美學生，《楚材晉育》跟我的蔣廷黻傳也同樣是具有既是前因也是後果的關係的。

我真正產生恐慌之心，覺得我沒書可寫了，是在我寫完了《楚材晉育》以後。從胡適、蔣廷黻、到留美學生，我已經用盡了我手頭那似乎取之不盡、用之不竭的史料的精華。再加以新冠疫情全球肆虐，蝸居在家的我像一個無米可炊的巧婦一樣，無法到圖書館、檔案館去找新資料來寫書。這就是我在走投無路之餘，用揉合了傳記、回憶錄、小說、紀實文學的寫法所寫的《留美半生緣》。

《留美半生緣》的主軸雖然是錢新祖以及他與余英時在二十年間在學術上的交鋒，但我其實是把自己投射在錢新祖身上。換句話說，《留美半生緣》是以錢新祖為名，寫我自己留美——從「留學美國」到「留在美國」——的經歷。誠然，《留美半生緣》裡有林可慧這個虛構的角色，但虛構的成分不到全書的百分之九。全書百分之九十以上的篇幅寫的都是事實。

《留美半生緣》是唯一一本跟我留美以後所寫的書沒有直接的環環相扣的前因後果關係的書。然而，如果我把它放在我留美以後寫書的心路歷程的脈絡之下來看，則《留美半生緣》是我在美國留學、教學、研究生涯的總結晶。換句話說，沒有我在美國四十年的經歷，我是不可能寫出《留美半生緣》那樣一本書的。或者說，如果寫出來，也一定迥異於後來呈現在讀者之前的書。我在《舍我其誰：胡適》裡說留美讓胡適脫胎換骨。這句話對我而言，何嘗不也是？

我說我寫《留美半生緣》是走投無路，絕對不是言過其實。最好的佐證就是從前的我絕對不會想寫、可是現在卻呈現在讀者之前的這本《陳之邁：學而優則仕的誘惑與代價》。

從前的我對陳之邁是絕對不會有興趣的。留美學生裡為蔣介石及其政權服務的人所在多有。陳之邁特別的地方，是在他學而優則仕以後甘願成為國民黨的黨工。作為一個留美研究憲法的政治學者，他可以違背憲法的體制，在一九四九年李宗仁代理總統的時候，成為一個「六人幫」的成員，在美國為已經辭職、不是領袖、什麼官銜也沒有——用他自己的話來說「下野」——的蔣介石作工作。他對蔣介石的愚忠至死不渝。一九七五年四月五日蔣介石死去，他在羅馬的電視上看到消息，「當即抱頭痛哭」。他說蔣介石之死「是一個階段之結束，但他的睿智早有安排，多麼偉大！」他早已有的「睿智」、「偉大」的安排，就是安排蔣經國作為他的接班人。他如喪考妣地說：「我想走了，回台北渡晚年。蔣公死了，我已無效忠具體對象。」美國雜誌批評蔣介石的接班人，他忿忿然在日記裡反詰：「*Newsweek*〔《新聞週刊》〕說蔣經國「personality cult」〔搞個人崇拜〕。誠然如此，有何不可？」

然而，走投無路的我，居然連陳之邁都願意研究了。在我開始寫《留美半生緣》之前，我寫了一封信給中央研究院近代史研究所的檔案館，詢問是否有遠距使用陳之邁檔案的可能性。我所得到的回覆是寫信以前就已經預期到的：因為陳之邁的檔案屬於個人檔案，只能到檔案館調閱。

事實上，我早在二〇一四年就知道中研院近史所有陳之邁的檔案。只是，對當時的我而言，陳之邁的檔案只有工具性的價值。我只是想要用他的資料來作我的胡適研究。從這個角度來說，我這本《陳之邁：學而優則仕的誘惑與代價》居然跟我所寫的《舍我其誰：胡適》四部曲具有前因後果的相連關係。

然而，我在二〇一四年想要看近史所所藏的陳之邁的檔案並不是很順利的。當時的所長以「牽涉到國家安全」為理由，拒絕讓我看。這相當匪夷所思。在解嚴都已經過了二十七年以後，一個學術機構的負責人居然還會有所謂的「牽涉到國家安全」這種威權時代的觀念！更令人不齒的是，我知道該所長其實已經讓一些人去看過了陳之邁的檔案。這是去看過的人親口告訴我的。一個任職全國最高學術機構的主管，可以把理應為天下公器的學術資料私相授受，這是新儒林外史。

在吃了閉門羹以後，我乾脆自己直接去檔案館交涉。檔案館櫃台的一位小姐告訴我說檔案還在整理，不開放。我問她什麼時候可以整理好，她說不知道。我問說我能不能見檔案館館長。她說館長在開會。我問她什麼時候會開完會，她答說不知。

我後來自己登門去拜見當時檔案館的館長。由於他不清楚陳之邁的檔案，於是就當下打電話到檔案館去問。在了解了陳之邁家屬捐贈檔案並沒有附加任何限制以後，他讓我去看了檔案。只是，當我看了目錄知道還有日記，希望也能看的時候，他就拒絕了。他拒絕的理由是日記有隱私，請我不要強求。我於是只好放棄了。

一年以後，二〇一五年，一切改觀，不但近史所有了新的所長，檔案館也有了一位新的館長。在新館長鼎力的支持之下，他徵得了新所長的同意，以由我協助檢閱檔案內容是否適合開放為理由，對我完全開放陳之邁的檔案。

遺憾的是，等我開始完整地看陳之邁的檔案以後，發現其家屬捐贈給近史所檔案館的檔案裡根本就沒有他一生當中最為重要的階段的日記，亦即，他作為黨工——特別是在美國的十一年——時期的日記。我後來跟從前經手陳之邁檔案的一位小姐連絡上。她告訴我說陳之邁的檔案是在二〇〇四年進館的。進館的時候，就沒有陳之邁駐美時期的日記。從二〇一五年算回去，已經過了十一年的時間了，要去詢問闕漏的日記何在，不但不知從何問起，而且也為時已晚。

遺憾之餘，我覺得最為諷刺的是，所謂的「牽涉到國家安全」、個人隱私云云，根本就是杞人憂天。陳之邁家屬贈送給近史所的檔案，已經先行經過篩選，根本就沒有多少秘密的東西可言了。

《留美半生緣》出版以後，我一直以為那就是我這一生最後的一本書了。

我有一位多年前就已經退休的同事。他在退休以前終於出了他一生當中唯一的一本書。在新書出版慶祝會以後，他微笑地告訴我說那也會是他一生最後的一本書，因為他「肚子裡已經沒有那把火了。」他說那一句話時「余願已足」的笑臉，我到現在還記得清清楚楚。

我想我肚子裡就是還有那把火。

問題是，光有那把火是不夠的。除了火以外，還必須要有能燒的柴。我想來想去，我目前知道還足夠能寫成一本書的，就只有陳之邁的檔案了。陳之邁家屬捐贈給中研院近史所的檔案相當龐大，有七七一冊之多。而且，就跟許多近代中國人的作法一樣，英文的檔案遠比中文的檔案豐富、精采多多了。

於是，我居然就著手研究從前的我絕對連想都不會去想的黨工陳之邁了。

二〇二三年十月一日，在疫情阻絕我們回台之路將近四年以後，我們終於再度回到了台北。在台北四個星期的時間裡，我就像著魔一樣，只要檔案館開門，只要我找得到時間，就去近史所的檔案館看陳之邁的檔案。我很感謝檔案館工作人員的鼎力協助，甚至暫停他們已經開始進行掃描工作的卷宗調出來給我看。

有意味的是，在回到美國撰寫的過程中，我開始轉變了我寫這本書的心情。我不再覺得我寫這本書是因為沒有其它資料可用，不得已而為之的排斥之心。套用陳之邁常常喜歡在說完了故事以後，用故事的寓意（moral）來作總結的作法，我開始覺得我寫陳之邁的故事也是有其寓意的。

相對於胡適、蔣廷黻那種千萬人中才有一個的人才，陳之邁是作為凡人的我們比較可能望其項背的。換句話說，胡適、蔣廷黻是特例，即使我們有「舜何人也？予何人也？有為者亦若是」的見賢思齊之心，我們是沒有天生的才具妄想師法他們的。然而，陳之邁則是一個可能仿效的對象。這就是我說我這本陳之邁傳可能有其寓意的意思。

陳之邁是可以成為一個傑出的政治學者的。然而，對他而言，學而優則仕是一個無可抗拒的誘惑。他學成歸國以後，只在清華大學教了四年的書，就學而優則仕去了。從某個角度來說，他是予不得已也，因為求取功名、做官是他曾祖二代未竟的祖業。他曾經出任過檀香山領事的父親的遺志是能再度外放並作為公使。陳之邁在學而優則仕以後，在美國擔任參事十一年，其間有六年兼公使銜。其後二十三年間，他歷任駐菲律賓、澳大利亞、紐西蘭、日本、教廷、馬爾他大使。從這個意義來說，他不但完成了他們家求取功名、入朝為官未竟的祖業，而且他超越了他父親希望能外放成為公使的遺志。

這二十三年的大使生涯是一種酬庸，酬庸他作為只問目的、不擇手段的黨工的十八年，特別是他在美國作宣傳、遊說工作的十一年。換句話說，這二十三年榮華富貴的大使生涯，是他用作為黨工為代價所換取來的。

諷刺的是，在這二十三年榮華富貴的大使生涯走向尾聲的時候，他卻滋生了他是否虛擲了一生的悔恨之心。他在日記裡以「放逐異域三十年」自況。他質疑自己「轉任外交卅年，打了廿五年保衛戰」，防止駐在國承認中共、或支持中共進入聯合國，他自問：「這算是外交嗎？」在慨嘆他「忙了一輩子」為國民黨作嫁反共，「而外交陷於孤立，所謂〔為〕何來？」之餘，最讓他悔恨的是：「寫了一生竟無一件傳世之作。」

陳之邁的故事的寓意就是：學而優則仕的誘惑可以是一種浮士德的交易，是以出賣自己的靈魂作為代價去換取榮華富貴。只是，榮華富貴猶如過眼雲煙。莫等走到人生盡頭的時候，才悔恨那誘惑的果實不值得付出自己的靈魂的代價。

也正由於陳之邁二十三年榮華富貴的大使生涯，是他出賣了自己的靈魂作為黨工為代價所換取來的，我這本書就寫到一九五五年他成為駐菲律賓大使的時候。雖然一九五五年他成為駐菲律賓大使的時候他才四十七歲，但他酬庸式的榮華富貴的餘生已經沒有太大研究的價值了。因此，這本陳之邁傳就只寫他從出生、成長、留學、歸國成為清華大學教授、亟亟學而優則仕、乃至於跟國民黨從事浮士德的交易的來龍去脈。

在寫完了《陳之邁：學而優則仕的誘惑與代價》以後，我仍然很遺憾看不到陳之邁重慶以及美國時期的日記。他重慶時期的日記，在他在羅馬的時候，顯然還是在他身邊的。他一九七五年八月十六日日記：

> 重看重慶時日記。擬編一個見蔣公之全表以為紀念。這就重看歷年日記。此表不擬發表，留一紀念而已。蔣公逝後，許多人寫文章頌揚，也有寫〈召見記〉的，均無精彩之處。余不擬湊此熱鬧也。[1]

有關使美為黨工時期的日記，從他晚年在準備寫回憶錄時所留下來的資料來看，那些日記也是在他的身邊的。他在「我的日記」裡記：

> 我在行政院做參事，地位固絕不高，但相當的衝要，尤其在列席行政院會議，席上看到了不少東西……一九四四到美後，記日記成了習慣……到今天也有八大本了。一年一本（其後漸多，一年兩本三本不等）。[2]

遺憾的是，由於陳之邁這八大本美國日記並沒有捐贈給近史所的檔案館，即使當時還留在陳之邁過世以後移居到澳大利亞的**Lilyan**的身邊，現在又過了這麼多年，恐已不存。

---

1 1975年8月16日，「陳之邁檔案：1975年日記卷（062-01-01-012）」。

2 「我的日記」，「陳之邁檔案：回憶錄資料匯集卷（062-01-08-091）」。

然而，遺憾歸遺憾，這就是歷史研究的實際。世界上不會有完整的史料。而且，即使有完整的史料，也不可能讓人完整地使用。就正因為史料不可能完整，使用的人也不可能全盤地使用，所以歷史研究永遠是不完整的。以為歷史會有「真相」，那是十九世紀末的實證主義的夢想。「真相」永遠只是透過文字所作的表現或再現。這種透過文字所作的表現與再現所得的所謂的「真相」，雖然不致於到言人人殊的地步，但永遠不可能是異口同聲或定於一尊的。我說「真相」永遠只是透過文字所作的表現或再現。這並不意味著墮入那所謂的虛無的相對主義。其所意味的，是在眾聲喧嘩的學術研究裡鬥智與爭勝，從而希冀能達成智者所見略同的共識。學術研究的樂趣在此，學術研究之所以能夠推陳出新也正在於此。

目次

003 前言
017 第一章 求學
018 求取功名、做官的祖業
026 從匯文、私塾、到清華學堂
034 俄亥俄州立大學、哥倫比亞大學
048 博士論文
063 第二章 取道歐洲、經三大洋返國
065 倫敦訪學
071 左派知識份子鬼影幢幢的「倫敦經濟學院」
084 巴黎的名勝古蹟
088 曼斯小鎮豔遇，納粹暴政必亡
092 漢堡到上海五十八天

099 第三章 建言獻策待拔擢
101 清華教授
107 「四不像」的憲法與政制
115 行政權至上的理念
121 他山之石
130 制憲最低限度的條件

141 第四章 從行政權至上到一黨專政
143 「民主之所以異於專制、獨裁者幾希！」
154 「黨外無黨、黨內有派」
167 五權憲法閹割了一黨專政的效率

175 第五章 翹首待拔擢的煎熬
176 留學優則仕幾成真
180 沒趕上《獨立》的入京列車
182 表忠露骨、阿諛無底
188 阿諛與批判之間的矛盾與游移
196 中國特色的民主政治

207 第六章　學而優則仕夙願以償
208 政治學者最後的身影
218 學者變黨工
223 國家至上
233 「四不像」的憲法與政制的偉大

249 第七章　黨工使美記：酸甜苦辣十一年
251 初生之犢
257 策略：戮力民主的國民黨對比獨裁的共產黨的散兵游勇
277 挫折：聽者藐藐
286 懺悔：必須要走民主、自由經濟的路
304 兩次面臨降黜、流放「化外」的危機
322 麥卡錫之友

331 第八章　女人緣．美嬌娘．第二春
334 「閱女多矣」的他、經歷過「生死戀」的她
348 恩愛夫妻
376 續絃

398 結論

第一章　求學

在中國近現代學而優則仕的人物裡，陳之邁所留下來的傳記資料雖然比不上胡適，但與蔣廷黻相比絕不會遜色。他們之間唯一的不同，是蔣廷黻除了有他在哥倫比亞大學所作的《口述自傳》——雖然就偏偏不對他最重要的美國時期作口述的回憶——而且留下了二十二年完整的英文日記。而陳之邁重慶時期以及最重要的美國時期的日記都沒贈送給中研院近史所的檔案館；近史所所藏有的他的日記只有一九六一年到一九七八年，而且中間還有闕漏。另外一個特點是，陳之邁所留下來的資料集中在他學而優則仕以後的部份，特別是他在華盛頓大使館擔任參事的十一年。那是他一生當中的黃金階段，是他為國民黨在美國作反共宣傳工作戮力到可謂赴湯蹈火，致使他幾乎要被美國國會以他是主導操縱美國輿論的「中國遊說團」（China Lobby）的罪名來調查的地步。在數量上僅次於他美國階段的，是他從一九五五年到一九七八年二十三年間升任為大使——駐菲律賓、澳大利亞、日本、教廷兼馬爾他大使——的生涯。相對地，他對家世的回憶極為簡略。然而，他對家世的回憶雖然簡略，但最有意味，而且與本書學而優則仕的主題不謀而合的，是他對他一家四代的回憶，是以求取功名、做官作為祖業的角度來描述的。

求取功名、做官的祖業

陳之邁的曾祖父是清朝道光、同治年間有名的學者陳澧，字蘭甫，號東塾。陳澧父子都致力於功名，但都不順遂。陳澧在第三次鄉試以後才中舉。中舉以後，他六次參加會試都不中。當時已經四十二歲的他，終於放棄了舉業，潛心於讀書著述。陳澧的長子有取得功名的潛力，可惜在二十歲的時候就病卒。次子是陳之邁的祖父。他致力於功名之途一樣不順遂。次子的長子就是陳之邁的父親陳慶龢。由於長子無嗣，陳澧在陳慶龢出生的時候，就命其過繼為給早卒的長子，於是陳慶龢就成為陳澧的長孫。作為長孫，陳慶龢就成為陳家的長房，負有繼承祖業的責任。陳之邁說：「這項責任可以分三點來說：一、求取功名；二、做官；三、整理刊印東塾公遺著。」[1]

這個曾祖二代未竟的求取功名、做官的祖業，在陳之邁父親陳慶龢一代終於首度實現。一八六九年出生的陳慶龢，一定是一個對時代的脈動觸感敏銳，能夠洞燭機先的人。他雖然在光緒十七年（1891）被選為優行貢生，但他很快地就看出了出洋留學必然會取代傳統的功名，成為做官的捷徑。陳之邁在回憶他父母的一文裡說，他父親終止對功名的追求，到日本留學了兩年的時間，學習當時留學日本最熱門的法政。可惜：「他到日本時不通曉日本語文，到了東京後並不能上課聽講。於是只有買了大批的講義在宿舍裡半猜半讀。」

可惜陳之邁語焉不詳。雖然我們可以判斷他父親在日本是自學，沒有拿到學位，但不知道他究竟是什麼時候去日本的。我們知道中國人正式留學日本始於一八九六年。一八九八年以後，在張之洞等疆臣的鼓吹之下，留日成為新風氣，以致於在一九〇五年到一九〇六年，留日學生的數目創下了八千人之多的記錄。[2]

從陳之邁的敘述，我們可以判斷他父親到日本去留學是在留日成為風氣之前。如果陳慶龢在留日習法政的時候，由於不懂日文不能上課，只得買講義「在宿舍裡半猜半讀」的話，他一定是在一九〇四年以前去日本留學的。這是因為日本法政大學從一九〇四年開始，專門為中國學生設立了一個「法政速成科」，在課堂上由日本教授講授，再由中國譯員隨堂翻成中文。而這個由譯員隨堂翻成中文的《法政速成科講義錄》從一九〇五年起開始發行。[3]諷刺的是，陳之邁的父親能洞燭時代的先機，在留日成為潮流之前就留日學習法政。然而，也

1 下文有關陳之邁家世的敘述，除非另有徵引以外，請參閱其著，〈我的父母〉，《傳記文學》，16卷4期，1970年4月，頁28-36.

2 請參閱實藤惠秀，《中國人日本留學史》（東京，1960）；黃福慶，《清末留日學生》（台北，1975；以及Paula Herrell, *Sowing the Seeds of Change: Chinese Students, Japanese Teachers, 1895-1905* (Stanford, 1992).

3 孫家紅，〈西方、日本、中國法——日本法政大學法政速成科講義錄考論〉，《中國史研究》，第106輯，2017年2月，頁195-242。

就正由於他走在時代之前，在「法政速成科」設立之前，他因此無緣獲得一個留東的學位。

陳慶龢回國以後，找到了教職方面的工作。他先到濟南擔任山東「客籍學堂」監督，後來到天津擔任「北洋學堂」監督。光緒末年他得了直隸候補道員的名義，在天津入了北洋大臣楊士驤之幕。楊士驤是在光緒三十三年（1907）年成為直隸總督，兩年後，亦即宣統元年，卒於任內。陳之邁說他父親「志在從事於外交工作：宣統之初，父親捨吉林提學使不就，而就外務部章京。」這應該就是他在楊士驤猝卒而必須另尋出路的時候。宣統三年（1911），陳慶龢「從事於外交工作」的夙願得償，外放為中國駐檀香山領事。

不會英文的陳慶龢在檀香山兩年的任內努力學習英文。他聘請了一位名為程權的華僑青年，一方面在領事館裡擔任譯事，一方面教他英文。他一定萬萬也沒想到，他在宣統三年六月初十（陽曆七月五日）上任，三個月以後，辛亥革命就爆發了。民國成立，新政府並沒有撤換陳慶龢。因此，一九一二年，民國元年在檀香山的慶祝酒會是由陳慶龢夫婦主持的。關於那個酒會，陳之邁有一段相當有趣的描述：

> 民國元年，中華民國成立，父親在駐檀香山領事館舉行盛大的慶祝酒會，有夏威夷總督、火奴魯魯市長、各國領事、華僑領袖等等。父親那時很愉快的剪去了髮辮，穿上西式日間禮服，招待客人。母親是纏過足的，那天也穿上西式禮服，買了一雙高跟皮鞋，用棉花塞滿前端，穿了上去。只能站立，不能走路。

一直到民國二年（1913）十月，外交部才把陳慶龢內調，回到北京出任外交部秘書。根據陳之邁的描述，陳慶龢回國以後的宦途在民初兩度帝制復辟的影響之下一直不順遂。陳慶龢的志向是再度外放並作為公使。用陳之邁的話來說：

> 他最高的希望是外放做一、兩任駐外全權公使。他在外交部做了多年的秘書。歷任長官對他都很器

重，但他所得的只是「全權公使存記」的虛名。多次答應他「遇缺簡放」，卻始終沒有實現。

陳慶龢的志向是再度外放並作為公使，無怪乎他在從檀香山回國以後仍然繼續學習英文。陳之邁描寫他年過四旬的父親勤學英文的一段文字極其生動，也令人莞爾：

自從父親從日本回來之後，似乎對於學習日本語文即失卻了興趣。或者可以更正確點說，父親自從檀香山回來之後，即專心致力於學習英文。檀香山僑領卓海先生的一位女兒是同我們一道回國的。她生長在檀香山，英文自很道地。她到了國內做什麼我不知道；她在北京時，每星期必來我家兩次，為父親「補習」英文。

父親學英文很用功，讀《納氏文法》〔注：英國納斯斐爾德（J. C. Nesfield）所著的四卷《納氏文法》（*English Grammar Series*），二十世紀上半葉廣為中國人所用〕，練習造句、發音，幾乎是每日的課程。所惜他開始時晚。年紀大了，記憶力差，所以他的英文始終不太好，只能在交際場合稍微應付應付而已。晚年的時候，父親酒醉後常會用英文講演，令人發噱。

陳慶龢再度外放並作為公使的志向終究是沒有實現。可以想見的是，當他在晚年知道陳之邁在美國華盛頓的大使館擔任參事的時候所感到的欣慰：

父親在戰事結束之際，聞說我居然在任官職，十分欣喜，並來信說，我家裡的人沒有任高官的，我應當在這方面力爭上游。他說「生平極羨外國公使」，沒有做到；我才三十多歲，便做到參事，將來必定可以做到全權公使，甚至於大使。

陳之邁說：

抗戰勝利的時候，我在華盛頓任駐美大使館參事。當時我曾呈請辭職歸國，希望能夠回到清華大學任教，在北平可以就近侍奉父親。我母親不幸於民國三十三年（1944）辭世，父親年已七十有七，實應有人侍奉。但是那時我到美只有一年多，政府不准我辭職。

不只是政府不准他辭職，連他父親也不准：

他命我千萬不可放棄仕途而回到教書的路上去。他寄了一首詩來，是親筆寫的。詞曰：

喜汝今榮顯
吾家有達人
通經能致用（見弱冠治經史說文）
有道可教鄰
襄贊當隨分（符問切）
勤勞要謹身
惟憐分薄俸
上以養衰親（汝母歿已三年思之哀痛）

陳慶龢相信陳之邁「將來必定可以做到全權公使，甚至於大使」的心願終於實現。陳之邁曾祖以下「求取功名、做官的祖業」終竟成：

民國四十四年〔1955〕秋，我調任駐菲律賓大使。〔在新加坡負責傳信的〕二哥曾設法報知父親。他老人家聽到這個消息，該是最高興的，我也覺得很幸運，在父親有生之年，能夠讓他得到這分安慰。

如果陳慶龢雖然繼承了曾祖二代求取功名、做官的祖業，但宦途不遂，至少他的婚姻以及教子方面是美滿的。陳之邁的母親譚祖佩一家從陳澧一代就跟陳家是通家之好。陳澧在道光十一年被選為優行貢生的時候，譚祖佩的曾祖父譚瑩也同時被選為優行貢生，兩人是同年。陳澧在道光十二年（1832）中舉；譚瑩則在道光二十四年（1844）中舉。兩人都是廣東的名儒。譚瑩的三子為譚宗浚。他是陳、譚兩家裡在功名方面最有成就的一位。他咸豐十一年（1861）十六歲的時候就中舉，又在同治十三年（1874）進士榜眼及第，入翰林，授編修。可惜，他在光緒十四年（1888）雲南糧儲道任內染疾，在返鄉途中病卒，年才四十三。陳之邁的母親譚祖佩就是他的女兒。

陳慶龢、譚祖佩是指腹為婚的，母親比父親大三個月。他們結婚的時候都才十九歲。他們生有三個兒子，都是間隔多年才生的。長子之達在他們結婚那年就出生了。陳之邁對大哥之達的回憶有兩個版本。英文版不但比中文版詳細，而且除了可能更近真實以外，還流露出了陳慶龢希望他的兒子們能發揚光大陳家做官、求取功名的祖業的期望。首先，中文版改寫了歷史，抹去了之達最先景仰的是立憲派的康有為、梁啟超的事實，把他妝點成一直是「國父」的追隨者，而且還得到食大清之粟的父親的同情；英文版則沒有扭曲這個事實。在〈我的父母〉一文裡，陳之邁說：

大哥在幼年時在私塾讀書，並且參加過鄉試，未中。但是他的志趣不在循老路求取功名而在革命。他很早便參加了國父所領導的革命運動，以「陳大我」的筆名，協助先進陳少白、陳樹人兩先生，鼓吹革命。並曾一度潛往日本，希望追隨國父。父親對於大哥的事，似乎知道而表同情，但認為大哥應當先讀好書，到相當階段後再做革命工作。而所謂讀書，不是古老學問而是現代科學知識。那時父親正任「北洋學堂」監督，學堂裡有德籍教習，父親乃拜託他們設法將大哥送到德國留學。

大哥在德國先習語文，繼進柏林大學，學土木工程。一九一四年八月，歐戰爆發，大哥不能在德繼續學業，乃於是年秋間返國。

他在一九四七年左右計畫跟一個洋人合作，以「這才是中國」（This Is China）為題，用英文寫一本像林語堂的《吾國與吾民》（*My Country and My People*）的暢銷書來矯正美國人對中國人的偏見與歧視。可惜，他寫這本書的計畫並沒有實現。陳之邁的檔案裡留下了一篇〈導論〉以及〈我畢生最難忘的人〉（The Most Unforgettable Character I've Met）為題的一章。後者所描寫的就是之達：

他在十七弱冠之齡就已經肄業為貢生，那扇一生為大清王朝鞠躬盡瘁的大門已經為他敞開了。只是，他志不在此。他早已景仰康有為、梁啟超那兩位立意要把滿清政府轉化成為君主立憲體制的改革〔立憲〕派。他讀盧梭、達爾文、《大憲章》、《獨立宣言》，還用筆名在立憲派的雜誌上發表文章。當時滿清政府捕獲、斬首了數百名這些「亂黨」（dangerous elements）。我父親當時是直隸總督的幕僚。他的工作就正是在拘捕這些亂黨。於是，他就把之達送去了日本。結果，之達在東京參加了孫中山博士所領導的更加激烈的團體。於是，在天津一個德國傳教士的幫助之下，他把之達送到了遠在天邊的歐洲。之達在德國住了將近八年。一九一四年第一次世界大戰的爆發，使得他無法在柏林大學繼續攻讀土木工程。愛因斯坦是他的老師之一〔注：原來陳之邁也有好攀附大師之疾。之達在柏林大學的時候，愛因斯坦還住在瑞士。他是從一九一五年夏天才開始在柏林大學授課的。〕

接著，中文版說之達在一九一四年秋天回到中國以後過的是淡泊名利的一生：

〔他〕不久即覓到職業，為津浦鐵路的一位工程師，住在濟南。大哥早年本是一位熱血青年，但是在德國讀書回來之後，性情變得很淡泊。他終身不曾更易過職業，一直住在濟南。國民政府成立。他的老同志邀他到南京任高官，他都一概謝絕，安心為津浦鐵路服務。

英文版在之達歸國的一段略同於中文版。有意味的是，陳之邁加進了「學而優則仕」的古訓：

之達回國以後，父親所措意的，是如何幫他在政府裡找個工作。子曰：「學而優則仕。」只是，當時的之達已經對政治全然失去興趣。他堅持要走他自己所選擇的工程的路。

之達找工作一事也很順利。他很快就成為津浦鐵路的助理工程師。他的辦公室與住的地方就位於津浦鐵路鐵路中心點的濟南。在結婚不久以後，他就把新娘接到了濟南，終生住在那裡。

最戲劇性的，是之達在北伐成功以後，違抗父命不到國民政府當高官的一段：

在國民黨在一九二八年取得政權以後，像之達這樣早年就與孫中山博士共事的人都被酬予官位。之達當年在日本的兩位同志成為部長。之達也在論功行賞之下被酬予了一個部長的位置。

這讓之達極為為難。他深知沒有任何一件事比他用在政治上輝煌騰達，來身體力行儒家光宗耀祖的傳統，更能讓父親為之感到欣慰。然而，他完全沒有進入政界的意願。

他回家請求父親諒解他謝絕出仕的決定的時候我在家。他知道他如果用從前所用的理由來解釋他的立場，父親都不可能會接受，他於是訴諸哲學。他說：「我是道家。我跟老子一樣認為所有政府都是邪惡的；在政府工作就是與惡為伍。」父親當然很失望，但居然能諒解。這是儒家槓上了（versus）道家。這是之達第一次也是唯一一次沒有遵奉父親的意旨。那一定是在他心靈上一次巨大的危機（a moral crisis of momentous dimensions）。[4]

中日戰爭爆發以後，之達留在濟南。「日軍要他服役，他嚴詞拒絕。敵軍對他種種脅迫，終於將他禁錮起來。」他在一九四二年死於獄中。

相對於之達，陳之邁對二哥之逵的回憶極為簡短。也許由於陳慶龢是在之達出生以後獨自去日本留學的，他們夫婦一直到一八九五年才生之逵。之逵比之達小八歲，比之邁大十三歲。之逵幼年在天津新學書院讀書。宣統三年，陳慶龢到檀香山出任領事，之逵就在檀香山讀中學。一九一四年陳慶龢領事卸任回國擔任外交部秘書，之逵獨自留在檀香山讀完中學。中學畢業以後，他轉往美國大陸。他大學讀的是康乃爾大學，主修銀行貨幣。我們不知道之逵回國以後是在什麼地方任職。根據陳之邁的回憶，他一九三四年開始在清華大學任教的時候，之逵在上海中國信託公司擔任副經理。陳之邁沒有說，但之逵顯然在一九四九年以後輾轉到了新加坡。陳之邁說之逵在一九六六年病逝，時為新加坡華聯銀行副經理。

從匯文、私塾、到清華學堂

陳之邁的母親在生了他二哥之逵十三年以後才生了他。他的生日是一九〇八年七月二十七日，出生地就是他父親在天津三馬路所蓋的「一座相當大房子」。

宣統三年，陳之邁的父母帶著快要三歲的他跟二哥之逵，到檀香山出任中國駐檀香山領事。他父親在一九一三年十月奉命內調的時候，陳之邁已經上了幼稚園了。他在自編年表一九一三年條裡記：「是時余已能講粵語，亦略識英文。」

一九一四年，陳之邁的父母把之逵留在檀香山繼續讀中學，帶著六歲的他乘日本郵輪回到上海。陳之邁在次年進美以美會教會所辦的「匯文小學」（Peking Academy）——屬於燕京大學的前身匯文學校的系統——讀書。陳之邁在回憶他父母一文裡，說「匯文小學」居然稱英文課程為「母語」（Mother Tongue）——陳之邁譯為「國語」。事實上，作為教會學校的「匯文小學」稱英文課程為「母語」並不算是一件駭人聽聞的事。比較有意味的是，「匯文小學」已經都用「母語」來稱呼英語了，可見其對英語的重視，但陳之邁的父親仍然不放心。他擔心陳之邁會失去了在檀香山幼稚園所學到的英文的「根底」。因此，他請他檀香山僑領卓海先生的女兒來家裡教他英文的時候，也教陳之邁：「所以有一段時間，我們父子同是卓女士的生徒。」

除了英文以外，陳之邁的父親也要他學好中文。他在匯文中學的時候，他父親安排他每年暑假上一個私塾讀書。陳之邁回憶說：

> 當時北京有一位遜清遺老楊吉三先生，廣東順德人，有一子一女，同我差不多年紀。楊先生是不信任新式學校的，所以在順德會館開設了一家私塾，聘請一位李老師教他的子女。父親和楊先生商妥，准我在暑期中參加私塾。

4 C.M. Chen, "The Most Unforgettable Characters I've Met,"「陳之邁檔案」，「The Most Unforgettable Character I've Met」卷（062-01-08-063）.

這個位於北京順德會館的私塾與陳之邁在「豆腐胡同」的家有一段距離，是必須通車的：

因為我家在東城，順德會館在南城，父親特別為我包了一輛人力車，每天接送。我大約在下午五時可以回到家中。夏天燠熱，滿頭大汗。但是父親必定要立刻考問這一天做了什麼功課。當時我才十幾歲，對此深以為苦。但現在回想起來，這點苦頭終身受用不盡。

陳之邁說他家在東城，顯然就是他在回憶裡說他父親在一九二一年所蓋的一棟洋房。陳之邁說：「我家並不富有」。他說從東塾公的書札中，可以看出「家用似乎每感不敷而須舉債。」然而，到了他父親那一代，似乎經濟情況大為改觀，在天津、北京都蓋了獨棟的房子。天津的房子他描述說：

父親很早便離開老家北上。稍有積蓄便在天津三馬路建了一座相當大的房子。我就是在這所房子裡出生的。我家在此住了幾年。宣統三年，父親外放駐檀香山領事。這所房子便租給津浦鐵路局使用，有其收益。

陳之邁從檀香山領事卸任回國到外交部出任秘書。開始的時候住的是租的房子，還搬了幾次家。後來就蓋了一棟洋房：

約在民國十年〔1921〕時，父親又在北京建了一所房子，在東單牌樓東裱褙胡同豆腐巷十號，很近天文臺。這是一所小洋房，係由在德國習土木工程的我的大哥設計的，頗為精緻合用。其底圖我現在還記得很清楚。房子前面有庭園，花木扶疏，還有一個小小的金魚池。其旁有幾棵柳樹，十分幽靜。

陳之邁父親在經濟上闊綽，可以從琉璃廠商人經常帶骨董書畫精品到他家讓他選購這點看得出來：

> 父親最喜歡賞玩骨董書畫。琉璃廠的商人是時常到我家來的。他們來時總是抱著一個大包袱。父親接見他們，展開他們帶來的東西一件一件的察看。不要的便放在一邊，可以考慮的便予留下。父親將留下的骨董陳列出來。書畫掛在壁上，仔細的品鑑。特別是查閱書籍，尋覓核對著錄。經過這個階段之後，他便召琉璃廠商人來討論價錢。經過一段很冗長的時間，討價還價，才能成交。父親自信他的鑑賞力很高，不會上當。在他留下的書札中說到：「所藏字畫玩器，真而且精，價值甚鉅。」
>
> 他的朋友對他的鑑賞力也很信任，常常向他請益。琉璃廠商人更時常帶外國人——歐美人和日本人——到我家來看東西，和父親商量出讓。

陳之邁從小受到他父親鑑賞骨董書畫的薰陶，無怪乎他在晚年所寫的文章裡常常展現他對藝術的品味。其中，最具有代表性的，是他在駐澳大利亞大使任內所寫的一本書：墨爾本大學出版社在一九六六年出版的《中國的書法》（*Chinese Calligraphers and Their Art*）。最值得令人省思的是，留美學政治學，在清華當了三年半政治學教授，寫了幾本有關政治學的書以及數十篇政論的陳之邁，在一輩子學而優則仕以後回首自己一生所立的文字，只能盼望《中國的書法》會是他的傳世之作。他在一九七五年的日記裡說：「寫了一生竟無一件傳世之作。有之只有《中國書法》一書而已。」此外，他在一九六一年還由澳洲國立大學出版了一本小冊子：《中國的山水畫》（*Chinese Landscape-Painting: the Golden Age*）。

陳之邁從小在書畫上受到他父親的薰陶。這種無形的薰陶讓他終身受用。同樣地，他在晚年也在回憶裡感激他幼年時所受的傳統教育，即使是他在楊家私塾所受的記問之學：

李老師的教學是純粹舊式的。背誦經書、作文習字等等。李老師離開，換了一位于老師，教學方法也是純粹舊式的。

陳之邁在這個私塾裡每星期都必須作一篇策論或史論：

于老師是東北人，是一位秀才。他教我們左傳。有一次出了一個題目，叫我們做一篇〈魯隱公觀魚論〉。我亂寫了一些感想，說魯隱公身為人主，放著國家大事不問，竟有此閒情逸致觀魚，難怪魯國政治搞不好。作文每星期一篇，經解少而史論多。

有意味的是，于老師也會出有關世界局勢的策論題：

有一次于老師要我們做一篇〈歐戰論〉（即第一次大戰）。這個題目把我難住了，因為我完全不知歐戰是怎麼回事。我所寫的因此只是發表些反戰議論，勉強交卷。

這種連「歐戰是怎麼回事」都不知道而寫出來的策論，就是當年在新舊時代交替之下典型的望文生義的策論。陳之邁說了一個用來自嘲的笑話：

笑話中有關〈項羽拿破崙論〉一節。作者說：「夫破輪豈可拿哉？而項羽竟能拿之。羽其人傑也夫」等等。我這篇〈歐戰論〉正是這一類的作品。這次我有點忍不住了。回家向父親報告課業時說，寫這類文章無中生有，實在無聊。我說這段話也不是受了新文學運動的影響，因為我那時年幼，對於新文學運動也是一無所知。我所知者，只是做無中生有的文章，真是絞盡腦汁，太辛苦了。但現在回想起來，這點苦頭真是終身受用不盡。

也許因為當時的陳之邁年幼，心智未開，他一面就讀英文是「母語」的匯文中學，一面在暑假期間就讀楊家私塾，這種在文化上兩極化的教育，似乎沒有在他的心靈上造成任何文化上的認同危機。他是一個早熟的京戲迷。他在自編年表裡說：「當時極迷京戲，常去聽。投稿北京《社會日報》，評論小翠花所演「坐樓殺惜」〔注：《水滸傳》裡宋江殺閻惜姣一劇〕，刊出。」

陳之邁是在一九一九年升上匯文中學的。他在自編年表說他是「特班生」，但沒有解釋是什麼意思。從一九二一年夏天開始，他連續三年投考清華的插班生，可是一直要到第三次才考取。他在自編年表裡說明了他連續兩次落榜的原因：「考插班生要考Physiology〔生理學〕，匯文無此科，靠自修。」一九二三年，陳之邁終於成功地考取，插班成為清華學校中等科三年級學生。

在陳之邁考進了清華以後，他暑假就不再到楊家私塾讀書，而改由他父親親自調教：

在暑期中由父親親自督教。國學的各部門都包括在內，而以史學為重心。東塾公的文集裡有〈傳鑑堂記〉一文，說到吾家應當以「《通鑑》傳家。子孫讀書者必讀一過。」父親本此遺訓，乃令我讀《通鑑》，用硃筆點句。我所點的這一部《通鑑》是我的高祖傳下來的。經過四代，到我已是第五代。點的方法是用硃筆逐句點之，服喪時期則用藍筆，故每句後面有硃、藍各一點。這部書是我家傳家之寶，不幸現在已不知去向了！

他父親的另外一種教法，就是要他鈔他曾祖父陳澧點評過的書：「我家裡藏有許多東塾公評點過的書籍。

父親命我將東塾公的評語一一在另一部書上繕錄下來。這樣我既讀了原書，又讀了東塾公的批注。」

對陳之邁那個可以上溯到胡適的新舊交替的世代而言，科舉制度的廢除不但使得他們所受的私塾教育與傳統求取功名之途脫鉤，而且也與他們轉而接受新學堂的教育脫節。然而，他們是少數的幸運兒。試問：在新舊交替世代裡，有多少人能從私塾順利地改道進入新學堂？有多少人由於年齡過長、家境、際遇等等因素，而失去了接受新功名所由的新學堂的機會？用胡適在美國任大使的時候，在讀了他的族叔胡近仁的遺詩以後所寫下來的感嘆的話來說：「亡友堇人先生遺詩三冊，海外讀畢，頗感覺失望。堇人少年時有才氣，可以造就，不幸陷在窄小的環境裡，拔不出來，就無所成而死，可惜。」[5]

新舊交替世代的人，能從私塾改道進入新學堂已經是幸運兒了。那些少數中的少數，能從新學堂修業、畢業到留洋，則更是幸運兒裡的幸運兒了。留洋是他們之所以能夠在政、學、教三壇脫穎而出成為領袖的鎖鑰。等他們功成名就以後，回顧他們幼年所受的私塾教育，他們的結論就自然大不相同了。私塾教育就絕對不會是讓他們「不幸陷在窄小的環境裡，拔不出來，就無所成而死」的死胡同，而是像陳之邁所謳歌的，楊家私塾以及他父親的家教奠定了他國學的基礎。

無可否認的是事實是：陳之邁這些少數人中的少數人，是在新舊交替世代裡成功地揮別了傳統私塾教育，而進入新式功名所由的新學堂的幸運兒。

陳之邁在一九二三年插班考進了清華學校中等科三年級，就意味著他開始走上了一條迥異於早年私塾教育所為他開闢的道路。次年，他中等科畢業，升上了高等科。他在自編年表裡記：「初次讀西洋通史，教員為麻倫。是時有意習理工，對化學有興趣。」

有關「西洋通史」的老師麻倫，陳之邁在晚年寫了一篇回憶的文章：

> 舊制清華高等科二年級有西洋通史一科，教師為美籍麻倫（Carroll B. Malone）先生，教學力極強。一

年之中使我對於自遠古至現代治亂興亡之跡獲得了一個鳥瞰式的認識。大開眼界，而且趣味盎然。

麻倫先生用的是 Robinson, Breasted and Smith 所編的教材〔*A General History of Europe: From the Origins of Civilization to the Present Time*〕。提要鉤玄，處處引人入勝。尤其是書中附有許多地圖和插圖，史地並教。使我見到尼羅河畔金字塔的雄偉、古希臘、羅馬神殿的壯麗、柏拉圖、亞里士多德的石雕儀容、亞歷山大大帝挺拔的英姿。麻倫先生教學時還充分利用各種圖片及模型，使我能見到中古及文藝復興時代瑰瑋的大教堂、戰守所用的構築與武器、維納斯女神、米開朗基羅的石雕與繪畫的卓犖神秘。

麻倫先生的教學方法，真是到了古人所謂左圖右史的境界，引起了生徒們無限的求知慾和興趣。他所展示的各種模型大部分當然是自國外採購的。較為簡單的則由歷居學生照圖做做。猶憶我所做做的是法國大革命時所用的斷頭台（guillotine），費了我一番心思，做得惟妙惟肖，具體而微。講到路易第十六世和羅伯斯比之被斬，便如身臨其境，印象特深。[6]

陳之邁初進清華高中部的時候原來想學理工，但在高二的時候因為數學不好而改變主意：「讀完三角以後，放棄習理工。」從那以後，陳之邁的興趣便開始轉向人文社會。「一九二六年，忽然有興趣於英國文學。錢端升來校教「**Europe Since 1815**」（一八一五年以降歐洲史），使我對西洋史發生興趣。」

一九二七年，陳之邁清華高等科畢業，升入大學一年級。他選的課程就全部都是在人文社會方面了：「選修 **Shakespeare**〔莎士比亞〕、美國史、日本史、現代文明、比較政府、西洋哲學史、現代政治思想。」

陳之邁是在一九二八年畢業的。清華一九二八級畢業生共有四十七名。他說：「畢業時成績全級第二名。」

5 胡適1939年9月8日自記，「胡適檔案」，355.

6 陳之邁，〈歷史教師麻倫先生〉，《傳記文學》，24.4，1974年4月，頁31.

他在自編年表裡又說：「是年參加「丙寅（注：丙寅是一九二六年）論文比賽」以〈中美關係〉為題，約三萬字，獲第一獎。」這彷彿是預示了他學而優則仕以後在美國工作的重點的先兆。

我們雖然對陳之邁在清華五年的學習生涯所知不多，但他顯然除了成績優異以外，還是一個在課外活動方面極其活躍的學生。比如說，他高一的時候擔任班長。《清華週刊》的報導說：「高一級幹事部選出陳之邁為主席。」[7]他同時也是《清華週刊》的記者。清華在開辦工科與農科的時候，他分別訪問了工科與農科的主任，在《清華週刊》上發表了詳細的報導，包括該二學科要開設的課程。[8]此外，他還是一個運動健將。他在自編年表裡說在清華的他：「甚喜體育，足球、網球、田徑。」

俄亥俄州立大學、哥倫比亞大學

根據陳之邁的回憶，他在清華畢業、留美以前先回到家裡住了兩個多月。九月初，他從北京赴天津，由天津乘招商局輪船赴上海。在上海的時候，他那一級的清華畢業生與其他留美學生，參加了上海各界行之有年的歡送會。他代表清華應屆留美學生致謝辭。他在自編年表裡說：「是時北伐完成，予致辭報告國內的新興氣象，對國家光明燦爛前途表示信心。九月中旬，乘 S.S. President Madison〔『麥迪遜總統號』郵輪〕赴美。」郵輪抵達檀香山以及舊金山的時候，在當地行之有年為留美學生舉行歡迎會的團體也都舉行了歡迎大會。陳之邁在那兩個歡迎會裡也作了致謝辭，內容跟他在上海所作的相同。從舊金山，他「搭火車經芝加哥到 Columbus〔俄亥俄州的哥倫布市〕。十月，插班 Ohio State〔俄亥俄州州立大學〕三年級。」

有趣的是，陳之邁在出國時間上的回憶跟美國舊金山海關的入境資料不符。根據美國舊金山海關的資料，「麥迪遜總統號」郵輪是在一九二八年八月十七日從上海出發，在九月五日抵達舊金山的。在時間上，比陳之邁晚年的回憶整整早了一個月。

跟當時大多數清華學堂畢業學生留美入學的作法一樣，陳之邁是插班進俄亥俄州州立大學三年級。由於他在暑假期間也選課，因此他用了一年半的時間就取得了學士的學位。他在一九二九年十二月以榮譽榜的成績拿到俄亥俄州州立大學的學士學位。[9]他除了被選為Phi Beta Kappa〔費・倍塔・卡帕榮譽學生會〕的會員以外，也被選為Phi Alpha Theta〔費・阿爾法・塞塔榮譽學生會〕的會員。我們雖然不知道他在俄亥俄州州立大學選課的情形，但從他被選為「費・阿爾法・塞塔榮譽學生會」的會員是屬於歷史的領域的事實看來，他在俄亥俄州州立大學的主修是歷史。

陳之邁在清華學堂的時候就已經是一個在課外活動方面活躍、好發表言論的學生，在俄亥俄州州立大學的他依然如此。一九三〇年二月號的《國際大事》（*Current History*）刊載了一封陳之邁致其主編的信，顯然是他在畢業以前所寫的。他這篇投書是針對明尼蘇達大學國際法暨遠東關係教授、同時也是《國際大事》主筆之一的奎格立（Harold Quigley），刊登在該刊一九二九年十二月號上有關孫中山《三民主義》的翻譯及其所涵蘊的負面意義的一篇文章的反響。[10]

---

7 〈新聞：學生會社方面：高一級〉，《清華週刊》，339期，1925年3月13日，頁28.

8 陳之邁，〈新聞：學校方面與農學系主任虞振鏞先生談本校開辦農科計劃記〉，《清華週刊》，25卷14期，1926年，頁2-6；〈新聞學校方面與工程系主任周永德先生談開辦工科計劃記〉，《清華週刊》，25卷15期，1926年6月4日，頁17-22.

9 *Record of Proceedings of the Board of Trustees of the Ohio State University, Columbus, July 1, 1929 to June 30, 1930*, p.106.

10 Harold Quigley, "Civil War Breaks Out Anew in China: Other Events of the Month in the Far East," *Current History*, 31.3 (December, 1929), p.617.

主編先生鈞鑒：

說孫中山博士的「三民主義」是「民族主義、反帝國主義（anti-imperialism）、以及社會主義的民主（social democracy）」的說法是不正確的。這三個主義——之所以會在中文裡被稱之為「三民主義」，就因為這三個主義都是以「民」開頭的——應該翻成「民族主義、民主主義、民生（livelihood）」。這三個字是把孫博士的演講翻譯成英文的畢範宇（Frank Price）所用的。

然而，有人建議用「種族主義的民主主義（racial democracy）」來替代「民族主義」；也有人建議用「社會主義的民主」來替代「民生」主義。至於「反帝國主義」，這個名詞從來沒有在孫博士的著作裡出現過。在這位領袖的遺囑裡，是有一句話說：要立即實現「三民主義」的先決條件，是必須儘速地廢除或取消先前中國政府與外國所簽訂的不平等條約。這些不平等條約阻礙了中國民族的發展，而且也明顯地違反了民族主義的宗旨，因為民族主義的宗旨在公開地宣揚種族之間的平等，並反對一個種族欺壓另外一個種族。孫博士的第二個主義是民主主義。除了有他自己的一些創意以外，它基本上是符合這個西方名詞的本意。

俄亥俄州哥倫布市　陳之邁[11]

陳之邁的投書引來了一名住在舊金山，從前在加爾各達以及波士頓經商的斯迪爾（Tilton Steele）冷嘲熱諷的回應：

說要立即實現「中國的三民主義」的先決條件，是必須儘速地取消或廢除中國與某些強國所簽訂的治外法權條約（extraterritorial treaties）——亞洲人的腦袋（Asiatic mind）是用東方的方式（Eastern fashion）從雲端往下想，不像我們西方的方法是從平地往上想。

「它們妨礙了中國民族的發展。」這是「少年中國」的標準說詞。陳之邁先生只不過是鸚鵡學舌而已。事實上，新中國的民族主義是從西方去的舶來品，是受過西方教育的中國人為了製造政治上的團結所引進的，是大部份生於斯長於斯的中國人所不解其意的新名詞。

說到殖民地自治，中國人已經自治了幾千年了——那些「三民主義」的社會政治結晶，就是在歷史上，除了在地方利益驅策之下的作為以外，他們從來就沒有行使過他們的政治權利。一般住在內地省份的支那人，可能要等到兩、三代以後，才可能了解在共和意義下的民族主義的意涵，才可能放棄根深蒂固的儒家習慣——祖先崇拜、對家庭宗族的順從、對其所在省份的督軍或省長的卑躬屈膝。〔我在〕那個名單裡所列出來的最後一個「死硬派」可能是最難驅除的；比要驅除通商口岸的「洋鬼子」還難得更多。

因此，與其無的放矢地亂吠，試圖攪亂通商口岸現存的國際秩序，視其為「危害了他們民族的發展」，「少年中國」所該做的事，是去摧毀督軍及其爪牙，以及全國那些大大小小「阻礙了中國民族的發展」的惡霸。

通商口岸是西方人用西方的資本、西方的開創力、企業精神從無到有建造出來的。他們花了好幾個世代的時間，才在中國的沿海建造出那些大城市，並成功地治理。在這整個過程中，中國政府，除了在某些能裨益自己國人方面，從來就沒有給予一絲的合作。

光在嘴巴上講「種族之間的平等」、「主權」、「民族自決」不會解決任何國家的問題；沒有任何頭

11 Chih-mai Chen, "To the Editor of *Current History*," *Current History*, 31.5 (February, 1930), p.1037.

> 腦清醒的西方生意人會因為「一個種族凌駕了另外一個種族違反了中國的三民主義」，就把他們在通商口岸的生命與資產，交給中國去治理——亂治。只有在「三民主義」實行了，而且在中國人自己身上有了成果，才能讓通商口岸的外國人另眼相看。[12]

斯迪爾這尖刻的投書最驚人的地方，還不在於他筆下所透露出來的赤裸裸的殖民、租界心態，而是在於當時已經是一九三〇年了！不管中國是否真的如他所說的，還是一成不變，他殖民、租界心態之下的用詞、論調是數十年不變。更遠的不說，就以我在《舍我其誰：胡適，第一部，璞玉成璧》裡所分析的胡適留美時候所遭遇的經驗為例。一九一二年，在中國住了將近三十年的「中國通」濮蘭德（J. O. P. Bland）——在中國海關、上海租界的工部局做過事，後來又擔任英國有名的倫敦《泰晤士報》（*The Times*）駐中國的特派員——到美國作巡迴演說。該年十一月底，濮蘭德到了康乃爾大學。根據《紐約時報》的一篇報導，濮蘭德在美國巡迴演講的一個主題，就是建議美國不要承認中華民國。他說所謂的「民國」只是新瓶舊酒而已，中國仍然是同樣一幫人在當家。

對中國的年輕人，特別是歸國留學生，濮蘭德用來貶抑他們的形容詞，就是「少年中國」（Young China）。他勸美國人不要輕信不先秤秤看自己只有幾斤幾兩重的中國留學生的空言與狂言。他嘲笑他們半吊子，西方沒學成，卻又忘了本，是畫虎不成反類犬的典型。[13]

在斯迪爾筆下，「生於斯長於斯」的中國老百姓，盲信「祖先崇拜、家庭宗族、對督軍卑躬屈膝」。濮蘭德的形容如出一轍，只是說得更為不堪。我在《楚材晉育：中國留美學生，1872-1931》徵引了他所說的一段話。他說：中國就像是一個「在生殖的本能驅使」之下的巨大的「繁殖、餵養」機器。這可以解釋為什麼中國永遠是深陷在馬爾薩斯（人口以幾何級數成長、糧食以算數級數成長）的泥沼（trap）裡，從而必須承受瘟疫、饑荒、以及內亂的後果。中國人能夠默默地承受災難，他說那是被儒家體制——家庭制度的神聖、祖先崇拜、幹活兒是責任——「養殖入骨」的一種「東方宿命論」（Oriental fatalism）。[14]

回到從俄亥俄州立大學畢業的陳之邁。他在一九二九年十二月畢業以後到他次年秋天進哥倫比亞大學讀研究所，其間有半年的時間我們不知其所踪。他在自編年表裡沒有交代。

在他的回憶裡，陳之邁說他進哥倫比亞大學研究所的時候，原先是想繼續學歷史。然而，由於在哥大讀歷史必須要通過三種外國語文的考試，門檻太高了，他於是決定改入「公法系」（Public Law），主修「公法」，而以「歐洲近代史」（Modern European History）為副修。他在自編年表裡列出了他在哥倫比亞大學研究所所選的課程：

歷史系：歐洲近代史、法國革命、英國憲法史、世界交通史、俄國史、歷史研究法、中古史、現代史

政治系：政治制度、國際關係、政治思想、法律學、社會主義

經濟系：經濟思想史、現代經濟思想

這些課程加起來有十五門。陳之邁沒告訴我們他選這十五門課花了多久的時間。然而，可以確定的是，他絕不可能像十多年以前在哥大的胡適一樣，用一年的時間修完這十五門課。以他在哥大總共三年的時間——一

12 Tilton Steele, "India and China," *Current History*, 32.1（April, 1930）, p.192.

13 "Assert China Isn't Really a Republic," *The New York Times, November* 18, 1912, p.4.

14 J. O. P. Bland, "Population and Food Supply," *Edinburgh Review*（April, 1918）, p.244 pp.232-252. Edward Marshall, "China Not Really A Republic But Autocracy," *The New York Times*, December 8, 1912, p. SM4, C6, and J. O. P. Bland, "The Old Weaknesses of China," *Asia*（July, 1938）, pp.398-399.

九三〇年九月到一九三三年六月——來看，理論上，他選課應該花了一年半到兩年的時間，剩下的最後一年寫論文。

然而，這個理論上的推算，跟他在自編年表裡的記載以及他實際上寫完論文的時間都兜不攏。首先，他選課的時間可能更短，因為他有可能像他在俄亥俄州立大學時候的作法一樣，在暑假期間也選課。這樣就可以縮短他選課所須的時間。

其次，陳之邁很可能很早就選好他博士論文的題目。因此，他在選課的時候就已經開始寫論文了。在自編年表一九三二年條裡，他說：「寫論文時在Low Library〔羅氏圖書館〕書庫識Ann Tilson〔安・緹兒遜〕。『她在寫M・A・〔碩士〕論文，時常同遊。』」如果他這個在晚年所作的自編年表在繫年上無誤，這就說明了他是一個可以一心多用的人（multitasker）。

更令人刮目相看的是，他在一九三二年夏天就已經完成了論文的初稿，並離開哥倫比亞大學，到中國駐華盛頓大使館實習，一直到次年才回到哥大提交論文並通過考試畢業。他在自編年表一九三二年條裡說：

夏間博士論文初稿成。中日事變後，駐美公使館招余為「甲種學習員」。夏間移居Washington〔華盛頓〕。自編年表一九三三年條說：「從華盛頓回紐約。論文通過。」

很顯然地，陳之邁在一九三二年夏天到華盛頓大使館去實習的時候，利用了公餘的時間修改他的論文。因此，他實習結束，也同時完成了論文修改的工作。這真的是不只可以一心多用，而且是分秒必爭。

陳之邁是一面選課、一面開始寫博士論文的事實，可以從他學成歸國一年間所寫的兩篇文章裡得到佐證。他在一九三四年十月《清華學報》上所發表的〈英國憲法上的兩大變遷——「委任立法制」及「行政司法制」〉一文裡說：

關於「行政司法制」實際運用上的材料，英國的政府及公私團體的報告書雖浩如煙海，作者曾費兩年有幾的時間，在美國的國會圖書館中，哥倫比亞大學的圖書館中，及倫敦博物院的圖書部中仔細尋找。[15]

他一九三四年十一月十一日出版的一二六號《獨立評論》上所發表的〈專家與政治〉一文裡也說：「前幾年我對於英國的『委任立法制度』很發生興趣，於是費了三年多的工夫寫成了一部小書。」[16]不管他是用了「兩年有幾」，還是「三年多的工夫」寫成他自謙為「一部小書」的博士論文，以他是在一九三三年六月拿到博士學位的時間推算回去，他幾乎是一進哥大研究所，就已經決定了他的博士論文的題目，而且也已經開始搜集資料撰寫了。

陳之邁的博士論文的題目是：《英國國會對委任立法的意見》（***Parliamentary Opinion of Delegated Legislation***）。按照當時哥倫比亞大學的規定，拿到博士學位的最後一關，是要把論文出版，並呈繳校方一百本。陳之邁的博士論文由哥大政治系收為其所編纂的「歷史、經濟、公法研究專著系列」（**Studies in History, Economics and Public Law**）第三九四號，在一九三三年由哥倫比亞大學出版社出版。[17]因此，他就在該年拿到博士學位。

最可惜的是，陳之邁留下了七七九冊龐大的傳記資料，卻不像胡適或蔣廷黻，沒有留下有關他留美生涯的資料。這也許是因為陳之邁只教了四年的書以後就學而優則仕去了。不像胡適，胡適是在學成歸國二十年以後，在一九三七年才學而優則仕去的；而蔣廷黻則是在學成歸國九年以後才學而優則仕去的。然而，更重要的

---

15 陳之邁，〈英國憲法上的兩大變遷——「委任立法制」及「行政司法制」〉，《清華學報》，9.4，1934年10月，頁968，注43.

16 陳之邁，〈專家與政治〉，《獨立評論》，126號，1934年11月11日，頁2.

17 Chih-mai Chen, *Parliamentary Opinion of Delegated Legislation*（New York: Columbia University Press, 1933）.

是，到了晚年，先是在重慶從政五年，然後在海外從事外交三十三年的陳之邁，早已不自認為是一個學者了。既然不自認為是一個學者，晚年開始匯集資料準備寫回憶錄的他，也就不措意他在清華乃至於留美的讀書生活了。

最好的明證是他晚年自編的年表。在那個自編年表手稿裡，有關他在哥大讀書的細節遠不及與他「過從甚密」的女友；前者，他只列出他的主修、副修的領域以及所選的課程名稱，而後者，他不但交代了姓名、興趣、相貌、甚至追記：

一九三〇年　進哥倫比亞大學。先住在Morningside Park〔「晨邊公園」區〕因治安不良遷往Livingston Hall〔李文斯頓樓〕。

在哥大所選的課：

歷史系：歐洲近代史、法國革命、英國憲法史、世界交通史、俄國史、歷史研究法、中古史、現代史

政治系：政治制度、國際關係、政治思想、法律學、社會主義

經濟系：經濟思想史、現代經濟思想

一九三一年　由Livingston Hall〔李文斯頓樓〕轉John Jay Hall〔約翰・傑伊樓〕。原擬進歷史系，因為須三種外國語，改入Public Law〔公法〕系，主修科為Public Law〔公法〕，副修科為：Modern European History〔歐洲近代史〕

是年夏天到康乃爾大學消夏讀書。在Ithaca〔綺色佳〕識一猶太女子Kathleen Friedberg〔凱瑟琳・傅莉珀〕。寫論文時在Low Library〔羅氏圖書館〕書庫識Ann Tilson〔安・緹兒遜〕。「她在寫M・A・〔碩士〕論文，時常同遊。」

在International House〔國際學舍〕識法國〔注：後來說是德國人〕女子Erika Kirsten〔艾莉卡．柯絲頓〕。「她善彈鋼琴」，「在NBC Radio〔『國家廣播電台』〕演奏，與余相交甚密。」〔一九四六年三月三日補記：Erika Kirsten早已嫁給一位學工程的同學……Kirsten女士在一九三三—三四年間〔注：陳之邁在一九三三年底已經回到中國〕與我過從甚密，她是德國Dresden〔德累斯頓〕人，碧眼黃髮，習音樂〕

曾〔針對「九一八事變」〕用C.M. Chen名義投函NYTimes〔《紐約時報》〕〔注：未見其文〕

買radio〔收音機〕聽流行歌曲。

一九三二年　夏間博士論文初稿成。

……

「和Kathleen Friedberg〔凱瑟琳．傅莉珀〕看《Strange Interlude》〔奇幻人生〕影片」

與他當時所認識的幾位女友「過從甚密」、「同遊」、看電影，等等可以不論，畢竟那可能是他引以為傲的往事。試問：在《排華法案》實施的年代，有多少留學生可以與幾位女友「同遊」、「過從甚密」？然而，連買收音機聽流行歌曲都可以列為年譜的一條，而完全不及於他在哥大所過從的教授——連論文指導教授羅傑斯（Lindsay Rogers）的名字都沒提——以及上課的心得！對晚年的陳之邁而言，孰輕孰重，在此可見一斑。

很顯然地，心態上的不同，決定了陳之邁晚年匯集他準備寫回憶錄的資料。可惜的是，他這個寫回憶錄的計畫並沒有達成。他才在一九七八年一月下旬從教廷大使退休移居台灣，該年十一月八日，他就過世了。他所準備寫的回憶錄也就自然無疾而終了。

所幸的是，我們有一些零星的資料，能夠讓我們以當時留美學生為背景，來襯托出陳之邁在哥大留學的一些面向。

中國留美學生在陳之邁到美國留學的時候，有一個全國性的留學生組織，叫做「全美中國留學生聯合會」（the Chinese Students' Alliance in the United States），是從一九〇二年創立的。不幸的是，在陳之邁在俄亥俄州立大學留學的時候，「全美中國留學生聯合會」已經因為國民黨和共產黨分裂的餘波震盪到太平洋的彼岸而開始分崩離析，而且在一九三一年，也就是陳之邁在哥大的第二年，正式崩潰。[18]

如果「全美中國留學生聯合會」沒有解體崩潰，生性活躍，從清華學堂時代就已經活躍於社團活動的陳之邁，一定會像許多在他之前留美的學生，例如：顧維鈞、胡適、蔣廷黻等等一樣，活躍於全美留學生組織裡的。「全美中國留學生聯合會」的瓦解，使得陳之邁失去了一個能在全美留美學生組織裡嶄露頭角的機會。

「全美中國留學生聯合會」的瓦解，受到衝擊的當然不只是陳之邁，而是所有的留美學生。「全美中國留學生聯合會」的瓦解，意味著留美學生失去了一個全國性的組織。最重要、而且也可能最讓留學生失望的，是他們失去了他們的前輩每年最為翹首以待的夏令營的活動。然而，留學生不但維持著各校、大都會區的同學會的組織，而且舉辦了地區性的夏令會活動，甚至還能在沒有全國性的組織的條件之下出版留美學生通訊錄。比如說，我們可以在網路上就搜尋到留美學生在一九三二、一九三三年所出版的《中國留美學生手冊》（*The Handbook of Chinese Students in U.S.A.*）。

拜一九三二年《中國留美學生手冊》之賜，我們知道陳之邁該年是「大紐約地區中國留學生聯盟」（Chinese Students' League of Greater New York）的「文宣部」（Publicity Committee）的成員。[19]同時，從一九三二、一九三三年度的《中國留美學生手冊》上的通訊處資料，我們知道他在哥倫比亞大學讀研究所的時候，是住在當時才落成不到幾年的哥大學生宿舍「約翰・傑伊樓」（John Jay Hall）。

留美的熱潮一直穩定地持續著，既不受一九二九年「經濟大恐慌」、中國銀價下跌所阻，也不為中日戰爭所遏。只是，所有有關留美學生的統計數據都是不精確的，不管是總人數、各校人數、所習學科、自費公費、男女人數等等。這是因為那些數據都是透過通信調查，根據留學生填表寄回的資料卡統計而成的。然而，數據雖然不精確，仍然足以用來判斷一般的趨勢。以留學生的數目來說，從一九二〇年代以後，中國留美學生的數目一直維持在一千三百人左右。

在這一千三百人左右的留美學生裡，陳之邁所屬的清華大學畢業的學生是許多學者所稱許的菁英。他們在留美學生裡所佔的比例很低。就以一九二八、一九二九級的清華留美生為例。陳之邁所屬的一九二八級有四十七名。以《中國學生留美一百年小史》（*A Survey of Chinese Students in American Universities and Colleges in the Past One Hundred Years*）裡說一九二八—一九二九學年度留學生的總數為一二八七名為基準，清華留美生所佔的比例是三．七%；《一九三二年中國留美學生手冊》所調查到的一九二九—三〇學年度一三三八名留學生裡，有四十八名是清華大學的畢業生，所佔的比例不到三．六%。

也正由於清華畢業生在留美學生裡所佔的比例很小而取得博士學位的人卻又相對地高，因此，常被學者拿來作為禮讚清華大學畢業生確實是菁英裡的菁英的明證。然而，就像我在《楚材晉育》裡所指出的，正因為清華學生是一流的，他們的表現理應在平均以上。我們用清華從一九〇九到一九二九年所派送或資助的留美學生與一百年間的留美學生相對比，我們會發現：如果學位可以用來衡量留學生的成績的話，作為中國第一流的大學，清華留美學生在最高的成就——取得博士學位——與最差的表現——沒拿到學位——方面都遠遠優於一百

18 請參見我在《楚材晉育：中國留美學生，1872-1931》裡的分析。

19 《一九三二年中國留美學生手冊》（*The Handbook of Chinese Students in U.S.A., 1932*）, p.51.

年間的留美學生。然而，有意味的是，在取得碩士學位的比例上，清華留美學生並不特別高於一百年間的留美學生。用比例的數字來說，清華留美學生取得博士學位的比例是二〇％，而一百年間的留美學生只佔八％；清華留美學生沒拿到學位的比例只佔十二％，而一百年間的留美學生則高達三十四％。相對地，清華留美學生取得碩士學位的比例是四十二％，而一百年間的留美學生則為三十五％，並不特別遜色。

同樣地，單以許多清華留學生就讀的學校是名校，就斷定清華畢業生確實是菁英中的菁英也同樣是以偏概全的。事實上，二十世紀初年的中國留學生最多的學校，泰半都是現在人眼中的名校。從《一九三二年中國留美學生手冊》的數據，我制出了表2.1：一九三二年中國留美學生人數最多學校前十名的排行榜。

按照早期清華派遣游美章程，規定「以十分之八習農工商礦等科，以十分之二習法政理財師範諸學。」從這個角度來說，陳之邁在俄亥俄州立大學拿的是文學士的學位，到了哥大讀的又是政治。他就是屬於那百分之二十學習人文社會科的清華留美學生。然而，清華在整個派遣留美學生的歷史上並沒有執行這個百分之八十學理工、百分之二十學人文社會學科的政策。其結果是，清華留美學生和其他留美學生一樣，學理工和學文法的幾乎各半。

表2.1：一九三二年中國留美學生人數最多學校前十名排行榜

排名	學校	人數
1	加州大學柏克萊校區	163
2	哥倫比亞大學	139
3	密西根大學	82
4	哈佛大學	61
5	紐約大學	59
6	康乃爾大學	57
7	芝加哥大學	52
8	伊利諾大學香檳校區	51
9	南加大	46
10	賓州大學	29
10	普渡大學	29

資料來源：*The Handbook of Chinese Students in U.S.A., 1932*（New York, 1932）, pp.59-61.

事實上，陳之邁所主修的政治學，一直是二十世紀前半葉中國留美學生趨之若鶩的學科。我在《楚材晉育》裡從七組不同的數據整理出了二十世紀初年留美學生十大熱門科系的排行榜。在這個十大熱門排行榜裡，政治學是一直擠身於這個十大熱門排行榜的七個學科之一。這七門學科——即使在排名上有所升降——是：工程、自然科學、商學、經濟學、政治學、農學，以及人文學科。一如表2.2的數據所顯示的，陳之邁在哥大的時候，政治學就是名列當年十大熱門科系排行榜的第九名。

表2.2：一九三二年中國留美學生十大熱門科系排行榜

排名	學科	人數
1	圖書館學（含填寫圖書工作1名）	61
2	教育	49
3	工程	49
4	企管	46
5	經濟	40
6	文理	39
7	電力工程	37
8	化學	36
9	政治學（含填寫政治1名）	35
10	英文	30

資料來源：*The Handbook of Chinese Students in U.S.A.*（New York, 1932）, pp. 62-65.

博士論文

陳之邁一九二八年秋天留美，一九二九年拿到俄亥俄州立大學的學士學位，一九三三年拿到哥倫比亞大學的博士學位，一共只花了五年的時間。他以清華學堂所修的學分插班美國大學三年級，再以一年半的時間拿到學士學位；接著，他再用三年的時間取得博士學位。以當時美國的學制來說，這不算特殊。以大學部來說，這是當時清華學堂畢業的留美學生的常態。同樣地，他拿博士學位的時間也不算特別短。比如說，比陳之邁早十五年到哥大讀研究所的胡適只花了兩年的時間，一年修課，一年寫論文。

從陳之邁晚年自編的年表看來，他至遲在一九三一年就開始著手寫他的論文了。這跟他在一九六六年在《傳記文學》裡所發表的〈《施肇基早年回憶錄》跋〉裡所說的時間點吻合。當然，他的自編年表跟〈《施肇基早年回憶錄》跋〉都是晚年寫的，即使在時間點上吻合，可能都同樣是晚年記憶錯誤的產物。

兩者相較，自編年表太過簡略，只記事，〈《施肇基早年回憶錄》跋〉裡的回憶比較完整而且生動：

> 我那時在紐約哥倫比亞大學研究所肄業，已通過博士口試，正在寫作論文。照哥倫比亞大學的制度，論文初稿教授是不予指導的，用意在訓練學生自己摸索，尋找材料。華盛頓的國會圖書館可以利用，且遠較哥倫比亞大學圖書館為佳。我於是抱著青年人「讀書不忘救國，救國不忘讀書」的一片熱誠，應徵到公使館工作，預備在國會圖書館附近租一間房間住下來。日間到公使館工作，夜間到圖書館研究。
>
> 我是清華官費留美學生。我到公使館工作的計畫很順利的獲得當時清華留美學生監督趙元任先生的准可。於是我便在民國二十年〔1931〕的初冬到了華盛頓。[20]

有意味的是，究竟陳之邁是在什麼時候到駐華盛頓公使館當學習員，他在晚年所作的這兩個回憶裡說法不同。在〈《施肇基早年回憶錄》跋〉裡，他說：「我便在民國二十年〔1931〕的初冬到了華盛頓。」在自編年表一九三二年條則說：「夏間博士論文初稿成。中日事變後，駐美公使館招余為「甲種學習員」。夏間移居Washington〔華盛頓〕。」

---

20 陳之邁，〈《施肇基早年回憶錄》跋〉，《傳記文學》，9.6（1966年12月），頁6-7。

換句話說，根據《施肇基早年回憶錄》跋〉裡的回憶，他是在一九三一年初冬到華盛頓：「日間到公使館工作，夜間到圖書館研究。」根據自編年表，他則是在一九三二年夏天完成博士論文初稿以後才去華盛頓的。我們幾乎可以斷定陳之邁在〈《施肇基早年回憶錄》跋〉裡回憶他到華盛頓的時間點是錯誤的。如果一如他所說的，他申請到公使館去工讀是由趙元任准可的，則他在自編年表裡說是在一九三二年「夏間移居Washington〔華盛頓〕」的說法才是正確的。這是因為趙元任是在該年四月四日正式到任「清華留美學生監督」的。[21]

此外，有一個旁證，亦即，陳之邁一九五三年三月四日為一份剪報所寫的雜記，可以用來參證陳之邁是在一九三二年夏天論文初稿完成以後才到華盛頓去的回憶。這份簡報是回顧羅斯福總統在二十年前的就職典禮。陳之邁說：

一九三三年三月四日，余在華盛頓。博士論文已經寫成，等待印刷。我則在大使館任甲種學習員，翻譯電訊，也辦點宣傳。現在已二十年了。當時的大使施植之先生，現還健在，駐華盛頓。

至於二十年前羅斯福的就職典禮，陳之邁回憶說：

記得FDR〔羅斯福〕就任的那天，天氣陰晦。我在Penn. Ave.〔賓州大道〕看了一整天的遊行，好不疲倦。我雖是學政治的，親眼看見這一幕，當時卻不了解它的歷史意義。記得那時選舉，我似乎同情胡佛連任，不知何故。胡佛現在年近八旬，是元老了。[22]

陳之邁這則雜記提供了一個有意味的資料，可以用來說明陳之邁在政治立場或意識形態上的傾向。不像留美時期自由、甚至激進，一輩子除了晚年成為「冷戰鬥士」以後才轉而支持共和黨的胡適，陳之邁年輕的時候就已經保守，在留美的時候已經是共和黨的支持者了。

綜合自編年表和〈《施肇基早年回憶錄》跋〉裡的回憶，並澄清了其在時間點上的歧異是由於回憶的錯誤，我們可以排列出陳之邁從寫成論文初稿到論文通過的時程：他在一九三二年夏天完成博士論文初稿以後「移居Washington〔華盛頓〕」、「日間到公使館工作，夜間到圖書館研究」從事修訂的工作。到了次年三月間，他「博士論文已經寫成，等待印刷。」然後，在一九三三年，「從華盛頓回紐約。論文通過。」

回歸到陳之邁的博士論文。他的論文《英國國會對委任立法的意見》（*Parliamentary Opinion of Delegated Legislation*），除了〈前言〉以外，共有六章。第一章：〈導論〉；第二章：〈國會對委任立法意見簡述〉；第三章：〈國會對委任立法的批判〉；第四章：〈對防護措施的要求〉；第五章：〈為委任立法辯護的理由〉；第六章：〈結論〉。

在〈前言〉裡，陳之邁就先對「委任立法」作破題的工作，說明了他這本博士論文的主題。他說：

> 在過去的幾十年間，〔西方〕各國政府把立法權授權給行政機關的趨勢加速。這個現象在所有國家裡都出現，但以英國——那「議會政治之母」（the Mother of Parliamentary Government）——最為明顯，也最引起討論。特別是在第一次世界大戰以後，政論家與大眾都以英國憲法的基本原則為基準來申論或批判這一個趨勢。

在破題以後，陳之邁就緊接著交代了他這本論文所要分析的主題：

21 趙新那、黃培雲編，《趙元任年譜》（北京：商務印書館，1998），頁180。

22 1953年3月4日剪報雜記，「陳之邁檔案」，「1953年資料」，062-01-02-018.

有關委任立法，贊成、反對以及如何運用立法和司法的措施來加以控制的研究已經多到汗牛充棟的地步。我這本論文的目的，不在對這些研究成果作增益的工作。我的目的比較有限，亦即，陳述英國國會在辯論委任立法的條例的時候正反兩方的意見。對歷居政府一而再、再而三地請他們讓渡立法權的要求，國會議員是充滿著妒意抓著不放？還是不作太多的抵抗就同意了？當政府敦促國會把立法權畀以行政機關的時候，他們是用什麼理由提出的？對於如何減少委任立法的必要性，以及在畀以行政機關委任立法之權以後如何有效地稽查其施行的情形，國會是否提出什麼主張？這些就是本論文想要回答的問題。

有意味的是，在表明了他這本論文的主旨是在：「陳述英國國會在辯論委任立法的條例的時候正反兩方的意見」以後，陳之邁卻毫不留情地批判起英國的國會：

> 近來，有許多人質疑國會辯論的效力以及國會意見的影響力。論者拿來做對比並禮讚的，是在「從前黃金時代」（"the good old days"），辭令與辯才在「下院」裡是很管用的。而且有這麼一說，說在聽完辯論以後，有議員改變投票的意向。然而，現在不一樣了。越來越僵硬的黨派立場、政黨對黨員越來越大的控制、內閣對「下院」越來越強的宰制、立法越來越複雜、媒體越來越高的重要性，這些因素加起來，搶走了大家對國會辯論的興趣及其效力。動人心弦的演說、唇槍舌劍的鏖戰已經少見。《國會辯論記錄》（*Hansard*）不再能讓人動容，越來越單調乏味。剛過世的貝爾福爵士（Lord Balfour）說：他心目中最能讓人受不了的懲罰方式，是強迫人去讀國會的辯論。

如果英國國會的辯論已經失去了效力及影響力，則為什麼還要研究國會對委任立法的意見呢？陳之邁說：

可以想見的，國會對委任立法的意見既引不起人的興趣，也不會有太多指標性的意義，但是值得研究的。因為委任立法很少有黨派的問題，當其成為辯論的焦點的時候，辯論雙方的發言都是發自內心，確信不疑的。儘管這些辯論不可能成為多數的意見，我們不應該就因此而對之失去興趣，忽略了它們可以是用來作為衡量英國的輿論以及國會對一再讓渡立法權的態度的指標。

從陳之邁這本論文的章節目次，我們可以看出他是相當公平地陳述了國會對委任立法正反雙方的意見。然而，毫無疑問地，他自己的立場是認為「委任立法」不但在英國的歷史上已經有端倪可尋，而且是所有現代民主國家的大勢之所趨，是沛然莫之能禦的。

在《導論》裡，陳之邁徵引了政治理論大師拉斯基的一個金句來作為他卷首的雋語。他用的是拉斯基在一九三三年出版的《危機之下的民主政治》（*Democracy in Crisis*）上的一句話：「現代的國會越能夠不去審理立法的細節，就越能夠勝任地履行它所被賦予的功能。」（頁11）

他在《導論》裡，開宗明義地就說：「在歐陸國家裡，把寬泛的立法權授權給行政機關是一個行之已久的作法。」英國以及英語系的國家則不同：

這些國家視立法權應該由立法機關來行使的。因此，在最堅持三權分立的美國，國會總是會嘗試著在法案裡，把所有在歐陸國家裡會交給行政機關去處理的細節都規定好。在英國，國會也總是想把立法權全部掌握在自己手裡。其結果是，英美兩國的法規極為繁複瑣碎，總是試圖把所有可能想像得到的情況都預先制定條例來對付了。（頁12）

然而，陳之邁說：「由於各式各樣本論文會指出的理由，英美兩國都發現它們越來越不可能維持這種所謂的『立法權壟斷』了。」由於美國不在他論文分析的範圍，可以毋論。以英國而言，這個「立法壟斷權」從來就不是澈底的：

在「光榮革命」以前，國會就已經透過古老的特權機制，或者用「樞密院令」（Orders in Council）把立法權授權出去了。一六八八年以後，國會也認為「用古老的機制以及允許『樞密院特令』（prerogative Order in Council）所不許但可以用『樞密院法規令』（statutory Order in Council）來行使」是一個簡便的作法。然而，從十八世紀初到十九世紀初，國會逐漸不再用這種作法。「立法壟斷權」在不知不覺間增長。甚至在法國革命期間有關的戰爭的規定，都制訂在國會法令裡。「圈地法」（Enclosure Acts）裡訂定了各地如何實施的細節。到了一八三二年前後，這種「壟斷權」開始鬆弛。由於社會立法數量的增加，頒布法規的權力開始越來越頻繁地被授權給了行政機關。第一次世界大戰的緊急情況及其後的發展，更大大地加速了這個趨勢。目前的情況，用《泰晤士報》一位作家的比喻來形容，許多法規「就只是骨頭而已，政府機關被畀以權力去把任何它們認為適切的肉放在骨頭上。」（頁13－14）

委任立法是現代民主國家因應現代政治、經濟、社會、與戰爭的變化及要求而生的。陳之邁說：

委任立法產生的原因，可以在過去一百年之間英國在社會、政治上的變化之中找得到。這些變化巨大地擴充、並複雜化國家所扮演的職責。從前國家主要的職責就是保境安民（defense and police），現代國家現在已經肩負起醫生、護士、老師、商人、製造、保險、住屋建造者、市鎮規劃、衛生工程、鐵道管理……以及上百種其它的職責。為了要履行國家這些額外的職責，立法的工作增加。

> 「西敏」的「繁忙工廠」〔英國國會〕不只是比從前更為繁忙，而根本是被立法工作的重擔給壓垮了……國會有限的時間，根本不足以用來明智地檢視冗長、複雜的法案，特別是現代法案裡特多的細節。許多重要的條例，在沒有充分的討論或者根本就沒有經過討論的情況之下就通過了。許多時候，法案會牽涉到專門的問題，須要專家仔細、費時去研究的。
>
> 一言以蔽之，委任立法是「不可避免地伴隨著現代國家立法而生的。」（頁28）

陳之邁贊成委任立法的立場在全書裡俯拾皆是。然而，他還特別闢出了專章來陳述贊成委任立法的國會議員的意見，亦即，第五章：〈為委任立法辯護的理由〉。在這第五章裡，他又引了拉斯基的一個金句作為他卷首的雋語：「行政部門便宜行事是現代國家的精髓。」這句話是拉斯基一九二三年六月在《公共行政專刊》（*The Journal of Public Administration*）出版的論文〈行政部門便宜行事的繁衍〉（The Growth of Administrative Discretion）裡所說的。

「行政部門便宜行事是現代國家的精髓。」拉斯基這句話就一語道破了陳之邁自己在政治上以行政權至上的信念與心態。事實上，就像我在《楚材晉育》裡所一再強調的，行政權至上，是二十世紀上半葉中國留美學生所普遍服膺的。就像二十世紀上半葉的留美學生普遍保守一樣，陳之邁在留美時候就已經保守；就像二十世紀上半葉的留美學生以國之棟樑自視、以學而優則仕為理所當然，陳之邁在留美時候就已經亟亟於學而優則仕。陳之邁回國以後，很快地就在言論上呼應國民黨，而且在清華大學任教不過三年半——再加上在長沙「臨時大學」的一學期——就學而優則仕地去加入政府了。所有這一切，其端倪在他的博士論文裡就可以看出了。

我沒有必要摘述陳之邁在第五章：〈為委任立法辯護的理由〉的陳述。其中，許多他已經在〈導論〉裡提出了。在此處，我只要徵引四段，一方面因為是他在先前所沒提起的；在另一方面，因為它們適足以成為他學成歸國以後為了要學而優則仕而呼應國民黨所作的言論的立論基礎。

第一段在第116頁上：

在承平時期，所有這些對法案要能具有「劃一性」（uniformity）、「彈性」（elasticity）、「立時性」（promptitude）的要求，是以增進政府的效率為考量。然而，一個國家在歷史上會有遭遇到危及到國家的存在以及人民的生活的危機。面對這些危機，是政府的職責；而過去的政府從來就沒有逃避這個重任。

第二段在第117－118頁上：

長久以來，應付這種非常或特殊的情況的作法，是犧牲立法權，提昇行政權：先是把立法權讓渡給「樞密院」，後來再讓渡給各個政府機關。在委任立法的歷史上，這種立法的例子俯拾皆是……這種非常措施不能拘泥於要先徵求國會同意的手續。

第三段在第119頁上：

大不列顛在現代所面臨的最大的危機毫無疑問地就是第一次世界大戰。即使戰爭的終止，危機也並沒有減輕。從一九一四年戰爭爆發到今天，英國面臨著一個危機又另外一個危機。為了應付情況，政府只得採行非常措施。

第四段在121頁上：

一九三〇年開始的「經濟大恐慌」促使大不列顛組織了一個「全民政府」（"the National Government"）。這個由麥克唐納（Ramsay MacDonald）先生所組成的政府，試圖用六組法律來面對情況。這六組法律把廣泛的立法與控制權授權給政府部門以及「樞密院」。〔國會〕畀以這些廣泛的便宜行事的權力的最高理由就是經濟的危機。

在〈結論〉裡，陳之邁總結他的論點說：

整體而言，本書這些篇章的目的是在大略地勾畫出英國輿論裡一個重要的部門，對於迅速盛行的一種立法方式的意見。這種方法犧牲了舊日的方法與傳統。國會裡的辯論或許扭曲事實（a travesty），「討人厭」（"a nuisance"）。然而，英國政府是一個民主的政體，輿論持續地彰顯，也許對那些主掌國政的人還是會有警惕的作用的。

他總結反對委任立法的國會議員的意見說：

由於委任立法沒有黨派的問題，它常常成為坦率、有時甚至是超黨派批評的對象。國會的批評者認為它對英國的政治智慧所開出的那朵奇葩——英國的憲法——造成了不可彌補的傷害。在他們所提出的理論裡，有一說說英國的憲法所散發出來的，是神聖的「古老的自由」、分權、國會的至高無上（parliamentary sovereignty）、民主原則的本身。

而且，據說委任立法把行政部門的權力提升到了它可以專權、獨裁的地步。更有進者，行政權的增加，意味著文官制度的權力增大，以致於它很可能會具有歐陸定義之下的「官僚體制」所有的弊病。為了維護憲法，為了防制內閣的獨裁，為了阻止「官僚體制」在英國出現，國會必須戮力於保持、甚至是收回其控制權，訂定防護的措施，不但在委任立法被濫用的時候可以立即補救，而且可以確保其不為濫用。（頁136）

陳之邁認為反對委任立法的人是活在一個已經一去不復返的時代裡。他說：

作為因應社會的新需要的委任立法持續蓬勃地成長。對它的抨擊再猛烈、再鍥而不捨，也許能暫時約束它的擴展。然而，只有那些最不可理喻的人，才會冀望能回到國會「立法權壟斷」的時代。（頁137）

他用嘲諷的語氣說：

政府會上台也會下台。今天在野批評，明天可能在朝為官。休沃爵士（Lord Hewart）是批評委任立法最不遺餘力的人。結果，他必須在「下院」裡為一些範圍極廣的委任立法辯護，因為那些法案是他所屬的黨所提出的。

「憲法的看守者」（"watchdogs of the constitution"）每一個黨裡上上下下都有。他們狂熱的程度，常常是取決於他們在議事廳裡剛好是坐在哪一邊。當「黨鞭」一響，他們維護憲法的意願就馬上臣服於要作為「〔黨的〕忠誠之子」（"a loyal son"）之心。不管他們是不是憲法的維護者，議員走進議事廳的時候，是走進其所屬的黨的議事廳。（頁137－138）

《英國國會對委任立法的意見》這本博士論文出版時候，陳之邁才二十五歲。他留美一共五年的時間。他在一九二八年進俄亥俄州州立大學。像當時大多數清華留美生一樣，陳之邁從大三讀起，在次年十二月得到學士學位。一九三〇年，他進哥倫比亞大學研究所讀政治學。這本博士論文，據他在回國一年以後所寫的〈專家與政治〉一文裡自謙的說法，是他「費了三年多的工夫寫成了一部小書。」

陳之邁這本論文只有一四五頁，用今天的標準來看，誠然是「一部小書」。然而，這本書小，主要的原因是因為雖然陳之邁自己的立場鮮明，但他只著重於分析英國國會對委任立法正反兩方的意見。「委任立法」的權威卡爾（Cecil Carr），在書評裡就稱讚陳之邁書寫得很好。他說唯一的缺點，是陳之邁把委任立法制度溯源到英國一八三二年的《改革法案》（Reform Act）。他說：「這是一個不錯的時間點。只是，這就低估了英國中古時代就已經存在的大量的自然形成或者形同事實的委任立法。」[23]

最重要的是，陳之邁這本二十五歲時完成的麻雀雖小、五臟俱全的少作，奠定了他一生的政治思想與意識形態的基調。這個基調的立論基礎，就是我在上文已經強調過的，亦即，他與當時大多數留美學生所共同具有的以行政權至上的信念與心態。

從這個行政權至上的信念與心態的立論基礎出發，那作為全歐洲議會政治的楷模——那「議會政治之母」——的英國的「委任立法」的發展史，就回過頭來成為一個最重要的佐證，讓陳之邁在學成歸國以後申論說：即使在民主國家的始祖——以及許多中國人引為楷模的美國——行政權至上已經成為二十世紀沛然莫之能禦的世界趨勢。

---

23 C. T. Carr, "Delegated Legislation in England As Seen from Abroad," *Journal of Comparative Legislation and International Law*, Vol. 16, No. 1（1934）, pp.96-103.

這個陳之邁以英國「委任立法」的發展史作為行政權至上的世界趨勢的佐證有六個面向。第一個是歷史的面向。英國的政治、社會、經濟在一百年間產生了深遠的改變。伴隨之的，是國家角色的改變。用陳之邁在博士論文裡的話來說：

從前國家主要的職責就是保境安民，現代國家現在已經肩負起醫生、護士、老師、商人、製造、保險、住屋建造者、市鎮規劃、衛生工程、鐵道管理……以及上百種其它的職責。為了要履行國家這些額外的職責，立法的工作增加。

所謂「從前國家主要的職責就是保境安民」的說法，指的自然是像史賓塞（Herbert Spencer）那些傳統自由主義者所揭櫫的消極的國家論。相對的，所謂「現代國家現在已經肩負起醫生、護士、老師、商人、製造……上百種其它的職責」的說法，指的自然是社會立法勃興的民主國家裡所形成的積極的國家論。

英國的「委任立法」所提供給陳之邁作為行政權至上的世界趨勢的佐證的第二個面向是現代國家的特質，亦即，技術官僚的必要。如果「現代國家現在已經肩負起醫生、護士、老師、商人、製造」等等「上百種其它的職責」，則不是專家的國會議員勢必要倚賴專家學者來作為立法的顧問。用陳之邁的話來說：

國會有限的時間，根本不足以用來明智地檢視冗長、複雜的法案，特別是現代法案裡特多的細節。許多重要的條例，在沒有充分的討論或者根本就沒有經過討論的情況之下就通過了。許多時候，法案會牽涉到專門的問題，須要專家仔細、費時去研究的。

所以，陳之邁才會說：委任立法是「不可避免地伴隨著現代國家立法而生的。」

「委任立法」作為行政權至上的世界趨勢的佐證的第三個面向是：現代國家對提昇行政效率的要求。國會議員不但不是專家，須要倚賴專家學者來作為立法的顧問，而且他們開會的時間有限。在議期裡已經不可能有足夠的時間一一詳細地審視、討論每一個議案；在議期結束以後更屬於立法的空檔期。而國家大事、世界局勢不會因為國會是否在議期當中而隨著靜止、凍結。用陳之邁的話來說，法案的「立時性」在承平時期已經如此，更何況是在國家面臨危機的時候。此外，作為現代國家，所有的法案，再用陳之邁的話來說，必須要能具有「劃一性」與「彈性」。這是作為現代國家所不可或缺的一個要素。

「委任立法」作為行政權至上的世界趨勢的佐證的第四個面向是：危機已經成為現代世界的新常態。這個新常態第一次的出現就是第一次世界大戰。為了因應這個英國史上「最大的危機」，英國組成了「危機政府」，削減了立法權、擴充了行政權。結果，舉世的發展說明了第一次世界大戰並不是一個暫時的危機，而是一個危機接著一個危機的開始。在當時而言是最近的一個危機，即使沒有危及到英國的存亡，也澈底地挑戰了其經濟的命脈。這就是從一九二九年開始，從美國蔓延到全世界的「經濟大恐慌」。「經濟大恐慌」促使英國組織了一個「全民政府」，「把廣泛的立法與控制權授權給政府部門以及『樞密院』」。英國國會之所以會採用「這些廣泛的便宜行事的權力的最高理由就是經濟的危機。」

「委任立法」作為行政權至上的世界趨勢的佐證的第五個面向是：英國國會已經淪為一個譁眾取寵、信口雌黃的「空言堂」。沒有錯，英國國會曾經有過它輝煌的時代。在「從前黃金時代」，陳之邁引述說：「辭令與辯才在『下院』裡是很管用的。而且有這麼一說，說在聽完辯論以後，有議員改變投票的意向。」然而，那個時代已經過去了。國會裡的辯論「不再能讓人動容，越來越單調乏味。」他甚至徵引貝爾福爵士嘲諷國會辯論的話說：「他心目中最能讓人受不了的懲罰方式，是強迫人去讀國會的辯論。」在他博士論文的〈結論〉裡，他甚至赤裸裸地形容國會裡的辯論「扭曲事實」、「討人厭」。

「委任立法」作為行政權至上的世界趨勢的佐證的第六個面向是：國會議員已經成為其所屬政黨的尖兵。

英國國會的辯論之所以越來越單調、乏味，而且「扭曲事實」、「討人厭」，陳之邁認為其所顯示的是：「越來越僵硬的黨派立場、政黨對黨員越來越大的控制。」因此，他才會在〈結論〉裡用極盡嘲諷之能事的口氣形容他們說：

「憲法的看守者」每一個黨裡上上下下都有。他們狂熱的程度，常常是取決於他們在議事廳裡剛好是坐在哪一邊。當「黨鞭」一響，他們維護憲法的意願就馬上臣服於要作為「〔黨的〕忠誠之子」之心。不管他們是不是憲法的維護者，議員走進議事廳的時候，是走進其所屬的黨的議事廳。

第二章　取道歐洲、經三大洋返國

在《排華法案》之下，所有二十世紀中葉以前的中國留美學生在學成以後都無法留在美國，必須儘速回國，陳之邁也不例外。由於清華留美學生學成歸國的時候可以請領川資，再加上他在回憶裡說他因為論文出版也拿到了一筆稿費，回國的旅程沒有缺錢的顧慮，他於是決定到歐洲旅遊，然後再從歐洲返回中國。他在自編年表裡說他是在七月間啟程的。從紐約橫渡大西洋到倫敦，他搭乘的是德國「北德萊航運公司」（Norddeutscher Lloyd）的「布勒門」（Bremen）號郵輪。

由於旅費充裕，陳之邁所挑選的郵輪是最高級的。他所搭乘的「布勒門」號郵輪是當時橫渡大西洋的郵輪裡最大的一艘，只有同樣是「北德萊航運公司」所屬的另一艘郵輪——「歐羅巴」（Europa）號——可與之媲美。[1]陳之邁說他所搭乘的學生艙位「票價低廉，設備則遠在其他郵船之上。」他在四十年以後所寫的回憶裡，把他在該郵輪上經驗描述得栩栩如生：

> 學生艙裡約有八百人，都是赴歐洲觀光考察的美國學生，到「舊世界」去吸收文化。船上只有我是東方人。德國郵船一切都是德國式的。伙食自然是純粹德國菜餚。有該國最通行的白水煮豬蹄，佐以酸白菜、乳酪，並飲黑啤酒，別有一番風味，情調和美國迥不相同。這是我生平第一次橫渡大西洋。碧海蒼天，汪洋萬頃，波濤起伏。一望無涯，使人驚嘆造化的偉大與雄奇。此後我橫渡大西洋許多次，都是乘飛機的。機艙之內很難得見到海洋的真面目。只是一片茫茫雲海，幾個小時便抵達了，反而覺得索然無味。

陳之邁這個一九三三年學成歸國之旅，是一個環遊地球將近一圈的壯舉。他先從紐約橫渡大西洋到倫敦。倫敦的下一站是巴黎。巴黎以後，他坐火車到德國。德國之遊結束以後，他搭乘「屈爾」號（Trier）貨輪，從漢堡經荷蘭的鹿特丹、比利時的安特衛普、倫敦西南的南安普敦港、西班牙的巴塞隆納、義大利的熱那亞、經地中海從埃及的賽德港駛入蘇伊士運河、紅海盡頭非洲東岸的吉布提（Djibouti）、接著向東駛入印度洋、錫蘭

〔注：今名：斯里蘭卡〕的可倫坡（Colombo）、再往東南到檳榔嶼、麥丹（Medan）、新加坡、馬尼拉、香港、基隆、最後抵達上海。

只是，這個壯舉的經歷，他當初並沒有留下記錄，而是在四十年以後，以〈舊遊雜憶〉為名的一系列六篇文章裡，夾敘夾議描寫出來的。四十年以後，也許記憶猶新，許多去過的地方也難以忘懷。然而，事物景觀，特別是人物世事已經完全改觀。更重要的是，陳之邁自己也完全不是四十年前的陳之邁了。四十年前他是一個稚嫩、充滿著理想、衝勁的歸國留學生。四十年後，他早已從四年清華大學教授的身分學而優則仕從政。先是被蔣介石派到美國從事反共宣傳工作凡十一年。接著再歷任駐菲律賓、澳大利亞、日本、教廷的外交官。質言之，四十年以後的陳之邁是一個「冷戰鬥士」、蔣介石的「反共尖兵」。從這個角度來看，他的〈舊遊雜憶〉系列更確切的題目應當叫做：〈舊遊「新」憶〉——以「今日」之政治立場「新詮」舊事之謂也。

倫敦訪學

「布勒門」號郵輪從紐約啟程，在航行了五天以後抵達位於倫敦西南的南安普敦（Southampton）港。郵輪抵達，辦完入境手續以後，陳之邁立即轉乘火車前往他「嚮往已久」的倫敦。他在四十年以後所作的回憶裡，仍然不忘他那種夙願得償的心滿意足的快慰：「我在學校裡修讀過英國史。倫敦許多景物都在書本裡和圖片中見過了，親臨其境自有一種『他鄉遇故知』的感覺。」

1 有關陳之邁學成歸國的倫敦之行，除了另有徵引以外，是根據陳之邁，〈倫敦印象記——舊遊雜憶之一〉，《傳記文學》，21.5，1972年11月，頁45-51.

陳之邁的倫敦之行並不完全是觀光旅遊的。他回憶說：

這次我初到倫敦，事前曾和一位英國官員卡爾（Cecil T. Carr）先生通信，贈送他一本我的論文。我的論文是講英國「委任立法」的。卡爾先生正是在英國國會主管「委任立法」的官員，且有專門著作問世，我的論文中曾多處徵引……

卡爾這位「官員」，陳之邁說是「一位中下級公務員」。他在四十年以後所作的回憶裡說：

其後數十年，我重遊倫敦許多次，卡爾先生則再尋不到了。大約他已退休，到別的地方頤養天年去了。但我每次到這個霧都，總難忘這位誠實純潔的公務員，終身專事一個職業，孜孜不倦，正是英國文官制度下一位典型的人物。

回憶是不可靠的，特別是四十年以後所作的回憶。比如說，陳之邁在回國一年以後所寫的〈專家與政治〉一文裡，就說他是和一位美國的教授一起去見卡爾的：

前幾年我對於英國的「委任立法制度」很發生興趣，於是費了三年多的工夫寫成了一部小書。同時有一位美國的教授也對那個問題發生興趣，費了幾年的工夫也寫成了一部大書。後來我們在倫敦晤著，相約去見英國「立法委員會」專門管登記「委任立法」的那個官吏，把我們的書送給他看。過了兩天他請我們吃飯。席間他說：

「你們的大著我已經拜讀了。以外國人而能研究我們的制度，並有這樣的作品，可算難能；但是據我看來，你們對於這個制度仍然非常隔膜。你們知道了法律，但尚不能知道法律執行的實際情形。實際情形不是讀書、翻檔案、查法律便可知道的。要緊的是要有執行法律的經驗。我在這裡管理登記已三十餘年，故我敢向你們說經驗的重要。」說完了之後，他便述說他的經驗。

這一席話使我們覺得他可以算得是一位專家。[2]

「這一席話使我們覺得他可以算得是一位專家。」這句話是不正確的。卡爾不只是一位「專家」，他在當時就已經是英國「委任立法」制度獨一無二的「權威」。事實上，卡爾跟那位「美國教授」後來都不是等閒之輩。陳之邁在清華短短四年的教學生涯裡，雖然教授了西方國家的政治與政制，但已經不是他研究的範圍。更何況他在其後就學而優則仕去了，他自然不會知道那位「美國教授」已經成為加拿大行政法的權威。

那位陳之邁筆下的「美國教授」，我可以斷定是後來成為加拿大行政法權威的衛理士（John Willis）。陳之邁的博士論文《英國國會對委任立法的意見》與衛理士的《英國行政部門所擁有的國會應有的權力》（*The Parliamentary Powers of English Government Departments*）都是一九三三年出版的。陳之邁的書是哥倫比亞大學出版社出版的，衛理士的書是哈佛大學出版的。這兩本書光就篇幅而言，後者有二二四頁，超過陳之邁一四五頁博士論文的一倍半。

衛理士其實是英國人，而且當時還不是教授。衛理士一九〇七年出生。他從英國牛津大學畢業以後，得到了美國「人類福祉基金會獎金」（Commonwealth Fund Fellowship）到哈佛大學法學院做兩年（1930-1932）的研究。[3]由於衛理士沒有申請進哈佛法學院，因此他只能算是一個「特別生」（special student）。衛理士顯然是一

2 陳之邁，〈專家與政治〉，《獨立評論》，126號，1934年11月11日，頁2-3.

3 以下有關衛理士生平的描述，是根據轉引自Michael Taggart, "Prolegomenon to an Intellectual History of Administrative Law in the Twentieth Century: The Case of John Willis and Canadian Administrative Law," *Osgoode Hall Law Journal*, 43.3（Fall 2005）, pp.237-241.

個絕頂聰明的人。胡適的美國朋友，法蘭克福特（Felix Frankfurter），當時是哈佛大學法學院教授，後來成為美國聯邦最高法院大法官。據說法蘭克福特曾經稱讚衛理士，說他是他所教過的學生裡最傑出的。

然而，傑出如衛理士，在「經濟大蕭條」（Great Depression）時代，在英國就是找不到教書的工作，連有名的拉斯基（Harold Laski）都愛莫能助。拉斯基在一九三二年十月二十九日給法蘭克福特的信上說，由於英國教書工作的機會屈指可數，他幫衛理士在中國找到了一個半年的工作，希望他能暫時屈就。[4]衛理士顯然沒有接受中國那個工作。一九三三年，位於加拿大東岸新斯科細亞省（Nova Scotia）的戴爾豪斯大學（Dalhousie University）的法律學院臨時出了一個一年的職缺，衛理士前去應徵，得到了那個工作。一年以後，那個工作變成永久性的。衛理士一心想要回到英國任教。怎知人算不如天算。他愛上了一位加拿大小姐，跟她結了婚，於是就一輩子留在加拿大了。他在戴爾豪斯法學院教了十一年以後，轉往多倫多約克大學（York University）的阿斯古大堂法學院（Osgoode Hall Law School）任教四年。接著，他參與創建多倫多大學的法學院。一九五二年，他回到新斯科細亞省當執業律師。五年以後，他接受英屬哥倫比亞大學（University of British Columbia）新成立的法學院擔任院長。兩年以後，他回到多倫多大學任教，一直到一九七二年退休。衛理士長壽，他在一九九七年六月過世的時候，差一個星期就滿一百歲。

如果衛理士在學術界出類拔萃，被陳之邁稱之為「可以算得是一位專家」的卡爾絕對不是一位沒沒無聞，在退休以後，不知所蹤，「到別的地方頤養天年去了」的「中下級公務員」。即使是在陳之邁在一九三三年訪問他的時候，卡爾不但是劍橋大學的法學博士，而且已經是一位世界級的行政法權威了。更重要的是，卡爾的工作是為英國國會以及行政部門擬定委任立法的法規，絕對不是一個「中下級公務員」。

卡爾一八七八年出生。他一九〇一年從劍橋大學的「三一學院」（Trinity College）畢業的幾年之間就已經出版了三本書了。一九一九年，他從軍中退役，擔任每年都出版的《修訂規約》（*Revised Statues*）以及《委任立法條例》（*Statutory Rules and Orders*）彙編主編的助理。他在一九二三年升任為主編，任期達二十年之久。劍橋大學在一九二〇年授予他法學博士的學位。一九三五年，在陳之邁和衛理士在倫敦訪問他兩年以後，卡爾接受美國政府的邀請，到華盛頓擔任美國籌劃在次年開始出版的《聯邦公報》（*Federal Register*）的顧問。卡爾在一九三九年被封爵成為卡爾爵士（Sir Cecil Carr）。從一九四三年到一九五五年，他是英國「下議院議長的法律顧問」（Counsel to the Speaker of the House of Commons）；一九四三年獲得「巴斯勳章」（Order of the Bath）；一九四五年被任命為「皇室法律顧問」（King's Counsel）。他卒於一九六六年。

陳之邁在一九三三年訪問卡爾的時候，不是他一個人去，而是跟衛理士一起去拜訪的事實，還有一個陳之邁和卡爾不約而同提供的內證。陳之邁說他跟那位「美國教授」，「在倫敦晤著，相約去見」卡爾，把各自所寫的有關「委任立法」的書送給他看。他說兩天以後，卡爾請他們吃飯，在席間對他們說：

> 你們的大著我已經拜讀了。以外國人而能研究我們的制度，並有這樣的作品，可算難能；但是據我看來，你們對於這個制度仍然非常隔膜。你們知道了法律，但尚不能知道法律執行的實際情形。實際情形不是讀書、翻檔案、查法律便可知道的。要緊的是要有執行法律的經驗。我在這裡管理登記已三十餘年，故我敢向你們說經驗的重要。

陳之邁所寫下來的卡爾對他和衛理士研究成果的批判，完全與卡爾為他們的書所寫的書評的開場白吻合。卡爾這篇在一九三四年發表的書評的題目是：〈外國人看英國的委任立法〉（Delegated Legislation in England As Seen from Abroad）：[5]

---

4 Harold Laski to Felix Frankfurter, 29 October 1932, 轉引自Michael Taggart, "Prolegomenon to an Intellectual History of Administrative Law in the Twentieth Century: The Case of John Willis and Canadian Administrative Law," *Osgoode Hall Law Journal*, 43.3（Fall 2005）, p.240.

5 C. T. Carr, "Delegated Legislation in England As Seen from Abroad," *Journal of Comparative Legislation and International Law*, Vol. 16, No. 1（1934）, pp.96-103.

新近兩本在美國出版的書，顯示了外國人對我國行政部門與國會之間應有的關係的問題的興趣……這兩本書所專注的是法規的制定，而不是行政部門所擁有的準司法的職權（quasi-judicial functions）。這兩位作者都對我國的法規以及我國國會裡的辯論瞭如指掌，同時也巧妙地迴避了（happy avoidance）政治的問題。

卡爾雖然用外國人看英國的委任立法制度為題，但他當然知道衛理士是英國人。他在外國人那句話之後所加的附註裡說：「從牛津大學拿『人類福祉基金會獎金』去哈佛的衛理士先生，從國外分析我們，但不能說是一個外國人。」

卡爾稱讚陳之邁書寫得很好。他唯一指出的缺點，是陳之邁把委任立法制度溯源到英國一八三二年的《改革法案》（**Reform Act**）。他很委婉地指出：「這是一個不錯的時間點。只是，這就低估了英國中古時代就已經存在的大量的自然形成或者形同事實的委任立法。」

卡爾不只請陳之邁吃飯，討論英國的委任立法制度，他而且為陳之邁導遊。其中，陳之邁特別提到的，是英國的國會大廈以及「西敏寺」（**Westminster Abbey**）。陳之邁說英國國會有「國會之母」（**the mother of parliaments**）的美稱，因為世界上許多實行代議制度的國家都以英國的國會為楷模。國會大廈，卡爾老馬識途：

卡爾先生帶領我到國會各部分參觀，指出國會開會時，首相坐在哪裡，反對黨領袖坐在哪裡。又領我到普通遊人所不能到的地方，包括議員的更衣室、休息室等等。他對於國會的掌故，如數家珍，使我對於英國的民選代議制度增加了知識。聽他娓娓講來，有如坐春風之感。

參觀英國國會，彷彿是讓陳之邁回到了歷史的現場一樣；他為了寫博士論文，讀了國會議員對委任立法正反兩面的辯論的記錄。現在身歷其境，所有那些他從前在議事記錄上所讀的辯論，彷彿就像是從字紙上躍然在國會大廈的議事廳裡迴盪一般：

尤其是我曾在哥倫比亞大學圖書館的地窖裡消磨了一年多的時間，所讀的是英國國會的議事記錄。我的論文裡引用了國會議員辯論時的發言。每一個字都是在這個議場上說出的。而我現在則到了會場裡，身歷其境，特別感覺得親近。

「卡爾先生見我的遊興正濃」，就接著帶陳之邁到附近的「西敏寺」去遊覽。陳之邁說由於他是第一次遊覽「西敏寺」，「只能採取重點主義，選擇幾個特殊人物的墓塚看看。」政治人物方面，他看了十九世紀兩位有名的政治家的墓塚：迪斯雷利（Benjamin Disraeli）、葛萊斯頓（William Gladstone），原因是因為他「讀過他們的傳記，約略知道他們的生平。」科學家方面，他看了牛頓、達爾文的墓塚。此外，他特別提到了「詩人的角落」（Poets' Corner）：喬叟（Geoffrey Chaucer）、莎士比亞、米爾頓（John Milton）、華茲華斯（William Wordsworth）。

左派知識份子鬼影幢幢的「倫敦經濟學院」

陳之邁這一系列以《舊遊雜憶》為題，描寫他當年學成歸國的時候取道歐洲旅遊經歷的文章，事實上是以「舊遊」為名，而「雜憶」才是其實。首先，與其說是「雜」憶，毋寧說是「新」憶。其次，作為次題的「雜憶」根本喧賓奪主，完全取代了作為主題的「舊遊」的地位。更有意味的是，這喧賓奪主還是雙重的。第一重的喧賓奪主，是「遊記」被「導遊」的濃興給喧賓奪主了，以致於與其說陳之邁是在寫遊記，不如說他是在作歷史名勝古蹟的導覽。倫敦遊記如此，德國、西南歐遊記亦是如此，而最為極端是巴黎遊記。他的〈巴黎印象記（上）、（下）——舊遊雜憶之二〉，描述的全是巴黎的歷史名勝古蹟與人文歷史，幾乎完全沒有他在巴黎的遊蹤。

第二重的喧賓奪主在於「雜憶」。陳之邁是以「雜憶」為名，而臧否人物為實。這一系列的文章是他四十年以後所作的回憶，寫得歷歷在目，彰顯他具有驚人的記憶力。然而，就像所有的回憶錄都是以今天的立場去詮釋、甚至是改寫自己過往的歷史一樣，《舊遊雜憶》的「雜憶」是典型的借題發揮，是作為「冷戰鬥士」、蔣介石的「反共尖兵」的晚年的陳之邁臧否人物，特別是抨擊他眼中親共、媚共——其實是他當年所景仰的——的人物的借題發揮。最典型的例子是他這系列裡的〈倫敦印象記〉。

在〈倫敦印象記〉裡，陳之邁說他去參觀了「倫敦經濟學院」（London School of Economics）——今天的「倫敦政治經濟學院」。他說：

> 「倫敦經濟學院」是「費邊社會主義」（Fabian Socialism）的大本營，主張用漸進主義（gradualism）進行社會主義，反對用暴力實行他們的理想。

對於參與創校的韋伯夫婦（Sidney and Beatrice Webb）、蕭伯納（Bernard Shaw），他對他們的早年還算是正面的。他形容他們「文筆犀利」，「言論激烈」、「對於資本主義社會，尤其是英國的資本主義社會，作無情的抨擊，詆毀得體無完膚。」然而，至少他們起初的主張是溫和的：「在早年時期，韋伯、蕭伯納等人所提倡的是用和平手段來實現社會主義的思想，還能切合英國人的胃口。」誰知道在俄國革命以後，他們完全變了人。在韋伯夫婦方面：

一九一七年俄國布雪維克革命後，他們竟無視俄國革命之暴虐，放棄了原來的和平漸進的主張，盲目的為蘇維埃共產主義作義務宣傳。韋伯夫婦後來於遊俄之後，著有〔一九三六年出版的〕《蘇維埃共產主義：一個新的文化》（*Soviet Communism: A New Civilisation*）兩鉅冊，將蘇俄社會說成天堂一般，並且為其罪惡強詞辯護。英國知識界為之譁然。

有關蕭伯納，他恥笑說：

蕭伯納是劇作家，以編滑稽劇本馳名於世。他有「語不驚人死不休」的氣概，對於社會問題無所不談，發為荒誕不經的言論以沽名釣譽。他對於戲劇確有天才，絕無疑問。正是因為他在這方面負有盛名，人們對他所發表有關社會問題的言論，亦予重視，實不可思議。蕭伯納關於費邊社會主義，著有一書，題曰《向有智慧的婦女解說社會主義和資本主義》（*The Intelligent Woman's Guide to Socialism and Capitalism*）。我在俄亥俄州立大學時，講授「經濟理論」的教授曾指定為課本之一。當時大家無不感覺愕然。後來才知道這位教授本人就是社會主義者，並且曾以美國社會黨候選人競選哥倫布市長。美國中西部本為保守主義的地帶，自然沒有當選。

看來，何止只有「倫敦經濟學院」是左派知識份子鬼影幢幢的所在！原來從四十年以後的「冷戰鬥士」、蔣介石的「反共尖兵」的陳之邁的角度回看過去，他當年就讀的俄亥俄州立大學也有左派知識份子的身影！

陳之邁用了重話總結他對蕭伯納的抨擊：

蕭伯納的書妙語如珠，但根本便不夠資格稱為學術論著。全篇信口雌黃，滿紙詖辭謬論。有的意見不但荒唐胡鬧，而且幼稚可憐。蕭伯納和韋伯夫婦一樣，極力吹捧蘇俄共產主義，後來並且為義大利的法西斯主義和德國的納粹主義辯護。文人之無行無恥，堪嘆觀止。

在譏詆了韋伯夫婦和蕭伯納以後，陳之邁一竿子打翻一船人，批判了所有「倫敦經濟學院」的教授：

> 韋伯夫婦和蕭伯納都是職業作家，不在大學任教職。第一次世界大戰後，費邊社逐漸侵入倫敦大學，其經濟研究院寖假而成為其活動中心。集結在這裡的費邊主義者甚多，都是教授，在學術上赫赫有名，而利用杏壇作政治宣傳。

那些「利用杏壇作政治宣傳」的教授，陳之邁說他姑舉兩位為例。很奇特的是，他舉的第一位唐尼（Richard Henry Tawney），他不但沒有抨擊，而且讚譽有加，完全忘卻了他舉他為例的目的，是在抨擊「倫敦經濟學院」的教授「利用杏壇作政治宣傳」。

他稱讚唐尼「學富五車。」他雖然看似褒貶參半地說唐尼：「文筆犀利，如高山流水，一瀉千里，而立論則鋒銳而偏激。」但卻又稱讚他：「為人則謙沖為懷，望之如聖賢。」他最引為讚嘆不已的，是唐尼在一九三一年到中國考察以後所寫的《中國的土地與勞工》（*Land and Labour in China*）。他讚嘆說：

> 唐尼從來不曾研究過中國問題，更不通曉中國語文。在華居留不到一年，絕對說不上是「中國通」。然而，他是有訓練的觀察家，故能在極短時間抓到問題的核心。所謂搔著癢處，都是因為他有學問根底，不是一般所謂「中國專家」所能望其項背的。

他讚譽唐尼那本書是一部經典、一個奇蹟：

> 我嘗想到外國人論中國的著作，汗牛充棟。有的出自新聞記者，有的出自久留中國的外國人士。這類書我一生看了不知幾百部。史實每多錯誤，議論似是而非。唯有唐尼的這一本《中國的土地與勞工》最為精彩，歷久彌新，實為西洋人有關中國著作的一項奇蹟。

如果舉唐尼是引喻失義，陳之邁引用的第二個例子，拉斯基（Harold Laski），則符合他形容是「利用杏壇作政治宣傳」的指控——如果他的分析正確的話。在抨擊拉斯基是馬克思主義政權的馬前卒之前，他先破解拉斯基從人人捧為世界級的學者、教授的形象：

> 拉斯基（Harold J. Laski）是「倫敦經濟學院」最出風頭的角色，桃李滿天下，我國亦儘有之，不斷為他吹噓……他一生著作甚多。一般而言，尚具有學術價值，但並沒有什麼創見。他的生徒稱頌他為政治學「權威」或「泰斗」等等，則是過甚其辭。我在哥倫比亞大學時，拉斯基教授曾到校作一連串的演講，所講的是英國內閣制度。我當然抓住這個機會前往聆聽，故也可以說是忝列門牆。

他說外行人聽拉斯基演講似乎口若懸河，內行人一聽就知道他只不過是重述他著作裡的大要：

> 他講學的姿態很特別。身體直立講台之上，絕不走動。雙手把握著衣襟。很少放下來。他的面部沒有表情。口若懸河，滔滔不絕。五十分鐘結束。轉身便是〔走?〕，最怕學生和他糾纏。習政治學者大都讀過他的幾部著作。他的講演不過是將書中的大意重述一遍而已，沒有什麼特別精彩之處。盛名之下，使我頗為失望。

不但如此，他甚至暗諷拉斯基的演講像放唱片一樣，老調重彈。他到了「倫敦經濟學院」聽他演講，不但演講時的神態一成不變，而且內容跟他幾年前在哥倫比亞大學所講的一模一樣：

我到「倫敦經濟學院」參觀。在告示牌上發現有公開演講，夜間舉行，任何人都可以購票入座。我當即買了幾張票，按時前往聽講。其中一次正是拉斯基教授所講的英國內閣制度。那天晚上講堂裡坐了約二百人，佔滿了每一把椅子。其間有不少亞洲學生，印度學生似乎特別多。到時拉斯基教授蒞臨，徐步走上講台，雙手把握著衣襟，便開口講學，一口氣講了五十分鐘。時間到了便下台離去。這次他所講的，和我在哥倫比亞大學的聽到的完全一樣，好像是在背誦同一篇講稿。真令我萬分惆悵，因為我好像重聽了一張留聲機唱片，一字不差。有了這次經驗，我才領悟到這位名教授亦不過一位教書匠而已。

在晚年的陳之邁筆下，拉斯基不但只是一個教書匠，而且還是一個造反沒膽的「秀才」：

拉斯基教授於講學之餘，也曾參加實際政治，出任過幾次公職，和英國勞工黨有深厚的淵源，多次參與該黨政綱的制訂。但是他始終是一位理論家。他謳歌英國的民選代議士制度，而他沒有勇氣競選代議士，也許怕的是萬一落選影響他的聲譽。

他嘲笑拉斯基講馬克思主義，敢言不敢行。在人民不接受馬克思主義的英國，他有志難伸，鬱鬱不得志：

理論上他是一位馬克思主義者。他所提倡的社會主義就是馬克思的「科學社會主義」。他深知馬克思主義是英國人民所不能接受的，但他不能主張仿效俄國實行武力革命，奪取政權……英國人民絕不可能用自由選舉的方式推出一個馬克思主義的政府。而他又不能主張打倒全部政制，實行暴力革命，來建立馬克思主義的政權。這是拉斯基思想體系中根本的矛盾，故鬱鬱不得志。他沒有唐尼的休養，不甘心只做一名教授，但他亦無由實行他的主張。他的著作亦沒有預期的影響。雖則他的聲名籍甚，門下除了許多學生，為他不斷的吹捧。

陳之邁總結他對以「倫敦經濟學院」為中心的費邊社的評語，抨擊的還是韋伯夫婦、蕭伯納、拉斯基：

費邊社裡固然不少飽學之士。在埋首作學術研究，唐尼教授即為其中之最著者。但是韋伯夫婦、蕭伯納、拉斯基等等，則一向從事於互相標榜，自我宣傳。所謂在台後喝采，所說的總是那幾句老話，實在令人生厭。在西洋近代政治思想中，費邊社會主義有其地位，不過聲過其實而已。

陳之邁在《舊遊雜憶》裡對費邊社、韋伯夫婦、蕭伯納、拉斯基的冷嘲熱諷與批判是否正確不是此處的重點。重點是：那些都不是陳之邁學成歸國時候以及其後幾年之間的觀點，而是他四十年以後作為一個「冷戰鬥士」、蔣介石的「反共尖兵」對所有他眼中親共、媚共者的批判。

就以韋伯夫婦為例，至少到一九三七年為止，陳之邁不但對韋伯夫婦景仰不已，而且對他們所著的《蘇維埃共產主義》兩鉅冊推崇備至。他該年在《獨立評論》上所發表的書評開宗明義地表達他對韋伯夫婦皓首窮經的精神的崇敬，以及他對他們治學嚴謹、分析精道的心悅誠服：[6]

6 陳之邁，〈《蘇維埃共產主義》書評〉，《獨立評論》，239號，1937年6月20日，頁15-17.

英國著名的「費邊」社會主義者韋貝〔韋伯〕夫婦現在已登耄耋了。但他們好學不倦的精神使他們到蘇聯去實地考察該聯合國的情形，回國後寫成了這一千一百五十餘頁的報告書……韋貝夫婦畢生研究社會問題，眼光的尖銳，論斷的精確，是我們所能深信不疑的。他們這兩本龐大的報告書實在值得細讀。

他說：「按照他們的分析，蘇聯的革命是五重革命：技術的，經濟的，政治的，宗教的，家庭的。」在技術方面，蘇聯所進行的是一個工業革命：「他們要在一、二十年裡，做到英美等國費了一、二百年才做到的事情。」宗教的革命則是屬於消極的，亦即絕對禁止公開宣傳宗教，也同時提倡反宗教的宣傳。家庭的革命是要澈底改造家庭的關係。除了要把家庭的經濟與教育功能轉移到社會上去以外，並要解放婦女，保障男女的平等。經濟的革命是最引人注目的。其特點是實行馬克思主義，澈底地割除了資本主義裡的兩個特點：「榨取」〔剝削〕與「投機」——從買賣中牟利。如果蘇聯在經濟上的革命是最引人注目的，陳之邁說：「政治的革命是最重要的，因為政治的革命是推動其他四重革命的力量。蘇聯摒棄了議會民治主義；蘇聯將人民組成公民、生產者、消費者三種功能的組織。」

如果陳之邁對韋伯夫婦的分析有任何的疑問，那就是他們說蘇聯不是一個獨裁的政府的論點。然而，值得指出的是，陳之邁用的不是質疑，而是困惑的口氣：

但是韋貝夫婦卻認定蘇聯的政府不是獨裁，因為一切均由集議才能決定……這真有些費解了；難道所謂獨裁是非得一個人關著門決定一切才能名副其實嗎？主政者同別人商量商量便不是獨裁了嗎？如果不是獨裁是什麼？韋貝夫婦所描寫的，對於上級機關或上司無條件的服從，禁絕一切反對或競爭的勢力，例如近數年對於所謂「以打倒共產主義恢復資本主義為主張的託洛斯基派」的黨獄，表現的是什麼呢？

當時的陳之邁一點都不會覺得韋伯夫婦「放棄了原來的和平漸進的主張，盲目的為蘇維埃共產主義作義務宣傳。」更不認為他們是「將蘇俄社會說成天堂一般，並且為其罪惡強詞辯護。」相反地，他稱讚他們不為理論、學說、主義所囿的難能可貴，完全根據他們在蘇聯實地的觀察，實話實說：

韋貝夫婦這兩冊巨書精細地刻畫所謂「蘇維埃共產主義」的輪廓及內容。他們的觀察及研究對象，不是馬克思、列寧、斯太林或其他人的理論學說及主義，而是他們旅居蘇聯時所目睹耳聞的實際事實。

從當時的陳之邁的立場來看，能不為理論、學說、主義所囿的，不只是韋伯夫婦，而且還包括了史達林。事實上，他認為史達林比韋伯夫婦更上了一層樓。他說史達林不但能不為理論、學說、主義所囿，而且是一個最能實事求是的人，如果理論、學說、主義不符合事實，他會不惜「犧牲」、「曲解」、「甚至於楬櫫相互矛盾的」理論來面對事實：

現在蘇聯所行著的，似乎是一種新穎的社會結構，與從前的理論——贊成或反對者的理論——都不相侔。這個社會結構，既非通常所謂社會主義，如英國勞工黨或法國社會主義黨所主張的社會主義，亦非共產主義，如列寧或斯太林所謂的共產主義。斯太林正是一位美國人所謂「俄國革命熱情與美國實事求是精神的混合物」。一般人以為蘇聯是一個以純粹理論學說為基礎的國家，看了他們的理論竟為之嚮往；其實它是最富有實際精神的，為事實它犧牲理論，曲解理論，甚至於楬櫫相互矛盾的理論。有人說：「政治自古便是四分之三空話，四分之一事實。」這句話在蘇聯得到了證明。

韋伯夫婦那本書的題目是《蘇維埃共產主義：一個新的文明？》（*Soviet Communism: A New Civilisation?*）他

們在副標題「一個新的文明」後面加了一個問號，意味著說，雖然他們認為如此，但承認是否確實如此還有待未來發展的證明。然而，陳之邁在書評的結論裡，把這個問號給刪掉了，直接認為蘇聯的確是在創造一個新的文明。他說：

誠如韋貝夫婦所說，蘇聯的確在做著一個廣大的社會試驗。它的一切應是社會科學今後研究的主要對象之一。他們本著一顆同情心曾為這個廣大試驗做了一部最透闢的描寫。然而蘇聯的試驗是最顧慮事實的。最勇於犧牲理論的，最肯看風轉舵的。蘇聯領袖不為理論所限正足表現他們是實際的政治家；他們之所以不能不以理論來遷就事實也正足說明在人類社會中原沒有一個能夠普遍應用的簡單公式。

有意味的是，不只當時的陳之邁對韋伯夫婦對蘇聯的實驗的分析推崇備至，胡適在〈編輯後記〉裡也表彰其為「權威」。他說：

我們特別感謝陳之邁先生給我們寫這篇介紹……這幾天蘇俄國內清黨清軍的驚人消息又佔據了世界報紙的首頁地位，又使我們心裡不能不重新估計這個新興國家的鉅大試驗究竟有多大的穩固性。在這個時候，一部有權威的批評更是值得大家看看的。[7]

韋伯夫婦，陳之邁在學成歸國以後推崇為「好學不倦」、「眼光的尖銳，論斷的精確，是我們所能深信不疑的。」到了他的晚年卻被他貶為「一向從事於互相標榜，自我宣傳」、「所說的總是那幾句老話，實在令人生厭。」這個變化的戲劇性，把它放在他晚年變成一個「冷戰鬥士」、蔣介石的「反共尖兵」的脈絡下來看就見怪不怪了。

不只韋伯夫婦，陳之邁在〈舊遊雜憶〉裡所冷嘲熱諷的拉斯基，在他年輕的時候，也是他景仰的對象。君不見他在〈舊遊雜憶〉裡冷嘲熱諷之餘，就因為拉斯基去哥倫比亞大學演講的時候他去聽過，還自詡「可以說是忝列門牆」呢！

陳之邁的博士論文《英國國會對委任立法的意見》，就留下了他徵引了他「忝列門牆」的大師拉斯基的看法來為自己加持的記錄。雖然陳之邁的論文是分析英國國會對委任立法正反的意見，但他自己是站在贊成的一面。他認為委任立法是現代民主國家的大勢所趨。他說從前英國國會「立法壟斷權」（legislative monopoly）的時代已經一去而不復返了。從前國家主要的職責就是保境安民。然而，現代國家並須肩負起「醫生、護士、老師、商人、製造、保險、住屋建造者、市鎮規劃、衛生工程、鐵道管理……以及上百種其它的職責。」換句話說，委任立法是「不可避免地伴隨著現代國家立法而生的。」[8]

陳之邁徵引拉斯基來為自己的結論加持的作法，是用拉斯基的金句作為他卷首的雋語。第一個雋語是用在〈導論〉的卷首，取的是拉斯基在一九三三年出版的《危機之下的民主政治》（*Democracy in Crisis*）頁81-82上的一句話：「現代的國會越能夠不去審理立法的細節，就越能夠勝任地履行它所被賦予的功能。」

第二個卷首的雋語在第五章：〈支持委任立法的理由〉（Justification of Delegated Legislation），用的是拉斯基一九三三年六月在《公共行政專刊》（*The Journal of Public Administration*）出版的論文〈行政部門便宜行事的繁衍〉（The Growth of Administrative Discretion）第92頁裡的一句話：「行政部門便宜行事是現代國家的精髓。」

陳之邁是帶著他寫博士論文時候對拉斯基的崇敬回到中國的。比如說，他在一九三五年所寫的〈我國的憲法問題〉一文裡，兩度徵引了拉斯基：一次是根據拉斯基的說法，說第一次世界大戰以後在歐洲新成立的國

7 胡適，〈編輯後記〉，《獨立評論》，239號，1937年6月20日，頁19.

8 Chih-mai Chen, *Parliamentary Opinion of Delegated Legislation* (New York: Columbia University Press, 1933), pp.24-25.

家裡，捷克是唯一制憲成功的國家；另外一次是徵引拉斯基來支持他說憲政只有在經濟發達的國家才可能實行的論點的註腳。他說：「拉斯基說：『法律是對於有效力經濟要求的反映。』經濟的要求更變，法律當然也隨之而更變了。」[9]

一直到一九三九年他出版《中國政制建設的理論》的時候，他仍然推崇拉斯基是政治理論方面的巨擘。他在該書裡提到拉斯基之前，先強調政治學說的特質是針對「現狀」，沒有普世皆準、萬世不移的理論：

政治學說之所以議論紛紜，爭辯不休，就是因為政治狀況不同，而各人對於現狀的看法又不相同。有的擁護，有的攻擊，有的改良。更進一步說，一切政治學說的出發點都是「現狀」，而現狀本身自有時間與空間的絕對差別。因為有此不同，故除了擁護、攻擊、或改良態度之互異外，現狀之變易，更使得他們所主張的、所倡說的理論時時變更。

在陳之邁的筆下，那「最負盛名」、能因應「現狀」與時俱進、不「墨守陳說」的拉斯基的「出爾反爾」不是「不得不爾」。其所彰顯出來的，是他在學術之前「不惜以今日之我攻昨日之我」的勇氣：

近人中最負盛名的政治學者當推拉斯基。他早年的政治理論見於其所著的《政治典範》（*The Grammar of Politics*），是一位多元論者（pluralist），攻擊傳統的主權學說。但是後來這位青年學者卻漸漸放棄了他往時的主張。在其近著當中，多元論事實上已經湮滅。梁任公所謂「不惜以今日之我攻擊往日之我」需要絕大的勇氣，因為「自叛」不是弱者所敢於冒險的行為，其間蘊藏著絕大的痛苦。但是在政治的理論與學說之中，這是一種不可避免的經驗，因為我們是處在「現狀」急劇轉變的時代裡，墨守陳說往往要形成自甘沒落。所以我們在政治學說史中，看得見許多這樣急劇轉變的人物；所以也有許多的理論與學說眾議紛紜。[10]

同樣是「費邊社」的成員、或者是「倫敦經濟學院」的教授，韋伯夫婦、蕭伯納、拉斯基被陳之邁在〈舊遊雜憶〉裡冷嘲熱諷、大肆抨擊，而唐尼卻被讚譽為「學富五車」、「謙沖為懷，望之如聖賢」、所著的《中國的土地與勞工》為「經典」、「奇蹟」。原因很簡單。唐尼雖然也是社會主義者，他的論著集中在歷史研究與成人教育的範疇。而且，不像韋伯夫婦和蕭伯納，他沒有發表過禮讚蘇聯的言論，沒有觸犯到晚年以反共為職志的陳之邁的神經。拉斯基不但宣揚馬克思主義，侈談革命，而且他所屬的工黨政府——雖然拉斯基跟一九四五年上台組閣的工黨首相艾德禮（Clement Attlee）不睦，也沒有被畀以政府裡的職位——還是率先承認中華人民共和國的。對「冷戰鬥士」、蔣介石的「反共尖兵」的陳之邁而言，是此可忍孰不可忍。

回到陳之邁的倫敦之行。在倫敦住了五個星期以後，他說他在臨行之前請「卡爾先生便餐，對他的招待表示謝意。」他回憶說：

他一坐下來便對我說，他認為我應當留在英國幾年，在古老的法律學院修習法律，他可以為我請到一年的獎學金。如果成績優異，獎學金可以繼續。修完後可以為執業律師。他的提議是十分懇摯的。但我離國已有五年餘，老父老母在堂，實不應在國外再作長時期的逗留。何況做執業律師亦非我志之所在，故婉辭謝絕了。

9 〈我國的憲法問題〉，《國聞週報》，第十二卷第二期，1935年1月7日，頁1-6.

10 陳之邁，《中國政制建設的理論》（長沙：商務印書館，1939），頁35-37.

餐後，卡爾要陳之邁為他寫幾個字作為紀念。陳之邁跟侍者要了一張信紙，用鋼筆寫下了李白的《送友人》：

青山橫北郭，白水繞東城。
此地一為別，孤蓬萬里征。
浮雲遊子意，落日故人情。
揮手自茲去，蕭蕭班馬鳴。

巴黎的名勝古蹟

離開倫敦，陳之邁轉往歐洲大陸。第一站是巴黎。[11] 陳之邁說他在清華的時候修過法國史，在哥倫比亞大學又選修了「法國革命與拿破崙」一學年的課：「這次我甫出校門，記憶猶新。初到巴黎，親身到了書本上讀過的種種史事的現場。以文字的記載和實物對照。流連忘返，允為人生一大快事。」

就像他在〈巴黎印象記〉開宗明義所說的，他在巴黎「所偏重的仍然是具有歷史性的名勝古蹟，純粹娛樂性的場所只是去稍微領略而已。」結果，也許由於他「親身到了書本上讀過的種種史事的現場。以文字的記載和實物對照。」他的巴黎遊記描述的幾乎全是巴黎的歷史名勝古蹟與人文歷史。比如說，他寫「聖母大教堂」（Notre Dame de Paris），極為詳盡地介紹了其建築與歷史，說到他自己的遊蹤的只有兩處。第一，他說「聖母大教堂」「高達六十九公尺，裝飾繁縟。從上至下，滿佈石雕……精工之極。」可惜教堂太高，高處的雕刻看不清楚。他請教一位剛好走過他身邊的教士說：「這樣精緻的美術品，高高在上，使人無法仔細欣賞，豈不可惜？」

那位教士回答說：

> 這些雕刻原是奉獻給上帝的。人們能否看到實無關宏旨。他的解釋，寥寥數字，使我頓開茅塞，撥雲見日，認識了宗教的一項真意。

第二處是講到他在教堂裡受到信眾的虔誠的感動：「我們這一群衣冠不整的觀光客，夾雜在他們之間，攪擾他們，實在不安，於是我們也都肅靜起來，緩步躡足而行，不敢喧嘩了。」

講到了巴黎宏偉的公共建築與建設，特別是凡爾賽宮、羅浮宮、「凱旋門」、「協和廣場」，陳之邁歷數了路易十四的文治武功、拿破崙的好大喜功、窮兵黷武。從路易十四、拿破崙，他聯想到秦始皇及其阿房宮、隋煬帝的迷樓。他認為阿房宮、迷樓一定「不過是堆砌而成的許多組甎瓦木石構築而已」，和「凡爾賽宮難以比擬」。然而，即使如此，史論家常以阿房宮、迷樓的奢侈，「引為秦、隋兩代享祚短暫的一個理由。」由此他得出「可從中領略到東西文化之異同。」

從羅浮宮「太豐碩」、「說不完」、「看不盡」的美術品，他暢論起西洋的雕像、繪畫的藝術，特別申論了西洋裸體藝術的境界。他說：

> 西洋美術注重人體之美。雕製裸像正是美的表現的一種手段，絕不存有猥褻思想，美而不淫正是西洋

11 有關陳之邁的巴黎之行，是根據陳之邁，〈巴黎印象記——舊遊雜憶之二（上、下）〉，《傳記文學》，22.1，1973年1月，頁85-89；22.2，1973年2月，頁60-64.

藝術的最高理想。我國《詩經》裡有許多涉及男女關係的詩歌，但是「樂而不淫」，……正和西洋美術中的裸像同一道理。

陳之邁去參觀了「巴黎大學」，但說的只是該大學的歷史與掌故。此外，他也去參觀了美術家匯聚的巴黎左岸。他說：

> 我到左岸遊覽是由在巴黎習美術的秦宣夫君所引導。他後來回國在清華大學授西洋美術史，和我同事。當我們在大街上漫步，想到我國早年留學巴黎的西洋畫家，如張道藩、劉海粟、徐悲鴻、林風眠等。巴黎左岸儘有他們的足跡。

陳之邁在巴黎遊覽多久？他在〈巴黎印象記〉說是「幾個星期」。他把「舊遊」當成「導遊」來寫之餘，描述了巴黎露天咖啡座令他難忘的所在：

> 巴黎這個大都市，遊倦了隨時隨地都有憩息的地方。最普通的是街道旁邊的露天咖啡座。佔一個小桌子，叫一杯飲料，可以坐上一兩小時。看路旁的行人，形形色色，通稱之為「巴黎市民」。貴賤貧富、男女老幼，川流不息地在眼前走過。法國女子不一定是最美麗的，但她們無不用盡心思來修飾自己，自有一種「帥勁」（chic），總覺得比他處的女子漂亮些、時髦些。

在巴黎坐咖啡座還有一個意想不到的好處：

在巴黎坐咖啡座是一種樂趣……咖啡座上儘有風塵女子在那裡流浪，和其他客人眉目傳情。客人儘可以招她們來陪坐，所付者只是酒資而已。客人如有醉翁之意，自可在此辦理交涉，講價錢。談不妥亦絕無困惑之感。他們首先說到她們的身世。各有一套，悲苦悽涼。雖然全是假的，聽聽自亦無妨。

陳之邁一直到在巴黎的最後一天才上去「巴黎鐵塔」：

我遊巴黎，故意留到最後幾天才往攀登鐵塔，認為對巴黎全市有了相當認識之後才作鳥瞰，似乎好些，並以此向巴黎告別。那一天蔚藍色的天空只漂浮著朵朵白雲。我擠在人群中乘電梯上瞭望台，環繞著走了一周。全市景物，盡在眼前。

在巴黎鐵塔上眺望巴黎的宏偉，又讓陳之邁興起了思古之幽情，讓他笑傲那些「一世之雄也，而今安在哉！」——只是不知道那是一九三三年學成歸國的他，還是四十年以後寫〈巴黎印象記〉時的他的心情：

不由得想起路易十四世和拿破崙兩位帝王。人類偉大的建設只有雄才大略者才能締造成功的。他們在世時，文治武功，顯赫輝煌，卻已都成泡影。遺留下來的就是這座恢宏富麗的都城，供後人憑弔，供後人享受。

曼斯小鎮豔遇，納粹暴政必亡

巴黎之行結束以後，陳之邁坐火車到德國的曼斯（Mainz）——歐洲活字印刷術發明家古騰堡（Johannes Gutenberg）的故鄉。[12]他說這個位於萊茵河畔的小城，「依山傍水而築，人口十多萬，小巧玲瓏，景物不殊。」陳之邁居然在這個小城裡有了一個邂逅的豔遇。他說他抵達曼斯的時候已近黃昏。他在旅館的餐廳用完餐以後問侍者曼斯夜間有什麼去處。侍者說「曼斯是小城，沒有紙醉金迷的夜生活。」但是旅館附近有一個廣場，有露天音樂會，可以去消磨時間。

陳之邁依照他的指點，去了廣場。廣場在樹蔭之下有一個簡單的亭榭。亭榭的四周有酒座，有一個小樂隊演奏著華爾滋的音樂，舞池中有些人在婆娑起舞。陳之邁坐下以後，侍者就端來了一瓶啤酒：

> 片刻之間，我忽然聽到鈴聲，不知自何而來。堂倌趨前協助。原來酒桌之下裝有電話。堂倌當即為我取下聽筒，讓我接聽。原來這個電話是從較遠處的一個酒座打來的。首先說明是第幾號酒座。輕柔女子的聲音問我願否和她共舞。我抬頭一望，看到她所說的酒桌號碼。果然是一位金髮碧眼的妙齡女子在拿著聽筒講話。向她望去，向我嫣然一笑。我當時有點惶恐，不知道這位女子是什麼來歷。但是我在西方住了幾年，知道對女性必須尊敬，故只有答應她，立即趨前和她共舞。

一曲過後，陳之邁回到他自己的酒座。侍者告訴他說，到那裡聽音樂的絕無下流人物。那位女子之所以會打電話給他，只是同情他獨自一個人。陳之邁於是鼓起勇氣再次前往請她共舞。那位女子不等陳之邁入座，就站起來跟他同進舞池：

跳了幾次華爾滋舞。音拍快速，不斷旋轉，使我有點頭暈，故在舞中也沒有和她多談。我依照堂倌的指示，舞罷不宜在她的酒座坐下，應於送她回到酒座後，說聲「謝謝」，即退回我的酒座來。堂倌又教我說，第一次舞罷，隔相當時間，我應當打電話給她，請她再和我共舞，否則便不夠禮貌。

隔了約二十分鐘以後，陳之邁便打電話約她共舞：

> 她欣然應允，於是又共舞了幾場。此後我們舞了約十次之多，但交談的話甚少。她既未對我這個陌生的人問長問短，我對她的身世更不便多所查詢。在她看來，到音樂場來的目的是消遣，消遣便須有伴。想來我的情形也是一樣，故相約渡此良宵。

陳之邁作結論說：

> 我們共舞時，彼此依偎，儼如情侶，卻彼此不通姓名。曲終人散，一聲謝謝，各自東西，事如春夢了無痕。萍水相逢，最好是不要拉拉扯扯。這是歐洲人的人生哲學。入境問俗，別有一番滋味，可供追憶。

從曼斯，陳之邁搭乘萊茵河的游船到科隆（Cologne）。從科隆，他再乘坐火車到柏林。參觀柏林是陳之邁到德國最主要的目的。可惜的是，在〈德國印象記〉裡，他的柏林之行，主要是德國從一戰過後的威瑪政體瓦

12 陳之邁，〈德國印象記——舊遊雜憶之四〉，《傳記文學》，22.5，1973年5月，頁52-56.

解到希特勒的獨裁崛起的歷程。唯一說到他自己在柏林的點滴的，是他住進彼得士公寓（Pension Peters），巧遇歐陽予倩並與他多次漫遊柏林的情形。

他說他在抵達柏林以前，就有人介紹他可以住彼得士公寓，在那裡一定會遇到中國人，可以互相照應。他說他一抵達柏林就按照地址直奔彼得士公寓。管理公寓的是彼得士夫人及其女兒。當時有一位中國人住在公寓裡。彼得士小姐介紹他們認識的時候，他方才發現那個人是鼎鼎大名的歐陽予倩。陳之邁說：「我們相處只有幾天時間。我發現他為人溫文儒雅。對戲劇之學，興趣既濃，學養尤深，和我國一般名角不可同日而語。」他們多次結伴出遊，在大道上漫步，走累了在路旁咖啡座稍事休息：

在一個燠熱的下午，我們同遊柏林著名世界的動物園。忽然遇到豪雨，躲在養猴子的亭榭中一小時之久，得有機會充分領略猴子的性生活。

他又說：

歐陽先生談話，逸趣橫生。我一到彼得士公寓，他便嚴重警告我千萬不可在彼得士小姐身上打主意，因為追求她的人已經很多。德國人戀愛特別認真，往往用利劍決鬥。德國青年以臉上有劍傷疤為光榮。這些事我們中國人最好以少惹為妙。

陳之邁在〈德國印象記〉裡描寫他的柏林之行的時候，不但講的幾乎全是威瑪政體瓦解到希特勒的獨裁崛起的歷程，而且完全是從晚年的立場所作的「雜憶」。比如說，他在文中回憶他在哥大的時候，在教授的指導之下研究威瑪憲法，「認為是民主憲法的極則。」然而，在後文卻又說威瑪制度有不能適應戰後環境的能力。首先，它造成了多黨制的政府：「政府終日在鬧黨爭。政務反而無人理會，形成了無政府的狀態。」更糟糕的是：「在威瑪制度下，共產黨當然是能夠從事活動的。政府無權禁止共產黨遊行，而只能派兩名警察陪伴著一位共產黨。名曰保護共產黨的自由，成何體統？」對共產黨如此，對希特勒的「國社黨」亦如此。他說希特勒因為在一九二三年在慕尼黑製造暴動被捕入獄。出獄以後，「他的『突擊隊』四處出動，橫衝直闖，和共產黨徒打鬥。暗殺之風，披靡全國，政府對之簡直束手無策。」威瑪憲法下的德國政府終於在一九三三年崩潰。他說：

猶憶我在俄亥俄州立大學選修枯克（Francis Cooker）教授主講的「現代政治思想」一科，講到威瑪制度之衰落。這位篤愛民主自由的老教授曾說過「在亂世中自由主義永遠不會成功的。」

最明顯地顯露出陳之邁對他柏林之行的描述是他晚年的「雜憶」的痕跡，是他在篇尾結論裡的指桑罵槐：

> 納粹政權是暴虐的、殘酷的。希特拉早已在其所著《我的奮鬥》一書中描繪了一藍圖……一般民主人士以為希特拉不會就照計而行，在取得政權後自會受到環境的限制，走上比較溫和之路上去。這是民主人士最大的錯誤，因為納粹政權上台之後所實行的是極權主義，亦即是政府控制到人民生活的每一個方面。不但使人民無絲毫自由可言，而且全無私人的生活。納粹政權為了保持社會秩序，不惜用秘密警察干涉到社會每一個部門。納粹政權組織青年成為「希特拉青年團」(Hitler Jungend)。鼓勵每一個家庭的子女監督其父母。見到父母的行為不對，即向「國家」告密，不惜置父母於死地。納粹政權採用最苛毒的手段，排除異己，清算鬥爭，焚書坑儒，無所不用其極。我在柏林逗留不過幾個星期，而且係當納粹初期，但已能看出這樣的暴政，縱然得勢一時，終必會敗亡的。

漢堡到上海五十八天

柏林之行結束，就意味著陳之邁歐洲之行的結束。陳之邁在〈西南歐洲印象記──舊遊雜憶之五〉裡說，他決定同樣搭乘他從紐約到倫敦所搭乘的德國「北德萊航運公司」。[13]只是他這次選擇的不是郵輪而是「屈爾」號（Trier）貨輪，從漢堡到上海。「屈爾」號固定的航線是來往於漢堡與橫濱。在載貨以外，有大約四十個艙位給客人。艙位是每人一間，只是小得「僅可容膝」。陳之邁說這不是問題，因為大部分的時間會在甲板上以及休息室。艙位只是睡覺的地方。他說他之所以做這樣的選擇有兩個原因：一、貨輪便宜；二、貨輪沿途停泊許多港口，讓他可以乘機多看幾個地方。

「屈爾」號從漢堡出發，第一站是荷蘭的鹿特丹，停留了兩天。航行幾天以後，同行的旅客逐漸熟悉。貨輪進港的時候，有些旅客就三五成群結伴上岸觀光。陳之邁說他那一群有六個人，其他五位：最年長的是一位在上海執業的烏拉圭建築工程師；一位是德國青年，剛從柏林大學畢業，要到東京去教德文；一位是荷蘭人和印尼人混血的青年，身材魁梧，體格健美，專好追逐女性；一位是要到上海跟她在公共租界擔任警察的新婚夫婿團圓的英國女子，「容貌端莊，舉止大方」；另一位女性是白俄女子，「痛恨蘇維埃政權」，要「到上海試尋棲身之所。」

貨輪到了比利時的安特衛普的那個晚上，陳之邁這六人組想要飽餐一頓，並到夜總會去玩個痛快。他們找到了一家法國餐館，有音樂可以跳舞。他們很高興，可以不用再去找夜總會了。沒想到餐館在十一點就打烊了。他們一群人在大街上遊蕩，發現這個號稱歐陸第二大港的都市才十一點居然已經夜闌人靜，完全沒有夜生活可言。

在尋尋覓覓的時候，看到了一個亞洲人。大家就推陳之邁去問附近是否有夜總會。攀談之下，發現那個人是浙江青田人。他堅邀陳之邁到他家裡去坐坐。陳之邁說他們有六個人，不能拋棄他們獨自前往。那人沈思片刻以後，就把六人全都邀請去他家。

到了他家，才知道他的太太是比利時人。語言可通了以後，大家就有說有笑起來。那位中國人是一戰期間到歐洲戰場上的華工。戰後留在比利時經營小本生意。他們已經有了三個孩子了。大家跟女主人聊得開心，完全不知道男主人下廚去張羅了。等他再出現的時候，他端出了一大鍋熱氣騰騰的雞絲火腿湯麵！眾人大快朵頤，在他們家逗留到清晨一點才回船。第二天上午，大家共同送了那對夫婦一盆鮮花，並由陳之邁寫了幾個中國字表示大家的感謝。

貨輪離開安特衛普以後，就進入了英吉利海峽，到了倫敦西南的南安普敦港。由於陳之邁已經去過了，他就留在船上休息。離開英國以後，貨輪直駛到西班牙的巴塞隆納。從巴塞隆納再直駛義大利的熱那亞。到了義大利，他在〈雜憶〉裡自然要撻伐墨索里尼一番。只是在撻伐之餘，他居然另類地稱道起墨索里尼來了：

> 我在熱那亞只有短短兩天，語言隔閡，不敢評論他的治績。所知者只是義大利的自由主義者厭惡他，社會黨人和共產黨人痛恨他，而一般人民對他則不無好感。無論如何，他為義大利帶來了安寧與秩序，使百業都漸有起色。就是最反對他的人也都得承認，自墨索里尼主政後，連義大利的火車都按時開行了。

「屈爾」號貨輪離開熱那亞以後，就直駛埃及蘇伊士運河入口的賽德港（Port Said）。[14]在靠岸的時候，船長告誡旅客幾件事：

---

13 陳之邁，〈西南歐洲印象記——舊遊雜憶之五〉，《傳記文學》，22.6，1973年6月，頁80-84.

14 陳之邁，〈從北非到上海——舊遊雜憶之六〉，《傳記文學》，23.1，1973年7月，頁37-43.

我們到了東方（the Orient）了……上岸之時，必須小心扒手。最好持一堅實的手杖或棍棒，有人走得太近兜售雜物時，不妨用手杖或棍棒將其驅逐……交易之前必須細看貨品，並親自監督其包裝。船長這番話為的是保護旅客，用意純正，我們自然牢記心頭，雖則他開口便說「我們到了東方了」這句話，對我這位東方人不免有點刺耳。

等貨輪靠了岸，陳之邁說：

我所屬的一組六人仍是結伴上岸。跳板一下，便大吃一驚。我們的一雙腳剛剛踏上埃及國土，便被一群鶉衣百結的小販層層包圍了。這些小販最通曉旅客心理。他們第一個策略是將男女旅客分開。對於女客，他們兜售飾物，串鍊、戒指、耳環成堆的擺在她們眼前。熙熙攘攘，把我們兩位女客團團困住，逃脫不得。對於男客，他們則是拉拉扯扯，要我們到市內去觀賞埃及著名的肚皮舞，甚至於上勾欄，看淫戲。在我們表示無此雅興時，更從袖裡拿出種種猥褻不堪的春畫，幾乎以暴力強迫我們購買。

我們六個人在碼頭上掙扎了半小時，好容易雇到一輛計程車。一擁而上，在並不寬廣的市區裡兜了一轉。大家都覺得已經充分品嚐到所謂東方風味，匆匆返船休息。半日之遊，好像一場惡夢。

第二天中午，貨輪將啟碇的時候，甲板上又來了一批小販。陳之邁說：

我久耳〔聞？〕埃及香煙的異味，向小販買了一盒百支，外面有玻璃紙包裝，講妥價錢便買下來。付錢之後，打開盒子，原來裝的是一張舊報紙，一支香煙也沒有。抬頭一望，小販已經逃逸無蹤了。這就是船長所謂東方！

由於貨輪從漢堡到上海五十八天的航程主要都在海上，陳之邁在〈從北非到上海〉裡的「雜憶」主要是用優美的文字描述海洋的壯闊所凸顯出來的人類的渺小：

海洋航行最大的樂趣是與大自然直接接觸，令人充分領略造化的瑰麗與雄奇。一葉孤舟在茫茫大海上漂游，令人感覺到自己的渺小。滄海一粟，完全受著海洋的控制。好像一經上船，便將命運付託給大自然，任憑其安排和擺佈。海洋的情緒是變化無常的：海洋可能是溫柔敦厚的，令人感覺得恬靜安詳；海洋可能是蠢蠢欲動，令人感覺得神志不寧；海洋更可能勃然震怒，令人膽戰心驚……

海洋的景色是看不盡的。無論在清晨或傍晚，午間或深夜，海洋總在表演。多采多姿，目不暇給。旭日東昇，晨曦熹微，是一景；月白風清，波濤蕩漾，又是一景。風和日麗，海面一平如鏡，是一景；雷電交作，白浪滔天，又是一景。這些都是海洋的語言，海洋的音樂，海洋的哲學，為人講述多少故事：古老的、新奇的、快樂的、悽楚的、悲壯的、心酸的、浪漫的、愁苦的，在在啟示人生的神秘和真諦，該為文學家提供多少靈感。

然而，在學成歸國四十年以後所追寫的「雜憶」裡，陳之邁還是不忘添加他在政治上的抒發：

從埃及沙宜〔賽德〕港起，我們走進了帝國主義和殖民主義的世界。自從離開義大利熱那亞後，一直到上海，「屈爾」號所停泊的，竟沒有一個獨立自主的國家。就是上海的黃浦灘，也是在公共租界之內。這是一個令人怵目驚心的現象。正是「屈爾」號船長所謂的東方。

「屈爾」號到了蘇門答臘的麥丹港（Medan）時，陳之邁這六人組裡那位荷蘭人和印尼人混血的青年回到了他的國家。他請六人組去吃了一餐西化了的印尼菜餚。其中，最特別的是稱之為「沙爹」的各種烤肉。天下沒有不散的筵席。酒酣飯飽以後，那位青年送其他的人上火車回貨輪。

「屈爾」號在抵達麥丹之前是檳榔嶼。陳之邁六人組裡那位烏拉圭工程師領隊，就堅辭領隊之職，推薦陳之邁繼任，理由是南洋是中國人的天下，陳之邁更能勝任領隊之職。只可惜是，陳之邁說他除了認得市招上的中文字以外，當時的他對南洋一點認識也沒有。

「屈爾」號在抵達上海以前，在香港停泊了一天。陳之邁利用機會去探訪了他的姨父母。香港以後，「屈爾」號停泊基隆。陳之邁說：「這裡既為日屬殖民地，理應嚐嚐日本烹調的風味。」於是，變成了五人組的一行去了一家日本料理店，在榻榻米上吃了一餐生魚片：「大吃大嚼。帳單送來，貴得驚人。大約這裡又是只有殖民者和觀光客才去的地方。」

經過了五十八天的航程，「屈爾」號終於抵達上海。除了那位還要繼續到橫濱去教書的德國青年以外，其餘的人都到達了目的地。五人組裡有人提議在上海敘別。然而，由於大家在上海都有親友，歸心似箭。他們於是決定在抵達上海的前夕，「在船上開了幾瓶香檳痛飲一番。」陳之邁在回憶裡說：

> 是夜皓月當空，已有點秋意。甲板上清風拂面，精神特別抖擻。白俄小姐那天晚上穿上了晚禮服，打扮得嬌豔動人，為我們清唱一曲。所唱的是一種當時流行歌曲。抱著吉他琴邊彈邊唱，餘音嫋嫋，飄上黃浦灘頭的上空。歌名是《維也納夜歌》，原詞是德文的。茲就記憶所及，試釋如下：
>
> 當你人生的賽程跑完之後，
> 不論是勝是負，

你會永遠記得維也納。

那些歡樂的夜晚，
那片輕快的心情，
大家合起來唱一首甜蜜的歌曲。

你會回想到五月的傍晚，
情人來了，但又走了。

他是從何處而來，去了何處，
維也納是永遠不讓你知道的。
他是從何處而來，去了何處，
維也納是永遠不讓你知道的。

這一系列六篇的〈舊遊雜憶〉是陳之邁學成歸國的環球壯舉過了四十年之後才寫的。「舊」遊「新」憶的部分無庸再論，即使他在一些特別難忘的地方記憶猶新，許多細節一定都已經模糊了。最明顯的，是在時間點上的記憶。首先，他連他是哪一天從紐約出發，哪一天抵達上海都沒有交代。其次，他在歐洲旅遊究竟多久，他語焉不詳。唯一確切說出的是倫敦：「在倫敦住了五個星期，我轉遊歐洲大陸，首先到巴黎。」至於巴黎，他就以「幾個星期」籠統地交代過去了：「我在幾個星期之中，差不多走遍了巴黎應看和得看的地方。」德國亦同：「我在柏林逗留不過幾個星期。」然而，陳之邁在德國不只去了柏林。我們記得他在進德國的第一站——曼斯小鎮——還有一個他四十年以後仍然覺得可堪追憶的豔遇。從曼斯，陳之邁搭乘萊茵河的游船到科隆，然後再從科隆乘坐火車到柏林。不但如此，他從德國回中國是要到漢堡去搭船的：「艙位既定政策，我乃離開柏林，乘火車到漢堡登船，啟椗返國。」

這個四十年前經由歐洲歸國的各個時間點，顯然已經不在晚年的陳之邁的記憶裡了。他在自編年表一九三三年條裡就只說了：「從華盛頓回紐約。論文通過。七月赴歐洲。到北平豆腐巷老家。」

推算起來，陳之邁學成歸國的環球壯舉應該至少是歷時四個半月的時間。從紐約橫渡大西洋到倫敦五天，在倫敦五個星期，巴黎幾個星期，柏林幾個星期，外加曼斯、科隆，其間還要加上乘船、坐火車旅行的時間，從柏林到漢堡等船，最後是從漢堡到上海的五十八天。如果他說「七月赴歐洲」的記憶無誤，而且是在七月初，則他回到上海的時候應該已經十一月中旬了。等他在輾轉回到他「北平豆腐巷老家」，大概都已經要十二月了。

第三章　建言獻策待拔擢

陳之邁一九三三年在哥倫比亞大學拿到博士學位以後，可以放心地用四個半月的時間，經由歐洲環繞地球將近一圈回到中國。這主要當然是要歸因於他在經濟上闊綽。一方面，清華留美學生學成歸國的時候可以請領川資，再加上他因為論文出版也拿到了一筆稿費，大可以用環球旅行來好好地犒賞自己。

很顯然地，陳之邁並沒有必須急著找到工作的壓力。在二十世紀初年的歸國留學生裡，即使是後來最為有名的胡適，都必須在回國以前就聯繫、權衡回國以後的工作。陳之邁有沒有，我們不知道，因為沒有資料留下來，而且他在晚年的回憶裡也完全沒提起。

當然，資料上沒有，回憶裡也沒提，並不表示陳之邁就沒有找工作的壓力，或者沒有在回國以前預作安排。也許他滿懷信心，認為憑他哥大的博士學位，不怕沒有虛位以待的學校或機構。然而，陳之邁在經濟上沒有壓力，也是顯而易見的。他父親在天津三馬路有一棟自己蓋的「相當大的房子」出租，在北京又在豆腐巷蓋了一棟由他留德學土木工程的大哥所設計的洋房。此外，他收藏、買賣骨董書畫精品。說他家境寬裕，恐怕還是保守的說法。

像許多傳統中國讀書人一樣，陳之邁也愛營造傳統士人「耕讀世家」的形象，並好襲用其「清貧」的套語（cliché），他回憶他父母一文裡說：

> 我家並不富有。先人辛苦經營，在廣州木排頭建了一座房子，世代住在那裡。我的曾祖父〔陳澧；東塾公〕、祖父、父親都是在這座房子裡出生的。東塾公住在這裡時，家用似乎每感不敷而須舉債，可以從東塾公的書札中略見一斑。

事實上，即使他曾祖父陳澧曾經有過「家用不敷而須舉債」的困窘，到了他父親那一代已經不可同日而語了。天津、北京兩棟房子、收藏骨董書畫不論，長子之達留日、然後留德長達八年，次子之逵在檀香山讀中學，中學畢業以後轉往美洲大陸升學，最後在康乃爾大學拿到學位。陳之邁本人不算，因為他是清華公費留美的。無論如何，陳家三個兒子，兩個長期在外留學。這豈是「我家並不富有」的人家所能負擔的？

清華教授

不管陳之邁是衣食無虞，信心滿滿，還是待價而沽，他的伯樂很快地就出現了。這位伯樂，就是他從前在清華的政治學老師錢端升。陳之邁一九四七年十二月二十七日條的雜記提起了這件事，同時也交代了他們師生漸行漸遠，以致於頻臨撕破臉地走到政治立場的對立面的緣由。當時，陳之邁已經奉蔣介石之命到美國從事反共宣傳三年了。雖然這則雜記說的是後話，但由於它說出了他到清華大學當教授確切的時間點，而且是由錢端升引薦，澄清了歷來的訛傳，極其珍貴，值得完整地徵引：

> 錢端升先生今秋應John K. Fairbank〔費正清〕之約，在Harvard〔哈佛大學〕講學。近來華府參加American Political Science Association〔美國政治學會〕年會。今日下午到余家茶敘。
>
> 端升先生是我在清華的老師，教過我「Europe Since 1815」〔一八一五年以降歐洲史〕一課。一九三四年他在清華教書，改任《益世報》主編。余即接他的功課，一九三四年春季開始。我進清華是他所推薦的。多年來承他好意，多方提攜，可謂是恩師。我也必以老師待之，從不馬虎。
>
> 今天他來談，話已很不投機。他近年來很熱心政治，反政府甚烈，且頗親共，顯然和我走到不同的路上了。見面後很侷促，沒有什麼可說的，寒暄々々而已，不料政治與人的關係會這樣的密切。
>
> 他告訴我戰後他在北大教「中國政府」，用的是我的教材。我問他對於我的《中國政府》有何批評。

> 他連聲：「不夠，不夠。」我再問：「什麼不夠？」他只說：「理論不夠。」我也便不再追問了，只說：「錢先生想必在課堂上罵我的書。既要罵，又何必用之為教材呢？」對此他沒有回答。其實我的那本書，既不擁護，也不批評，只是平鋪直敘。錢先生說「理論不夠」，正是我的初衷也。[1]

陳之邁這則雜記的重要性，不只在於它告訴我們錢端升是陳之邁的伯樂，幫我們填補了陳之邁是如何進清華的這個史料上的空白。更重要的是，它凸顯出了陳之邁認為自己中立、客觀，而批評反對他所效忠的政權的都是偏激、別有用心的傲慢。

首先，他說錢端升：「近年來很熱心政治。」這句話所反映的不是盲點，因為顧名思義，盲點的存在是每一個人都不自知的。這根本是站在執政者立場的傲慢與獨裁。他只准州官放火，自己都已經學而優則仕去了，卻不許一個學而優則「教」的老師點燈——關心政治——按給他的罪名是：「很熱心政治」。他只准州官放火，自己可以加入國民黨政權，卻不許錢端升「走到不同的路上」：「反政府甚烈，且頗親共。」所謂「不料政治與人的關係會這樣的密切」更是不知所云！只要是人，就會有政治立場。宣稱自己是沒有政治立場的人，就是傲慢，就是獨裁，就是以自己的立場作為衡量基準的傲慢與獨裁。

其次，陳之邁說錢端升批評他寫的《中國政府》「理論不夠」是他自己不知也，因為：「『理論不夠』，正是我的初衷也。」事實上，陳之邁的自答是答非所問。錢端升所說的「理論不夠」，跟我們今天的理解相同，就是在理論太過薄弱的意思。陳之邁的自辯所自謂的「『理論不夠』，正是我的初衷也」，是呼應他的前一句話：「其實我的那本書，既不擁護，也不批評，只是平鋪直敘。」用十九世紀末的實證主義的話來說，就是「客觀」、「中立」的意思。其所顯示的，就是那在朝為官者信誓旦旦地宣稱自己是沒有政治立場的傲慢與獨裁。

陳之邁的《中國政府》真的是：「既不擁護，也不批評，只是平鋪直敘」嗎？這本他在〈序〉裡繫竣稿於一九四三年十二月十日、在「回憶錄資料匯集」裡說是一九四四年二月十八日脫稿[2]——也就是他在重慶擔任行政院參事的時候寫成——的書，是一九四五年在重慶出版的。出版的時候，他雖然才奉派赴美從事宣傳工作一年，但他從政已經六年了。已經成為國民黨的黨工所寫的《中國政府》是絕不可能「既不擁護，也不批評，只是平鋪直敘」的。但這是後話，請看我在第六章的分析。

陳之邁在一九四三年底所寫的《中國政府》的〈序〉裡說：「整整十年以前，我在北平清華大學開始收集關於中國政府組織的資料。後來在清華大學、北京大學及中央政治學校教授『中國政府』一課，與歷屆同學研討其中的問題。」他在「回憶錄資料匯集」裡也說：「我研究中國政府是在一九三四年我自美返清華教書開始的……清華授此科三遍，一九三五，一九三六，一九三七；北大授此科一遍，一九三七；中政校〔中央政治學校〕授此科一遍，一九三九〔注：亦即，一共教授五次〕」

回憶常常是不正確的。根據他自編年表裡的說法，他是在一九三五年升任教授以後，從該年秋季學期開始才開「中國政府」（半年）的課的。而且，他是在四年以後才開始撰寫《中國政府》的。他在一九三九年條裡記：「三月開始寫《中國政府》。」

更重要的是，就在國民黨中央、蔣介石在斟酌是否派陳之邁到華盛頓大使館擔任參事從事反共宣傳工作的時候，他申請加入國民黨。他一九四四年條記：

> 三月十二日，在中央訓練團黨政訓練班第卅期畢業（連任指導員五期）得渝黨字2745號證書。
>
> 四月十七日赴美事決定。

1 「陳之邁雜記」，December 27, 1947，「1947年資料」卷，「陳之邁檔案」(062-01-02-006).

2 陳之邁，「回憶錄資料匯集」，「陳之邁檔案」(062-01-08-091).

陳之邁什麼時候開始講授「中國政府」？什麼時候才開始寫《中國政府》？而且，他是在赴美從事宣傳工作以前加入國民黨。所有這些並不是雞蛋裡挑骨頭的瑣細。

原因很簡單，因為陳之邁的思想與立場並不是一成不變的。不管他開始講授「中國政府」是在一九三四年還是一九三五年，從他學成歸國到一九三九年開始撰寫《中國政府》，他的思想與政治立場就經過幾次戲劇性的轉折。一九三九年是一個關鍵點，因為那是他學而優則仕之年。他的思想與政治立場的改變當然不是一朝一夕造成的，其根由與軌跡都有跡可循，是本書接下去幾章勾畫的重點。

重點是，陳之邁說：「『理論不夠』，正是我的初衷也。」這句話反映的，固然是他以執政者的立場作為衡量一切的基準的傲慢與獨裁。然而，如果我們顛覆性地套用他另一句傲慢與獨裁的話：「既不擁護，也不批評，只是平鋪直敘」，他「擁護」國民黨、死心塌地為其作宣傳的工作，也不是他的「初衷」。

事實上，十年之間，陳之邁自己在思想上並不是在原地踏步、一成不變的。誠然，「中國政府」這門課，他在清華、北大、中央政治學校總共講授了五次。然而，課程名稱雖然不變，但他的想法和立場已經一變再變，特別是他一九三九年在中央政治學校講授的那一次，已經是到了他對教學厭倦、開始為國民黨作宣傳工作、並開始撰寫《中國政府》的時候了。所謂「初衷」云云，根本就是言不由衷。

可惜的是。我們無法從陳之邁自己的自述去尋他的「初衷」。陳之邁在清華執教只有三年半的時間。也許因為為時不長，他只留下很少的資料。然而，就像我在第一章就已經指出的，由於他早已不自認為是一個學者，因此晚年開始匯集資料準備寫回憶錄的他，對他在清華的教學幾乎完全沒有著墨。他自編年表一九三四年到一九三六年三條裡，居然只有兩條提到清華：

一九三四年　正月就任清華大學政治系講師。教授：「比較政府」、「憲法」。「此二課程為錢端升所授，已講半學期，余續之。」錢至中央大學任政治系主任。

一九三五年　升任教授。秋季起改授：「現代政治制度」（全年）、「獨裁政治」（半年）、「中國政府」（半年）、「憲法」

一九三六年　夏間應行政院之聘考察東南各省行政督察專員制度。七月間自北平出發。

胡適出國，代編《獨立評論》

是年在北大兼課：「中國政府」

是年一度為天津益世報寫社論。

「七七事變」以前，他還在清華教了一個學期。然而，一九三七年條的上半年依然沒列出清華。他更措意的，是「第一次謁見蔣公」：

一九三七年　七月十日離平赴牯嶺，「第一次謁見蔣公」。

八月經南京回平。到天津不能續行。住法租界旅店。

八月底由天津乘英Blue Funnel〔藍煙囪〕客輪到青島。由青島轉膠濟路到濟南。由濟南乘津浦路到南京。由南京乘江輪到長沙（同船胡適）

九月下旬，臨時大學開學，仍教授「比較政府」

相較於教學，他似乎更有興趣回憶他在清華的伙食和社交。比如說，他說在清華的時候是住在「古月堂」。在伙食方面，他回憶說：

吳宓為了單身教授食的問題組織了一個「飯團」。因為大家食飯時間不同，故食的是西餐。做的西餐略帶中國風味，例如牛排、豬排都是先塗過醬油才炙的，青菜炒的比煮的多，清淡可口，比我在國外食的道地西餐，似還好些。

此外，他還提到了當時北平三位名媛家的「文化沙龍」：

當時北平文化界有三位傑出的女子：林徽因、謝冰心、陳衡哲。文化界人士個別的在她們家裡聚會，有類於巴黎的「沙龍」。最常去林家。在她家飲英國式的「下午茶」，食法國式的餅餌，所談的多為品評文學美術方面的新作品，很少涉及政治、外交問題。到了傍晚總有幾位要食小館子。該到哪裡總得有一番辯論，最後用民主方式取決於多數。好像大家對於山東菜有所偏好，吵來吵去總不外東興樓、豐澤園、致美齋、春華樓幾家。[3]

對一個留美功成、環遊世界四月有奇，一回國就被延聘到全國讀書階級所艷羨的清華——而且還是母校——執教的人而言，這衣錦還鄉以後的經歷、所見所思，照理說應該是他回憶錄裡的一個重點。然而，這自編年表裡的四條、吳宓所組織的「飯團」、以及北平三姝家的「文化沙龍」，就是陳之邁晚年在他的回憶錄資料匯集裡所記下來的全部。

當然，清華三年半，比起他一生三十九年的仕途——五年的行政院參事、三十四年的外交生涯——畢竟是小巫見大巫。然而，其所反映的，更毋寧說是陳之邁晚年為自己一生成就作歷史定位的比重。

由於陳之邁在晚年的回憶裡對他在清華的教學研究完全沒有著墨，我們無法用他的夫子自道，來檢證他說《中國政府》——從他一開始講授「中國政府」一課——「『理論不夠』，正是我的初衷也」、「既不擁護，也不批評，只是平鋪直敘」的說法是否屬實的問題。

所幸的是，回憶的資料沒有，我們還有他在清華任教第一年所發表的十一篇文章，可以讓我們用來探索他在學而優則仕以前作為政治學學者的「初衷」。

「四不像」的憲法與政制

陳之邁在〈德國印象記〉裡說他在哥倫比亞大學的時候曾經跟教憲法的教授仔細研究過威瑪憲法，又在同學王季高發起之下，跟幾位學政法的同學把第一次世界大戰後歐洲各國的新憲法翻譯成中文。他在這篇四十年以後所寫的回憶裡說，當時國民黨北伐成功，「訓政只是一個過渡時期，終極的目的是憲政之治。」他研究威瑪憲法以及與幾位學習政法的同學把戰後歐洲各國的新憲法翻譯成中文的目的，就是為了要在「將來學成歸國，對於憲政大業當有貢獻的機會。」結果：「不久我們聽說，國民政府立法院編譯處已經從事這項工作〔注：一九三三年出版的《各國憲法彙編》〕，不必由我們這群學業尚未完成的青年操刀。大家都很佩服政府的先見。」

〈德國印象記〉裡的這一段回憶有兩點值得指出。第一，哥大一批學政治的學生在留美的時候計畫翻譯第一次世界大戰後歐洲各國的新憲法，以便「將來學成歸國，對於憲政大業當有貢獻的機會。」這所顯示的，是當時一些留美學生「投牒自進」的作法。一方面，這當然彰顯了他們要以所學報效國家的抱負。然而，它在另一方面所表露無遺的，是他們學而優則仕的熱切之心。

第二，一如我在第二章裡說陳之邁這一系列六篇的〈舊遊雜憶〉其實是以「今日」之政治立場「新詮」舊

3 「陳之邁檔案」，「回憶錄資料匯集」（062-01-08-092）.

事的〈舊遊「新」憶〉。他在〈德國印象記〉裡所作的這段「新」憶就是一個典型的例子。

當時還在美國留學的陳之邁及其他有意翻譯各國憲法的留學生，真的在聽說國民政府立法院編譯處已經在從事這項工作，「不必由我們這群學業尚未完成的青年操刀。大家都很佩服政府的先見」嗎？

有意味的是，陳之邁在學成歸國以後所發表的第一篇文章是一篇書評，發表在《清華學報》上，評的就正是他說「大家都很佩服政府的先見」的《各國憲法彙編》。[4]

更有意味的是，陳之邁對《各國憲法彙編》的書評不但極其負面，而且是他一生當中批評國民黨的訓政最為犀利的一篇文章。這篇書評很短，只有五頁。然而，它在短短幾句引言以後，就左右開弓地批判中國從清末以降所制定的所有憲法、約法都是抄襲的產物，在在地流露出一個歸國留學生「吾輩已返，爾等且拭目以待」、「吾曹不出，如蒼生何？」意氣風發的氣概：

> 自清末的《憲法大綱》直至本年三月一日立法院所公布的《中華民國憲法草案初稿》，我國十數部《憲法》、《約法》、《政府組織法》、及《憲法草案》，均參照了外國的憲法，抄襲了不少的制度，甚至於憲文。《憲法大綱》倣日本，《十九信條》倣英國的「虛君共和」，《臨時政府組織大綱》倣美國早年的經驗，《臨時約法》大部份倣法國一八七五年的《基本法》，《天壇憲草》及《曹錕憲法》倣美國的聯邦制及法國的內閣制。

如果從清末的《憲法大綱》到《曹錕憲法》都是抄襲的產物，它們至少還有所本，不是模仿日本，就是法國，或是美國。然而，到了到國民黨的《訓政時期約法》及其在一九三三年三月所公佈的《憲法草案初稿》，就每下愈況，不但東抄，而且西湊：

> 袁世凱、段祺瑞等的「非法憲法」不講，國民黨所制的組織法及約法，即採納了孫中山先生的五權分立原則，又倣效了蘇俄的合議制或委員制。最近的《憲法草案初稿》，除採取了帶有美國性的聯邦制，孫氏的五權制及蘇俄式的合議制外，更加上了法國式的責任內閣制，可謂盡融會貫通的能事，極天下抄襲的大觀了。

「可謂盡融會貫通的能事，極天下抄襲的大觀了。」這句話說得圓通，都已經「極天下抄襲的大觀了」，居然還可以稱讚其「可謂盡融會貫通的能事」！然而，在圓通的背後，陳之邁並沒有減低其批判的意味。質言之，月亮雖然是外國的圓，但憲法不是可以橫空移植的：

> 英國十九世紀保守黨領袖狄斯瑞利（Benjamin Disraeli）嘗暢論政治制度之不能移植，而痛詆當時襲英國的各國。退一步來講，即使政制在相當條件下可以移植，移植者亦應對被移植的政制（憲法及其運用的經驗）加以審慎的研究，有澈底的認識。如果所移植的只是一種政制的一部，而尚須與其它政制的又一部配置起來，則這種研究更應審慎，認識更應澈底。

外國的「政制（憲法及其運用的經驗）」在不加「審慎的研究」、「澈底的認識」之下橫空移植，其結果就是製造出不倫不類的「四不像」的怪物：

---

4 陳之邁，〈各國憲法彙編〉，《清華學報》，9.3（1934年7月），頁778-782.

試考我國二十餘年來的憲法政制移植工作，時時產生出不倫不類、「四不像」的怪物，不但理論上講不通，事實上亦決難運用。我國根本法死亡率特高的原因，一方固然要責軍閥官僚的違法橫行，它方亦要怪根本法本身的不良了。

換句話說，中國自清末以降屢次制憲的嘗試之所以一直不能成功，就是因為其所制出來的憲法是不倫不類的「四不像」的怪物的結果。而在這些不倫不類的「四不像」的怪物裡，最「四不像」的，則是國民黨的《訓政時期約法》及其最近的《憲法草案初稿》：「除採取了帶有美國性的聯邦制，孫氏的五權制及蘇俄式的合議制外，更加上了法國式的責任內閣制。」

用「不倫不類的『四不像』的怪物」來形容國民黨的《訓政時期約法》及其《憲法草案初稿》，這是陳之邁終其一生唯一的一次。

接著，陳之邁就設問：為什麼中國從清末以降制憲，卻迄未能成功？原因何在：

嘗想中國的制憲機關，雖然有時因環境的壓迫極為倉促（例如《臨時政府組織大綱》自起草迄議決，為時不過兩日），但大率均極莊重。何至結果如此不良？如謂制憲者的學識不敷，但哪國的制憲機關是憲法專家組成的？何以它們的產品比較良好？

為什麼外國的「產品比較良好」？而中國的模仿品卻「如此不良」呢？大部分的讀者讀到這一段，可能都會以為陳之邁要從社會、政治、經濟的因素去找出中國制憲迄未能成功的理由。然而，在一篇短短五頁的書評裡可能處理這麼大的一個問題嗎？果然，陳之邁是雷聲大雨點小。他語鋒一轉，把這個大哉問縮小、拉回到《各國憲法彙編》：

從前我國的制憲機關未將它們的參考資料公佈。最近立法院編譯處卻印行了憲法起草委員會所用的各國憲法譯文。看了這本《各國憲法彙編》，我才恍然大悟糊塗的原因何在。

在吊足了讀者的胃口，讓他們屏息以待以後，卻愕然發現陳之邁「恍然大悟」之所得，如同雞肋。原來中國制憲之所以失敗，乃在於範本的翻譯錯誤百出的結果。

陳之邁所評的《各國憲法彙編》是當時所出版了的兩輯。他的批評集中在第二輯。他對第二輯所彙編的四十種憲法的批評有四。第一，是其分類法。他說，編譯者依政體把各國憲法為三大類：「元首制共和國」、「委員制共和國」，以及「君主立憲國」。陳之邁反對這種用行政機關或事實上的首領來作為分類的標準。他主張：

比較上最不好的分法，還是目前通行的「總統制」、「內閣制」、及「合議制」的分法，因此法尚可以稍微窺見各國政制的神髓，尚不致十分援亂觀聽。

陳之邁的第二個批評是選輯「不成文憲法」上的問題。他說許多實行「不成文憲法」的國家，「它們的基本法雜亂無章，尚有許多極關重要的所謂『憲法上的慣例』，並無憲文可刊。」如果沒有細心爬梳，就會有遺漏。比如說：「普通認為極重要的一六八二年的《民權請願書》（The Petition of Right）並未列入，似乎欠妥。」

第三個批評是《彙編》說要顯示出各國憲法制定的時代背景及其國家民族的特性，卻因其編排的方式而未能達成。編譯者說：「茲以年代為次序，欲以表示其時代幻〔環〕境，與國家民族之特殊情形。」然而，由於這四十國的憲法被分成三類打散了，而且各個憲法之前並無簡略的說明，單以年代先後排序，並不能達到其意欲顯示出各國憲法制定的時代背景及其國家民族的特性的目標。

第四個批評是翻譯。陳之邁說：「譯文方面，實更令人失望……譯錯的例子，幾乎篇篇都有，甚至於條條都有。」

陳之邁總結說：

> 這種的批評並非吹毛求疵，乃讀者對於譯者合理的要求。假如這種錯誤——譯者搪塞責任所致的錯誤——不被改正，則編譯者數月的時光等同虛擲，反貽誤人之譏。國人對於編譯處的信仰亦將失卻殆盡，不得不將它們與普通部署衙門中的官僚同樣鄙視了。

回到陳之邁把國民黨的《訓政時期約法》及在其一九三三年三月所公佈的《憲法草案初稿》，形容為中國制憲史上最不倫不類的「四不像」的怪物的說法。這句話說的當然是事實。然而，這同時也是一個衣錦還鄉、顧盼自雄的歸國留學生語驚四座的豪語。

只是，這只反映了陳之邁的一面。在顧盼自雄之餘，他還有一顆強烈的學而優則仕之心。當然，他還會繼續批評國民黨的《憲法草案初稿》「四不像」的所在：「除採取了帶有美國性的聯邦制，孫氏的五權制及蘇俄式的合議制外，更加上了法國式的責任內閣制。」然而，他很快地就知道下筆要溫和、立論要節制，才有蒙召的可能。

最好的例子就是他在《各國憲法彙編》發表一個月以後，在《獨立評論》上所發表的〈讀憲法修正稿〉。[5] 在這篇文章裡，他固然又說了：「初稿是一部極不滿意的憲法。我曾說它『極天下抄襲的大觀，盡融會貫通的能事。』」然而，「不倫不類」、「四不像」的怪物等等訕笑、貶抑的字眼已經銷聲匿跡了。取代的是他讚美的話：「修正稿對於原稿增益之處甚多，大部份都是一種進步。」

事實上，何止是進步，用陳之邁現在讚美都來不及的話來說是「匠心獨具」：

修正稿中的行政體制，實並美國的總統制及英法的內閣制而有之……是兩者的變相，是制憲者所獨具匠心制成的。我國目前政局不穩，內政外交問題又極為複雜，需要一個負有全責的行政機關。把全部行政責任交由一個人去負起，是能適應這個需要的制度。但一個人的責任太重，權力太大，又怕他亂來、獨斷，所以又必需要使他處處受人民的指摘；亂來得太利害的時候，並可把他推翻。因為怕被人推翻，他就不敢亂來。質詢及罷免總統的規定，也能適應這個需要。修正稿所規定的行政體制因此極為合理，理論上很站得住腳。[5]

半年以後，在《國聞週報》上所發表的〈我國的憲法問題〉，陳之邁又再度發揮了憲法是不能橫空移植的論點。[6]他在徵引了英國保守黨領袖狄斯瑞利氏（Benjamin Disraeli）曾把英國的憲法譬之於一棵百年的老樹，是無法隨意移植的話以後，就徵引了他自己在評《各國憲法彙編》書評裡的一段話：

我嘗說：「《憲法大綱》倣日本，《十九信條》倣英國的『虛君共和』，《臨時政府組織大綱》倣美國早年的經驗，《臨時約法》大部份倣法國一八七五年的基本法，《天壇憲草》及《曹錕憲法》倣美國的聯邦制及法國的內閣制……」

5 陳之邁，〈讀憲法修正稿〉，《獨立評論》，112號（1934年8月5日），頁5-9.

6 陳之邁，〈我國的憲法問題〉，《國聞週報》，第十二卷第二期，1935年1月7日，頁1-6.

大概沒有讀者會注意到他用刪節號所刪掉的更長的一段話。在那一長段被他刪節掉的話裡，他最不想讓人記得的是：

國民黨所制的組織法及約法，即採納了孫中山先生的五權分立原則，又倣效了蘇俄的合議制或委員制。最近的《憲法草案初稿》，除採取了帶有美國性的聯邦制，孫氏的五權制及蘇俄式的合議制外，更加上了法國式的責任內閣制，可謂盡融會貫通的能事，極天下抄襲的大觀了。

陳之邁的結論固然仍然是：「我們不算不用盡了力氣，但結果仍是一無所成。」然而，這種「一無所成」的制憲失敗史已經不包括國民黨在內了。他已經把國民黨的《訓政時期約法》以及《憲法草案初稿》，排除在「用盡了力氣」、「結果仍是一無所成」的制憲失敗史例之外了。

陳之邁除了作了自我審查以外，他在用詞遣字上也作了一百八十度的調整。從前雖然是貶詞正用，但貶抑之意呼之欲出：「可謂盡融會貫通的能事，極天下抄襲的大觀了。」現在擁護國民黨唯恐不及的政治正確的用語則是：「我們所採訪的材料不算不多，蒐羅的不算不廣，所謂『取其長而捨其短』。」

從陳之邁學成歸國開始撰文，短短半年之間，他已經從批評國民黨《訓政時期約法》以及《憲法草案初稿》是中國制憲史上最不倫不類的「四不像」的怪物，轉變到禮讚其為「取其長而捨其短」的睿智之舉。這個轉變已經夠戲劇性了，但這只是他對國民黨表忠的開始。他會在中日戰爭爆發以後加入國民黨政府，並在一九四四年以後銜命到美國從事反共的宣傳工作。

陳之邁這個從學而優則先「論政」表忠、再「仕」，然後到美國去從事反共宣傳工作，其過程相當戲劇性、複雜、曲折，必須放在他在清華時期、從政以後，乃至於後來在美國所發表的文章的整體的脈絡之下來分析，有待本書完整的描述與分析。本節的分析只著重在勾勒出他學成歸國時的「初衷」。

行政權至上的理念

陳之邁學成歸國的「初衷」有兩個面向：一個是消極的，或者說，是破壞性的；另一個則是積極的，或者說，是建設性的。消極的、破壞性的，就是我在上節所分析的：憲法是不能橫空移植的；國民黨《訓政時期約法》以及《憲法草案初稿》是中國制憲史上最不倫不類的「四不像」的怪物。

陳之邁的「初衷」的積極、建設性的面向，就是要為中國尋求一個適合其國情的憲法。這個適合中國國情的憲法的核心理念，就是行政權至上。

陳之邁學成歸國的時候，是以行政權至上的理念作為核心，要為中國尋求一個適合其國情的憲法的「初衷」，在在地反映在他到清華大學任教第一年所發表的文章。他在那一年間發表了十一篇文章。其中，有七篇都是跟憲法有關的。依照出版時間的順序是：〈書評：各國憲法彙編〉[7]、〈讀憲法修正稿〉[8]、〈評憲法修正稿的行政立法體制〉[9]、〈法國修改憲法稿的建議〉[10]、〈英國憲法上的兩大變遷——「委任立法制」及「行政司法制」〉[11]、〈評憲草〉[12]、以及〈我國的憲法問題〉。[13]

7 《清華學報》，9.3（1934年7月），頁778-782.
8 《獨立評論》，112號（1934年8月5日），頁5-9.
9 《東方雜誌》，31.19（1934年10月1日），頁15-26.
10 《國聞週報》，11.42（1934年10月22日），頁1-6.
11 《清華學報》，9.4（1934年10月），頁953-972.
12 《獨立評論》，129號（1934年12月2日），頁15-19.
13 《國聞週報》，第十二卷第二期，1935年1月7日，頁1-6.

這七篇跟憲法有關係的文章，三篇有關西方的憲法，另外四篇有關當時國民黨開始起草的憲法。最重要的是，這七篇文章在陳之邁個人思想的發展史上具有承先啟後的意義。承先，指的是承其在哥大寫的博士論文裡的立論基點；啟後，指的是啟其後來一生的政治思想、意識形態、及其實踐。

陳之邁在哥大的博士論文《英國國會對委任立法的意見》的立論基礎，是行政權至上。就像我在《楚材晉育》裡所分析的，二十世紀上半葉的留美學生普遍保守。像陳之邁一樣，他們普遍服膺行政權至上的理念。在本書第一章裡，我從陳之邁的博士論文理出了他以英國「委任立法」的發展史在作為行政權至上已經成為世界趨勢的佐證的六個面向。

這六個面向，都可以在他在清華大學任教第一年所發表的七篇跟憲法有關的文章裡找到他進一步的申論。〈英國憲法上的兩大變遷——「委任立法制」及「行政司法制」〉，顧名思義，申論的就是他在博士論文裡的主旨。換句話說，這篇論文等於是陳之邁博士論文的中文精華版。首先，陳之邁分析了英美與歐洲大陸在立法權的行使方面的異同：

> 英美及歐陸諸國對於立法權的行使有兩種不同的理論。因理論之不同，遂有兩種迥異的制度。英美公法學家的意見以為立法機關應包辦一切的立法事業，其它機關絕對不容置喙。歐陸的公法學家則認為立法權應分為兩部，一為「立法權」（法人所謂 *“le pouvoir législatif”*），一為「命令權」（法人所謂 *“le pouvoir réglementaire”*）。前者應由立法機關一手包辦，後者則不妨由行政機關行使。

雖然英美兩國認為他們對於立法權及司法權的見解是三權分立精神正確的表現，是充分保障人民權利唯一的法門。然而，近年來，英美已經開始採用歐陸的模式，把許多立法與司法的權力授權給行政機關去行使：

近年英美諸國對於他們以往的立法權及司法權的理論及所行的制度均有重要的改變，指示出他們亦逐漸走上歐陸諸國的道路上去。這種改變在立法方面係立法機關往往授權行政機關去行使部分的次要的立法權，在司法方面係立法機關往往授權給行政機關或特設的機關去審理特種的訴訟案件。前者普通稱為「委任立法制」，後者為「行政司法制」。

為什麼英美兩國逐漸走上了歐陸的模式呢？以英國為例，是國家角色的改變：

英國至十九世紀末年尚行所謂自由主義。在這個主義之下的國家職權範圍甚小，大致可說只限於「保境安民」（Defense and Police）。除此兩職以外，均取「少管閒事，聽其自然」的態度（這是laissez-faire, laissez-passer的試譯）。政府、國會所注意的只是帶有普通性的政治問題。自一九〇六年自由黨政府上台以後，受了社會主義的影響，勵行社會立法，建造所謂「社會福利國家」（Social Welfare State，即德文所謂"*Wohlfahrtsstaat*"），將國家的職權廣為擴大。從前國家所絕不染指的問題現在卻處處受法律的規定，人民日常生活，處處受政府的統制。

從消極的「保境安民」到積極的「社會福利國家」這個國家角色轉換的過程中，英國的國會，發現了它已經力有未逮。其原因分為四端：一、國會感覺到立法時間上的不充裕；二、國會感覺到專門智識的缺乏；三、國會制定的法律非經國會不能變更或修改；四、國家遇到緊急及非常的局面，必需急謀補救及預防的方策。

換句話說，「委任立法」是國會在立法上力有未逮、無法因應國家職權日益擴充之下的產物。而隨著「委任立法」的增加，其所引起的訴訟的案件也隨之增加。如果國會在立法上力有未逮，法院則是在司法上力有未逮。補救之道，是國會又不得不「將審理某項訴訟的職權授予時間比較充裕、專門智識比較豐富、訴訟程序比較簡單、訴訟費用比較輕微的行政各部或特設的機關去行使。」於是，「行政司法制」應運而生。「委任立法制」與「行政司法制」之間的關係，用陳之邁的話來說：「由此可見『委任立法』及『行政司法』兩種制度實產生於『社會福利國家』。」

對以捍衛英國憲法的分權、國會至高無上的原則為己任的英國人而言，「委任立法」已經是不可忍了。現在再加上「行政司法」，根本就是無法無天了。陳之邁說：「反對這兩種制度者的主要原則上的理由大致相同，即兩者均被認為推翻神聖的三權分立原則，危害人民權利的保障，造成帶有獨裁臭味的行政機關，並養成專門家把持政府的風氣。」

在這些反對者裡，陳之邁特別指名的有休沃爵士（Lord Hewart）——陳之邁翻成赫瓦爵士——愛蘭教授（C. K. Allen）、以及麥利奧特（J. A. R. Marriott）議員的吹毛求疵及其高唱要打倒專制擁護自由的論調。光是從陳之邁的用詞，就可以看得出來他是反對「反對論者」的。愛蘭教授「吹毛求疵」，麥利奧特議員「打倒專制擁護自由的論調」已經不言而喻了。他指責休沃爵士身為最高法院院長「向不應多說話」、「用謾罵的聲調」。他的立場更是昭然若揭了。

就像他在博士論文裡所主張的：

> 關於「委任立法制」學者及政論者泰半已默認該制的必然性（惟赫瓦一流尚思取締不准法院干涉的那一種方式），其主要爭執已不在原則而在保障方法之是否充足。

至於「行政司法制」，陳之邁說資料浩如煙海，雖然他為了寫博士論文花了兩年多的時間研究，「但所得者，仍極片斷凌亂」，「決不能藉以證明什麼事實，更不能由它們造出什麼結論來。」然而，他仍然是站在贊成的立場：

按目前英國的狀況而觀，完全恢復到往時法院包辦一切訴訟的舊制，或竟毅然設立純粹的行政法院均為不可能的事實。故唯一的方法係改良目前的制度，矯正其弊端，將其制度劃一，使「行政司法制」成為一個有系統的制度以應付目前的需要。

總而言之：

討論「委任立法制」及「行政司法制」的學者及政論家，大都默認這兩個制度為絕不可免的。他們承認在二十世紀複雜社會之中，舊有的政府機關實在不能應付目前的問題。故比較守舊的論者只主張對於「委任立法制」加以較嚴的保障方法，並令國會極力避免「非常式」的「委任立法」；對於「行政司法制」則主張設法使它公開，並使不服判決的訴訟者能上訴於普通法院。除此種建議外，幾乎無人提倡將這兩種制度根本取消。

「委任立法制」及「行政司法制」的興起，從此可忍孰不可忍的人的角度看去，毋寧是象徵了英國憲政體制的崩壞。然而，看在陳之邁眼中，那豈不是印證了許多英國人謳歌英國的憲法是英國政治智慧的結晶的禮讚嗎！〔英國有名的傳記作家〕施崔齊氏（Lytton Strachey）說英憲係智慧與偶然事實的產物。「委任立法制」與「行政司法制」的產生絕非偶然，殆為智慧的產物歟？

這兩個被陳之邁譽之為英國人的「智慧的產物」裡的「委任立法制」，是他在學成歸國以後一再用來申論民主政治也可以把行政權集中的一個例證。陳之邁認為行政權集中與民主政治不但絕對不是互不相容，而且甚至可以是相得益彰的。一言以蔽之，把行政權集中的民主政治，可以享民主政治之名，而得獨裁政治之實；可以取獨裁政治之精華而棄其糟粕。當然，他在剛回國的時候還沒有說得那麼地赤裸裸，但那只是時候未到而已。他在結論裡說：

如果英國不毅然走上獨裁政治的路上去，為適應社會的要求，這兩種制度將必更為重要。只要英國不將議會政治根本推翻，只要「社會福利國家」一日存在，這兩種制度便有一日的生命。

陳之邁的行政權至上、行政權集中論，在他所寫的〈法國修改憲法稿的建議〉一文裡也表露無遺。法國憲法裡對立法權至上的堅持，他形容是一種對民治過度的迷信：

法國民治勢力自革命勃興以來，因其對象恆為專制的君主，故始終迷信強有力的議會，對於行政機關的權力則始終主張加以嚴密的限制。這是民治勢力對抗專制勢力的結果，不足為奇，但對於今日的政制卻有很深刻的影響。

這種對立法權至上的迷信，他認為是法國之所以會政潮迭起、內閣一再更替的亂源：議會可以隨時以不信任案推翻內閣，內閣卻不能採取對抗的手段解散議會，以至於「法國的議會，在政制中佔有絕對優越的地位，內閣則唯有處處仰承議會的鼻息，不敢亦不能稍事反抗。」

更嚴重的是，法國這種對立法權至上的迷信，是違逆了全世界力圖提高行政權的新趨勢。當時法國的總統杜美格（Gaston Doumergue）正主張修憲。陳之邁認為如果法國要掙脫政潮迭起、內閣一再短命輪替的惡性循環，唯一的作法，就是讓行政機構具有駕馭立法機構的權力。陳之邁說無怪乎杜美格總統希望能修憲：「削減議會的權威，而加增內閣對於議會駕馭的能力。」以及「恢復內閣解散議會之權。」[14]

他山之石

陳之邁在分析「委任立法」的時候對行政權至上、行政權集中的禮讚，以及他對法國立法權至上的迷信的批判，都一一地反映在他在清華任教第一年所發表的三篇對國民黨起草的憲法草案的分析裡。

國民黨制憲的動機發於一九三二年四月，是為了因應「九一八事變」所造成的危機在洛陽所召開的「國難會議」。雖然國民黨在會議之前把這個「國難會議」的議題限定於禦侮、綏靖、救災，但一些與會者仍然在會中提出了呼籲結束「訓政」、實行憲政的提案。這種結束「訓政」、實行憲政的呼聲，連國民黨內都有。比如說，「九一八事變」以後，時任行政院長的孫科就已經提出了結束訓政、籌備憲制的主張。在「國難會議」以後，當時已被任命為立法院長的孫科發表了〈抗日救國綱領草案〉，提出了「召開國民代表大會，議決憲法，並決定頒布日期」的主張。同年十二月，國民黨四屆三中全會決定「飭立法院從速起草憲法草案發表」。一九三四年三月一日，立法院公佈了一部憲法初稿，徵求各方的意見。同年七月九日又將初稿修正為修正稿。

陳之邁在清華第一年所發表的這三篇文章評論的都是修正稿。第三篇所根據的，是立法院在十月十六日

14 陳之邁，〈法國修改憲法稿的建議〉，《國聞週報》，11.42，頁2.

就修正稿修正然後三讀通過的憲法草案。最有意味的是，這三篇文章裡的第一篇〈讀憲法修正稿〉是陳之邁在《獨立評論》上所發表的第一篇文章。彷彿因為是啼聲初試，他不但下筆溫和、謹慎，而且讚美多於批評；在立論上更是極為節制，只指出修正稿優於初稿的地方，間或提出可以進一步修正的所在，完全沒有作任何學理或比較政治學上的發揮與演申。[15]

陳之邁這篇文章一開頭就是讚美：

> 這次立法院的制憲工作，極為審慎小心。本年三月一日立法院所公佈的憲法草案初稿，頗受國人的批評。立法院盡量採納了各方的意見，將初稿大加修正而成修正稿，再公佈來給國人討論。這種公開的態度，是我們極端贊成的。

即使對他極不滿意的憲法草案初稿，他用來形容之詞是褒貶並用，以致於究竟是貶抑是褒，可以任由君取：「初稿是一部極不滿意的憲法。我曾說它『極天下抄襲的大觀，盡融會貫通的能事。』修正稿對於原稿增益之處甚多，大部份都是一種進步。」

「極天下抄襲的大觀」這一句只能用貶義來理解的上聯，居然可以用「盡融會貫通的能事」這句只能用褒義來理解的下聯來湊成一對。他建言獻策的目的是要待拔擢，因此投鼠忌器，不敢得罪當道之心昭然若揭。

對比胡適對憲法草案初稿直截了當的批評，陳之邁投鼠忌器的尷尬相就完全凸顯出來了。胡適在憲法草案初稿公佈以後，在《獨立評論》發表了〈論憲法初稿〉，是在陳之邁寫的〈讀憲法修正稿〉四個月前發表的。不像陳之邁自我矛盾地形容那是一部「盡融會貫通的能事」的「極天下抄襲的大觀」，胡適毫不客氣地批評它不但「是一個七拼八湊的百衲本」，而且根本就「缺乏一貫的政治理解」，甚至違背了孫中山的理念。[16]

相對於胡適「七拼八湊」、「七零八落」的奚落，陳之邁說得再溫和也不過了。本著他那篇文章下筆溫和、謹慎、批評之餘不忘讚美、立論上極盡節制之能事的基調，他只在一處點出這個「極天下抄襲的大觀」的輪廓：

> **我國自從制憲工作開始至今，曾抄襲了許多行政體制。英法的內閣制，美國的總統制，蘇俄的委員制或會議制，都一一出現過我們的約法、憲法、或組織法之中。**

作為政治學家，而且在清華講授憲法以及政治制度的陳之邁遠比胡適更有知識來評斷憲法草案初稿。然而，他不是不能，而是不為也。在他這篇啼聲初試的文章裡，他只就細節而言，並略及於其反映在政治制度上所涵蘊的意義。

比如說，有關國民大會的組織。憲草初稿根據孫中山的《建國大綱》，由每縣市及同等區域各選一人。陳之邁不贊成這個設計。他說：「農民趨尚保守，市民趨尚前進。照初稿的規定，保守份子將見充斥於國民大會之中，於國家的發展，實有不良的影響。修正稿以人口為比例選舉國民代表，是修正稿的一個極大的進步。」

國民大會休會期間，其職權由國民大會委員會代理。在初稿裡，這個國民大會委員會只有二十一個人，而且年齡限制在四十五歲以上。陳之邁說：「年齡限制過高將為腐儒老叟所包辦。」修正稿改由國民代表按各省人口多寡的比例互選，並取消年齡限制。陳之邁支持這個修正。他稱讚說：「一方面將人數增至百餘，一方面使委員們成為人民間接的代表。這個改正將以前的弊端完全抹去，可謂一個極大的進步。」

15 陳之邁，〈讀憲法修正稿〉，《獨立評論》，112號（1934年8月5日），頁5-9.
16 胡適，〈論憲法初稿〉，《獨立評論》，96號，1934年4月15日，頁4-5.

值得指出的是，即使在這篇下筆謹慎、言論絕不踰矩的文章裡，陳之邁已經開始表露出他在哥大的博士論文《英國國會對委任立法的意見》裡所楬櫫的現代國家六個面向裡的三個：國會勢力的式微、行政權至上、聘請專家學者為顧問。

就以國民大會為例。由於陳之邁認為國會勢力的式微是世界的趨勢，而且認為法國對立法權至上的迷信是造成法國內閣短命、政潮迭起的關鍵因素，他對國民大會的設置是不甚措意的。初稿規定國民大會每三年召集一次，每屆會期一個月。修正稿將國民代表任期改為四年，每二年開會一次。

陳之邁明明知道「國民大會既不常開，開時又不能充分行使它的職權。」然而，他居然進一步地主張國民大會每四年才開一次會，休會期間由國民大會委員會代行職權。換句話說，所謂的人民的主權，是由代表的代表來行使的。不但如此，陳之邁用中國人民政治訓練不足，沒有行使直接民權的能力，建議「憲法上不妨指定一個機關接受」國內公私機關的請願。他說這不但能「使政府隨時得到有用的建議」，而且「創制權也不致完全落到國民代表手裡。」

至於行使人民主權的代表的代表——國民大會委員會——陳之邁贊成修正稿擴大其職權，畀予它有罷免總統的權力的規定。然而，贊成的理由只是在於國民大會委員會有監督總統的權力，但又不致於像法國的議會一樣頻頻推翻內閣。換句話說，陳之邁贊成國民大會或其代表有罷免總統的權力。然而，他以他耿耿於懷的法國立法權至上的迷信為借鑑，要國民大會不濫用其權力——彷彿這在憲法都還沒降生的國民黨統治下有可能發生一樣。

陳之邁說要禁止國民大會濫用其監督權。事實上，他真正措意的，是要有一個能享有大權的行政體制。他說：憲法「初稿所採的是一種變相的內閣制」，而「修正稿把內閣制取消，而改了總統制，但又與美國的總統制根本不同」，因為美國的國會沒有罷免總統的權力。所以，這等於是美國式的總統制與英法式的內閣制的混合。

陳之邁說修正稿高明的所在，就在其混合了「美國式的總統制與英法式的內閣制」：

修正稿中的行政體制，實並美國的總統制及英法的內閣制而有之……是兩者的變相，是制憲者所獨具匠心制成的。我國目前政局不穩，內政外交問題又極為複雜，需要一個負有全責的行政機關。把全部行政責任交由一個人去負起，是能適應這個需要的制度。但一個人的責任太重，權力太大，又怕他亂來、獨斷，所以又必需要使他處處受人民的指摘；亂來得太利害的時候，並可把他推翻。因為怕被人推翻，他就不敢亂來。質詢及罷免總統的規定，也能適應這個需要。修正稿所規定的行政體制因此極為合理，理論上很站得住腳。

陳之邁在這篇文章裡所流露出來的他在博士論文裡楬櫫的現代國家的第三個面向是：聘請專家學者為顧問：「除了由國民大會選舉的立法委員以外，修正稿尚規定具有專門學識經驗的人材若干名……現代國家的管轄範圍日趨擴大。它所要解決的問題日益複雜及專門，羅致專門人材來幫助立法事業，是適合時代潮流的辦法。」

毫不意外地，陳之邁這篇啼聲初試的文章以讚美開始，以讚美結束：

修正稿對於初稿改正的地方很多，每種改正也能矯正初稿的不當，增補初稿的未備。行政體制的改革，國民大會和國民大會的選舉方法，均較初稿大有進步。這是我們所不能不為制憲者賀功的。真正的憲法，還要經過多次的審議才能完成。如果能本著前項的精神，繼續做下去，我們將來的根本法，一定是很完美的。

有意味的是，陳之邁這篇文章注定是他討論憲草時謹慎、不踰矩的絕響。他這篇文章是在七月二十六日寫的。三個星期以後，他在八月十六日又寫完了一篇討論憲法草案修正稿的長文。這篇長文的文風丕變，一改他在前一篇文章的溫和、謹慎、讚美、節制，而暢論起憲法的類型及其在政治上的影響。那就是他發表在《東方雜誌》上的〈評憲法修正稿的行政立法體制〉。[17]

顧名思義，陳之邁在他這第二篇分析憲草修正稿的文章裡，把焦點集中在行政權與立法權之間的關係，更確切地說，是政府如何能不在立法權的掣肘之下充分發揮其行政權，亦即，行政權至上的理念。這是陳之邁在寫博士論文的時候就已經服膺的了。

陳之邁重複他在〈讀憲法修正稿〉裡的論斷，說：「修正稿對於初稿最大的修正，就是把初稿裡所規定的內閣制的行政機關改為總統制的。」同時，他也再重複他在〈讀憲法修正稿〉裡的分析，說修正稿所制定的是總統制與內閣制「兩者混合的一種行政體制。」

既然說到內閣制與總統制，這就牽涉到孰優孰劣的問題。以中國制憲的歷史來說，內閣制是採行最多次的，從清季末葉的《憲法重大信條十九條》、民國初年的《臨時約法》、一九二三年的《曹錕憲法》，以至最近的憲法草案初稿。跟內閣制相比，總統制不但沒有受到中國制憲者的青睞，而且在一開始就被袁世凱「破壞約法，借改設總統制為名，擴大總統的權力」的作法污名化了。

陳之邁認為內閣制是不適合中國的國情的。他舉出了三個理由：

第一，內閣制的政府是政黨政府，而且最好是兩黨政府，英國是其典型。問題是，英國兩黨爭勝的內閣制之所以能成功，有其特殊的歷史與國情的因素，不是其它國家所能仿效的。在許多東施效顰的國家裡，內閣制採行的結果不是兩黨制，而是多黨制。然而，多黨制為內閣制致命傷，是內閣易於崩潰、政潮迭起的主因。除了十九世紀的法國以外，還有第一次世界大戰之前的義大利、戰後的德國，以及戰後新成立的一些國家。

陳之邁除了援引西方國家的例子以為借鑑以外，也強調中國當時連政黨的基礎都還沒有建立，而且頂多只有一黨，亦即，國民黨，何能侈言採行兩黨最為適宜的內閣呢？

內閣制不適合中國的第二理由是中國欠缺一個健全的官僚體制。在內閣制容易造成政潮迭起的情況之下，如果一個國家欠缺一個健全的官僚體制，政府的運作就會隨之而崩潰了：「在這種政府時常更易的局面之下，一切政務的進行端賴一般不和政潮同起伏的長任官吏來維持。他們對於政務有長久的經驗，他們的地位有法律的保障，所以政治的表面雖然不安，政策則初未因之而失去了一貫的精神。」

第三個中國不適宜採用內閣制的理由，是內閣制的神髓——議會有推翻內閣之權，內閣亦有解散議會之權——是中國人由於民初的經驗，而聞之色變的：「我國民初的國會曾被袁世凱和黎元洪兩度非法解散（《臨時約法》本沒有授權總統以解散權）。國人對於解散權已具有一種恐懼的心理，儼如法國人的心理一樣。」問題是，如果中國要採行內閣制，就非得連這個內閣制的神髓都一併採行不可，否則就不是內閣制：

> 內閣制的神髓，一方面在議會可以推翻內閣，一方面在內閣可以解散議會。兩者缺一便不是純粹的內閣制。英國素行此制。國會既可控制內閣，內閣也可以控制國會。在兩方面控制之下，內閣和國會可以打成一片，共謀國是。

最重要的是，內閣制的神髓不但難學，而且當時的中國連採行內閣制的條件都沒有。首先，中國老百姓欠缺應有的政治知識與經驗。其次，在憲法修正稿所設計的制度裡根本就沒有行使解散權的機制。

然而，歸根究底，不管「沒有解散權的內閣制便不是健全的內閣制」，不管中國是否有採行內閣制的條件，內閣制從來就不是陳之邁所嚮往的。他以法國為例：

17 陳之邁，〈評憲法修正稿的行政立法體制〉，《東方雜誌》，31.19（1934年10月1日），頁15-26.

法國第三共和國的憲法本來規定內閣在徵得了參議院同意之後可以解散眾議院。但自一八七七年一度解散後，成績很壞。法國人得到了一種恐懼解散權的心理。那次以後解散權未嘗一用。因為議會已是事實上不能被解散，它便跋扈囂張起來，無處不和內閣為難。內閣則唯有低首下心，一切仰承議會的鼻息。

這已經是陳之邁重彈他所謂的法國人對立法權至上的迷信的老調了。然而，老調與否，陳之邁的重點在於強調立法權凌駕行政權的制度是中國所不應該有的：

如果我們要行純正的內閣制，解散權實為必不可少的條件。我們不希望將來的議會和法國的一樣跋扈囂張。我們更不希望將來的內閣陷入極端不安定的狀態。

事實上，服膺行政權至上的陳之邁雖然在總統制與內閣制之間選擇的是總統制，但他對總統制之下所擁有的行政權是不滿的。他認為美國三權分立的制度過度削弱了行政權。他說：「我國目前需要一個強有力的中央政府，一個效率特高的中央政府。純正的，美國式的總統制當為我們所不取。」

所幸的是，陳之邁說由於第一次世界大戰與一九二九年世界經濟大蕭條的衝擊，世界的新趨勢已經是走向行政權集中。其結果是：不但老牌的英國把內閣制的精神束之高閣，作為總統制典範的美國容許威爾遜大權獨攬，而且憲政基礎較為薄弱的國家甚至實行了獨裁的政制：

最近內閣和總統兩種制度都處在極困難的境地。在歐戰期間，因應付戰事的危迫，它們都有應付不來的表現。英國的「戰時內閣」簡直把內閣制的基本信條大部推翻。美國威爾遜大權獨攬，憲法的精神暫時擱起。最近數年來經濟危急，失業人數驟增，預算不能均衡，銀行倒閉，商業凋落，農村破產，過激份子乘機暴動，罷工罷業風潮屢起，各國的政府又「不能不用非常的手段來應付非常的局面」（英首相麥唐納語）目前英國的「民族內閣」（注：「全民內閣」、「全民政府」），美國羅斯福政府，又把內閣制和總統制的精神暫時束之高閣，用集中政權的方式來應付了。英美等國，憲政根基穩固悠久，尚且不得不如此，其它憲政經驗比較薄弱的國家，如義大利、如德國、如波蘭、如南美中美各國，則不得不走入獨裁的制度上去了。

陳之邁稱讚修正稿裡所規定的總統制：「他總攬行政的全權，行政院長、政務委員、各部長、各委員長都直接由他任免，對他負責。」他說這種制度的優點有三。其中，最重要的是，它順應了這個世界最新的政制上的潮流：

它可以收統一行政之效。在十九世紀的時候，以自由主義為根基的國家觀念暢行。國家的職務甚少，可說只限於保境安民（英文所謂 defense and police）。自社會主義暢興以來，這種觀念已被剷除。國家的職務，除保境安民以外，尚要謀社會的福利……因為國家職務的增加，各國一致的趨勢便是擴大行政機關的權力，把權力極力集中於行政機關手裡。在行政機關裡又極力集中於一個人或少數人手裡，使他們負積極的責任。修正稿規定一個享有實權的總統，實能適合這種潮流。

然而，即使修正稿已經畀予總統這種適合世界新潮流的實權，陳之邁仍然覺得不夠。他覺得在立法方面，行政權仍嫌不夠集中。比如說：修正稿裡規定行政、司法、考試、監察四院均有向立法院提出法律案之權。這未免有使行政權不能專一責任之弊。他認為司法、考試、監察三院的提案，應均先送交「行政會議」審查，經「行政會議」同意後，由它直接向立法院提出。為了行政權的集中、為了增加行政效率，稍微犧牲司法、考試、監察三權是值得的。

最有意味的是，在洋洋灑灑數千言以後，陳之邁在結論裡石破天驚地說：憲法只是一紙空文。他語重心長地指出：憲法再完備，並不會使中國走上憲政之路；憲法不完備，也並不表示政府就一定會不好：

憲法本是一國政府的空架子，一切要仰賴習慣來補充。有如一座空的房子，要看住房子的人會不會佈置。完備的憲法有時會產生不出良好的政府。不完備的憲法下的政府不見得便一定不好……我們現在制憲，固然不應不力求完備適用，但我們不可忘卻：將來我們能不能使政治走上軌道，最主要的條件，不在憲法之完備適用與否，而在運用憲法的人是否能夠本著憲政的精神做去。如果他們有這種精神，憲法有些缺憾也沒有妨礙；如果他們沒有這種精神，即使憲法理論完全無疵，也不過是一紙空文，無補實際。這是各國憲法史上的教訓，也是我國制憲史上的教訓。

制憲最低限度的條件

陳之邁最早的兩篇有關憲法草案初稿的文章，在寫作的時間上相距不過三個星期，但文風截然不同。前者下筆溫和、謹慎、讚美之聲不絕、立論極為節制；後者則暢論比較內閣制與總統制，極力主張總統制，並宣稱世界的新潮流是行政權的集中，甚至是獨裁的興起。這暢論的閘門一開，陳之邁就不再走回頭路了。然而，他在四個月以後在十二月十八日所寫的第四篇，立論再度丕變。內閣制、總統制孰優？他已經不再措意，而是申論中國應該有適合於中國的國情的憲法。這個改變是他呼應、配合、乃至於宣揚國民黨的政策的開始。這就是他發表在《國聞週報》上的〈我國的憲法問題〉。[18]

〈我國的憲法問題〉在簡述了憲法草案從制定到三讀通過以後，他就徵引了國民黨四屆五中全會對憲法的原則所作的決議：

中華民國憲法草案應尊奉總理之三民主義，以期建立民有、民治、民享之國家。同時應審察中華民國目前所處之環境及其危險，斟酌實際政治經驗，以造成運用靈敏能集中國力之制度。

其次，他援引蔣介石、汪精衛等人在五中全會中發言的重點：「惟處於今日之時代，我國之環境如此，世界潮流又如彼。我國應如何始能創成一強有力之國家，則百年大計之憲法中，應灌注充分之精神。」

在用國民黨中央的決議以及諸公的發言為他的立論定調以後，陳之邁就讚美國民黨亟欲還政於民的真誠與決心：

南京政府成立之後，召集國民會議，制定《訓政時期約法》，並修改《國民政府組織法》。在內憂外患，天災人禍交相襲擊的幾年中，我國卻能享受從來所未有的安定政局。同時訓政時期雖已實行數載，因為種種非常的事變，及我國幅員之廣，民智之塞，迄未達到能確實施行民權的境地。故此有人覺得目前的政局不妨讓它繼續下去。不必在百政待舉的關頭，又來制定新的制度，徒然費事而無益。但是國民黨的當局近來卻斤斤於訓政的結束及憲法的制度。我們不管對於我國目前應否立憲這個問題的答案如何，我們不能不極力讚揚國民黨這樣熱心把政權交給人民，及他們對於草擬憲法那種公開的態度。他們這種主張及態度使國民黨不能與現在外國那些掛著以黨治國招牌而實行獨裁專制的政黨同日而語。

18 陳之邁，〈我國的憲法問題〉，《國聞週報》，第十二卷第二期，1935年1月7日，頁1-6.

在讚美國民黨「在百政待舉的關頭」卻能「斤斤於訓政的結束及憲法的制度」的民主精神以後，他又再度引申憲法無法橫空移植的理論，說無怪乎中國制憲凡三十年，從東西方取經不遺餘力，就一直是在原地打轉：

史實很明顯的告訴我們，如果憲法不是絕對不能移植的話，它是需要一種特殊環境才能發育滋長的。我們希望憲治的成功，造成這種環境的條件一定要一一俱備。最低限度，下列兩個條件必定要相當滿足：第一，國民要有遵守法律的決心；第二，要有有效的輿論制裁。而這兩個最低限度的條件都需要有富裕的經濟作為基礎。

他徵引他當時崇敬、但晚年嗤之以鼻的政治學家拉斯基的話說：「法律是對於有效力經濟要求的反映。」他下斷語說：「經濟的要求更變，法律當然也隨之而更變了。在沒有達到相當程度的經濟發達以前，我們休想走上西方的憲治軌道。」

實行憲治的第二個最低限度的條件——有效的輿論制裁——也是建立在富裕的經濟基礎上的，這是因為輿論的養成也有其條件：「第一要設法使教育——尤其是政治教育——普及；第二要利用造成輿論的工具；第三要建設代表輿論的機關。」

只是，這三個養成有效的輿論的條件都只有是在經濟發達的國家才做得到的。普及教育固不待言，造成輿論的工具——報紙、無線電廣播——以及代表輿論的機關都是只有在經濟發達的國家才可能負擔得起的：

普及教育自無庸論，報紙有賴於廣告的維持，人民要有閒錢來購置無線電收音機。民選的機關也需大宗款項。我曾估計，按憲草所規定的國民大會，每次開會，只是代表的旅行食宿費用（選舉費不計），便要一百多萬（以每人五百元計算，可謂最低限度）。美國每舉行一次國會選舉要費七百多萬金元。貧瘠的國家是擔不起這筆鉅款的。

換句話說，陳之邁所說的實行憲治的兩個最低限度的條件都必須是要以發達的經濟作為基礎的。於是，他再度說出了中國根本就沒有實行憲治的條件的結論了：「如果一國裡大部份的人民對於他們日常生活衣食住行四種需要都天天發生憂慮，憲治是不能在那國裡發育滋長的。」

陳之邁行文常有重複、枝蔓、偏離主題、甚至自相矛盾的問題。這篇文章就是一個典型的例子。他這篇文章啟始所讚美的，是國民黨亟亟於還政於民，「斤斤於訓政的結束及憲法的制度」，「不能與現在外國〔注：德國、義大利〕那些掛著以黨治國招牌而實行獨裁專制的政黨同日而語」。結果，讚美結束以後，語鋒一轉，他開始申論起實行憲治所需要的最低限度的條件，以致於得出貧窮的中國沒有實行憲治的條件的結論。

從經濟不發達的中國沒有實行憲治的條件的結論出發，陳之邁更進一步地批評所有三十年來倡議於實行憲治的人，妄想用憲治來達到中國的富強是倒果為因，渾然忘卻了這個批評完全適用於他在前文裡所讚美的「斤斤於訓政的結束及憲法的制度」的國民黨：

同樣是偏離主題，也同樣是與他的題旨互相矛盾的，是陳之邁所作的另外一個引申：貧窮何止只是與憲治絕緣，它根本就是獨裁政治興起的溫床：

法人狄萊斯氏（Francis Delaisi）把歐洲分成兩部份，一部分是以工業為立國基本的，一部分則仍在農業時期。除了德國以外，獨裁政治都在農業的國家裡興起。在獨裁下的國家以農業為主要生產的人民都在百分之五十以上。另外一個法國人甘保氏（F. Cambo）舉了許多統計來證明獨裁政治發生於文盲程度最高、死亡率最高、每人財富收入最低、每人郵遞信件最少的國家裡。

工業、經濟發達有助於民主政治的興起。反之，農業、匱乏的經濟是獨裁制度興起的溫床。陳之邁此處所徵引的狄萊斯、甘保這兩位學者的研究的出處，就是他在哥大博士論文指導教授羅傑斯（Lindsay Rogers）所著的《危機政府》（*Crisis Government*）。[19]

也許陳之邁警覺到他的申論已經離題太遠了，他拉緊了韁繩回到了原有的題旨。只是，回到了原有的題旨的他，彷彿忘卻了他才剛說了經濟不發達的中國沒有實行憲治的最低限度的條件。

他開始申論他從寫博士論文以後就開始楬櫫的行政權至上的理論。他先抨擊了孟德斯鳩三權分立的制度「只管保障自由，只管把權力分開，政府是不能有很高的效率的。」接著，就徵引孫中山的話：「政治裡頭有兩個力量：一個是自由的力量；一個是維持秩序的力量……政治裡頭的自由太過，便成了無政府；束縛太過，便成了專制。」孫中山這句「政治裡頭的自由太過，便成了無政府。」他用當時剛訪問過蘇聯、並極力為之吹捧的蕭伯納嘲諷美國的誇張語作為按語：

> 美國的憲法，受分權的影響甚深，因此便有「無政府狀態保護狀」〔注：比較正確的翻譯是：「無政府主義憲章」；原文是 "a Charter for Anarchism"〕之譏（蕭伯納語）。[20]在國家職務很少，天下承平的時候，這種狀態尚可以差強人意。在近來國家職務紛繁複雜，危機緊迫的時候，這種狀態便不能維持，亦不應維持。

國際上如此，中國更是如此：「我國自鼎革以來，每日都在內憂外患交迫的狀態之中。外交的嚴重，內政的繁複，在在需要一個效率特高的政府。專務分權，專講自由，決計不能應付這種環境。」

於是，即使中國沒有實行憲治的最低限度的條件，陳之邁不但配合國民黨制憲的主張，並且讚美其所要遵奉的行政權至上的原則是合乎最新的世界潮流的：

因此我們樹「百年之大計」，制定憲法，應當注意政府效率的提高。民國以來所制定的基本法，專去抄襲模仿外國的憲法，而不知它們的憲法只能適應國家承平時代的環境，而不能應付緊急的要求。最近五中全會能夠認清此層，注重「目前所處之環境及危險」、「以造成運用靈敏能集中國力之制度」、及「強有力之國家」、並「應灌注充分精神」於憲法之中，實是一個最足慶幸思想上的進步。

有意味的是，才回到了原有的題旨，陳之邁卻又跳回去他先前民主與獨裁的枝蔓。也許他突然間意識到他說貧窮是獨裁制度興起的溫床的說法，跟他贊成中國制憲的主張互相矛盾。然而，更有可能的是，陳之邁是要向國民黨進言，告訴它說要集中行政權並不一定要採行獨裁制度。傳統的專制體制空有其表，而無行政效率之實：

同時我們也得認清，專制的國家並不見得效率特高。我國數千年的專制並沒有效率可言。法國大革命前的政制，共產革命前的帝俄政制，都是極端專制的，但它們哪處不暴露著弱點？被革命者一攻即破。歐戰戰敗的國家是德、奧、俄、土等專制的國家；戰勝的是法英美等民治國家，適足以證明專制並不見得一定有效率，民治不見得一定沒有效率。

傳統專制體制如此，現代的獨裁政治亦然：

19 Lindsay Rogers, *Crisis Government*（New York: W. W. Norton & Company, 1934）, pp.39-41.

20 蕭伯納這句話的出處是*The Political Madhouse in America and Nearer Home*（London: Constable & Co., 1933）, p.17.

至於近世盛行的獨裁政治，是常以提高效率為宣傳的。但是我們要知道，所謂效率並不一定是整齊劃一，納一事物為同軌。勉強著求整齊是和事實衝突的。能夠臨機應變，因地制宜，也是效率的一個重要部份。以武力強迫著求整齊、劃一、紀律、秩序。這種辦法是有限制的，並且是不能長久的。特別在我國目前的情形之下，更為事實所絕不容許。因此在獨裁政治之下，我們只看得見表面上的紀律與秩序，但得不到真正的效率。

對國民黨，陳之邁提出了五個如何政府組織的原則。這五個政府組織的原則，反映的就是他從寫博士論文時候所揭櫫的理念：行政權集中、制度整齊畫一、效率、任用專家學者、議會政治。最有意味的是，在這幾個理念裡，他申論得最為詳細的，是第二個原則，亦即，抑制議會，使其不干擾行政的效率：

政府要免除政治爭論的機關。英人馬柯利氏（Lord Macaulay）說英國的政府是以說話來統治的，因為一切問題都在國會裡公開討論。降至現在，國會的辯論已成為一種沒有意識的把戲，因為政黨組織那樣嚴密，辯論根本不能發生影響。況且近世國家的問題也不是一般議員所能充分了解的。到了歐戰爆發以後，國會的辯論便即完全停止：只是辯論並不能戰勝敵人的。所以在注重效率的政府裡，不容政治爭論機關的發展。

陳之邁提出這五個原則，目的就是在附和國民黨。他說得再赤裸裸也不過了：「我認為本著這五個原則來建造一種政制，便能『運用靈敏，集中國力』，以應付我國『目前所處的環境及其危險』，亦即所以達到五中全會所標示的原則。」

陳之邁這篇〈我國的憲法問題〉從讚美國民黨五中全會所訂定的制憲的原則作為開端，中間雖然在立論上發生了自相矛盾的問題，申論起中國欠缺實行憲治的最低限度的標準，但最後還是以讚美國民黨，並阿諛其制憲的「前途當是很光明的」作為結束：

最後我要說明，即在這種原則之下所制定的憲法，也只能在我們上面所舉出的兩個根本條件相當滿足之後才能充分實行。我們對於憲法的希望不可太奢，憲法才不至於使我們失望。從前制憲者專求理論上的完備，不去審查實情；專去模仿外國承平時期的憲法，而不知我國日日都在危急之中。五中全會現在已看清前者的錯誤，立定了今後共守的原則。如果能本著這個原則去制定憲法，而同時努力去造成憲治根本的條件，前途當是很光明的。

這時候的陳之邁還是矛盾的。〈我國的憲法問題〉是十二月十八日寫的。在寫這篇文章四個星期以前，亦即，十一月二十一日，他寫了一篇〈評憲草〉的文章，刊登在《獨立評論》上。顧名思義，這篇文章跟他在三個多月以前所寫的兩篇文章——〈讀憲法修正稿〉、〈評憲法修正稿的行政立法體制〉——一樣，討論分析的是憲法草案修正稿。因為在內容上多所重複，可以無庸再論。然而，他在〈評憲草〉的結論裡就直言不諱地質疑中國是否有實行憲政的條件：

我國目前的狀況是不是實行憲政適宜的環境，憲法是否應在此時公佈實行，都是很大的問題。不過立法院既然通過了憲草公佈，我們當然希望那部憲草是比較最完善的。[21]

21 陳之邁，〈評憲草〉，《獨立評論》，129號（1934年12月2日），頁18-19.

陳之邁的矛盾是完全可以理解的。從學術——其實常識不就可以了嗎？——的角度而言，他知道中國是沒有實行憲政的最低限度的條件的。然而，學而優則仕對他而言，是一個無法抗拒的誘惑。只是，要學而優則仕，他建言獻策就必須政治正確，否則如何可能被拔擢呢？他於是在對學術的真誠與學而優則仕的誘惑之間來回擺盪著。這可以解釋為什麼他的〈讀憲法修正稿〉——他在清華任教第一年所寫的第一篇文章——下筆會那麼的溫和、謹慎、批評之餘不忘讚美、在立論上又是那麼的節制。這也可以解釋他為什麼在那學期所寫的最後一篇討論憲草初稿文章會出現互相矛盾的論點：一方面斷言貧窮的中國沒有實行憲政的最低限度的條件；在另一方面又讚美國民黨制憲的誠心並阿諛其制憲的前途光明無比——雖然又加了一句它如果能「同時努力去造成憲治根本的條件」的話。

有意味的是，雖然陳之邁的矛盾在他於清華任教的第一個學期就已經顯現出來了，但其矛與盾當時是出現在不同的園地裡的。他質疑中國是否有實行憲政的條件的〈評憲草〉誠然是發表在《獨立評論》上的；而他讚美國民黨，並阿諛其制憲的「前途當是很光明的」的〈我國的憲法問題〉是發表在《國聞週報》上的。

然而，這並不表示他在《獨立評論》上的文章比較直言不諱，因為這是在胡適自詡為「獨立」的《獨立評論》發表的。事實恰恰相反，在陳之邁改變初衷以後，他最極端——最批判以及最阿諛奉承國民黨——的言論都是發表在《獨立評論》上的。

《獨立評論》當然不可能是「獨立」的，因為沒有一個雜誌或個人是沒有立場的。所謂的「獨立」的政論，根本就是一個自相矛盾之詞。《獨立評論》一點都不「獨立」，其資深成員學而優則仕去的人所在多有就是一個明證，例如：翁文灝、蔣廷黻、吳景超。這不是一個孤立的現象。從一九三〇年代開始到中日戰爭期間，學而優則仕是一個沛然莫之能禦的大勢。一九三六年初，在「獨立社」的成員以及胡適引為朋友的周貽春、顧翊群等人相繼從政以後，胡適在讚許之餘，期許他們要能秉持「出山要比在山清」的氣節，能對蔣介石「面折廷爭」、當他的「諍臣」、在「不得已時以去就爭之」。[22]

陳之邁沒有翁文灝、蔣廷黻、吳景超等人有名。他而且是一個後進者。《獨立評論》創刊的時候他還在美國留學。然而，陳之邁有他特別的地方。在所有後來學而優則仕的《獨立評論》的成員裡，他是留下最完整的建言獻策待拔擢的記錄的人。

陳之邁一直到《獨立評論》的中期才加入。在那一場膾炙人口，由蔣廷黻一九三三年十二月十日所發表的〈革命與專制〉所牽引出來的「民主與獨裁」論戰高峰的第一年裡，他已經學成歸國。論戰開始的時候，他已經在清華任教，也已經開始發表文章了。然而，鋒芒初露的陳之邁沒有加入，只是觀戰。胡適很快地就注意到他了，而且非常賞識他。他在一九三五年五月十七日的日記裡記：

《獨立》三週年記念號出版，晚上有聚餐會。陳之邁與〔張〕熙若在座。之邁今年才二十八歲，他是文筆思想都不壞，是今日學政治學的人之中的一個天才。我近來特別注意他，想把他拉進「獨立社」來。將來他和〔吳〕景超、〔蔣〕廷黻三人在一塊，可以組成一個《獨立》編輯部了。[23]

胡適說做就做。根據陳之邁晚年的回憶，在回憶蔣廷黻的文章裡，他說：「《獨立評論》始終由胡先生親自主編。他偶然離開時，在初期係由廷黻代編，後期則由吳景超和我代編，但為期均很短暫。」[24]總之，除了

22 胡適致翁文灝、蔣廷黻、吳景超，1936年1月26日，《胡適全集》，24.289.
23 《胡適日記全集》，7.206.
24 陳之邁，〈蔣廷黻的志事與平生（一）〉，《傳記文學》，8.3，1966年3月，頁6.

參與編務以外，陳之邁在《獨立評論》上發表了四十六篇文章，產量極高，在《獨立》撰文最多的學者裡，排名第六。[25]

25 陳儀深，《獨立評論的民主思想》，轉引自林品秀，《從「知識菁英」到「實務官僚」：陳之邁及其早期外交（1944-1955）》，台灣政治大學碩士論文，2011，頁25.

第四章　從行政權至上到一黨專政

陳之邁一九三五年一月在《國聞週報》上所發表的〈我國的憲法問題〉是一個里程碑。當時，他在清華執教剛滿一年。半年以前，他發表了他回國以後所寫的第一篇文章——《各國憲法彙編》書評——道出了他學成歸國以後的「初衷」：憲法是不能橫空移植的；國民黨《訓政時期約法》以及《憲法草案初稿》是中國制憲史上最不倫不類的「四不像」的怪物。經過半年的思索、書寫、與演練，他在〈我國的憲法問題〉裡，第一次闡發他的「初衷」的前半段——憲法是不能橫空移植的——的意涵。

憲法是不能橫空移植的概念，是陳之邁的「初衷」的前半段，也是他的「初衷」裡消極的一個面向；他的「初衷」的後半段則是一個積極的面向：行政權至上的理念。這是他最高的準則。從那個準則出發，十九世紀的自由主義是一個過時的理念。因此，他才會徵引當時已經開始頌揚墨索里尼和蘇聯、但當時的他還不憎惡的蕭伯納的挖苦之詞，嘲弄美國的憲法不啻為一個「無政府主義憲章」：「在國家職務很少，天下承平的時候，這種狀態尚可以差強人意。在近來國家職務紛繁複雜，危機緊迫的時候，這種狀態便不能維持，亦不應維持。」

如果國際的大勢如此，遑論中國：「我國自鼎革以來，每日都在內憂外患交迫的狀態之中。外交的嚴重，內政的繁複，在在需要一個效率特高的政府。專務分權，專講自由，決計不能應付這種環境。」

而這也恰恰是為什麼中國在制憲上的努力之所以一再地失敗的原因：「民國以來所制定的基本法，專去抄襲模仿外國的憲法，而不知它們的憲法只能適應國家承平時代的環境，而不能應付緊急的要求。」

然而，陳之邁之所以會嚮往一個能夠締造出「一個效率特高的政府」的憲法，並不只是因為中國「每日都在內憂外患交迫的狀態之中」。這不是一個過渡性的權宜之計，等天下太平以後再用適合於承平盛世的根本大法來取代的憲法。對他而言，他哥大博士論文指導教授羅傑斯在其著作裡所揭櫫的「危機政府」的理念，不但適用於危機之下的歐美、內憂外患交迫之下的中國，而且也適用於危機消弭以後的承平的世界。

一言以蔽之，陳之邁所嚮往的，是一個把「危機政府」——「一個效率特高的政府」——的理念常態化的政府。這種能夠締造出「一個效率特高的政府」的憲法，就是他心目中能奠定「百年之大計」的根本大法。因此，他才會說：「我們樹『百年之大計』，制定憲法，應當注意政府效率的提高。」也因為如此，他在〈我國的憲法問題〉的結論裡歌頌國民黨五中全會的成就：

> 最近五中全會能夠認清此層，注重「目前所處之環境及危險」、「以造成運用靈敏能集中國力之制度」、及「強有力之國家」、並「應灌注充分精神」於憲法之中，實是一個最足慶幸思想上的進步。[1]

值得指出的是，陳之邁一九三五年一月所發表的這篇〈我國的憲法問題〉雖然是一個里程碑，但顧名思義，就是一個轉折點。當時，他才回國一年。他的思想和立場還會繼續改變；新的里程碑還會繼續出現。

「民主之所以異於專制、獨裁者幾希！」

陳之邁是胡適延攬進《獨立評論》的一個後起之秀。然而，有意味的是，他跟胡適的見解從一開始就有歧異的所在，而且是漸行漸遠。同時，他們對蔣介石和國民黨在態度上也不盡相同。胡適雖然從一九二〇年代末期就開始與蔣介石及其國民黨妥協，但他一直是以「王者師」自居的。陳之邁屬於胡適眼中的「諫臣」的層次。只是，他很快地就會從「諫」走向「順」，以致於在中日戰爭開始以後終究成為一個「順臣」。

陳之邁雖然從一九三四年八月起就開始在《獨立評論》上發表文章，但他不但沒有參加蔣廷黻所牽引出來

1 陳之邁，〈我國的憲法問題〉，《國聞週報》，第十二卷第二期，1935年1月7日，頁1-6.

的那場膾炙人口的「民主與獨裁」的論戰，而且也相當低調。有意味的是，半年以後，陳之邁不再藏鋒。他一九三五年一月在《獨立評論》上發表了兩篇等於是姊妹篇的文章：〈統一的基礎〉以及〈民主與獨裁的討論〉。前一篇闡明了他統一建國的立論基礎，後一篇則比較了民主與獨裁的制度並指出其異同。

在〈統一的基礎〉裡，陳之邁在一開始就先說了一長串讚美國民黨的話：

> 民國二十三年〔1934〕十二月恐怕是近年來和平統一空氣最濃厚的一個月了。在那個月裡，江西的共產老巢收復了，剿匪軍事告了一個大段落；王寵惠、孫科兩氏奔走南北，折衝樽俎，帶回來了許多令人興奮的消息；汪、蔣兩先生的「感」電拍出了之後，得到很多人的同情：「消除隔閡」、「分工合作」、「國內問題取決於政治而不取決於武力」。這些原則好像指日可待；四屆五中全會開幕於首都，各中委濟濟一堂，通過了許多迫切實要的議案，對於憲法問題並且提出了一個很合理的原則；最後不要忘了從未出過四川的劉湘居然到了首都，開誠布公的討論四川的財政、軍事和政治改組問題。這種濃厚的統一空氣是值得我們忻喜的。[2]

用讚美的話當開場白已經是陳之邁慣用的模式了。然而，他覺得還不夠，因此又加了一段引蔣介石一九三三年七月二十三日在第三次剿共戰爭開始之際，在南昌所發表的〈告全國同胞書〉裡「攘外應先安內」的口號：

> 其實中國當前的問題是很簡單的：「九一八」使我們了解我們險惡的環境，使我們認清我們當前的目標是「救亡圖存」，使我們明瞭「安內」然後才能「攘外」。總之，使我們認清統一的重要。

他說統一的目標是大家都同意的，但如何統一則是一個「最難解答不過的問題」。就以《獨立評論》的幾位大將的說法為例，陳之邁說「胡適之、蔣廷黻、吳景超等先生對於本問題都有狠不同的答案」：吳景超提倡用武力來統一；蔣廷黻主張用比「二等軍閥」「更大的武力」，採取「專制」的手段來打倒他們；胡適則倡議「政治的統一必須建設在平時的維繫全國各部分的相互關係的政治制度之上。」

陳之邁說這些主張都沒有看到更基本的問題。首先，他強調用武力或者專制的方法所達成的統一不是「健全的統一」，「因為它是強迫的局面，往往徒具統一的表面而沒有統一的實際。」

其次，用政治制度來統一的方法雖然勝於用武力或專制的方法，但仍然是表面的，因為政治制度是環境的產物，無法強迫環境去適應它：「強著環境去適合理想的政治制度結果只有使政治制度本身崩潰。」

事實上，陳之邁說蔣廷黻和胡適都承認在他們所指出的問題之下還有更深層的問題：對蔣廷黻來說，「毛病不在軍閥，在中國人的意態和物質狀況。」他所謂的「意態」是省界觀念，他所謂「物質狀況」是貧窮。胡適雖然也徵引了蔣廷黻這句話，但他所說的「意態」是指「中國思想界的種種衝突矛盾的社會政治潮流」，而他所說的「物質狀況」是指「中國疆域之大，和交通之不便」。

陳之邁認為在蔣廷黻、胡適所說的「物質狀況」以下，尚有最基本的「物質狀況」：「這個狀況同時並且是支配『意態』狠重要的勢力，亦即造成向心力狠重要的勢力。這個狀況是現代經濟制度的發展。」

陳之邁認為現代經濟制度的發展是「消弭隔閡、聯絡各地方、及產生向心力最基本的力量。」他先舉蘇聯為例，說蘇聯的崛起端賴其五年計劃的成功。其次，他以德國的統一以及美國的經濟發展為例，來說明經濟與政治之間的關係。他強調貧窮是內亂的主因。人民只有豐衣足食以後才會喁喁望治：

> 在經濟不發達的國家裡一個普遍的現象是蔣廷黻先生之所謂貧窮。貧窮狠明顯地是釀成內亂的一個主

2 陳之邁，〈統一的基礎〉，《獨立評論》，134號（1935年1月6日），頁2-5.

要原因。衣食住行四種基本需要時常發生劇烈問題的人不是擁護現行制度有力的份子；比較豐衣足食的人民是富有喁喁望治心的。我們不去設法解決人民的生活問題而去用武力或專制的手段去強迫他們服從守法，那是捨本逐末的政策。

毫不意外地，這篇文章也是用讚美之詞結束的：

> 現代化的統一，能副我們期望的統一，能「救亡圖存」、「攘外」的統一，是要建築在穩固的基礎上的，亦即建築在現代化的經濟制度上的……現在我們政府狠努力於生產的建設，本刊也曾屢次鼓吹現代工業的發展。這是奠定統一基礎的工作。

如果現代化的經濟制度是「能『救亡圖存』、『攘外』的統一」的先決條件的話，則參與「民主與獨裁」論戰的人就都犯了只見制度的秋毫，而不見制度背後的經濟基礎的輿薪的謬誤，錯把病徵當病因了。

陳之邁的〈民主與獨裁的討論〉一文用的是出奇制勝的寫作策略。他迥異於其他參與這個論戰的作者的地方，在於他強調民主——特別是二十世紀以還的民主制度——與獨裁制度相似之處遠多於一般人的想像。他引用胡適所愛用的「阿斗」來形容民主制度之下的公民：「民主政治，顧名思義，是『許多阿斗』的政治，是統治者由被治者產生，而根據於被治者同意而統治的政治。」

他提醒讀者：「阿斗」以及婦女從前是沒有選舉權的。即使在民主國家裡，普選的制度是晚近才漸次形成的：「『許多阿斗』、『大眾的政治』，誠如胡適之先生所說……並不一定要根據於普選，雖然我們不能不把普選高高懸起來做我們的鵠的。」他說：美國在建國之初並沒有賦予人民以普及的選舉權。英國的普選權是在一八三二年以後才逐漸推廣的。法國革命以後亦然。第一次世界大戰以前，歐洲各國的女性都沒有選舉權。他於是反問說：「以上所舉各國，雖然都沒有絕對的普選權，然而我們卻不能不稱它們為民主的國家。」

因此，普選不是界定民主制度的條件：「選舉權之普及與否只是程度問題，並不是民主政治的主要特色。」陳之邁認為把普選視為民主制度的條件之一是把民主的條件「定得太過苛刻」了。而且，即使是在所謂的民主國家裡，政治總是被一些少數人所把持的。

他認為如果我們把標準降低一點，則中國已經堪稱民主了：

其實照中國目前的情形而論，民國元年〔1912〕所公佈的眾議院議員選舉法，或民國二十年〔1931〕國民會議的選舉法（前者根據於地域代表，後者根據於職業代表制），如果能夠切實奉行，都足以稱為民主化了。

他認為民主政治的神髓無它。一言以蔽之，就是：

被治者有和平的方法來產生及推倒統治者是民主政治的神髓，抓住了這層便有了民主政治。美國政府，在選舉權未曾普及以前，便被認為民主政治，即是因為它的根本精神是「得被治者同意而統治」。

陳之邁把民主政治的神髓是「得被治者同意而統治」一句話，用胡適所愛說的「偷關漏稅」的方法，把它轉換成蔣介石在「感」電裡說的：「國內問題取決於政治，不取決於武力」。他讚歎地說：這「便是民主政治的根本。」這個「偷關漏稅」的作法非同小可，它標示了陳之邁已經澈底向蔣介石交心的開始。但這是後話。

然而，即使陳之邁認為吳景超說民主政治在政權的產生與更替上是基於被治者的同意這個條件，他仍然認為這個條件還是定得太過苛刻了。他認為在這個條件——政權的產生與更替——裡，只有後者才真正是民主政治的特色：「就產生和推倒兩層來講，推倒是比較上最重要的，因為民主政治常常也是用革命手段建造起來的，亦即和專制獨裁一樣，以武力為攫取政權的手段。然而只有在民主政治之下，推倒統治者是不用暴力而用合法的和平手段的。」秦始皇、劉邦、朱元璋取天下、辛亥革命都是用武力的。美國、法國的革命也都是用武力的。雖然前者所建立的是專制體制，後者所建立的是民主政治，但兩者都是使用武力則一。因此，陳之邁下結論說：「若單就產生的方法而論，民主、專制、獨裁是很相接近的。所差別的只是人民擁護的方法、程度等等的不同而已。」

既然民主、專制、獨裁制度產生的方法是那麼得接近，它們之間唯一的根本的不同，就只剩下是在政權更替上的不同：「獨裁政治也只有用武力才能推翻。但在民主政治之下，推倒政府則可以完全不用武力。」因此，陳之邁下結論說：「我覺得推倒統治者的方法的不同是專制、獨裁，和民主政治根本的區別。它的重要實遠在選舉制度或統治者產生方法等等之上。」

在說明了民主、專制、獨裁制度根本不同的所在以後，陳之邁就進入了「民主與獨裁」論戰者所論戰的核心問題了，亦即，民主、專制、獨裁，何者更適合中國？他在摘述了胡適、丁文江、吳景超的論點以後，就指出了他們的幾個盲點。

第一個盲點，他借用胡適民主政治是「幼稚園的政治」、獨裁政治是「研究院的政治」的說法，來引申幼稚是普遍存在所有政制之下的現象：

> 政治本來就是幼稚的東西。民主政治如是，獨裁政治又何獨不然？幾百萬人可以相信猶太人使德國打敗了仗，可以不懷疑孔子有德國血統，成千成萬人可以齊集一個廣場恭聽他們的「領袖」疾呼狂叫口號，把一切罪過推到別人身上，而自己開空頭支票。那不是最幼稚的行為？

第二個盲點，是胡適所說的獨裁制度之下須要大批專家的說法：

專家的需要與否，不是制度問題，而是政府所要辦的事業要不要專家的問題，現代民主國家之需要專家，正和現代獨裁國家一樣。而所謂專家，並不是丁文江先生所說的「智囊團」，而是成千成萬的員吏〔注：亦即，一個健全的官僚體制〕。

事實上，這是對胡適的誤解。然而，這個誤解是胡適自己造成的。我在《舍我其誰：胡適，第四部，國師策士，1932-1962》裡指出，胡適這個「民主政治是幼稚園的政治」的理論，是他從一九二〇年代初期開始就開始用心思索的「好政府主義」或者更精確地說「專家政治」的理念。「民主政治是幼稚園的政治」是這個政治哲學的上聯。它的下聯胡適在「民主與獨裁」論戰裡用詞不當地說成是「獨裁政治是研究院的政治。」精確的用詞應該是：「專家政治是研究院的政治。」

第三個盲點還是以胡適領銜的。陳之邁說：

胡先生又說，開明專制或獨裁政治，都是「英傑的政治」。這層我也認為過份的看重了目前的獨裁者……其實現在的獨裁者，大半都不能稱為英傑。反之，在民主國家裡我們也能找到很多名副其實的英傑來。即以近年來而論，義大利固然產生了墨索里尼，法國也能產生保盎加賚，美國也能產生羅斯福。做破壞的工作，希特勒容或勝任愉快。建設起來，我們便不得不深致懷疑。

陳之邁說贊成獨裁的人的盲點是以為獨裁政治比較有效率。他反問說：「民主政治真的非缺乏效率不可嗎？民主政治一定是集權的相反嗎？」他不以為然地指出：

英、美、法、瑞士等國，在歐戰期間，都曾產生最有效率的政府，至少它們戰勝了德、奧匈、帝俄土耳其等極端專制的國家……最近一位美國作者稱此種政制為「危機政府」（Crisis Government）……而認為它可以在不犧牲民主政治根本之下，產生與獨裁政治相同的效果。譬如，實施統制經濟、充實國防，都是贊成獨裁的人所主張的。然而美國在羅斯福領導之下，何嘗不是向這方面走？因此這位美國作者覺得它是取獨裁之長，而棄其短的一種政制。這種政制證明，民主政治也可以產生最有效率的政府的。

這位「最近一位美國作者」不是別人，就是陳之邁哥大博士論文的指導教授羅傑斯（Lindsay Rogers），而其「稱此種政制為『危機政府』」也者，就是他所著的《危機政府》一書。最重要的，是陳之邁徵引的那句話：「它〔注：危機政府〕是取獨裁之長，而棄其短的一種政制。」羅傑斯教授確實是說了那句話。他在頁162上的原文是："Mr. Roosevelt has demonstrated that you can have all the advantages of a dictatorship and not abandon democracy"（羅斯福先生證明了你可以有獨裁政治所有的好處，而無需放棄民主政治）。

這個「危機政府」可以取獨裁制度之長，而棄其短的概念，陳之邁不發揮則已，一發揮，簡直是把民主、專制、獨裁制度全都送作堆成為一家親了。他在〈美國復興計劃失效的背景和意義〉一文裡，甚至用羅馬時代的獨裁、現代的法西斯主義來形容羅斯福總統的「新政」。他說：

在政治方面，復興計劃當然是政府權力擴充到極點的象徵。有許多政治學者對此極力推崇，名之為「危機政府」，有如羅馬時代的獨裁，是民主政治不用法西斯手段而收法西斯效果的方法。[3]

用「危機政府」的作法，可以享民主政治之名，而得獨裁政治之實！這就是為什麼「危機政府」的理念對陳之邁有那麼大的吸引力了。

陳之邁認為民主、專制、獨裁制度之間的差別，除了政權的更替是和平的以外，只有程度上的不同。他之所以會有這種偏頗的看法當然是因為他行政權至上的理念所導致的。然而，民主、專制、獨裁之間，如果他一定要選擇，當時的他還是會選擇民主。原因不難找。孟子說：「人之所以異於禽獸者幾希！庶民去之，君子存之。」如果我們替陳之邁套用孟子這句話來說：「民主之所以異於專制、獨裁者幾希！專制、獨裁的擁護者去之，不願意被專制、獨裁的人則存之。」

最後，遵循他一貫用讚美的話開場以及結束的建言獻策待拔擢的寫作模式，陳之邁一方面勸告中國人不要對民主政治的要求過高，應該對訓政的現狀感到滿足；另一方面再度徵引蔣介石「感」電裡的那句話來阿諛他抓住了民主政治的根本精神：

> 我們對於民主政治不可陳義太高，太重理想，而著眼於把它的根本一把抓住。對於現存的帶民主色彩的制度，如目前的國民黨全代會，能代表一部分應有選舉權的人民，並能產生稍微類似內閣制的政府，應認為是一種進步；對民國二十年〔1931〕的國民會議，也認為是一種收穫；對憲草裡規定的國民大會，則應努力使它成功。我們不斤斤於普選，因為那只是程度問題；我們不斤斤於代表機關之是否真能代表人民，因為哪國的議會都不是反映著社會的一面好鏡子。我們只求先抓住了民主政治的根本，因為我們認定「國內問題取決於政治而不取決於武力」是「救亡圖存」的基礎。

3 陳之邁，〈美國復興計劃失效的背景和意義〉，《獨立評論》，156號，1935年6月23日，頁2-5.

對於陳之邁的批評，胡適認為他們之間並沒有歧見。他在〈從民主與獨裁的討論裡求得一個共同政治信仰〉一文裡，認為他們的看法是完全相同的。他完全贊同陳之邁援引汪、蔣「感」電裡「國內問題取決於政治，不取決於武力」那句話是抓住了民主政治的神髓與根本的說法。[4] 跟陳之邁一樣，他認為應該肯定國民黨是進步的，是應該鼓勵的：

陳之邁先生勸我們對於現有的一切稍帶民主色彩的制度應該認為一種進步，都應該努力使它成功……陳之邁先生從歷史演變的立場去看，老實承認國民黨的現行制度還是一種「帶民主色彩的制度」……陳之邁先生也願意承認這是一種進步，一種收穫，我們應該努力使它成功，為什麼呢？因為這都是走民主政治的路線：這都是「國內問題取決於政治而不取決於武力」的途徑。

就像我在《舍我其誰：胡適》系列裡所指出的，胡適一向喜歡淡化他與友朋——特別是《獨立評論》的社員——之間的歧見。他與陳之邁在看法上從一開始就有不同的所在，而且是漸行漸遠。比如說，陳之邁在《獨立評論》所發表的第一篇下筆溫和、謹慎、批評之餘不忘讚美、立論上極為節制的〈讀憲法修正稿〉，胡適在〈編輯後記〉作了呼應。他說：「陳之邁先生是哥倫比亞大學的哲學博士，現在清華大學政治學系教憲法等科。他這篇批評憲法修正稿，雖然也有我們不能完全同意的地方，我們覺得是很能指出修正稿的得失的一篇文字，值得關心憲法的人的注意。」[5]

陳之邁從他哥大的博士論文開始，就已經服膺行政權至上的理念。從他的博士論文、他在清大任教的第一個學期裡所發表的文章裡，他已經一再地宣稱從「十九世紀末葉以來，國家的職權日益擴展，『保境安民』的國家已成歷史上的陳跡。」作為民主國家龍頭、而且已經走向了「社會福利國家」之路的英國、美國，鑑於民主政治制度過於遲鈍，都一一「採行了獨裁政治，集中政權於行政機關。」

然而，陳之邁的「『保境安民』的國家已成歷史上的陳跡」的說法，跟胡適的「保境安民」或者「無為的政治」的理念是截然不同的。用胡適在〈建設與無為〉一文裡的話來說：「有為的建設必須有個可以有為的時勢，必須先看看客觀的物質條件是否許我們有為。在這種條件未完備之先，盲目的建設是有害而無利的，至少是害多而利少的，是應該及早停止的。」一言以蔽之，胡適要當時的中國人徹徹底底地領悟到：「自己不配建設，然後能安分無為，做一點與民休息的仁政；等到民困稍蘇國力稍復的時候，等到專門人才調查研究有結果的時候，方才可以有為。」[6]

相對於胡適認為落後的中國必須「無為」、先「用全力辦好警察權」、在「民困稍蘇國力稍復」以後，再從事建設的工作，陳之邁認為中國必須以現代西方民主國家為楷模，揚棄十九世紀、「已成歷史上的陳跡」的「保境安民」的國家的概念，畀予政府至高無上的行政權，來推動經濟建設，為統一立下一個穩固的基礎。這就是陳之邁在〈統一的基礎〉裡的主張。

陳之邁把現代化的經濟制度視為是「能『救亡圖存』、『攘外』的統一」的先決條件。反之，當時的胡適已經揚棄了兩年以前認為統一與建設必須雙管齊下的看法，改而主張統一是建設的先決條件。因此，胡適在該期的〈編輯後記〉裡說：「我們不禁要問：陳先生所說的現代經濟制度，在一個未統一的國家，是否可以發展？陳先生所舉的兩個例子，德國與美國，其經濟制度的現代化，乃是統一以後才實現的。此點值得我們特別注意。」[7]

4 胡適，〈從民主與獨裁的討論裡求得一個共同政治信仰〉，《獨立評論》，1935年3月10日，第141號，頁16-19.
5 胡適，〈編輯後記〉，《獨立評論》，112號（1934年8月5日），頁18-19.
6 胡適，〈建設與無為〉，《胡適全集》，22.62-67.
7 胡適，〈編輯後記〉，《獨立評論》，134號（1935年1月6日），頁20.

「黨外無黨、黨內有派」

陳之邁與胡適之間的不同，不只是統一與建設進行的次第應如何的問題，而是是否要學而優則仕的問題了。胡適和陳之邁都援引了蔣介石、汪精衛在「感」電裡的那句話：「國內問題取決於政治而不取決於武力。」然而，他們援引蔣介石這句話的動機極為不同。同樣是援引蔣介石的「感」電，胡適擺明的是在「順水推船」、「趁火打劫」。管他「閻王」說的是真心話，還是漂亮話，他不會天真地拿它當真。他的目的純粹就是把它挪用來封住他的嘍囉小鬼的嘴。陳之邁就完全不同了。不管他是把它當成真話還是漂亮話，從那時候開始，他就一再地把蔣介石那句「國內問題取決於政治而不取決於武力」的話當成彷彿是既成的事實，已經在中國實現，而謳歌說那就是抓住了民主政治的根本精神。

諷刺的是，陳之邁在〈教孩子的方法——壽《獨立》三週年〉一文裡還在強調言論自由的可貴。他說十八、九世紀歐洲大陸幾個王朝試圖鎮壓言論自由的結果，反而是引發了革命。與之相對地，容忍不同意見存在的英國，反而是沒有發生革命的國家。從英國的言論自由，陳之邁進一步地引申為什麼英國可以行內閣制，而世界上一些東施效顰的國家就是畫虎不成反類犬。民國初年的中國就是一個典型的例子：

> 記得我們的民國初年也在《臨時約法》底下行過一套內閣制。但是袁世凱抱定了「臥榻之旁豈容他人酣睡」的主張。槍殺或趕跑了國民黨員，宋教仁也斷送了性命。我們沒有人家「容人之量」還談什麼內閣制。

不但英國的內閣制必須要有「容人之量」才可能學來，美國的總統制亦然：「美國也有它的『容人之量』，他也有反對黨天天在批評指摘政府。」他再以袁世凱為例說：

總統制卻被袁世凱一再利用來破壞《臨時約法》。三年〔1914〕五月的《新約法》還有總統制之稱！但是「臥榻之旁豈容他人酣睡」主義，不惟和內閣制衝突，和總統制又何當不是水火不相容的？[8]

然而，才三個月不到，陳之邁居然把他之前用來批判袁世凱的「臥榻之旁豈容他人酣睡主義」作為天經地義的理由，呼籲國民黨要打開天窗說亮話，要嘛就是勵行其從蘇聯所學來的一黨專政，不嘛就是用他所津津樂道的「危機政府」的概念，建立一個強有力、有策略、肯負責的政府。他在一九三五年八月四日所發表的〈政制改革的必要〉的主旨就是政制的改革是一切改革之母。[9]他說：「改革目前的吏治應從消極的及積極的兩方面著手：消極的方面是想澄清吏治，廢去任用私人的弊病；積極的方面是想登用專門人材，增加政府的效率。」他感嘆說：「然而我們目今既沒有傳統的或具體的政策可言——有則是絕對辦不到的夢想，又沒有健全的員吏制度，當政的所謂領袖們則連抱殘守闕的決心都沒有而紛紛散去，我們便不能不問問這究竟是什麼毛病。」陳之邁自問自答，說問題就出在政治制度上的混淆與矛盾。一言以蔽之，國民黨模仿蘇聯的一黨專政做得不夠澈底，畫虎不成反類犬：

我以為在種種原因之中，一項最重要的是政治制度根本有不妥當的地方。我們現在是一黨專政的時期，似乎是應該權力集中的，負責有人的……我們現在號稱一黨專政，國民黨又是模仿蘇俄共產黨組織的。然而我們卻仍然陷入散漫鬆懈、畏頭縮尾的局面，真令人起畫虎不成反類狗的感想。

8 陳之邁，〈教孩子的方法——壽《獨立》三週年〉，《獨立評論》，151號，1935年5月19日，頁5-9。
9 陳之邁，〈政制改革的必要〉，《獨立評論》，162號，1935年8月4日，頁2-5.

陳之邁認為國民黨之所以在一黨專政上做到畫虎不成反類犬的地步，就是因為它沒有一黨專政的本錢：內部組織既不健全，又有很多派別。然則，如果國民黨沒有一黨專政的本錢，是否就應該開放政權呢？陳之邁的答案是否定的。他申論了國民黨必須秉持「臥榻之旁豈容他人酣睡」的主義：

我的意思並不是說現在要開放政權，叫別的人組織別的黨在國民黨的臥榻之旁酣睡。這是不可能的事實；在民主政治未曾確立以前，沒有主權者來裁判哪個政黨應當執政？哪個政黨應當下台。現在去玩民選的把戲是不會比民初或民二十〔1931〕高明多少的；事實上我們目今也找不到一班人能組織一個政黨，和那創造共和提倡三民主義的國民黨抗衡的。勉強開放黨禁，只有重新開演民初黨派合縱連橫的怪劇。我只是說我們應該公開的承認目前國民黨內部分歧的狀態，而令制度去適應這種狀態……我所提倡的不過是黨內的民主政治。

國民黨一方面想要一黨專政，一方面又想要模仿西方的內閣制或總統制，其所造成的是一個「半死不活的局面」。而要醫治國民黨這種「可怕」的、「半死不活的」病症，除了要黨外無黨——陳之邁自己沒有這麼明說，這是胡適替他打開窗戶說亮話說開來的——以外，就是黨內有派，聽其自然分化。這種黨內有派、甚至成黨的優點，是它可以演變成為類似英國、美國制度下兩黨之間的良性競爭。

陳之邁強調他所提出的「危機政府」式的政制改革是符合民主政治的精神的。他警告讀者不要迷信民主，以致於使中國陷入無政府的狀態：

這種改革後的政治制度是具有民主政制的真精神的。中執委會之是否代表民意？或離開民眾的遠近是另外一個問題。民主政制的根本原則在有合法的方法——和平的方法——來更換政府。一個政府下了台有法子找別的政府，不致陷入無政府的狀態，而同時一個大家都不滿意的政府（所謂大家或指公民全體，或指一部分公民，或指中執委）有方法迫它下台，而這方法不是革命或暴力。我們不必迷信民主政治，也不能承認常常會使政府——尤其是國難嚴重期間的政府——陷入無政府狀態的政治制度是良好優美的。

他總結說：

> 我們相信在目前的環境之下，第一要有強有力的，有策略的，肯負責的政府；我們也相信具有那樣光榮悠久歷史的中國國民黨也不是不出力的，不肯積極負責的。我以為這種在黨義、黨治根本法律原則下的改革是國民黨當前一個足資參詳的改革。

對於陳之邁所提倡的這種黨外無黨、黨內有派，然後再用強有力、肯負責的方法來貫徹黨義、黨治的政制的主張，胡適顯然不贊成。他在〈編輯後記〉裡雖然說得簡略，但不掩他的訝異：「陳之邁先生不是中國國民黨的黨員，但他並不主張開放政權，拋棄黨治。他只期望國民黨自己承認內部的派別，使他們成為幾個公開的，有政策的支黨。同時他期望有一個和平更換政權的方法，把中政會議變成一主持政治更替的中樞，政府對中政會議負責。」[10]

黨外無黨是胡適一九二七年從歐遊返國對國民黨幻滅以後就反對的。至於黨內有派，讓國民黨自己分化成為不同的政黨，則是他在一九三二年間的主張，而且也是他晚年給蔣介石的建議。國民黨一黨專政，也是他自

10 胡適，〈編輯後記〉，《獨立評論》，162號，1935年8月4日，頁19.

已在一九三二年間所認為不可避免的事實。[11]然而，在陳之邁提出黨外無黨的主張以後，胡適立即寫了〈政制改革的大路〉表示反對。[12]

胡適強調說：「拋棄黨治，公開政權，這不是說國民黨立即下野。我的意思是說，國民黨將來的政權應該建立在一個新的又更鞏固的基礎之上。那個新基礎就是用憲法做基礎，在憲政之下，接受人民的命令，執掌政權。」

胡適用陳之邁不可能否定的論點、以子之矛攻子之盾的方法來反駁後者：

所以我主張，改革政制的基本前提是放棄黨治；而放棄黨治的正當方法是提早須布憲法，實行憲政。這是改革政制的大路。

又如：

陳先生不主張黨外有黨，卻主張黨內有派……既許黨內有派，何以不許黨外有黨？如果有負責任的國民提出「具體的應付內政外交的策略」，何以不許在國民黨各派以外去組織政黨？

最後：

老實說，我是不贊成政黨政治的。我不信民主政治必須經過政黨政治的一個階段……我不贊成政黨，我尤不贊成「黨權高於一切」的奇談……

蔣介石「感」電裡的「國內問題取決於政治，不取決於武力」這句話，被陳之邁用胡適式的「偷關漏稅」的方式偷渡成為「便是民主政治的根本。」這個「偷關漏稅」的靈感來源，陳之邁在一篇書評裡指出了，那就是〈民主政治的根本（書評）〉。[13]這本《民主政治的根本》完整的書名是《議會民主的根本》（*The Essentials of Parliamentary Democracy*），是當時在牛津大學任教的政治學教授巴塞特（R. Bassett）所著的。

陳之邁稱讚《議會民主的根本》最精彩的地方在於指出民主與獨裁之別：

> 這本書最優美的一段在討論民主政治和獨裁政治。作者先提醒他的讀者說民主政治這個名辭是常被人亂用的。擁護獨裁政治的人也常常宣稱他們所擁護的才是純粹真正民主政治，現在所謂民主政治都是些「遮掩著的獨裁」。列寧、墨索里尼、希特拉都曾借用民主政治這個名辭來號召標榜。作者認為這種紛亂有絕對澄清的必要，而他所貢獻的不是給民主政治下一個界說——界說已經太多了——而是只從政治方面著眼，說明「民主政治是一種解決政治問題的方法」。民主政治與獨裁政治不同的地方便在這解決政治問題方法之不同：前者的方法是討論、折衷、調和，它的真諦是政治上的和平；後者的方法是專斷、壓迫、箝制，它的真諦是以武力來解決政治及其它一切問題……它們所採取的方法規定了它們政治社會的性質：訴之於和平的方法便是民主政治，訴諸武力便是獨裁。

11 《胡適日記全集》，6.629.
12 胡適，〈政制改革的大路〉，《獨立評論》，163號，1935年8月11日，頁2-5.
13 陳之邁，〈民主政治的根本（書評）〉，《獨立評論》，165號，1935年8月25日，頁17-19.

這句「民主政治是一種解決政治問題的方法」，就是陳之邁用「偷關漏稅」的方式來為蔣介石的訓政做辯護的作法。巴塞特誠然是說了「民主政治是一種解決政治問題的方法。」然而，他也說了「獨裁政治是一種解決政治問題的方法。」陳之邁特別用徵引號來強調「民主政治是一種解決政治問題的方法」，而不相對地給予獨裁政治一樣顯著的地位。雖然他接著說：「民主政治與獨裁政治不同的地方便在這解決政治問題方法之不同」，但他只用徵引號來凸顯出「民主政治是一種解決政治的方法」的寫作策略，很容易造成讀者以為獨裁政治不是一種解決政治的方法。

接著，他二度「偷關漏稅」，形容民主政治的方法「是討論、折衷、調和，它的真諦是政治上的和平」；而把獨裁政治的方法說成「是專斷、壓迫、箝制，它的真諦是以武力來解決政治及其它一切問題。」

陳之邁這個二度「偷關漏稅」，把「政治的方法」等同於「和平」、再等同於「民主」；把「專斷、壓迫、箝制的方法」等同於「用武力」，再等同於「獨裁」，其用心良苦、挖空心思的目的昭然若揭，亦即，就是要呼應、阿諛蔣介石「感」電裡的「國內問題取決於政治，不取決於武力」的那句話。

曾幾何時，陳之邁在〈民主與獨裁的討論〉一文裡，才告訴讀者，說民主制度除了在政權的更替上是和平的以外，和專制、獨裁制度之間的差別，只有程度上的不同。民主也好，獨裁也好，老百姓都是「阿斗」；民主也好，獨裁也好，政治一向都是由少數人所把持的。

如果陳之邁在半年前可以作出：「民主之所以異於專制、獨裁者幾希！」的結論，他有什麼理由在半年以後，認為民主政治之下的「阿斗」有能力用「討論、折衷、調和」的「政治的方法」，來體現民主政治的和平的「真諦」？

更具關鍵重要性的是，用民主「政治的方法」，「討論、折衷、調和」要如何進行？巴塞特解釋得非常清楚，陳之邁卻只翻譯了關鍵詞，而漏譯了如何去實行這些關鍵詞所涵蘊的概念的門徑。原因無它，因為如果他把這些如何實行民主政治的門徑翻譯出來，就會揭穿了蔣介石的「取決於政治」云云，根本就是空口白話。巴塞特說得再清楚也不過了：

> 民主政治意味著一種在自由與法治及其執行之間尋求其平衡的嘗試。我們可以把它定義為一種政治方法，其作法在於讓每一個公民都有機會經由討論，為整個社群的福祉，尋得大家都能同意的方案。從實踐上來說，這就意味著繼續不斷地透過討論與妥協，以及基於最大可能所能贏得的協議的各種行動去尋求共識。
>
> 這種討論必須盡量地充分、自由、普及。民主政治的作法是集思廣益。其所意味的，是去說服別人的同時，也接受自己也有可能被別人說服；願意承認社會上對政治的目標為何的問題存在著不同的看法，而且人都不是完美的。因此，民主政治是建立在容忍的基礎之上，而且妥協是必須的。[14]

民主政治是建立在「充分、自由、普及」的討論的基礎之上的。這個自明之理不只巴塞特這樣說，陳之邁的論文指導教授羅傑斯也這麼說。羅傑斯在陳之邁所徵引的《危機政府》裡說：

> 民主政治為何？就像駱駝一樣，我們很難形容它，但是你一旦看到，就知道那是駱駝。也許更正確的說法是：在你看不到它的時候，你就會知道民主政治是什麼樣子。
>
> ……
>
> 就像我說的，當你看到政治自由的理想、法律上的平等、個人福祉的促進等等不受到肯定，重要的政治決定不經討論就推行，你就知道那不是民主政治。[15]

14 R. Bassett, *The Essentials of Parliamentary Democracy*（London: MacMillan Co., 1935; 1964）, p.173.

15 Lindsay Rogers, *Crisis Government*, pp.20-21, 21-22.

最有意味的是，蔣介石那句「取決於政治」根本就是空口白話，「訓政」根本就是獨裁，陳之邁可以不假外求；他在巴塞特這本書裡就可以找到最雄辯的批判：

在另一方面，獨裁解決政治的方法，是社群裡的一部份強把其意志加諸社群的其它部份，剝奪了社群其它部份的人影響政治決定的機會。獨裁者的人數可多可少，他們不一定有大多數人的支持。即使他們有大多數人的支持，那也大致是毫無意義、不真實的，因為那不是經由自由的討論而得到的，因為人們並沒有真正的選擇的自由。對聽不進去的意見的懲治、對討論的箝制與扭曲、對所有反對政治結社的壓制，這些都是獨裁特有的標誌。在獨裁政治之下，社群的福祉不是其措意的對象。獨裁者說他們知道社群的福祉為何。那就是說，他們認為他們是對的。因為他們認為他們的看法是對的，他們認為把他們的看法強加諸整個社群是天經地義的。[16]

奇特的是，難道他有可能閱讀不仔細誤讀了？或者難道是因為他行政權至上、以民主為名享獨裁之實的先入為主的成見的影響，他誤以為巴塞特認為民主制度之下的領袖是不果斷、不積極的：

我以為作者在這裡犯了一個很大的毛病：他對於討論、折衷、調和的重視，使得他沒有看到歐戰以來民主政治一個大發展。他仍然相信民主政治下的領袖人才只應是最高明的調和者，而不是勇敢有為的人物。十九世紀的人往往如此想，因為那時理想的政治是無為的政治，那時理想的國家是放任的最懶的國家。即在那時候這種看法也是不對的。英國十九世紀的政治家都是積極的、有主義的、果敢有為的。在二十世紀後，因為國家為社會服務的觀念勃興，政治家更應該積極。歐戰以還的「危機政府」，把權力集中於領袖身上，匪特不是反民主政治的，並且是民主政治一個極大的收穫。獨裁者可以做的事，民主政治的領袖無不能做，但方法仍然是和平的，民主政治的真諦仍然能夠維持。作者沒有看透歷史而隨聲附和一般人的迷信，實為此書最大的缺憾。他替民主政治辯護，卻反而替他的敵人張目。我們須知這不是民主政治的弱點，而只是作者的弱點。

事實剛好相反。巴塞特雖然提起了反民主人士對民主政治缺乏效率的批評，但他一再地駁斥了他們的論點。他說獨裁者所顯示的魄力、效率、與果斷泰半是假象。民主政治所不為的，是為了目的而採取那些會犧牲和平有序的政治制度以及自由的手段。不但如此，巴塞特認為無論是從效率或著是從成果來看，英國的議會政治制度是舉世無雙的：

我們對英國議會民主制度引以為傲之心，完全不會因為我們知道它有缺陷而為之減低。不管我們是用作為人類或者是政府的效率來衡量，其缺陷跟優點及其成就來比，是瑕不掩瑜的；如果有人說它遜於歷史上所有的體制與方法，我們會誓死力爭的。從公益心、行政的效率與清廉（honesty）、對人性的尊重各個方面來看，我們國家都是舉世無雙。

所有的決定都有效率地推行著。在危機之下，戰時或承平時代，我們的政治機制運行的速率與效率遠非獨裁制度所能望其項背。以成果來衡量，英國議會民主制度可以傲視所有人類自古以來所創制的政治制度，甚至包括獨裁制度所常自以為優越的方面。而且，這些成果不是在犧牲作為人的尊嚴與自由為條件所換取來的。恰恰相反。伴隨著這些成果而來的，是公民自動自發的政治合作的形式與實際持續的擴展。因此，其它政治方法所宣稱的優點，英國的方法不但一樣做得到甚至做得更好，而且還增添了促進公民自治（self-government）的好處。[17]

16 R. Bassett, *The Essentials of Parliamentary Democracy*, pp.173-175.
17 R. Bassett, *The Essentials of Parliamentary Democracy*, pp.358-359.

巴塞特認為英國議會政治的效率舉世無雙，其優越性「可以傲視所有人類自古以來所創制的政治制度，甚至包括獨裁制度所常自以為優越的方面。」更重要的是，他強調：「這些成果不是在犧牲作為人的尊嚴與自由為條件所換取來的。」然而，陳之邁對巴塞特這些話卻視若無睹。

在他為巴塞特的書所寫的書評的結尾，陳之邁還是不忘阿諛蔣介石：

中國人讀這本書會覺得它富有意義。內戰了二十多年並沒有把我們的問題解決一絲一毫，除了替我們的敵人造好了在我們國內實行以夷制夷的機會，除了使我們的政治紛亂，經濟消沈。即此一端便足以使我們反省。前些時我曾為文討論民主與獨裁，而申說如果我們要貫徹汪、蔣兩先生「國內問題取決於政治而不取決於武力」的原則，我們只有放棄模仿義、俄、德等國的野心。這本書的根本觀點是和我的說法大致相同的。

我不認為陳之邁誤解巴塞特是因為是他「誤讀」，而是他在挪用巴塞特。這也就是說，他用胡適式的「偷關漏稅」的方法，先把巴塞特說「義、俄、德等國」的獨裁制度也是一種「解決政治的方法」的說法抽掉，單獨留下英國的議會政治制度為「解決政治的方法」。然後再把「政治的方法」等同於「和平」、最後再把它等同於「民主」。接著，他就冠冕堂皇地把蔣介石在「感」電裡「國內問題取決於政治而不取決於武力」那句話，當成蔣介石走的是作為二十世紀新典範的「危機政府」式的民主政治的道路的明證了。

陳之邁不是「誤用」，他是有心地「挪用」。他是挪用巴塞特來為蔣介石的政權辯護。這個挪用巴塞特以為蔣介石政權辯護的立論基礎一旦建立，陳之邁就不須再猶抱民主的琵琶來半遮他阿諛蔣介石的面了。

從陳之邁下筆溫和、謹慎、立論極端節制的〈讀憲法修正稿〉算起，他「三呼四喚始出來」，無需再「猶抱琵琶半遮面」的文章，就是在他發表了巴塞特書評下一期的《獨立評論》裡的〈再論政制改革〉。

〈再論政制改革〉，顧名思義，就是針對胡適批評他「黨外無黨」的主張那篇〈政制改革的大路〉。為了淡化他這篇文章是針對胡適的，他把它說成是對他那篇文章發表以後的批評的總答覆。[18]他的總答覆分三點：

第一，我仍然不主張現在開放黨禁……原因有二：

> 一、開放政權並不能收拾人心，遑論挽救危亡……愚見以為歷史教訓我們這種希望是最「烏托邦」不過的。中國人心之散漫是眼前的事實，但現代經濟制度之驚人落後可惜也是事實。沒有現代經濟制度所造成的交通便利、貨物交換、優美普及的教育、參加政治的閒暇，而希求吃草根樹皮觀音土的芸芸眾生侈談內政、關切外交、監督政府，是人之常情所不容許的，無論你頒布如何優美完備的憲法。

從前「猶抱琵琶半遮面」的陳之邁還試圖擺出他學者儼然超然的立場。他在八個月前寫的〈我國的憲法問題〉一文裡騎牆，兩面討好。一方面，他強調實行憲政要能成功有其最低限度的當時的中國所不具備的政治、經濟、社會的條件；在另一方面，他又在文章的結論裡讚美國民黨，並阿諛其制憲的「前途當是很光明的」。現在他無需抱琵琶遮面了。既然「訓政」也是「危機政府」的一種，也是民主，制憲不啻是多此一舉！

第二個原因，陳之邁說得更赤裸裸，亦即，他開始揭櫫的「臥榻之旁豈容他人酣睡」主義：

> 一個國家裡一定要有一種中心思想，共同信仰，在其中各種集團可以自由爭論，在其外則唯有根本撲滅……中國目前的中心思想是三民主義。服膺它的，即或對主義不同，或標舉政策互異，都應該讓他們存在；不服膺它的，以打倒它為職志的，只有遭受剷除撲滅。

---

18 陳之邁，〈再論政制改革〉，《獨立評論》，166號，1935年9月1日，頁2-8.

在中國當時的狀況之下，開放政權、實行憲政，不但不可能，而且沒有必要：

> 有了以三民主義為根本精神的憲法而不保證揭櫫三民主義的國民黨一定當政，世間寧有此理？別的政黨既不信三民主義，又非國民黨，能夠甘心蟄居於那部憲法之下而不想去推翻它嗎？這種種的困難，使我覺得在目前狀態之下，開放政權，實行憲治，是不可能亦可不必的改革。

陳之邁總答覆的第二點，就是他的「黨內有派」，或者用他覺得比較有民主味兒的話來說，「黨內民主政治」：「我所希望的只是借著『黨內民主政治』，使得現在消極的、不合作的、發不負責的言論的，都有把握政權的機會。」

陳之邁的第三點，套用今天中國愛說的話來形容，就是去建設一個「有中國特色的民主政治」：

> 在現在討論中國政制，萬萬不可拏外國的東西來強相比較。政治學和地質學一樣是帶有濃厚地方色彩的……在前一篇文章〔注：〈政制改革的必要〉〕裡，我曾明白地說出中國現在的國民黨不能和在義、德、俄等國專政的政黨同日而語。此中國目前政制之所以「特殊」，外國的邏輯到這裡來用不上。

陳之邁的結論是：

> 本著上述三點，我仍然覺得在目前的狀況下，為即速改革救濟現在的政制來適應內外交迫的難關，腳踏實地，不務高遠，「黨內的民主政治」、「黨外無黨，黨內有派」的方案是最合時宜的。

陳之邁這篇〈再論政制改革〉，胡適非常不喜歡。他在私下給陳之邁的信裡老實不客氣地教訓他說：

回來後，得讀你的〈再論政制改革〉，我頗感覺你這篇文字寫的不好。鄙見以為學政治的人當多注意現實政制的考察與分析。如今日之黨治，在中央與地方，都值得政治學者的實地考察與分析。今日何嘗有「黨治」？只有無數人吃黨飯、做黨官而已！黨所「治」者究何在耶？[19]

五權憲法閹割了一黨專政的效率

我們不知道陳之邁是否回了信，也不知道他後來跟胡適是否交換過意見。然而，胡適那句「今日何嘗有『黨治』？只有無數人吃黨飯、做黨官而已！」，似乎對陳之邁產生了一點刺激。他在兩個月以後所發表的〈憲政問題與黨政改革〉，頗有師法胡適在一九二九年那一系列膾炙人口的爭取「人權與約法」的文章裡尊閻王、打小鬼的寫作策略。他在〈憲政問題與黨政改革〉一文裡，[20]他先徵引了一長段國民黨嘍囉「諉過於人」的文宣：

本年十月十日南京《中央日報》〈國慶紀念辭〉裡有這種的說法：

革命黨人視成敗利鈍為尋常，毀譽禍福如煙雲……今日不樂本黨之存在者，必為國家之仇讎；今日公

19 胡適致陳之邁，1935年9月，《胡適中文書信集》，II.416。請注意：《胡適中文書信集》把這封信繫為8月。由於〈再論政制改革〉是在9月1日的《獨立評論》上刊出的，胡適這封信一定是9月寫的。

20 陳之邁，〈憲政問題與黨政改革〉，《獨立評論》，175號，1935年11月3日，頁2-6.

然威脅本黨放棄其政治上特殊責任者，必為民族之敵人。

陳之邁指責這種文宣所顯示的，是國民黨的黨工不知奉行三民主義，尸位素餐：「這一段文章裡所指示的很簡單：中國的國難都是別人阻撓國民黨貫徹主義的勾當，黨人可以置之不理……黨裡的人認為訓政應當繼續進行，方向無須改變；民權等等可以宣示，但不必實行；黨外的人發出一聲責問，便成民族的仇讎、國家的蟊賊。」

他給國民黨三個建議：第一，要有一個能夠著實實行黨義的強有力的政府；第二，當局要能虛心接受全國各部分善意的批評，公開與國人討論，讓舉國上下互助合作。第三，政制改革以外，應有更澈底黨的改革，以貫徹國民黨的主義。

陳之邁這三個建議裡的第一點很重要，因為它直指國民黨一直就沒有實行「《建國大綱》、《訓政綱領》——黨義和根本大法。」而國民黨之所以未能實行其「黨義和根本大法」的原因，就是因為它政制不良。這政制不良的原因是因為它所遵奉的孫中山「五權憲法」跟「一黨專政」的理論是相牴觸的。他在一篇用英文發表的文章裡申論得極為清楚：

> 國民黨治下的根本理論是一黨專政。所有政府的機構現在都是對黨負責。黨的組織是根據蘇聯的共產黨組織的原則。絕對的效忠與紀律是黨以及政治關係的基本條件。在這種情況之下，監察的制度——用政府裡的一群人來監督另外一群，或者用政府的一個機構來監督另外一個機構——是與其整個政治架構的精神相牴觸的。

雖然五權憲法要如何訂定還沒有完成，其主義也不是完全無可非議的，但孫博士所揭櫫的主義不可能跟黨治的原則擺在一起也是毫無疑義的。因此，把五權憲法納入一九二八年所頒佈的《國民政府組織法》裡，等於硬是把兩種根本上無法調和、互相矛盾的主義放在一起。[21]

「硬是把兩種根本上無法調和、互相矛盾的主義放在一起」，其結果就是政制之不良，以致於沒有「強有力的中央指揮機關來著實實行黨義。」國民黨最關鍵的錯誤，是它遵奉了孫中山脫胎於西方「三權分立」原則的「五權憲法」，以致於把政府弄得軟弱無能。他在一九三六年五月所發表的〈論政制的設計〉一文裡說：[22]

> 五院制度脫胎於孟特斯鳩的分權學說。孟氏學說的出發點在保障自由，在厲行放任主義。為自由為放任，他不惜把政府弄得軟弱無能，唯恐怕政府太過熱心做事。分權的目的在牽制政府，使得政府不能做事，欲做事而不能。五院制度把權力更分得仔細：治權與政權分開，治權拆裂成五，政權割劃成四。
>
> 但是國民黨並不講天賦人權，更不談放任主義。我們要實行的是集體主義的民生主義。我們不能忍受一事不做的政府，我們希望政府發揮最高的行政效率。然而我們的政府機構是最笨重的，近年來政府效率的特低正是五院制度達到了它本來的目標。國民黨制憲的目標如在產生有效率的政府，那麼唯有放棄死守五院制度的精神（形式無關宏旨）。

21 Chen Chih-mai, "Impeachment of the Control Yuan," *Chinese Social and Political Science Review*, XIX.4（Jan. 1936）, pp.521-522.

22 陳之邁，〈論政制的設計〉，《獨立評論》，199號，1936年5月3日，頁2-5.

令人慶幸的是，一九三五年年底國民黨四屆五中全會對於憲草的決議裡沒有提到五權憲法。他額手稱慶地說：「這是國民黨政治理論空前的進步。」換句話說，陳之邁認為國民黨終於體認到它如果墨守孫中山的遺教裡的「五權憲法」的規定的話，就會閹割了一黨專政所應有的施政效率。

「一黨專政」主張的天窗一經打開，陳之邁就開始說亮話了。一個月以後，他又寫了〈再論政制的設計〉一文。[23]他先抨擊民治主義是一個「烏托邦」式、過時的、已經被西方人所懷疑、摒棄的十九世紀的理想。他說國民黨最根本的問題，在於它採行了兩種互不相容的體制。它一方面要遵奉孫中山脫胎於西方「三權分立」的「五權憲法」，二方面又採行師從蘇聯的一黨專政的制度：

> 自從十七年〔1928〕訓政開始至今，中央政府所採的是民治與獨裁兼有的模稜政制：我們在五權分立的制度上硬裝上一黨專政的制度。我們把兩種絕對相反的原則強其相輔而行：其結果是五權並不分立，一黨專政的好處亦一無所得。現在已經到了決斷的時機。

模仿胡適稱呼民主政治之下的公民為「阿斗」的陳之邁，一向就看不起「阿斗」。現在他就毫不客氣地數說他們的不堪，不只是還沒走進民主樂園的中國的「阿斗」，而且包括西方民主國家裡的「阿斗」：

> 第一，民治主義之所以為人所不滿，其中有許多原因，但其最重要者是人民在過去的經驗看來實無自治的能力……從前的人以為教育是使得人民取得自治能力的唯一可靠門徑。現在英美等國的教育可謂達到極度普遍的程度。教育的水準亦已相當的高深，但教育並沒有使得英美的人民真能自治。
>
> 第二，民治主義的提倡者自始便不相信人民能治理自己的事情：民治主義下的許多典章制度是基於懷疑人民自治能力而產生的。在三權制度下，行政立法司法三權都是由人民選舉的，為什麼要它們彼此牽

制，相互制衡？……「真正的民治」是唯有在全民政治下才能真正實現的，所以亞里士多德認為民治的國家只能在一個人說話全國人都能聽見的小社會裡實行。

第三，民治的勃興適逢放任主義雷厲風行之時，放任主義者不想要有為的政府，不想政府做事。故此懦弱的庸才的不做事的政府竟被放任主義者認為是最理想的政府。但是現在的政治理想與十九世紀初年的理想不同：我們要的是堅強的人才的有效率的政府。這種政府民治能給予我們嗎？人民有選擇人才的能力嗎？

「阿斗」既然如此「愚蠢笨拙」，不但沒有自治的能力，而且甚至連選出代議士的能力都沒有，中國絕對不能引進這種既已經過時、又不做事的政治制度：

我們以為中國目前的環境絕對不容我們替外國陳舊的思想做抱殘守闕的工夫。我們應當立刻放棄前此關於民治的迷信。我們的國運不容許我們說「自治的政府雖然不好，總比不是自治而最好的政府好」一類的讕言。我們需要權力集中的，能甄拔人才的，有做事能力有效率的政府。新中國的建設需要這樣的政府；良好的政府是建設的大前提。沒有好政府而高談建設計劃是捨本而求末。

然而，揚棄民主政治，並不意味著說就要接受獨裁政治：「最有效率的政府不一定是獨裁的政府。獨裁的政府有的地方是極不合效率原則的。」於是，陳之邁又宣揚了他那個可以享民主政治之名，而得獨裁政治之實的「危機政府」式的政治制度了。這個行政權至上的制度的特點有三：

23 陳之邁，〈再論政制的設計〉，《獨立評論》，205號，1936年6月14日，頁2-6.

一，中國的政府要根本解決政權（尤其是行政權）更替的法定途徑。袁世凱的美籍顧問古德諾（F. J. Goodnow）……以為政權的更替是穩定國家最主要的元素……他以為唯有子孫承襲的制度能解決這個問題……這是錯誤的。

陳之邁再度挪用了巴塞特，說：

解決了政權更替可以使政治走上正當的軌道。這便是近人所謂民主政治（以別於民治）的精義：民主政治只是不用武力來解決政爭的一種「方法」

二，放棄民治並不是放棄了自由。強固的政府，有效率的政府是舉國上下團結合作的政府，不是徒事壓迫的政府……保障人民的自由可以收到上下合作的局面，上下合作的正是最強固的政府。

三，保障自由並不是承認人人平等。法律之下人人平等的理想也是一種虛幻的夢想……人人有其特殊的情形，沒有方法使人人都變成一樣……承認了前此平等的理想是虛幻的夢想可以使我們接近實際。

總而言之，設計中國的政治制度，必須要棄西方十九世紀的糟粕，迎二十世紀的新潮流：

憲法草案，國民大會選舉法不必細評。那裡羼雜著許多十九世紀歐西虛幻的夢想，似乎我們真要以國命為這些夢想的代價……二十世紀的政治學還未曾寫成為我們的參考，但我們卻不可因此而為陳腐的學說所困囿而不能自拔。

〈再論政制的設計〉並不是陳之邁不再「猶抱琵琶半遮面」以後對民主政治最詳盡的批判。那個殊榮是他三個月以後在《東方雜誌》上所發表的〈民治主義的演變〉。[24]由於〈民治主義的演變〉是〈再論政制的設計〉一文進一步的引申，在此沒有徵引的必要。值得一提的是，陳之邁在結論裡除了再度提出二十世紀一定會產生出有別於十九世紀陳舊的民主制度以外，又再一次地依循他以阿諛國民黨的模式結束：

> 二十世紀的經濟社會採取一種什麼樣的形態，現在還未可知。各國的經濟現在還在急劇的變動之中。二十世紀經濟社會還未到達形成一種典型的階段。因此哪一種的政制能夠適合現代的經濟還是一個無可捉摸的問題。二千三百多年前「政治學的鼻祖」亞里士多德曾說：政制本沒有絕對的優劣標準，要看其能否適合一時一地的環境。這是政制的真認識。我們中國的經濟還是「中古式的經濟」。在這種經濟的社會上我們應建起一種什麼樣的政治制度更是當前最迫切的問題。我們生靈塗炭民不聊生的經濟社會供給得起一套繁複的自治機關嗎？現在中央當局所提倡的「管教養衛」的「四位一體」的地方制度是不是比較歐美傳來的地方自治能適合中國的環境呢？這些問題有待於我們的解決。

「二十世紀的經濟」誠然還在「急劇的變動」的演化之中，能與之相應的政治制度誠然也還未成形。然而，陳之邁已經斷言十九世紀西方自由主義的學說「虛幻」、「過時」，呼籲中國人不要被那「陳腐的學說所困囿而不能自拔」。雖然他彷彿是抱著靜觀其變、不妄下判斷的態度說：「哪一種的政制能夠適合現代的經濟還是一個無可捉摸的問題」，但從他提出蔣介石的「管教養衛」是否優於「歐美傳來的地方自治」的設問來看，

---

24 陳之邁，〈民治主義的演變〉，《東方雜誌》33卷17號（1936年9月1日），頁37-43.

他對「哪一種的政制能夠適合」中國的答案已經是呼之欲出了。

事實上，陳之邁自己在建言獻策兩年之中的「演化」之「急劇」才真正是戲劇性的。試看：從他學成歸國時候形容國民黨的《訓政時期約法》及其《憲法草案初稿》，是中國制憲史上最不倫不類的「四不像」的怪物；到他開始論政時所宣揚的英國式的「全民內閣」、「危機政府」、美國式的「威爾遜的獨裁」的行政權至上論；再到他「民主之所以異於專制、獨裁者幾希！」的論點；從他讚美國民黨「在百政待舉的關頭」卻能「斤斤於訓政的結束及憲法的制度」，到直言憲法只不過是「一紙空文」並質疑中國是否有實行憲政的條件；從他挪用巴塞特來為蔣介石的「訓政」作辯護說他抓住了民主政治的根本，到主張「臥榻之旁豈容他人酣睡」的「黨外無黨」乃至於「一黨專政」。短短兩年之間可以產生如此「急劇的」演化，只有待拔擢之心孔亟可以理解。

只是，陳之邁在建言獻策上都已經「演化」到為國民黨搖旗吶喊的地步了，卻還是未蒙拔擢的恩寵。

第五章　翹首待拔擢的煎熬

陳之邁在一九四六年七月十六日的雜記，記顧維鈞在當天呈遞國書出任駐美大使。六年以後，他加了一個批注：

> 記得童年時代，顧〔維鈞〕任外交總長，父親任秘書。一次在外交部大樓，不知有什麼慶典，我也去了。見顧出來，御大禮服，佩勳章，好不威風！另一次，父親請顧在豆腐巷故居宴會。顧遲到，坐首座。我在窗外偷看。這兩幕歷歷如在目前。
>
> 查日子當在一九二二年間。July 28, 1952 補記。[1]

陳之邁這個在童年時在外交部看見顧維鈞「御大禮服，佩勳章，好不威風」的記憶，在整整三十年以後還「歷歷如在目前」。可見學而優則仕的種子早就深深地埋在他的內心深處了。

留學優則仕幾成真

趙楊步偉在《雜記趙家》系列〈在華盛頓的一年半〉一文裡，提到了留美最後一年的陳之邁。趙元任一家在一九三二年搬到美國華盛頓住了一年半的時間，因為趙元任出任清華留美學生監督處的主任。趙楊步偉回憶說，當時監督處人手不夠，亟需幫手。因此，每當「有些學生讀完學位的一來遊玩的，我們就扣他們下來。他們邊玩邊幫忙，因此就熱鬧起來了。例如陳之邁、王慎名、蘇宗固、林維英、繆經田、張滙文等等都是常住的。」她說：「那幾位學生都是出人頭地的特色人才，例如陳之邁等等。」

趙楊步偉在作這些回憶的時候，當年的留學生已經各個學有所成。由於陳之邁已經貴為大使，她特別提起了陳之邁當年的兩件趣事。她在調侃他的同時，也誇他少時就已經了了，彷彿命中注定將來就是要當外交官一樣。第一件是有關陳之邁、王慎名為了要在大使館的茶會裡擔任工作人員的時候依循外交禮儀而去租小禮服來穿的趣事。她說當時大家都不知道參加公使館的茶會是要穿禮服的。一直要到美國秘書提醒以後才知道。女士沒有問題，穿中國衣服就行了。男士就比較傷腦筋了。買要花大錢，穿的機會又不多。就是去租，也要破費：

> 不久宋子文到美京來，公使館也是找了我們這班幫忙的去了。我們想這次招待美京的要人一定是很正式的了。別的人不肯花錢租小禮服，陳之邁和王慎名兩個人特別租了穿了去。到使館一看大家都沒有穿。他們兩個人不好意思極了，就站在喫茶的過道門簾子旁邊不進不出的。我正在裡面招待客人，看見他們那樣笑得不得了。這位秘書太太問我什麼可笑的，我對她說回過頭來看，看見這一對人站著，她也覺得可笑。

第二件趣事所凸顯出的，不只是年輕的陳之邁已經有了引人矚目脫穎而出的能力，而且自視甚高。趙楊步偉回憶說：

> 陳之邁現已做到重要國際外交官的地位了，我不能不會想到三十年前就有人賞識他是一個外交人才。一九三三年施肇基調駐美公使。初到任時太太未來。使館有事也還是來找監督處的人去幫忙。施就看上他們幾個人，想留在使館用。陳之邁說非二等秘書以上不做。結果外交部派下來是三等，他自然不接受了。[2]

1 July 8, 1946,「陳之邁檔案」，「1946年資料」，062-01-02-005.

2 趙楊步偉，〈在華盛頓的一年半〉，《傳記文學》，10.1，1967年1月，頁64.

趙楊步偉的回憶非常珍貴，因為它彷彿為我們留下了留美後期的陳之邁的幾張快照，雖然它在一個微末的細節上是錯誤的。幸運的是，陳之邁自己在晚年的時候也留下了一些回憶，不但告訴了我們更多一些他當年在華盛頓公使館當學習員的點滴，而且也可以修正趙楊步偉那個在微末細節上的錯誤。

有關他在華盛頓公使館當學習員一事，陳之邁在自編年表一九三二年條裡記錄得很簡單。幸好他在〈《施肇基早年回憶錄》跋〉裡說得詳細而且有趣多了：

我到公使館報到，接見我的是一等秘書龔安慶先生。龔先生任職民初外交部，和我父親同事。我幼年時曾見過他，並且和他打過幾次網球，所以他接見我時倍覺親切，使我頓時消失了初次進入官府的驚惶。龔先生告訴我，我在公使館的名義是甲種學習員，工作是譯電和抄字，每月報酬美金六十元。我那時仍然可以照領清華官費每月美金八十元。在美國經濟不景氣的情況下，已是相當充裕的了。[3]

在陳之邁筆下，施肇基是一位重情義、溫馨、愛才的官長。他回憶說：

施先生到任之初，第一件事是分別接見館員，連我這個甲種學習員也單獨召見。這是我第一次見到施先生，也是生平第一次晉謁大官，心情真是緊張極了。

我進入他的辦公室，見到的是一位頭髮有些斑白，帶著深度眼睛，兩手有點抖顫的忠厚長者。他用英文對我說話，大約是測驗我的英文程度。他首先對我說他和我父親是老同事、老朋友（其實他任外交總長時，我父親在外交部任秘書，應該是他的部下），然後問到我父親的近況和健康，可見他召見我前，已經將我的來歷弄清楚了。

他繼續對我說，今後我可以不必再做譯電和抄字的工作。我既通曉英文，又受過高等教育，可以改任在新任一等秘書夏晉麟先生指導下做對外工作，尤其是草擬對外的函稿。

陳之邁描寫他初到華盛頓大使館實習以及施肇基召見他的時候所用的形容詞：「初次進入官府的驚惶」、「生平第一次晉謁大官，心情真是緊張極了」。對比之下，當年胡適一再對人強調說他當駐美大使不是當官，其言不符實的矯揉也就昭然若揭了。

有關趙楊步偉提起施肇基保薦陳之邁留在公使館工作一事的回憶，陳之邁在自編年表裡的記錄也極為簡短：「施〔肇基〕公使保余為三秘〔三等秘書〕。外部批任主事，從日內瓦國聯辦事處調崔存璘為三秘。余不就，決心學成後即回國。」

趙楊步偉在回憶裡說：「陳之邁說非二等秘書以上不做。結果外交部派下來是三等。」原來，她說的職位還是太高了。這不知道是因為當時年少氣盛的陳之邁話說得太滿，還是趙楊步偉自己記錯了。施肇基所推薦的職位是「三等秘書」，而外交部所批准的是「主事」。「三等秘書」的職缺，外交部是把在日內瓦「國際聯盟辦事處」的崔存璘調到華盛頓。無論如何，「主事」在公使館的編制裡幾乎墊底。公使館的編制是：大使、參事、顧問、一等秘書、二等秘書、隨員、主事、打字員。無怪乎陳之邁說：「余不就，決心學成後即回國。」

這件被保薦為「三秘」不成的往事，陳之邁在〈《施肇基早年回憶錄》跋〉裡的回憶，可以讓人擊節讚賞施肇基愛才、惜才的胸襟與氣度。他說施肇基在他工作幾個月以後：「又召見我，說我的工作做得不錯，故已向外交部保舉我為三等秘書，並且已親函外交部長羅文幹先生推薦。」：

3 陳之邁，〈《施肇基早年回憶錄》跋〉，《傳記文學》，9.6（1966年12月），頁6-11。以下所徵引文字的頁碼不再附註。

隔了幾個星期，南京外交部的批示來了。我資格不夠，不能任三等秘書，也不能任隨員，只能任主事。施先生收到外交部命令後對我說，主事的地位太低，且不在外交編制之內，逐級遞升太費時間，不宜接受。我接受他的勸告，不久便離開公使館，於完成學業後返國，到國立清華大學教書去了。

於是，陳之邁這第一個學而優則仕的機會，由於施肇基認為對他而言是大材小用，「不宜接受」，於是決定割捨。

當時的陳之邁也許以為他就這麼與外交的仕途絕緣了。他恐怕萬萬也沒想到十一年以後，他會回到華盛頓大使館擔任參事。雖然他所奉的是蔣介石之命到美國從事反共宣傳的工作，但這就注定了他往後三十多年駐外以致於成為大使的生涯。這因緣彷彿是前定的一般。

沒趕上《獨立》的入京列車

學成歸國在清華大學任教以後，陳之邁學而優則仕的初心不減。事實上，學而優則仕的初心何止是陳之邁所獨有的。那是從科舉時代以降的中國傳統士人到二十世紀新式教育制度出身、但心嚮這個傳統的人所共有的。別的群體不說，光是以那自詡為「獨立」的《獨立評論》的成員來說，到一九三五年底，《獨立評論》的成員已經有三個從政了。用胡適在該年十二月十二日日記裡的話來說：「今天吳景超來。他得詠霓的信，要他去做他的助手。詠霓〔注：翁文灝〕已允作行政院秘書長。廷黻已南下，不是外交次長，就是行政院政務處長。《獨立》社員有三人入政府，雖是為國家盡義務，於《獨立》卻有大損失。」[4]

《獨立評論》的成員不多，成立之初，用胡適的話來說是「八、九個朋友」。就是加上他在一九三五年所延攬加入的吳景超、陳之邁，還不到一打，而已經有三個從政了。新舊成員加起來，佔了四分之一以上。這個比例不可謂不高。

比起創社元老以及跟他同時加入的吳景超，陳之邁年輕、資歷尚淺，沒能趕上《獨立》成員入京的列車。然而，眼看著他們一個個學而優則仕去了，他躍躍欲試之心難耐。

半年以後，一九三六年夏天，曙光彷彿乍現。蔣廷黻在出任行政院政務處長以後，蔣介石交給他的第一個重要的任務，是要他去檢討中央政府的機構。作為行政院秘書長的翁文灝，反而是負責檢討省、市、縣的機構。沒想到蔣廷黻花了三個月的時間作了研究並呈遞了報告以後，蔣介石不但一話不說，而且命令他和翁文灝把工作對調過來，換成由翁文灝負責研究中央政府改組的工作，而改由蔣廷黻負責地方行政的改革。

在《口述自傳》裡，蔣廷黻說蔣介石沒給任何反饋、沒給任何理由，就指令他跟翁文灝交換研究的任務，讓他很是氣餒。然而，他把它當成是一個學習的機會，讓他能夠了解省、市、縣的行政機制。他決定把任務交給熟悉地方行政的人員去研究。於是，在一九三六年五、六月間，他物色了一些對地方行政有經驗的人或曾發表過有關地方行政的學者。他計劃用六個月的時間編制出一系列根據取樣的研究所寫成的報告。他回憶說，在該年夏天，有二十多名學者和有地方行政經驗人員到各省市去進行研究調查工作。

陳之邁是這二十多名參與研究的學者和有地方行政經驗人員裡的一名。他在晚年的回憶裡說：

> 他〔蔣廷黻〕當時在行政院裡成立了一個行政效率研究會，延聘甘自明（乃光）主持。其主幹則為李樸生。廿五年〔1936〕的夏天，該會聘了兩位清華教授到各省考察地方行政，一位是沈仲端（乃正），考

---

4 《胡適日記全集》，7.279.

察縣政，另一位是陳之邁，考察行政督察專員制度。我因此帶著一位勤務到東南各省去旅行，為期兩個多月。結果寫了一篇考察報告，在行政效率研究會所刊行的《行政月刊》第一卷第一期發表。同時在回到北平後在《獨立評論》上發表了幾篇文章，報告內地旅行的觀感。[5]

陳之邁的這個回憶有兩個不正確的地方。首先，「行政效率研究會」是一九三四年十二月一日成立的，時間在蔣廷黻成為行政院政務處長一年以前。其次，他和沈仲端顯然只是蔣廷黻所說的二十幾位參與者中的兩位而已。

如果陳之邁以為這個行政院交派的任務會是他被拔擢的先聲，他就注定還要失望好幾年。

表忠露骨、阿諛無底

在陳之邁翹首以待拔擢的時候，他行文自然特別要向蔣介石表忠。最明顯的例子就是他對一九三六年六月到九月「兩廣事變」解決以後所寫的歌功頌德的文章。在桂、粵兩系的西南軍閥以抗日為名，揮兵挑戰蔣介石的時候，《獨立評論》以胡適為首義憤填膺地通電並撰文撻伐。胡適通電李宗仁、羅文幹，要他們「懸崖勒馬，共挽危機。」羅文幹回電反唇相譏：「請纓拒敵，兄不假思索，即斷為危害國家。此種聖人之言，弟未之前聞也。」[6]

陳之邁在「兩廣事變」發生期間沒有撰文撻伐。然而，他在事變結束以後所寫的〈桂局的解決〉一文，大概是他一生當中表忠最為露骨、諛詞用得最濫的一篇：[7]

> 自從本年六月間兩廣的異動爆發以來，舉國都在驚悸、憂慮、焦急、和痛切的心理狀態之中。廣東在軍閥的統治之下，一個全國最富庶的省分變成了一個貪污暴政的淵藪。廣西是一個貧瘠的地方，在李宗仁、白崇禧二氏領導下，勵精圖治，奮發有為。這兩個省分的主政者居然攜手來反抗中央，並且有假借外力的嫌疑。愛護廣西者哪個不為之痛惜？如果不幸他們反抗中央而釀成內戰，多少年的「苦幹」所造成的一點點建設，都在炮火之下而犧牲。愛惜我國物力財力人力者又當如何的痛心？

所幸的是，兩廣的問題相繼解決。廣東的問題在胡漢民腦溢血突然去世以後，給予了蔣介石以解決廣東可乘之機。陳之邁以歡欣鼓舞的口氣說：「中國的統一運動在不費一兵不耗一彈的情形下走入了一個新階段……愛護中國的人看見這種現象哪個不欣然色喜？」廣東問題解決以後，廣西雖然仍然倔強，但是中央所始終秉持著的「寬讓和平」、「仁厚忠誠」的態度，終於也讓廣西轉而與中央合作了。

陳之邁說收復兩廣是中國邁向統一一個重要的關鍵。其歷史性的意義，只有義大利在一八七〇年收復羅馬完成全國統一可與之相比擬：「兩廣問題早成中國統一運動的癥結。民國二十五年九月六日將為中國統一史上最足紀念之一日，其意義之重大不減於一八七〇年義大利之收復羅馬。」

陳之邁不以這個不倫不類的比擬為滿足。他更進一步地演申了「兩廣事件」落幕的四大意義。其中，第一個根本是天方夜譚：

---

5 陳之邁，〈蔣廷黻的志事與平生（一）〉，《傳記文學》，第八卷，第三期，1966年3月，頁8-9.
6 羅文幹致電胡適，1936年6月13日，「胡適檔案」，1432-9.
7 陳之邁，〈桂局的解決〉，《獨立評論》，218號，1936年9月13日，頁2-3.

第一，這次的收穫是完全用和平方法的。我們未曾用一粒子彈，未曾傷害一個士卒。「國內問題取決於政治而不取決於武力」是中央早已提出的政綱。這一條政綱現在得到了成功的試驗……兩廣異動的結束使我們能夠正面告訴世界：「中國是一個不會再有內戰的國家！」

第二個意義則是自欺欺人：

外國的挑撥撥弄者往往利用所謂「以華制華」的政策以達到其分崩離析的企圖……我們可以忠告希圖分崩離析者：「中國的地方當局縱然與中央時有間隙，但他們絕不能為外國所利用！」

第三個意義是借題發揮：

這次的異動背後有不少的失意政客與軍人在那裡作挑撥離間的工作。他們是最卑鄙、最無恥之徒，凡有足以破壞國家的舉動，他們無不參預。

陳之邁闡述這第三個意義所用的口氣與詞句頗能令人作出「昨日之我譬如昨日死」之嘆！才不到一年以前，陳之邁在〈憲政問題與黨政改革〉一文裡，批判了國民黨嘍囉「諉過於人」的文宣：「今日不樂本黨之存在者，必為國家之仇讎；今日公然威脅本黨放棄其政治上特殊責任者，必為民族之敵人。」讓人興嘆的是，今日之陳之邁何其相似昨日他筆下所批判的國民黨文宣的嘍囉！

第四個意義是天方夜譚、自欺欺人、阿諛的混成：

這次的解決，得力於中央及李、白諸氏之坦白態度者固多，但全國輿論的指摘針砭亦不失為造成這個結果最有效力的元素……民意輿論是政府的制裁。一個以民意為根本的政府是根基最穩固的政府。中國的民意已逐漸長成了，並且能發揮實際效力了。這種現象是建造新中國的重要因素。

最後，依循陳之邁一貫以頌讚收筆的模式，他營造了一個國泰民安、普天同慶的圖像：「中國今年全國豐收，農村正在慶賀『國泰民安』。兩廣問題的解決是豐年中最足珍貴的收穫！我們希望全國人回想過去二十餘年來統一運動的掙扎與奮鬥而澈底了解這次收穫的重大意義，共同樹立一種全國一致的主張，則統一運動必有完全達到目標的一日。」

〈桂局的解決〉並不是陳之邁表忠露骨、諛詞用盡的唯一一個標本。兩個星期以後，他發表了〈論國民大會的選舉〉。這個國民大會的選舉，原先的規定是在一九三六年十月十日以前完成國民大會代表的選舉，並於十一月十二日召開國民大會。然而，這個規劃並沒有實現。在選舉方面，各省一直要到一九三七年七月才完成初選。在中日戰爭爆發以後，預定在該年十一月十二日召開的國民大會也跟著就無疾而終了。而且，那一再拖延才完成的初選也是問題叢生的。第一，在選舉法規設計上的矛盾就注定它是無法成功的。國民黨在一方面說是要「還政於民」、實行憲政，但在另一方面又意欲維持其對政權的控制。無怪乎會招來「所謂還政，就是現在的政府還給現在的政府而已」之譏。第二，選舉的過程不但亂象叢生，賄選、包辦橫行，而且選出的結果是：「回鄉競選的黨政軍系統人士占了候選人的大部分名額。在鄉當選的幾乎都是縣的黨政中人，能夠代表基層民眾者寥寥無幾。」[8]

8 項浩男，〈1936年國大代表選舉的制度設計與縣級運作〉，《國史館館刊》，第66期（2020年12月），頁147-203.

陳之邁所發表的〈論國民大會的選舉〉一文，誠然是在各省國民大會選舉才陸續開始舉行的時候。然而，選舉亂象的報導已經開始浮現。最重要的是，作為一個政治學家，研究的又是憲法以及西方的憲政體制，而且兩年來所發表的文章都集中在分析、討論國民黨當時在制訂的憲草以及中國不適合實施憲政，他在〈論國民大會的選舉〉裡，真的是彷彿「昨日之我譬如昨日死」一般，對該次國民大會選舉的法規不置一詞，通篇盡是奉承、阿諛之詞：[9]

我國現在舉國上下正在忙著本年雙十節的國民大會選舉……國民大會所以重要的原因約有數端：

第一，這次國民大會的召集是訓政時期的結束，是憲政時期的開端……國民大會的召集證明我們已經走完了軍政及訓政兩個時期，而踏入革命最終的階段……中華民國已經成人了，不必再受國民黨的訓導了，國民黨也可以卸去其「保姆」的責任了。

第二，這次國民大會的召集其主要的目的在制度及公布憲法。我們既以憲政為革命的鵠的，憲法的制定及公布當然是值得我們鼓舞歡忻的……

第三，這次的國民大會是由人民產生的。全國的人民要宣誓做中華民國的公民，然後推選國民大會的代表。國民革命的標的在建立民權的國家，人民應享受及運用選舉、創制、複決、罷免四種「政權」。現在國民黨「還政於民」了，讓人民享受並運用這四種「政權」了。這是民權國家的創設，是新中國的曙光。

第四，某種外國人常譏笑我國是「無組織」的國家……政府在召集這次的國民大會，將政府與人民打成一片；我們利用這個機構把國家組織起來。我們有了常川存在的國民大會，我們的國家便走上有組織的道路。

第五，國民大會在制定公布憲法之後，便將按照憲法選舉政府……政權的更替不是取決於武力而是取決於人民的意志。這是民治國家的真諦。從茲以後我們便不消再兵連禍結地爭奪政權了。

第六，中國的人民向來沒有公開發表言論的機會……現在國民大會是由人民選舉來的，人民的意志有了法定的機關來代表……政府與人民有了這樣的一個意見溝通機關，便能彼此融洽起來，共同向一個目標去前進。

陳之邁深知國民大會選舉的成敗攸關國民黨的威信，因此他也提出了他對於這次選舉的「幾點期望」。無巧不成書，也是六點。有意味的是，前三點「期望」充分地顯示出他完全知道或者預期選舉會發生的弊端的所在：「第一，辦理選舉的當局應當竭盡全力來禁絕選舉的舞弊。」「第二，辦理選舉的機關應竭盡全力來避免操縱選舉。」「第三，辦理選舉的機關不但要避免它自身操縱選舉。並且要制止地方上的土豪劣紳操縱選舉。」更有意味的，是他的第四點「期望」，完全證明了他明知——但刻意地規避了——中國不但沒有舉行全民選舉的條件，而且選舉法規問題重重：

這次的國民大會選舉法規有許多未能盡如人意的地方。這次辦理選舉的機關也因為經費支絀、時間倉促、經驗缺乏、及特殊情形，而感覺到許多苦難。法規的缺憾有的是牽就事實的，有的則是立法技術欠缺的。要人口未曾調查清楚的國家來辦理全民選舉當然遇到許多苦難……選舉經費……支絀……交通的不便利……諸如此類的問題在在有引起糾紛的可能。

9 陳之邁，〈論國民大會的選舉〉，《獨立評論》，220號，1936年9月27日，頁4-8.

陳之邁明知這些從舉行選舉的先決條件的欠缺到選舉法規的種種問題。然而，他呼籲人民要體諒政府，政府也開誠布公，大家通力合作讓選舉成功。同樣極有意味的是第六點「期望」。如果第五點是要老百姓體諒政府排除萬難實行憲政的苦心，第六點則是要提醒國民黨的嘍囉須要服從其黨政高層結束訓政的命令，不要陽奉陰違，否則就是違反黨紀：「這次國民大會的召集使許多人懷疑。有的人不主張現在便結束訓政。有的人根本不贊成中國實行民治。有的人早知這次選舉是辦不好的，一定舞弊，一定操縱，故極不熱心贊助其成功……我們尤其勸國民黨黨員，無論是否贊成當局的政策，樹立憲政政治是國民黨政綱的鵠的。現時結束訓政是國民黨最高當局的主張。身為國民黨員只有服從，不容異議。現在來反對憲政，反對召開國民大會，至少是破壞黨紀的舉動。」

阿諛與批判之間的矛盾與游移

然而，就在陳之邁發表了他表忠最為露骨、諛詞用得最濫的兩篇文章以後，才三個星期，彷彿望穿秋水等待拔擢的他至少是還沒有到曲筆求榮的田地一樣，他發表了在阿諛和批判兩極之間游移的〈漫遊雜感（一）〉。〈漫遊雜感（一）〉是陳之邁在《獨立評論》上所發表的五篇〈漫遊雜感〉的第一篇。這是他接受行政院的委託到東南各省去考察行政督察專員制度以後，在《獨立評論》所發表的。

這五篇在《獨立評論》上發表的文章裡，〈漫遊雜感（一）〉是最特別的一篇，因為在同一篇文章裡，就同時反映出了陳之邁由於游移、矛盾而表露出來的究竟是應該阿諛奉承、還是忠於學理之間的矛盾。[10]

先說阿諛奉承的例子：

浙江省政府在〔從杭州到紹興的〕錢塘江上不但設置了兩個長約半英里的碼頭……在這碼頭的柱子上我們可以看到許多「新生活運動」的標誌和標語：「靠左邊走」、「不要吸煙」、「不要擁擠」、「不要喧嘩」，每一根柱子上都粘著一條。

匪夷所思的是，他居然可以阿諛地引申出：錢塘江的波濤再洶湧、兩岸的青山再秀麗，也吸引不了他對那些標語的興趣的結論：

一個人旅行的時候大約都喜歡看路旁所有的字，一個個的看下去，正如我們住在北平的看王塝所寫的招牌，住在南京的看于右任所寫的招牌一樣。我走過錢塘江邊的碼頭時，沒有一個「新生活運動」的標語我沒有看。我想別人也是如此的。波濤洶湧的錢塘，和它兩岸的青山，都未能吸引了我的注意力。

有意味的是，陳之邁的「昨日之我」，當時還沒有真正「譬如昨日死」。他在紹興行政督察專員公署辦公室看到的一幅奇景，勾起了他用學理來分析中國政治的初心：

在紹興我看到一件頗為有趣而可以反映中國現代政治思潮的事情。在縣府……的大客廳裡，在正中掛著的當然是有「總理遺囑」印在下面的一幅「總理遺像」；在「總理遺像」下面掛著的當然是「蔣委員長肖像」……可怪的是除了孫、蔣的像以外，在黃主席及其他官員的像片當中，有一張從報紙或畫報剪下來而用鏡框裝起來的「希特拉肖像」。[10]

10 陳之邁，〈漫遊雜感（一）〉，《獨立評論》，222號，1936年10月11日，頁16-21.

中國人是向來崇拜外國英雄的。拿破崙、威爾遜、甚至於愛迪生、愛斯坦的像片，都可以在東安市場的攤子上找到，也常常在學生宿舍的牆上掛著。但是在堂堂專員公署的牆壁上，忽然掛起希特拉的肖像來，也沒有請別的外國人作陪，在今年今日的中國，當然具有特殊的涵義。這件事反映出一種近年來相當普遍的政治思潮。自從歐風東漸以來，東抄西襲、胡模仿、亂崇拜，已成普遍的風氣，直到近年來才稍稍消煞。我們中國人崇拜的外國人，即以現存者而論，又何只一個希特拉而已？

對當時的陳之邁來說，紹興行政督察專員公署辦公室牆上懸掛著孫中山、蔣介石、希特勒肖像，可以說是見怪不怪。用他當時的看法來說，民主之所以異於專制、獨裁者幾希！在在地體現在第一次世界大戰時期英國的「戰時內閣」、「全民內閣」、美國的「威爾遜的獨裁」、以及戰後「憲政經驗比較薄弱的國家，如義大利、如德國、如波蘭、如南美中美各國，則不得不走入獨裁的制度上去了」的普遍現象。

值得指出的是，陳之邁在晚年的回憶裡也提起了這件往事。只是，當時的他已經不是昔日的他。不但他個人的政治立場、意識形態已經大異於往昔，而且世界的局勢以及時代的氛圍也迥異了。作為「冷戰鬥士」、蔣介石的「反共尖兵」的晚年的他，提到這件往事的時候，就擺出一副義憤填膺的姿態了。回憶錄的不可全信在此可見一斑：

在堂々的專員公署客廳中懸掛著尚未蓋棺論定的希特拉像，而且沒有別的外國政治家的照相作為陪襯，實在是太不成體統了。我幾年前才在希特拉的德國遊歷回來，親眼看到納粹的虐政，此次在紹興發現了他的照片於我國的官府之中，真是憤怒萬分……我竟忍不住向這位專員解說有關希特拉種々。告訴他希特拉雖然也標榜反共、廢除不平的條約等々，但納粹主義和三民主義是絕對不能相提並論的。希特拉的照像和國父和蔣委員長的照像，同在一堂，尤為不妥。[11]

回到一九三六年的陳之邁。提到孫中山、蔣介石、希特勒肖像並列懸掛的奇景，就讓他不由自己地回到了他作為政治學者的心態，下筆不能自休地暢論起國民黨一方面說要實行憲政、一方面又要一黨專政是南轅北轍的作法了：

> 浙江省的地方政治，自前主席魯滌平氏主政以來，便斤斤以建設「自治模範省」自稱。地方自治是孫中山先生認為新中國基礎的政制建設，當然也是國民黨的主要政綱。

問題是，地方自治是一個從西方舶來的概念：

> 地方自治的理論是舶來的；地方自治的發源地也是民治主義倡行的地方。在這些國家裡。自治有悠久的歷史，根深蒂固，已成為全國一致的理想。一般的人民有幾百年的經驗，逐漸擴充自治的範圍，次第增加自治的機構，卒至達到完備的境地。

地方自治不但是一個從西方舶來的概念，它而且反映的是十九世紀西方自由主義思想之下的「政府越不管事越好」的理念：「是英國人所說的：“The least government is the best government.”〔最不管事的政府是最好的政府〕這是提倡地方自治者的根本主張。」

不管是從哪一個角度看去，這個十九世紀西方自由主義「最不管事的政府是最好的政府」的理念，都跟

---

11 「陳之邁自述（三）」，「陳之邁檔案」（062-01-08-090）.

國民黨所遵奉的孫中山「萬能政府」的遺教是南轅北轍的。陳之邁先引用蔣介石的「管、教、養、衛」來詮釋「萬能政府」的理念，然後再指出它跟西方自由主義之下的地方自治的理念是相衝突的：

我們不但要政府做事，並且要有優美的施政成績；我們口口聲聲在講求行政效率……政府辦事便等於妨礙人民的自由……政府要建設，修堤築路時常徵用成千成萬或十數萬數十萬的民工。這些事哪一件不妨礙到人民的自由？如果英美的政府，地方自治昌明的政府，要這樣辦，英美的人民豈只是怨聲載道？這簡直是違背了英美立國的精神，推翻了英美的根本大法。我們的政府，一方面在辦理地方自治，在另一方面則在崇拜希特拉為英雄，簡直是思想上絕對的矛盾。這也正是東抄西襲、胡模仿、亂崇拜的結果。

這種「思想上絕對的矛盾」還不止一個。斤斤以「自治模範省」自期的浙江省不只是「東抄西襲、胡模仿、亂崇拜」從英美舶來的地方自治的理念，它又奉命要推行傳統皇朝體制所設計出來的保甲制度，以致於浙江省所推行的地方自治是一個雙重矛盾下的四不像：

典型的中國家族社會的保甲制度，浙江也得切實的推行。但他們仍然不輕放棄地方自治的理想。保甲之外還有閭鄰，二者兼而並用。我們不要深怪浙江省當局做出這種滑稽的事來，因為編訂保甲固是上峯的命令，編訂閭鄰也是堂堂立法院通過的法律所規定的。中央的命令根本是衝突矛盾的。志在奉命守法的地方當局又怎能不在扮演滑稽劇呢？

陳之邁認為國民黨中央是體認到了地方自治與保甲是兩個南轅北轍的理念，而有了要調和的意圖。國民黨調和的方法，是把保甲當成是地方自治的基層組織：

政府解鈴繫鈴，現在想把這兩種制度調和起來……當局曾想出一個很巧妙的說法。他們說：「一個國家最重要的職務是自衛；不能自衛焉能自治？」所以他們把保甲制度嵌在自治的系統裡頭，以保甲代替了自治機關的下層組織……同時立法院在最近也制定了《保甲條例》公布，切實地把自治與保甲聯繫起來了。

只是，立論與制度的訂定，改變不了自治與保甲是兩種枘鑿不容的制度的事實：

五權憲法與一黨專政的兩種根本不同的東西可以兼而並有，自治與保甲又何獨不能同時存在呢？不過這種不顧精神及目的的政制創設，是徒勞無功的。只有使得奉命唯謹的地方當局撲朔迷離，頭暈目眩而已。浙江省的情形便是一例。

陳之邁才剛剛在〈桂局的解決〉以及〈論國民大會的選舉〉裡阿諛奉承國民黨。然而，他卻在三個星期以後在〈漫遊雜感（一）〉裡，直言不諱地指出要融合「五權憲法與一黨專政」、「自治與保甲」這兩種「根本不同的精神及目的的政制」是「徒勞無功的」。這種兩極的擺盪是相當驚人的。

在沒有找到陳之邁抒發他當時的心情的資料以前，我們無法推測他這個戲劇性的擺盪的促因是什麼。難不成是對拔擢的喜訊遲遲不來的怨懟之心的反動？

最驚人的是，在發表了〈論國民大會的選舉〉那篇極盡阿諛奉承的文章半年以後，他寫了一篇立論完全相反、批判意味十足的〈從國民大會的選舉談到中國政治的前途〉。[12]

12 陳之邁，〈從國民大會的選舉談到中國政治的前途〉，《獨立評論》，232號，1937年5月2日，頁2-7.

一反他一向以褒揚的立論起筆的模式，他一開始就不看好已經延期召開了的國民大會。陳之邁說，問題不只是「推舉候選人過程發生糾紛及困難」以及「籌備不及」，而且還因為選舉法本身的缺失而有修正的必要。然而，即使還在修正，陳之邁一點都不看好。相對於他在先前那篇〈論國民大會的選舉〉一文對選舉的法規不置一詞，通篇盡是奉承、阿諛之詞，半年以後這篇文章丕變。他不但指出了選舉法不得不修正的地方，而且——最令人刮目相看的——是質問國民黨究竟是要走英美民主的道路，還是蘇聯一黨專政、希特勒獨裁的道路。

先說他指出選舉法之所以不得不修正的原因之所在：第一，「除特種選舉外，關於指定（圈定）候選人之辦法一律取消。」根據原訂的選舉法，是由地方推選出十倍於名額的候選人。然後由國民黨就中指定三倍於名額的候選人。最後再由選民從中選舉其代表。這個在國民黨內行之已久的辦法，放諸全國，就問題叢生了。首先，這種由地方推選出十倍於名額的候選人的作法，必定會造成「種種的運動及鑽營」。

其次，也許為了要減少鑽營，國民黨把「國民大會的職權縮小……將其職權限於制定憲法及決定憲法施行日期。」這個職權的縮小，使國民大會純粹成為一個『制憲機關』（Constitutional Assembly）。」只是，這雖然可以降低「鑽營者的熱度」，卻使得國民大會的職權變得不甚重要。然而，即使如此，陳之邁仍然提醒國民黨不要輕忽它決定憲法施行日期的規定，因為是否及時行憲牽涉到國民黨對結束訓政的承諾。

第三個修正的所在是變更國民大會的內部組成。這是最根本的，因為它牽涉到了國民黨的政治體制。陳之邁指出國民黨在國民大會出席人員裡會佔有宰制的地位：「在這一千七百位出席人員中，政府可以把握得住的有全體中央委員二百六十人，指定的二百四十人；如果特種選舉不能辦理，又有一百五十五人，合計六百五十五人。」而這還不包括可能被選為代表的「中委及下級黨務人員以及政府現任長官及官吏。」

陳之邁說：「辦理選舉者為當地政府，固無論矣。」舉凡選舉法裡所規定的公民宣誓誓詞、國民大會代表開會時的誓詞，都必須要宣誓效忠三民主義、五權憲法、孫中山遺教。連憲法草案的弁言都說是要建立「中華民國為三民主義共和國」。

這個問題之所以重要，之所以是關鍵，是因為它攸關中國政治的前途。陳之邁說得非常的透澈：

這便引起了中國政治前途的問題來。中國將來要建立的是一個英美式的政黨政治，抑是俄義德式的一黨政治……自十三年改組以來，國民黨便拋棄了議會政治的主張而採取一黨專政的理論，仿效蘇俄的共產黨而希望成為一個「壟斷政權的政黨」（Monopolistic party）……今後國民黨是否仍然不許人批評主義及遺教而別組政黨呢？抑或是從現在「壟斷政權的政黨」回復到民初的「議會制度下的政黨」呢？

國民大會選舉規定選民和競選者都必須要宣誓信奉三民主義無異於宣示國民黨是要走獨裁的道路。如果確實是如此，則其選舉就根本沒有任何的意義：

有政治意見的人，在國民大會選舉之中便根本沒有發表其意見之機會，不肯宣誓的人根本便無選舉權及被選舉權，而事實上有政治意識而又服從三民主義者亦早已加入了國民黨，所以餘下來的只是一般本無政治主張而希圖藉此鑽營者，或一般庸碌渾噩的「老百姓」。

陳之邁這個擺盪之所以是戲劇性，不只是因為他三個星期以前才站在阿諛奉承國民黨的一極，而現在卻倏然地擺盪到直言「五權憲法與一黨專政」、「自治與保甲」屬於兩種「根本不同的精神及目的的政制」的另一極。他在結論裡說中國在政治制度上只有兩條背道而馳的大路可選：

在這個時候，我們誠懇地希望負有領導中國政治責任及義務的國民黨當局，以最鄭重的態度考慮中國政治所應走的方向，在兩條背路而馳的大路選擇一條⋯⋯國民黨要領中國走上民主之路，便應該切實開放政權，容許並保障反對國民黨的政黨之存在。國民黨退為諸黨之一，按期舉行選舉，國民黨與其他黨公開地競爭選舉。

他呼籲國民黨要毅然地在民主與獨裁這兩條大路之間作出一個選擇，否則國民大會的選舉就會是一個四不像的結果：

這是兩條大路，必須選擇一條。現在國民黨並沒有做這個根本的抉擇。此次國民大會的選舉，「既非兩黨制或多黨制之分頭公開競選，又非一黨制之統制選舉」，而兩種選舉的成分都有。其結果只為官僚土劣造活動的機會，讓無知的「老百姓」受賄賂受愚弄，選出的是一班沒有明確政治主張沒有正當政治意識的所謂代表而已。這樣的選舉又有什麼意義？

中國特色的民主政治

陳之邁這次的改變也許並不是一時性破表式的擺盪，因為〈從國民大會的選舉談到中國政治的前途〉並不是唯一的一篇。而且，他在一個月以後所發表的〈上軌道的政治〉走得更遠，甚至呼籲國民黨要摒棄三民主義裡與民主體制相違背的部分。[13]

所謂〈上軌道的政治〉云云，毫不意外地，是陳之邁的老生常談，亦即，我在第四章裡說他一再挪用巴塞特的話來阿諛蔣介石、汪精衛的「感」電裡的「國內問題取決於政治，不取決於武力」那句老生常談。至於「怎樣才能達到上軌道的政治呢？」他回答的方法，又是徵引了國民黨一些大老在制憲的提案裡所發表的言論，然後作按語說：「他們都以立憲政治為達到上軌道的政治的方法。」

接著，陳之邁就用「以立憲政治為達到上軌道的政治的方法」，來對比「只有用武力或暴力才能更替政權的」獨裁政治。有意味而且具有關鍵意義的是，陳之邁雖然稱呼民主為上軌道的政治，獨裁為不上軌道的政治，但他所謂的「民主」顯然不等於「全民政治」。他在比較了上軌道的民主與不上軌道的獨裁制度以後，緊接著用徵而不引的方式發揮了巴塞特的論點（請注意我用粗體字標示出來的字句）：

> 因為民主政治不過是一種政權更替的和平的「方法」，**不必一定是全民政治，或一種含有平等性質的社會組織，更不必是厲行放任主義、反對極權主義的無為政治。民主政治只在人民享有政治上的自由而不在人民享有經濟上的自由**。

就像我在第四章已經分析的，「民主政治不過是一種政權更替的和平的『方法』。」這是陳之邁挪用巴塞特來澆他阿諛蔣介石的塊壘的一句話。巴塞特說得很清楚：「民主是一種作出政治上的決定的一種方法。比如說，在討論民主與獨裁的分野的時候，我們所討論的是兩種不同的處理政治的方法（頁157）。

陳之邁緊接著所說的，更是誤解、曲解、或者是斷章取義，例如：民主並不必一定是「一種含有平等性質的社會組織」、「民主政治只在人民享有政治上的自由而不在人民享有經濟上的自由。」事實上，巴塞特從來就沒有說民主的體制不追求「社會上的平等」、「經濟上的自由（平等）」等問題。巴塞特所強調的還是在「方法」上的不同。他說：

13 陳之邁，〈上軌道的政治〉，《獨立評論》，237號，1937年6月6日，頁2-6.

有些人把民主等同於經濟或社會上的平等。然而，獨裁與經濟平等之間的關係如何呢？畢竟，這兩者是相容的；的確，前者大可以是造就後者的方法。這就是為什麼會有人主張以獨裁來作為締造他們——謬誤地——稱之為「民主」的方法（頁158）。

巴塞特認為這種對民主、獨裁認識的謬誤之所以會產生有兩個原因：一，人們把民主的概念過度擴張，忘卻了它根本的意義就是一種處理政治的方法；二，把方法與目的混為一談，以致於混淆了民主與獨裁的分野。他強調說：「民主不是一種特殊的文明；它是一種文明的處理政治的方法。雖然近年來，獨裁常被美其名地稱為是一種新的救國方法，但其實是開倒車回歸野蠻（頁160）。」民主政治不可能為達目的而不擇手段。有多少人假「真正的」、「純粹的」民主之名，而行暴力革命、獨裁之實。巴塞特舉例說：

為了達成「經濟上的民主」，亦即，經濟上的平等，有人會去榻藜事實上是放棄了民主作為方法的政策。因此，我們才會看到那種以「民主」為名來抨擊民主、用犧牲民主來造就「民主」的怪論（頁161）。

最後，讓我徵引巴塞特原書的一段話，來證明陳之邁斷章取義的幾句話：民主不必一定「含有平等性質的社會組織」、「只在人民享有政治上的自由而不在人民享有經濟上的自由」。巴塞特說：

用民主的方法來追求的自由，當然不是去確保或者讓我們有權力去做任何我們所想做的事。同時，也不是用「我們所不身受的限制的數量來衡量的。」比如說，民主體制與十九世紀放任主義的「個人主義」——即使在它們歷史上有同時出現的巧合——之間並沒有必然的關係。把民主的體制等同於那種型態的

「自由主義」的結果，就造成了一種錯誤的看法，以為民主的體制意味著要限縮國家的積極的功能。恰恰相反，民主的體制與國家功能最大化的擴充是絲毫不矛盾的。其癥結在於社會秩序的建立與維持是採用民主的方法。基於同樣的理由，民主與「個人主義」或者「經濟的自由主義」〔注：讓更多的人民享有經濟上的自由的「福利國家」政策，亦即，「經濟上的平等」〕之間並不必然是不相容的（頁168–169）。

我之所以不厭其煩地徵引巴塞特的論點，是因為只有在了解了陳之邁是曲解、斷章取義他的觀點，我們方才能夠了解他在〈上軌道的政治〉的結論裡語焉不詳的話：

> 當前的憲法草案將美、俄兩國根本不能相容的憲法觀念融會兼收。關於政府產生方法及組織的規定遠較訓政時期約法為詳細，但國民黨的主義政綱亦大部分列入其中（在初有國民經濟、教育、財政、軍事等章。後中央刪去後二者）。這個辦法實將美俄兩種典型的意義全行失去！用法治一點來說，這部憲法的一部分（關於人民權利、政府產生、及組織方法等章）應該是嚴格執行的。而後一部（關於國民經濟、教育等章）則是無法嚴格執行的。前一半要提倡法治，後一半無法提倡法治。這種兼收的辦法適足以表示草憲者不明瞭他國憲法的精義而胡亂抄襲，其結果不是「兩全其美」而是「兩敗俱傷」！我們既主張以憲法來規定政權更替的常軌，所以一定得主張將憲草中國民經濟及教育二章全部刪除。

為什麼「五五憲草」的「前一半」，亦即，「關於人民權利、政府產生、及組織方法等章」，因為我們「要提倡法治」，「應該是嚴格執行」；而「後一半無法提倡法治」，「一定得主張將憲草中國民經濟及教育二章全部刪除」呢？由於陳之邁語焉不詳，簡直是不知所云。

幸好，在他發表《上軌道的政治》兩個月以前，他在《行政研究月刊》上發表了〈論我國行政與立法的關係〉。這篇文章可以幫我們解開了他這個不知所云所造成的謎團。他在〈論我國行政與立法的關係〉一文裡說：

行政效率的評判標準雖在法令執行的成績，但在評判其成績時尤應注意到行政機關日常所奉到的法律是否有執行之可能。如果上級政府所頒發給下級政府執行的法令，只是一種條文化的理想或幻夢，好高騖遠，不切實際，則行政機關的組織與人事無論如何健全，法令依然沒有執行的可能。訓政時期約法卻是一部好高騖遠的法律。約法裡關於人民之權利義務、國民生計、國民教育等章的規定，都是沒有方法立刻全部實行的條文。那裡所寫下來的都是些理想——與現實相距很遠的理想，非數年或數十年的努力不易達到的。[14]

在看了陳之邁在〈論我國行政與立法的關係〉裡這段話以後，他在〈上軌道的政治〉的結論裡所說的話的意思就豁然開朗了：「前一半要提倡法治」，應該「嚴格執行」；「後一半無法提倡法治」，「無法嚴格執行的」。這也就是說，「訓政時期約法是一部好高騖遠的法律」，「不切實際」。所有「好高騖遠」、「不切實際」的法律，既有礙於行政的效率，就是應該「全部刪除」的。

言歸正傳。如果只看結論，陳之邁在〈上軌道的政治〉裡似乎是揚棄了學成歸國以後從楬櫫行政權至上的「危機政府」的理念，而進一步地演化到擁護國民黨用「黨外無黨」、「一黨專政」方法去建立一個「有中國特色的民主政治」的立場。

我們有足夠的證據來斷定當時的陳之邁在根本的立場上是沒有改變的。首先，就是他挪用巴塞特所說的「不用武力而用和平的方法來解決中國的政治問題」的那句老生常談。從一九三五年開始，巴塞特就是他挪用的靈感來源。唯一增添的所在，就是「不用武力而用和平的方法來解決中國的政治問題」的舊酒，現在放進了

「以立憲政治為達到上軌道的政治的方法」的新瓶裡來了。

其次，是「當前的憲法草案將美、俄兩國根本不能相容的憲法觀念融會兼收」這句話。這個「當前的憲法草案」，指的自然是國民黨在一九三六年所公佈的《五五憲草》。有意味的是，陳之邁在清華任教的第一年發表論述最多的就是作為《五五憲草》前身的憲法草案。從《五五憲草》公佈到他發表〈上軌道的政治〉，其間隔凡一年有奇，而他這個憲法專家在《獨立評論》——在其它雜誌上有（見第六章）——上居然連一篇評論分析的文章也沒有。建言獻策的目的是待拔擢的考量，很顯然地促使他刻意地規避了《五五憲草》。

現在，他終於指出《五五憲草》——雖然還是沒指名——「將美、俄兩國根本不能相容的憲法觀念融會兼收。」然而，這不是他第一次作這樣的批評。早在兩年以前，在他開始不再猶抱民主的琵琶來半遮他阿諛蔣介石的面的時候，他就已經對《五五憲草》的前身作這樣的批評了。比如說，他在一九三五年八月四日所發表的〈政制改革的必要〉一文裡，就已經惋惜國民黨模仿蘇聯的一黨專政做得不夠澈底，以致於畫虎不成反類犬。國民黨一方面想要一黨專政，一方面又想要模仿西方的民主制度，其所造成的是一個「半死不活的局面」。這就是他提倡「黨外無黨」、「黨內有派」的開始。

至於呼籲國民黨必須在「美、俄兩國根本不能相容的憲法觀念」裡選其一，這也不是陳之邁的第一次。他一九三六年六月十四日在〈再論政制的設計〉一文裡，就已經指出國民黨最根本的問題，在於它採行了兩種互不相容的體制。它一方面要遵奉孫中山脫胎於西方「三權分立」的「五權憲法」，二方面又採行師從蘇聯的一黨專政的制度。他說：「我們把兩種絕對相反的原則強其相輔而行：其結果是五權並不分立，一黨專政的好處亦一無所得。現在已經到了決斷的時機。」

14 陳之邁，〈論我國行政與立法的關係〉，《行政研究月刊》，第四卷，第五期（1937年4月5日），頁338.

陳之邁並沒有「以今日之我非昨日之我」的最後一個雄辯的證據，是我在上文已經徵引過的：「民主政治……不必一定是全民政治……更不必是厲行放任主義、反對極權主義的無為政治。」

先說「全民政治」。菁英主義的陳之邁從來就一直認為「全民政治」是一個烏托邦式的空想。他徵引亞里士多德的話說：「民治〔「全民政治」〕只能在一個人說話全國都能聽見的小國家裡才能實行。」現代民主國家退而求其次，使用代議政治。只是，代議政治畢竟是「代議」，不能算是民意直接的表達。所以，陳之邁又說：「後來有的國家發明一種新的辦法，即所謂『直接民權』，用創制複決的辦法來救代議政治之窮。」[15]

然而，不管是小國寡民才適合的「全民政治」，還是現代民主國家由於幅員廣大所不得不採行的「代議政治」，都是建立在一種「神話」（myth）之上。這也就是說：「民治主義相信『通常人』的潛力。這便是英國人所謂 **"The myth of the common man"**〔張三李四的神話〕。」

然而，「神話」，顧名思義，就是神話。陳之邁說張三李四其實就是扶不起的阿斗：「現在的人說『通常人』是並沒有潛力的。一般的『通常人』總是對於政治漫不經心的。他們總不能對於政治發生研究的興趣，他們的判斷不是準確的。」

更嚴重的問題是，「阿斗」不只是沒有潛力，而且是朽木不可雕也，連普及教育都不可能「補救這種缺憾」。他徵引英國人屏克（**M. A. Pink**）在其所著的《自由的保衛》（*The Defence of Freedom*）一書裡的話說：「一般的人類，既沒有智力，也沒有參加政治的興趣，故無對於政治貢獻其才能的可能。」

陳之邁在〈民治主義的演變〉裡發揮了他反對民治主義的立場：

> 一般的人民既不感覺到政治的興趣，亦無判斷的能力，故在競爭選舉時，候選人唯以獻媚群眾的「政棍」行為博取人民的選票。人民的選擇也一以其「政棍」行為為選擇的標準。所以加萊爾（Thomas Carlyle）早就懷疑，會在群眾前面叫囂喧鬧的人，便是政治的天才嗎？便能統治人民嗎？英國史上有一段笑

話。最擁護代議政治的彌爾（John Stuart Mill）始終不能當選為英國會的議員。在他向群眾演說時人民用死貓來擲他。孫中山先生早已看出美國選民之缺乏選擇能力，而述說一位博士與一位汽車夫的競選為例。這種的選舉能產生有效率有成績的政府嗎？

事實上，陳之邁對代議政治的質疑早在他的博士論文裡就已經現其端倪了。他在《英國國會對委任立法的意見》的結論裡的一段話，就充分地顯示了英國國會在他眼中的地位：

> 國會裡的辯論或許扭曲事實，「討人厭」。然而，英國政府是一個民主的政體，輿論持續地彰顯，也許對那些主掌國政的人還是會有警惕的作用的。

這個英國人自豪為議會政治的楷模——「議會政治之母」——英國國會，在陳之邁眼中居然是一個一個譁眾取寵、信口雌黃的「空言堂」。它唯一剩下來的作用，居然只是像輿論一樣，「也許對那些主掌國政的人還是會有警惕的作用的。」

其次，是陳之邁所說的「民主政治不必是厲行放任主義的無為政治」這句話。把「放任主義」（laissez-faire）與「無為政治」等同在一起，是陳之邁在學成歸國好幾年以後才有的作法。值得指出的是，他所謂的「無為政治」迥異於胡適在《獨立評論》裡所說的「無為政治」。胡適所楬櫫的是「與民休息」的「無為政治」，而陳之邁的「無為政治」是從英文裡翻譯過來的。他在〈民治主義的演變〉裡的翻譯是「無為的政府」（the

15 陳之邁，〈民治主義的演變〉，《東方雜誌》33卷17號（1936年9月1日），頁37-43.

negative state），亦即，「消極的政府」。與之相對的，自然就是他當時並沒有使用的「積極的政府」（the positive state）的理念。

「放任主義」的國家理念，用他學成歸國以後常用的話來說，只限於「保境安民」，是「少管閒事，聽其自然」的態度（laissez-faire）。而與十九世紀「放任主義」之下的「保境安民」的政府觀相對的，是二十世紀的「社會福利國家」（Social Welfare State）的理念。不消說，在「保境安民」——「消極的政府」——與「社會福利國家」——「積極的政府」——之間，陳之邁所服膺的是後者。

「保境安民」的「無為政治」，陳之邁越論述越對之不屑，用詞也越來越不堪。在〈論政制的設計〉一文裡，他抨擊孟德斯鳩三權分立的分權學說：「孟氏學說的出發點在保障自由，在厲行放任主義。為自由為放任，他不惜把政府弄得軟弱無能，唯恐怕政府太過熱心做事。分權的目的在牽制政府，使得政府不能做事，欲做事而不能。」在一個月以後所寫的〈再論政制的設計〉一文裡，他說：「民治的勃興適逢放任主義雷厲風行之時，放任主義者不想要有為的政府，不想政府做事。故此懦弱的庸才的不做事的政府竟被放任主義者認為是最理想的政府。」

最後，就是陳之邁並沒有「以今日之我非昨日之我」最雄辯的證據的那段話裡的第三句：「民主政治不必一定是反對極權主義。」

從他寫哥大的博士論文開始，陳之邁就已經服膺行政權至上的理念。從他的博士論文、他在清大任教的第一個學期裡所發表的文章裡，他已經一再地宣稱從「十九世紀末葉以來，國家的職權日益擴展，『保境安民』的國家已成歷史上的陳跡」，也一再地強調作為民主國家龍頭、走向了「社會福利國家」之路的英國、美國，鑑於民主政治制度過於遲鈍，都一一「採行了獨裁政治，集中政權於行政機關。」

如果「民主之所以異於專制、獨裁者幾希」，為什麼陳之邁還是會認為民主是優於其它兩種制度呢？關鍵就在於在民主制度之下，政權的更替是和平的，亦即，他「不用武力而用和平的方法來解決中國的政治問題」

的老生常談。此外，還有效率的問題。他認為許多贊成獨裁的人常有一個盲點，以為獨裁制度比民主制度有效率。他說，第一次世界大戰民主國家戰勝了專制國家的事實，充分地證明了民主國家比專制國家有效率。他最津津樂道的理論是民主政治可以以民主為名而享獨裁政治之實，亦即，他哥大論文指導教授羅傑斯所稱呼的「危機政府」的理念。

國民黨的問題，是它硬要把兩個扞格不入的制度結合在一起。用他在〈論法令如毛〉一文裡的話來說：「五權憲法的精神是劃分權力使它們互相制衡的……我們知道這些制度是根本衝突的，但是我們的當局卻硬要水乳交容，故成極端畸形的結果。」[16]

然而，國民黨是否真的沒有辦法厲行「一黨專政」，而同時又維持民主政治的形式呢？陳之邁的答案是否定的。只要國民黨能夠本著「不用武力而用和平的方法來解決中國的政治問題」的立場，「以立憲政治為達到上軌道的政治的方法」，則它大可以遵循英國式的「全民內閣」、「危機政府」、美國式的「威爾遜的獨裁」，享民主政治之名，而得獨裁政治之實。

陳之邁花了四年的時間，從行政權至上的理念出發，建構出只要是「不用武力而用和平的方法來解決中國的政治問題」，即使「一黨專政」也合乎民主的理念的歪理。結果，他在一九三七年五、六月間的兩篇文章裡突然間脫軌，呼籲國民黨要在「一黨專政」和「多黨政治」的民主體制這兩條背道而馳的大路裡選擇一條。

然而，我認為陳之邁這個脫軌的演出並不是「以今日之我非昨日之我」。這極有可能是他多年建言獻策待拔擢的企盼，卻落得彷如明月照溝渠因而頓然滋生的怨懟之心呢？

16 陳之邁，〈論法令如毛〉，《獨立評論》，186號，1936年1月19日，頁6-9.

第六章　學而優則仕夙願以償

到了一九三七年春天，陳之邁學成歸國已經四年了。在那四年之間，他建言獻策何止是不遺餘力。唯一會讓他後悔莫及，恨不得能用駟馬追回的，是他在回國以後所寫的第一篇文章裡，把國民黨《訓政時期約法》及其《憲法草案初稿》鄙之為中國制憲史上最不倫不類的「四不像」的怪物的「厥詞」。不管他是在頓悟或漸悟之下學會識時務，還是經由師友親朋的指點，他痛改前非。他先是為「訓政」辯護，用他所謂的西方最新潮流的「危機政府」的理念來詮釋「訓政」。接著，他再用「臥榻之旁豈容他人酣睡」的道理，呼籲國民黨必須要棄「分權」、「互相牽制」的「五權憲法」，而厲行從蘇聯所學來的「一黨專政」。最後，他甚至建構出只要是「不用武力而用和平的方法來解決中國的政治問題」，即使「一黨專政」也是合乎民主的理念的歪理。

陳之邁都已經如此背離了他學成歸國時的「初衷」，但他翹首以待拔擢的願望就是一直未能實現。

政治學者最後的身影

歷來分析陳之邁的政論的文章不但幾乎完全只徵引他在《獨立評論》上所發表的文章，而且多半是選擇性的引用，引用他似乎是同情民主的論點，來證明他是擁護民主政治，反對專制獨裁的。[1] 殊不知他擁護民主是建立在一個謬誤的三段論述的基礎上的，亦即，大前提：巴塞特說「用和平的方法來解決政治問題」就是民主；小前提：蔣介石在「感」電裡說：「國內問題取決於政治，不取決於武力」；結論：蔣介石的國民黨是民主的。

儘管陳之邁從一九三五年開始在《獨立評論》上發表支持國民黨的「一黨專政」的言論，如果我們分析他一九三六、一九三七年間在其它雜誌上所發表的學術性的長文，我們就會發現他仍然不失他作為政治學者的身分，用哲學、歷史、比較的方法來分析評論西方的政治制度，而且拾回了其「初衷」，認定憲法是不可能橫空移植的。最重要的是，他所措意的不但依然是他從哥倫比亞大學的博士論文開始就服膺、頌揚的行政權至上的理念，而且在民主與獨裁之間，他選擇的依然是民主。

一直到一九三六年，他仍然申論了憲法不可橫空移植的「初衷」。比如說，他在該年四月二十五日在《出版周刊》上所發表的〈怎樣研究政治制度（下）〉一文裡，[2]就提出了三個結論。第一，「政治制度是人類社會組織的一種，它和別的社會組織息息相通……把一種政制建立在不合適的環境之中，那個政制好則改頭換面，壞則崩潰傾覆。」第二，「政制之優劣實無絕對的標準。一種政制在本國雖被公認為優良，遷移到別國去往往便變得惡劣。」第三，「取中西各種政制之長而去其短的希求，是永無達到之一日的。」

陳之邁說憲法與政制之優劣沒有絕對的標準，而且也沒有可以用截長補短的方法，比如說，用他所鄙夷的所謂的「中學為體，西學為用」的辦法來調和，亦即，他學成歸國以後所謂的不倫不類的「四不像」的怪物的作法。

然而，陳之邁真的認為憲法與政制之優劣是沒有標準的嗎？答案其實是否定的。事實上，他認為憲法與政制之優劣即使沒有萬世皆準的「絕對的」標準，至少是有「時代的」標準的，而且這個「時代的」標準，以二十世紀為例，還是普世皆準的。這個在二十世紀評判憲法與政制之優劣的普世皆準，就是陳之邁從他在哥大的博士論文裡就已經楬櫫的行政權至上的理念。

雖然他一九三七年五、六月間在《獨立評論》上作出了脫軌的演出，指出國民黨的「五五憲草」融合美蘇兩種不相容的憲法，但在一個月以前，他在《行政研究月刊》上所發表的〈論我國行政與立法的關係〉一文裡，又重申了行政權至上的「初衷」。他不但重申了這個行政權至上的「初衷」，而且宣稱這是二十世紀世界

1 最顯著的例子是：董國強，〈論「獨立評論時期」陳之邁的政治思想〉，《二十一世紀》網絡版，2003年11月號，總第20期。
2 陳之邁，〈怎樣研究政治制度（下）〉，《出版周刊》新178號（1936年4月25日），頁1-6.

潮流之下所顯示出來的一個普世皆準的標準，可以用來評判憲法與政制之優劣，不管是自由民主的，還是專制獨裁的，還是法治未臻健全的國家。[3]

在行政權至上的理念之下，行政機構執行法令的成績，就成為檢視其行政效率的標準了。為了提高行政效率，貫徹政府的政策，陳之邁說，即使民主國家的政制都已經採取了以行政機關為提案的主要機關的辦法。以英國為例，英國國會裡一直有「政府提案」（Government Bills）與「議員提案」（Private Members' Bills）的區別。然而，近年來「政府提案」的數量遠超過「議員提案」。英國如此，美國亦然。他以羅斯福的「新政」為例：

在羅斯福總統過去四年的治下，美國的行政機關更是超越凌駕於立法機關之上；所謂「新政」，其政策固由總統府而來，其法律案的具體條文亦莫非由行政機關為之草擬，國會幾於一字不予修正。這當然更是「行政首領」同時成為「立法首領」的實例了。

如果連英美這種民主先進的國家都已經走向行政權至上，乃至於使行政權凌駕於立法機關之上，中國還能自外於這個潮流嗎？他總結說：「今日之環境唯有使行政與立法打成一片，使行政居於立法領導地位，不能達到有效率的政治。」

根據陳之邁學成歸國時的「初衷」，行政權、行政效率至上並不是專制獨裁所專有的。事實剛好相反。行政權、行政效率至上與民主體制不但可以並行不悖，而且正由於民主體制的彈性，而得以靈活運用。從這個角度看去，陳之邁認為中國毫無疑問地應該留在民主的陣營裡。

也正由於陳之邁認為作為二十世紀民主政制的新典範的「危機政府」，既有民主之名，又可以得享獨裁政治之實，他一點都不認為專制獨裁體制在行政效率方面優於「危機政府」。他在一九三六、一九三七年間，也就是他在《獨立評論》上立論的不變，呼籲國民黨要在「一黨專政」和民主體制之間作出一個選擇的半年之前，他在《民族雜誌》以及清華的《社會科學》上發表了兩篇文章，就直搗了這個在《獨立評論》的「民主與獨裁」論戰裡支持專制獨裁論者的盲點。這兩篇文章，在《民族雜誌》上發表的是〈非常時期的政府〉，[4]在《社會科學》上發表的是〈獨裁政治的興起〉。〈非常時期的政府〉、〈獨裁政治的興起〉兩篇都是引經據典的長篇學術論文長文，而且都把獨裁的政治體制溯源到羅馬時代，然後再一直數說到現代專制獨裁制度的興起。由於這兩篇文章的內容重疊重複，我只須分析更具有學術的〈獨裁政治的興起〉就可以了。

〈獨裁政治的興起〉跟〈非常時期的政府〉一樣，除了也是把獨裁的政治體制溯源到羅馬時代，而且在分析現代專制獨裁制度興起的同時，並將其分類作了政治史上的詮釋。他接著分析了專制獨裁政治的蠱惑力及其對民主政治體制的挑戰，最後再得出「危機政府」式的民主政治體制既有民主之名又得享專制獨裁的優點的結論。

在〈獨裁政治的興起〉的啟始，[5]陳之邁就強調擺在眼前只有兩條路：民主或獨裁，別無第三條選擇。民主的體制優於專制獨裁，理由很多。首先，民主國家在第一次世界大戰中戰勝了獨裁的國家，陳之邁一直認為那就是一個明證。而民主國家之所以能戰勝獨裁國家，最重要的關鍵，在於民主國家在制度上的彈性，讓它能夠靈活地調整其制度以因應危機：「這個制度的運用等於設立一種機構使得政制的一部分可以暫時停止運用來挽救政制的全身。這種制度是受到許多政治思想家的推崇，我們也可以名之曰：『政制上的保險盒』〔安全閥（safety-valve）〕。」他最愛津津樂道的，就是他在《獨立評論》的文章裡提起過的例子：

3 陳之邁，〈論我國行政與立法的關係〉，《行政研究月刊》，第四卷，第五期（1937年4月5日），頁337-349.
4 陳之邁，〈非常時期的政府〉，《民族雜誌》，第四卷，第五期（1936年），頁697-723.
5 陳之邁，〈獨裁政治的興起〉，《社會科學》，第二卷，第二期（1937年1月），頁211-282.

世界大戰期間英國路易喬治（Lloyd George）的『戰爭內閣』（War Cabinet），美國威爾遜（Wilson）的『總統獨裁』、法國的『神聖同盟』（Union Sacré），都是相當的違反了尋常的習慣的。至後來經濟恐慌期間，各國也都有非常的政府出現。諸如英國麥克唐納（MacDonald）的『國民政府』（National Government）、法國杜美格（Doumergue）內閣、美國羅斯福（Roosevelt）推行所謂『新政』的政府，都相當的破壞通常的法軌而招致主張泥守固有習慣的人士的非議。然而不論偏愛自由的人士如何的詆毀這種政制，它們卻是使得民治的政制能夠在狂風暴雨的襲擊下巍然維持的變革。崇信自由主義的國家在危難當前的時候，竟能放棄其固有的典章制度，正是民治健全的表現。它們平時雖然政權分散，主權淹沒，到了全部受脅之時，都能改變成為政權集中、主權清顯的局面。這類改變當時都能受到人民的擁護。

陳之邁為什麼會在〈非常時期的政府〉、〈獨裁政治的興起〉裡都提到羅馬共和國的獨裁制度呢？原來他是在用古證今，用羅馬共和制度之下的獨裁制度作為現代「危機政府」的典範。他說：

獨裁這個名詞剏始於古代的羅馬共和國。自西曆紀元前第六世紀至第三世紀。獨裁制度是羅馬的一種政制：自紀前五〇一年至紀前二〇〇年，羅馬共和國一共有過八十八位獨裁者。這些獨裁者有合法的方式產生，有合法的方式消滅。他們的權力有限制，他們的任期最多六個月，他們的任務在保持國家不蒙受損害。

遺憾的是，羅馬共和國這個模範的獨裁制度結果被兩個陳之邁鄙夷為遺臭萬年的人所破壞了：一個是蘇拉（Sulla），另外一個是凱撒（Caesar）。陳之邁說：「這兩個人都強姦了羅馬憲法，把那個舉世推崇的獨裁制度破壞踐踏無餘。他們不是獨裁者，而是破壞獨裁制度的人。他們受後世的唾罵。」

陳之邁說，英美法的「危機政府」所承繼的，就是羅馬共和國所奠定的獨裁制度的精神：

英法的內閣，美國的總統，到了限期，都得選舉，不去選舉便是把這個制度推翻了。他們之所以到期還肯去舉行選舉，選舉失敗後還甘願下台，這是多少年憲政實施所養成的習慣。人民的反感造成了一種絕不可遏的潛力，使得政府不敢於完全違背民意。因為民意的潛力是如此的偉大，所以歐美的「危機政府」還能不流於凱撒主義，仍然維持著以民為主的真精神。

「危機政府」型態的形成，不但讓羅馬時代獨裁制度的精神在二十世紀重光，而且也讓民主國家得以成功地消弭來自於專制獨裁國家的挑戰：

近十數年來的經驗使得許多人熱烈的討論民治的根本，幾乎一致地放棄了十九世紀人士民治即放任的看法，加強政府的職權，集中政府的力量，使得從前十九世紀民治制度的弱點，亦即倡議獨裁的各種主義對於民治制度的攻擊的弱點，漸次的泯除改善，使得羅馬獨裁制度的真精神以及許多政治思想家的理想能夠重新實現於二十世紀。

陳之邁對享有民主之名與獨裁之實的「危機政府」的禮讚——有別於「凱撒主義」或「世襲制度」之下的獨裁——說明了為什麼強調行政權、行政效率至上的他，到了一九三七年的時候仍然還是服膺民主的制度，仍然還認為中國應該站在民主的陣營裡。也正由於他仍然是服膺民主的制度，仍然認為中國應該站在民主的陣營裡，他仍然熱衷於憲法的問題。然而，也正由於如此，到了他一九三七年五、六月間在《獨立評論》上貌似在立論上脫軌的演出的時候，他心目中的理想的憲法仍然不脫他行政權、行政效率至上的理念。最好的例證就是他一九三七年五月在《民族雜誌》上所發表的〈論憲法的目的〉。[6]

〈論憲法的目的〉一開始就指出傳統的憲法觀念是要限制政府的權力。他說那是一個過時了的十九世紀的理念，如果走到極端就會變成無政府主義：「然而政府權力的限制，人民自由的保障，不能走到了極端；走到了極端，便成了無政府主義。」

作為他貌似在《獨立評論》的立論上作出脫軌演出之際，陳之邁這篇在《民族雜誌》上所發表的〈論憲法的目的〉在他的心路歷程上具有指標性的意義。其所凸顯出來的是他內心深處雙重的矛盾：第一層是作為政治學者的他與癡等學而優則仕的他之間的矛盾；第二層是作為政治學者的他在個人自由民主與重現了「經典的獨裁」的「危機政府」之下行政權至上之間的矛盾。

一方面，在他癡等學而優則仕的心態之下，他在一九三五年八月四日所發表的〈政制改革的必要〉一文裡，惋惜國民黨模仿蘇聯的一黨專政做得不夠澈底，以致於畫虎不成反類犬。那是他提倡「黨外無黨」、「黨內有派」的開始。一年以後，他在〈論政制的設計〉、〈再論政制的設計〉這兩篇文章裡，說國民黨如果墨守孫中山的遺教裡的「五權憲法」，就會閹割了一黨專政所應有的施政效率。一方面遵奉「五權憲法」，另一方面又採行師從蘇聯的一黨專政的制度：「我們把兩種絕對相反的原則強其相輔而行：其結果是五權並不分立，一黨專政的好處亦一無所得。現在已經到了決斷的時機。」在〈論法令如毛〉一文裡，他又重複強調這兩種制度「是根本衝突的，但是我們的當局卻硬要水乳交容，故成極端畸形的結果。」[7]

在另一方面，作為政治學者的他，在一九三七年五、六月間脫軌的演出裡，先是在〈從國民大會的選舉談到中國政治的前途〉一文裡，呼籲國民黨要在「一黨專政」和「多黨政治」的民主體制這兩條背道而馳的大路裡選擇一條。緊接著，他又在〈上軌道的政治〉一文裡宣稱國民黨試圖揉合「上軌道」——法治的——民主體制，與「不上軌道」——不符合法治的——獨裁體制，「其結果不是『兩全其美』而是『兩敗俱傷』！」

從行政權至上、到一黨專政、到呼籲國民黨必須在「一黨專政」和「多黨政治」之間作一選擇。到底陳之邁所服膺的是哪一個？答案是：兩者都是。那是他不同的面向，在不同時期掙扎、爭勝的結果。

最好的例證就是他貌似作出脫軌演出之際，在《民族雜誌》上所發表的〈論憲法的目的〉。就在他在〈上軌道的政治〉裡呼籲國民黨必須在「一黨專政」和「多黨政治」之間作一選擇的時候，他在〈論憲法的目的〉已經一反他兩年前的論調，開始詠贊孫中山的五權憲法。他說孫中山的五權憲法是脫胎於洛克、孟德斯鳩分權的學說。這個說法他會在一年不到，在他變成國民黨的黨工以後就把它推翻了，但這是後話。這時候的陳之邁說，孫中山並不以為洛克、孟德斯鳩的分權學說完全適合中國，因為中國人一向太自由了，以致於變成了「一片散沙」：「在帝國主義的壓迫下，在強鄰環伺的局面下，徒講自由是不可能的；其另外的一方面是把中國『一片散沙』的人民組織起來，團結起來，先爭民族的自由；民族先有了自由，再談個人的自由。組織團結是需要政府的，政府權大，自由便得犧牲。」

犧牲個人的自由，以求取國家民族的自由。陳之邁說這只是暫時的，因為孫中山所推崇的不是專制，而是英美民主的制度：「孫先生在其《革命方略》中，顯然承認訓政時期亦應頒布《約法》。在這個《約法》之中，要『規定人民之權利義務』。人民在訓政時期中既有權力可言，便使得它不能同義德等『極權國家』相提並論了。由此論斷，我們推演孫中山先生的憲法觀念屬於美法革命以來的系統。」

換句話說，到了一九三七年五、六月間，到了他作為學者的身影即將消逝的時候，陳之邁已經澈底地向國民黨輸誠。「訓政」只是一個暫時不得已的措施。《訓政時期約法》證明了國民黨不能與「『極權國家』相提並論」，是屬於英美式的民主制度的系統。「五權憲法」也不再是一個會閹割了行政效率的贅疣，而是一個脫胎於孟德斯鳩的分權理論，但青出於藍而勝於藍，國民黨美其名曰讓「人民有權、政府有能」的學說。

〈論憲法的目的〉還不是陳之邁作為學者最後身影臨別時向國民黨輸成的唯一的秋波。他還有一篇在當時

6 陳之邁，〈論憲法的目的〉，《民族雜誌》，第五卷，第五期，1937年5月，頁795-808.

7 陳之邁，〈論法令如毛〉，《獨立評論》，186號，1936年1月19日，頁6-9.

所寫的英文論文，吹捧得更上一層樓。那就是他在一九三七年四月號的《中國社會及政治學報》（*The Chinese Social and Political Science Review*）上所發表的〈中國的行政體制〉（The Chinese Executive）。[8]

在這篇文章裡，陳之邁說：「孫中山博士是中國革命的靈魂（the soul of the Chinese revolution）。」他說孫中山一點都不喜歡英國，討厭英國的政治制度。相對地，他仰慕美國以及美國的憲法。他說雖然孫中山的「五權憲法」在行政、立法、司法以外又加上了考試、監察，但他的「五權」靈感的來源是美國的憲法。

陳之邁說中國制憲的歷史是一部血腥史。他從《臨時政府組織大綱》、《臨時約法》、《天壇憲草》、《曹錕憲法》、《訓政時期約法》、一直說到一九三六年所公佈的《五五憲草》。他所要說的是，中國的制憲史說明了憲法是因人而制訂的：

> 哪一個憲法理論受到青睞取決於是否有一個強有力的領袖。如果中央有一個強有力的領袖，總統制或者行政權集中的體制就佔上風。民國成立時的孫博士、袁世凱、一九三〇——三一年的蔣將軍。反之，在中央沒有一個明顯的領袖或者群雄並立的情況之下，採行的就是內閣或者委員制。其例證就是《臨時約法》之下的內閣制、國民政府初期的委員制、以及一九三二——三五年間蔣汪體制下的內閣制。

儘管中國的制憲史是一部血腥史，陳之邁在結論裡認為中國在國民黨的治下已經找到了一條優於西方的康莊大道：

> 西方的憲法專家一直希望能找到一種能用來限制並抑制人類任性妄為（caprice）的天性的最高法律。政治人物必須要用法律的機制來牽制與制衡。一心想要模仿西方的中國人也希望能做到這點。他們奔走呼號，要的就是法治。事實上，中華民國史上第一次的「內戰」，就是要捍衛袁世凱所破壞的《臨時約法》。

然而，這幾年來我們已經變得更為成熟和實際。在作出了極慘痛的犧牲以後，我們開始理解到憲法跟機器一樣，應該是為人所役使，而不是反僕為主。當法律不適用於實際的時候，比較睿智而且實際的作法是揚棄或者修訂，而不是犧牲人命去捍衛它。

我們在過去幾年之間，在行政體制上一而再再而三地從一種體制轉換到另一種體制，但都沒有什麼人反對或抗議。而且，儘管一再改變，中國人似乎找到了一種比較穩定、適用的政治制度。從這個角度來看，我們比〔西方〕不教條，也許比〔西方〕更現代化。

值得指出的是，作為陳之邁學者最後身影的臨別秋波，這兩篇文章在一個看似無關宏旨但可以見微知著的論點上存在著一個相當不一致的地方。在〈論憲法的目的〉裡，陳之邁說孫中山認為中國人享有太多的自由，因此並不珍惜自由。然而，他也為孫中山辯護，說他「是一個最愛自由的人，最愛個人自由的人」，說「他認定自由之於人類，猶之於空氣之於人類，猶之於水之於魚。」他把孫中山說成彷彿是一個相信不自由毋寧死的人。

相對地，陳之邁在用英文寫的〈中國的行政體制〉裡就老實多了。他在分析孫中山的分權說的時候，在註5裡進一步地解釋說：

> 雖然孫博士一度把憲法定義為「人民權利之保障書」（the charter of peoples' liberties）（參見註2引書〔注：張宗慈，《中華民國憲法史》孫序〕），但他並不是一個相信不自由毋寧死的人（a great lover of personal liberties）。他把「國家的自由與平等」，亦即，中國人民要從帝國主義的枷鎖之下掙脫出來以及廢除「不平等條約」，放在比個人的自由更高的位置……因此，孫博士對分權原則的提倡是不能與孟德斯鳩的同日而語的。

8 Chen Chih-mai, "The Chinese Executive," *The Chinese Social and Political Science Review*, XXI (April, 1937), pp.34-64.

學者變黨工

陳之邁一九三七年五、六月間在《獨立評論》立論上的丕變，不管是不是反映出了他內心深處在作為政治學者和癡等學而優則仕之間的掙扎與矛盾。他在大約同一時期在《民族雜誌》所發表的〈非常時期的政府〉、〈論憲法的目的〉，在《社會科學》所發表的〈獨裁政治的興起〉，以及在《中國社會及政治學報》所發表的〈中國的行政體制〉，則注定是成為他作為政治學者最後的身影。

「七七事變」以後，蔣介石召集各界人士到廬山參加談話會。陳之邁是第一批受邀的人士之一。他在年表簡編一九三七年條裡記：「七月十日離平赴牯嶺，『第一次謁見蔣公』。」「回憶錄資料匯集」裡的記錄比較詳細，不但記下了他的表現，而且還寫下了他亟亟要捍衛國民黨熱切之心：

> 對於中日和戰問題，我不願意有所主張。我認為國際間的交涉總是在高度秘密中進行的。在交涉過程中絕對沒有步々公開的道理……所以我這次參加廬山談話會，決定支持政府的方針，信賴政府作最大的努力保持和平，除非萬不得已，不要訴之於武力。
>
> 關於內政問題，我有一套見解……我認為在外有日寇侵略，內有共黨作亂的時代，我們應當繼續訓政之治。在此時此地，不應迫使中國國民黨開放政權，實行憲政……國內當時的各黨各派和無黨派人士，有不少主張立刻實行憲政的。我認為抱持這種主張的人，不是想借國難時期來便利他們自己躍登政治的舞台，就是根本未曾將問題想通。如果有機會的話，我準備痛加駁斥。

他說他在參加談話會以前，就已經作好準備，知道要說些什麼：

我赴廬山參加談話會之前，預備了一套想說的話。如果當局有所垂詢，具體的意見不能發揮，則以精簡二字來概括一切。我預備獻議當局，趕速以快刀斬亂麻的手法澈底剷除「手續主義」，亦即西洋人所說的「紅帶子」（red tape）〔注：繁瑣的手續〕，使科員能為長官所用，而不使科員捆綁著長官的手腳，使其動彈不得。一個有效率的政府一定是一個便民的政府，便民的政府一定會受到人民的擁護。

他回憶七月十七日當天的談話會的情形。別人慷慨激昂，一副愛國不落人後的樣子，他則獨自躺在一棵樹下深思國事：

七月十七日，舉行第二次共同談話會，蔣委員長親臨主持……這天散會之後，大家紛紛議論，慷慨激昂，我卻獨自在山中一個幽靜的地方，躺在樹下，想想這件大事的深遠意義及其影響。

陳之邁說，蔣介石在分組會談中，一一垂詢。他依事前所作好的準備，精簡地作了一個三分鐘的回答：

在分組會談中，蔣委員長輪流徵問每人的意見。問到我的時候，我說軍事大計及對日交涉，我既不懂亦不知其內幕，實不敢亦不應全憑報章上片斷的消息及主觀的見解濫發議論。但是當此大戰的啟端，中央及地方政府似宜即刻進入戰時體制，力求事權集中，指揮靈活，以精簡為最高原則，不可「拘泥制度，不通權筴」。我說話的時間最多不過三分鐘，也是我參加廬山會議唯一的一次發言。[9]

9 「陳之邁檔案：回憶錄資料匯集（062-01-08-092）」.

廬山談話會結束以後，陳之邁在八月間，跟他清華的同事陳岱孫一起從南京搭火車北返。抵達天津以後，他們住進法租界一家旅館。陳之邁在回憶裡說，雖然當時天津到北平的火車仍然通行，但由於他「被日軍特務機關指為『反日份子』。我若回平當然得回老家。萬一日軍到我家搜查，頗慮嚇著雙親。」於是，在陳岱孫的勸說之下，他們又在八月底從天津搭乘英商「藍煙囪」(Blue Funnel) 的豪華郵輪到青島。從青島他們轉乘膠濟鐵路到濟南，最後再轉津浦鐵路到南京。在南京盤旋一個星期左右以後，陳之邁說：他們「由南京乘江輪到長沙（同船胡適）。」當時胡適已經奉蔣介石之命要從武漢飛到美國去從事宣傳工作。根據胡適的日記，當天是九月八日。他們所搭乘的江輪在十二日抵達長沙。

到了長沙的臨時大學的陳之邁對教書已經完全沒有興趣了。他在「回憶錄資料匯集」先描述了臨時大學因為教授過多而必須減時配課的窘狀：

> 大學最嚴重的問題是教授太多，幾乎每一門學科都有三位教授。由誰來講授呢？當時的辦法是求得三大學平均分配。例如政治學由北大的教授講授，經濟學則由清華的教授講授，社會學則由南開的教授教授。如此則三大學的教授都有課可教。只是鐘點大々減少而已。

陳之邁幸運地分到了每週六小時的課：「這是因為北大講授『西洋政治制度』的陳受康先生，在抗戰爆發時適在美國渡假，沒有到長沙來，否則我分配到的鐘點更少，也許只有每週三小時，也說不定。」

只是，教授的問題不只是分不到課教，他們而且沒有圖書可用。他說：「每次上課所講的只能全憑記憶。寫下幾個要點，便登上講台。我用口述，學生則作筆記，正所謂填鴨式的灌輸，連教材都沒有。」在這種無書可用的情況之下，他覺得：「少教幾個鐘點也好，免得誤人子弟。至於上課之餘，更是無事可做。研究工作因為沒有資料，是談不到了。下課之後更是無所事々，飲茶、抽煙、嗑瓜子、聊天，如是而已。」

陳之邁說他不願意在這種「有飯大家吃主義」之下跟大家搶飯吃。因此，當周炳琳離開北大到中央政治學校〔注：後來的政治大學〕當教務主任邀他同去的時候，他就立刻答應了。在回憶說他到中央政治學校任教的同時，他又說當時已經遷到武漢的國防最高會議的法制專門委員會聘他為委員。他說：「自民國廿七年〔1938〕春間起，一直到三十三年〔1944〕夏間出國止，前後六年之久……在這一段時間，無論我擔任何種職務，均兼此職。」

事實上，陳之邁在「回憶錄資料匯集」裡對他離開臨時大學的回憶拐彎抹角，一點都不乾脆。他就是不願意直率地說他當時就是決心要離開學術界學而優則仕去的。更重要的是，他究竟是到什麼機關學而優則仕去了，他就是不願意明說。他所謂的任職「前後六年之久」的「法制專門委員會」，從來就不是他的正職。

事實是，到了長沙以後，陳之邁的心已經不在學術界了。他在「臨時大學」只教了一個學期。一九三八年一月，「臨時大學」學期即將結束並決定遷到昆明成為西南聯大以後，陳之邁就決定離開了。

事實上，陳之邁自已自始至終都很清楚，早在他決定不參加西南聯大的時候，他就已經要學而優則仕去了。他一九三八年八月二十九日給胡適的信就是一個明證：

> 邁自去年赴長沙，曾在臨時大學教書半年。後來臨時大學移往昆明，邁未隨往。因為長沙數月的經驗，無書可讀；教書，學生也不感興趣。關於戰事消息亦異常隔絕，生活太過無聊。當時政府正在組織一「藝文研究會」。其中一部份由陶希聖先生主持，命我去幫忙。當時提議編輯一套《藝文叢書》，刊五、六萬字的小冊子，深入淺出，研究中國社會的各種問題。此議經採納，遂由希聖、景超兩先生及邁編輯，商務發行。現在允許作稿的已六十餘人，付印者已十二種，出版者五種，成績不惡。廷黻先生除寫了一本近

六萬字的《中國近代史》外，並將寫一本二十年後的湖南，用小說體裁寫「烏托邦」。邁擬懇求先生也為《藝文叢書》撰著一種，題目不拘，字數亦可隨便。[10]

也許因為「藝文研究會」不是一個政府機關，陳之邁在年表簡編裡並沒有列出他到漢口編輯《藝文叢書》這一條。結果，他在中央政治學校也只教了一年。他在〈亡妻黎憲初〉裡說：

中政校因為遷校，停止招生一年。我教了一年就沒有學生可教。教育長陳果夫先生、教務主任周枚蓀（炳琳）先生，都說我仍可留校，在政治研究所（所長為劉振東先生）做研究工作。我當時想，國家在極端危難之中，全國軍民動員抗敵，而我則無事可做，乾拿薪水，實在於心不安。適巧此時有人約我到行政院工作，我便答應了。[11]

「適巧此時有人約我到行政院工作，我便答應了。」這句話說得多麼的輕描淡寫。這個「有人」究竟是誰，他完全不提。無論如何，陳之邁學而優則仕的夙願於焉終成。用他在「回憶錄資料匯集」裡的話來說：「最後我選擇了行政院參事這個職務，自廿八年〔1939〕五月十五日開始辦公。但中政校的功課則授至六月學年終了為止。從此我便與大學生活脫離了。」用他同樣是在晚年所寫的「札記與資料」裡的話來說：「五月二日：行政院院會通過任命為參事。五月十五日，到院辦公，派在第一組。十一月九日：國民政府令派。於是我成了公務員，或說做了官。」[12]

國家至上

陳之邁在中日戰爭初期所發表的文章，散見在報章雜誌上。幸運的是，這些文章他後來收到他所編輯的《藝文叢書》裡，書名是：《政治教育引論》。

在分析《政治教育引論》之前，必須先分析陳之邁為《藝文叢書》所寫的〈總序〉裡對當時中國問題的四點觀察，或者，用他的話來說，四個「指路的南針」：「我們的國家民族現在是在建立自己的途程上邁進。在這征途之上有幾個指路的南針。」這四個「指路的南針」裡，第一、第二個指路南針是他自己的看法。第三、第四則無疑地是吳景超的看法：第三，政治建設的基礎是經濟社會的確定，而經濟建設的南針是工業制度的形成；第四，工業文明與現代科學是相輔而發展的。

在陳之邁自己所提的指路南針裡，先說第二個，亦即，抗戰時期的中國需要什麼樣的政治制度，「才能使一般人民與國家政府結成一氣，共同奮鬥。」陳之邁的答案是：「在各種政治典型之中，唯有民主政治才能適合我國當前的需要。我們唯有走民主政治的路線才能夠救亡圖存。」

然而，這個「民主政治的路線」是有一個前提和先決條件：前提是：「不是西方十九世紀與放任主義結成一氣的民主政治。」先決條件是：必須循序漸進的。這個「循序漸進」的作法，不言而喻，就是「訓政」：

10 陳之邁致胡適，1938年8月29日（《胡適來往書信選》，II.380.

11 陳之邁，〈亡妻黎憲初〉，《傳記文學》，31卷4期，1977年10月，頁67.

12 「陳之邁檔案：札記與資料」（062-01-08-074）.

> 我們卻並不要求一步登天跳到普及民主政治的終極，因為這是事實所絕不容許的。我們只要認準了目標而一步一步地踏穩住腳向前走去。民主政治的建立不是一朝一夕可以完成的。徒有其表而乏其實的民主政治是虛偽愚昧的政治，絕對不能擔當建國的重任。

這段話裡最觸目驚心的是：「一步登天跳到普及民主」是「徒有其表而乏其實的民主政治」、「是虛偽愚昧的政治」。陳之邁已經不再是政治學教授，從今而後，他是一個國民黨的黨工。

回過頭來說第一個指路南針：

> 中國的文化根本上是一部缺乏政治色彩的文化。因此要針對著這一方面努力，研究怎樣才能凝結中國的個人及家族單位，使其成為一個有機的團體？怎樣才能在中國樹立真純的優美的民族主義的根基？怎樣才能使這個民族主義發揮光大，普及於全民族每一個份子的心田裡，激動他們的政治興趣與熱力，以期中國能在波濤洶湧的世界政海中屹然生存，保持著自由平等的獨立的地位？

這句「中國的文化根本上是一部缺乏政治色彩的文化。」其出處是英國經濟史家唐尼（Richard Tawney）在一九三二年到中國考察以後所寫的《中國的土地與勞工》（*Land and Labour in China*）。唐尼這句「非政治的文化」——其實他說的是「非政治的社會」——的出處在《中國的土地與勞工》的第165頁。他原文是這樣說的：

> 中國既成熟，又像侏儒（retarded）。它具有一個「非政治性的社會」（non-political society）的優點和缺點。私德很高（flourished），而公德退化（atrophies）。它雖然在文化的發展上早熟，但卻沒有發展出可以保護——但也可以扼殺——它的物質組織的外殼（the hard shell of material organisation）。它在政治和經濟體

系的發展上，則是停留在另外一個層次。[13]

除了唐尼這句「中國的文化根本上是一部缺乏政治色彩的文化」以外，陳之邁在這兩本書裡都徵引了雷海宗說中國在秦代以後形成了一個「無兵的文化」。在《政治教育引論》裡，他也引述了馮友蘭在《中國哲學史》裡說：「中國若真衰老，則即因其太文明也。」

無論如何，不管傳統中國是像唐尼所說的「非政治的社會」，還是馮友蘭所說的「太文明了」，還是雷海宗所說的「無兵的文化」，陳之邁在《政治教育引論》徵引他們的觀點的目的，是在指出中國的傳統裡，存在著一些阻礙中國成為一個現代國家的深層因素。從這個角度來說，作為要指引中國走向「建立現代國家」的《藝文叢書》之一的「指路南針」，這是陳之邁在《政治教育引論》裡所要作的兩個工作——建設與破壞——裡的破壞的工作。

中國的問題從來就不只是沒有現代西方的堅甲利兵：「中國所缺乏的初不限於堅甲利兵。有組織的國家、一種強烈的民族意識、有紀律、肯犧牲、認定民族國家至上、公忠報國的國民，也是我們所極端缺乏的。」他說，西洋的堅甲利兵，當時的人已經嚐試到了。然而，中國「不能以固有的散漫鬆懈、貪婪充斥的政治組織來抵抗西洋的現代國家。」這種認識，是要到了康有為、梁啟超的時候，才開始覺悟到，而一直要「到了孫中山先生才澈底的認識。」

陳之邁強調說：「中國的道德系統是絕對優美的。」然而，其優美的所在是「倫常道德」。問題是，「我們仍然沒有一個精細嚴密的政治組織來抵禦十九世紀的西洋侵略。」更嚴重的是，傳統中國的倫常道德也許可以作為國民個人修身的準繩。然而，「若令其擔當一切其它的建國責任則不可能。」

13 R. H. Tawney, *Land and Labour in China* (New York: Harcourt, Brace & Company, 1932), p.165.

傳統中國的道德系統不足以擔當建國的責任，原因有好幾個。值得在此處指出的有兩個。第一，是傳統中國的個人主義。陳之邁說：「『修齊治平』是完全由個人出發的」，其所「著重之點是在個人而不在群」。這種「原子的（atomistic），而不是一種有機的（organic）社會」的個人主義「在沒有強烈鬥爭」的春秋戰國時代中——〔注：這是一個很不合歷史事實的說法〕——「是一種最自然的現象，不足為奇。」他說：

> 孔子可以周遊列國；孟子也是由齊宣王而梁惠王；蘇秦因為「貧窮則父母不子」，就可以「朝秦暮楚」，遍走天下各國去求仕。本來當時的列國都是黃帝的子孫，根本不成「漢奸的問題」。

然而，如果孔子、孟子、蘇秦活在今天，用陳之邁的話來說，就毋寧變成是「漢奸」了：

> 但是若果牽強附會而將春秋戰國比作近代的國際社會，則這種只求主張得到實行，或只求有官可做的心理，就成為極端危險的現象。那時根本無脫離國家便不能生存的理論的必要。硬用之於現代而勉強附會便不堪設想。純從個人主義出發而無國家觀念的看法，就會有這樣大的流弊（頁13－14）。

傳統中國的個人主義已經足以阻礙中國成為一個現代國家了，更助紂為虐的，還有從西洋傳進來的自由主義裡的個人主義，例如洛克（John Locke）所楬櫫的那種「一個個人的道德應當是絕對的，且較其為一個公民的事實尤為重要」（頁14）那種極端的個人主義。陳之邁在憂心之餘，徵引孫中山的話說：「中國人民早有了很大的自由，不須去爭的。因為不須去爭，所以不知道去寶貴。」

傳統中國的道德系統不足以擔當建國的責任的第二個原因，是因為其根本的一些觀念與現代國家的理念是相牴觸的，以致於我們即使想要把它們創造性地轉化、「孕育」為今所用都不可得的地步。比如說，他認為我們無法把「忠君」轉化成為「愛國」。他舉范長江在其所著的《塞上行》裡對岳飛的批評：

> 他〔岳飛〕在失意的《小重山》詞上說：「白首為功名」，因為他目的是他個人的功名，抗金復土不過搏取功名之一方法。而要取得功名，只有宋高宗才能給他，所以他無論如何要擁護宋高宗。

陳之邁承認范長江這種看法也許偏激，但其所指出的「忠君」是為了取得功名，換句話說，還是那傳統的「個人主義」作祟的事實，其「涵義是深刻而足為警惕的」。

那麼，我們可能移「忠君」以「愛國」嗎？陳之邁的答案是否定的。他說：「皇帝是一個具體的象徵，國家是一個抽象的象徵。在國家一個名辭下包含著無數的抽象的權利義務的觀念，遠較刻板的忠於一個人為複雜微妙。這個忠的對象的改變不是一件容易的事情。何況忠於皇帝的觀念又是在在與忠於國家不同。」（頁19－20）

傳統中國的倫理道德系統無法轉化為建設現代國家所用的，不只是「修齊治平」所反映出來的個人主義，以及以岳飛為代表的「忠臣」之所以「忠君」是為了搏取功名——終究還是回到個人主義——的問題。對陳之邁而言，更可怕的，還有那許多人——包括留美時期的胡適——禮讚為中國傳統裡以孟子的「民本思想」為代表的民主思想：

> 儒家是提倡忠君思想最有力的一派哲學，但同時也是楬櫫民本思想很有力的一宗。孔子以為「湯武革命順乎天而應乎人。」孟子更進而說：「聞誅一夫紂矣，未聞弒君也。」」（頁20）

孔子、孟子這種思想之所以可怕，是因為推到其邏輯的盡頭，「則演成黃黎洲〈原君〉及〈原臣〉的說法，認定『為天下之大害者，唯君而已』和『今天下怨惡其君，視之如寇讎，名之曰獨夫，固其所也。』」他憂心忡忡地說，儒家這種思想「誠然是『發揮漢族之民本思想，開我國民權革命論之先河』的哲學，然而用到現代來就發生了阻礙。」這所謂的「發生了阻礙」云云，未免欲言又止得可笑了。他想批判的，是孔子說：「湯武革命順乎天而應乎人。」孟子說：「聞誅一夫紂矣，未聞弒君也。」這種思想用在現代，就揭櫫了人民有革命之權的理念了。

陳之邁強調說：「即令我們是極端的自由主義者，我們最多可以提倡人民有對於政府革命的權利，我們絕對的不能提倡毀滅國家走巴枯寧及克魯泡特金之路。」這句話讀起來真是讓人觸目驚心。曾幾何時，只有「極端的自由主義者」才會「提倡人民有對於政府革命的權利」！而且還把「政府」與「國家」混淆、交相互用，把革命者打成是「無政府主義者」。政治學家的陳之邁已經走上了蔣介石的辯護士、國民黨的黨工的不歸路了。

批判傳統中國的道德系統不可能為建設現代中國的政治大業所用，是陳之邁在《政治教育引論》裡所作的破壞的工作。他在破壞了以後所要作的建設的工作，是在建立一種要中國人能「犧牲小我以成大我來達到國家高於一切的」政治教育。這種「政治教育」不是一般所理解的政治教育。他說：

> 蔣介石先生曾說：
>
> 現在教育失敗的原因，就是對於學生的國家觀念、民族精神、公共道德及做人的實際生活，完全沒有注意，只注重在黑板上、書本上教學生幾本書。這只可說是教，而不能說是育（〈救國的教育〉）。

說來頗為可悲。從前孟子言必稱堯舜，現在從教授淪為黨工的陳之邁則是言必稱孫中山、蔣介石。在恭述了蔣介石的中國教育失敗論以後，陳之邁究其原因，就是錯把「政治教育」當成「『政治學』的教育」來教了。他說中等學校以上的「公民教育」根本就是「『政治學』的教育」，或者說，就只是「『政治學』的教育」的一部份而已。這兩者之間的不同是極其重要的。這是因為根據當時教育部所訂定的課程標準，「公民教育」不但像是「政治學概要」，而且是任由編者選取東西洋各家學說，沒有屬於自己國家民族的中心思想：

政治教育如果成為政治學教育，結果只有是「眾說紛紜，莫衷一是」，以致於完全失卻了意義。自來政治學者對於何謂國家？何謂自治？何謂權利？何謂義務？何謂責任等等抽象的名辭，不知有多少的定義，學說極度紛紜。

「『政治學』的教育」的問題不只是因為政治學說「眾說紛紜，莫衷一是」。最重要的是，這種舶來的政治學說並不能針對中國的問題對症下藥：

我們要認清所謂政治教育不是一種學術的教育。我們絕不能如同普通的政治學教材一樣，將各時代各地方所產生的觀念綜合起來教授我們中國的青年。這種辦法是政治學的教育，是一種純粹的學術研究，其用意在求廣博的智識，而不在灌輸基本不易的認識（頁53－54）。

「政治教育」或公民教育淪為「『政治學』的教育」，其結果不只是會造成「眾說紛紜，莫衷一是」，而且完全失去了「政治教育」的目的。陳之邁強調說：「我們所謂政治教育只包含兩點：一，現代國家觀念的內涵；二，個人與國家的權責關係」（頁49－50）。

現代國家的內涵為何呢？學成歸國以後在清華任教的陳之邁所服膺的是行政權至上論。現在作為國民黨黨工的他則改為服膺國家至上論。這種國家至上論的道理，一言以蔽之，就是：「『皮之不存，毛將焉附』。國家就是此處的皮，人民就是此處的毛（頁74）。」

諷刺的是，陳之邁一再地強調西方的政治學說「眾說紛紜，莫衷一是」，也諄諄告誡中國人不要「盲目的抄襲西洋。對於西洋的概念與智識我們須要完全採取一種批判的態度。在傳輸西洋理論之時千萬不可忘卻了中國的國情」（頁72）。

然而，他自己卻可以徵引「眾說紛紜」裡不同路數的學說來作為他自己國家至上論的註腳。比如說，他徵引英國保守派哲學家伯克（Edmund Burke）的一段來引申他「皮之不存，毛將焉附」的古訓，說：國家「是所有科學上的組合，所有藝術上的組合，所有道德上的組合。三者都能達到盡善盡美。」他吟詠這個國家至上頌說：「國家就是這樣崇高的、森嚴的、包羅萬象的、永恆生存的。政治教育就是灌輸這一類的觀念到每個國民的心坎之中……一個人生而為一國之民，死而為一國之鬼。」

在徵引了伯克以後，陳之邁接著徵引德國唯心論大哲學家黑格爾的幾句話：「國家是最終的目的，有處置個人的最高權力。惟其如此，個人之最高義務在為國家的一份子。」以及：「國家是達到個人目的、個人幸福的唯一條件。」

陳之邁強調說，黑格爾的「國家論」絕對不是專制的，而完全是與民主的理念合轍的：

> 古代希臘羅馬的政治哲學一律地認定為其國家盡忠的人是應當受最高報酬的。柏拉圖的理想共和國裡的哲學家是以其最高的能力貢獻國家的。民主的古代希臘全部政治的理想是在國家以內的優美生活及對國家的服務。共和的羅馬一樣地注重公忠。西西羅的夢境是天堂把最優厚的報酬留給對國家服務最有成績的人。這是民主政治最光榮燦爛的一頁，國家至上是一體完全尊崇的（頁75－76）。

「現代國家觀念的內涵」既然是以國家至上論來界定，則陳之邁所謂的政治教育的第二點——「個人與國家的權責關係」——也就顯而易見了：

> 這種的國家〔至上的〕意識可以解決許多的問題：人民權利的問題、個人對於國家的義務、「為什麼個人要納稅當兵」？有了這種的國家意識，這個問題可以迎刃而解。「為什麼個人要遵守國家意志的表示〔展現〕——法律？」這個問題也可以無須從詳解答。「為什麼個人要絕對以國家的利害為其行為之標準？」這也不成問題。（頁76）

只是，說起來容易，做起來難。陳之邁可以侃侃而談中國必須要有一個適合於自己國家的獨特的理論，而且用政治教育的方法來灌輸給其國民。他一再地強調這個適合於中國的獨特的理論就是三民主義。然而，他也承認三民主義還沒有成功地被演繹成為中國獨特的國家理論，遑論是要成為中國的「民族哲學」。陳之邁說困難的原因有四個：

> 第一，孫中山先生的遺著很多，卷帙浩繁，用來作一部憲法過於繁複，用來作一種教本也是一樣。
>
> 第二，總理遺教是孫中山先生畢生著作的總稱。其著作的時間歷四十年……這時期中革命的對象曾經數度的改易，言論當然不能完全相同。其中也不乏今日已經失去效力的部份，也有前後並不一致的地方。
>
> 第三，遺教之中有的部份是不完全的……民生主義即沒有講完，……遺教不是一個完璧則為不可否認的事實。
>
> 第四，中山先生的學說，博大精深。其中集合了中國固有的和西洋學說的精華，雖有相當根據的社會科學家也不敢說是完全明瞭，肯定的解釋更是極度的困難（頁63－64）。

歸根結底，原因在於孫中山是一個天才。陳之邁期待中國會出現像菲希特、那種能「將中華民國的前途系統地建為一種特殊的哲學」的能人。然而，這種工作，他說：「可以甚至於說要待天才來整理，才能達到相當完美的地步。了解一位天才不是一件容易的事情，似乎非天才莫辦」（頁65）。

諷刺的是，在《政治教育引論》通書裡一再地呼籲要用「政治教育」的方法，把一個中國所特有的民族國家哲學灌輸給中國人的陳之邁，最後卻因為三民主義這個「唯一適合國情的主義」，「似乎還在孕育之中」，而不得不用「『政治學』的教育」的方法來闡釋三民主義。他建議：

> 中央應當指定專門的人員，組織研究三民主義的專責機關，從事於高深的研究。這個研究會應該刊行期刊，刊載論文，同時並發行叢書……這些刊物及叢書可以供各大學中黨義的教授及各門社會科學教授的研究資料（頁69）。

儘管陳之邁最後還是建議用「『政治學』的教育」的方法，來「孕育出」三民主義的「國家學說」，但他自己似乎並沒有意識到這個在方法上的轉折或倒退。於是，也許由於他把「政治教育」的方法這個理念複誦到進入潛意識裡了，以致於在三民主義根本就還沒有被「孕育成」中國的「國家學說」以前，他已經開始吟詠起現代中華民族國家頌了：

> 循著三民主義所指示的道路，這個國家觀念的問題也可以窺見其端倪。我們所要建設的是一個中華民族的國家。這個國家要把「一盤散沙」似的人民凝結起來，成為一個有機的固體。這就是要以政治的力量來凝結起散漫的個人或家族，利用各種的管制系統（control system）來達到「政治的凝結」（political or civic cohesion）。這樣我們否定了原子論的國家結構學說。不只是承認國家是各個個人或家族積聚而成的，如沙堆一樣，而是要進一步地承認國家是高於個人的總和。國家的凝結體是有機體，即認定個人與國家的關係不但不只是一種「物理的變遷」，而且較無機化學中所謂「化學的變遷」更要進一步（頁74）。

「四不像」的憲法與政制的偉大

《政治教育引論》是陳之邁在他所編輯的《藝文叢書》裡所出版的第一本宣傳小冊。他在這套叢書裡出版的第二本是《中國政制建設的理論》（藝文叢書之十五）。[14]這兩本先後出版的宣傳冊子可以被視為是姊妹篇，連在寫作的時間上都是重疊的。先出版的《政治教育引論》裡所收錄的文章是他在漢口時候寫的。《中國政制建設的理論》則開始得更早，是從他在長沙「臨時大學」教書的時候開始，但是在重慶完成的。這兩本姊妹篇有一個主要的不同。《政治教育引論》是由報章雜誌上的文章改寫成的，而《中國政制建設的理論》則是一本專書。

《中國政制建設的理論》，顧名思義，討論的是從前作為政治學者的陳之邁所最關注的領域，亦即，中國的政治制度。這是他學成歸國以後在期刊上所發表的論文的重點。事實上，他在這本宣傳冊子裡所說的許多要點，都可以在他學而優則仕以前所發表的文章裡找得到。只是，所有那些他從前作為政治學者時所提出的論點，現在都已經成為他宣揚三民主義以及為國民黨的獨裁作辯護的宣傳的註腳了。

在討論中國政制的建設以前，陳之邁重複了他在《政治教育引論》裡對傳統中國文化的缺失的批判。第一個文化上的缺失，就是「非政治的文化」。中國文化的第二個缺失，就是雷海宗所說的「無兵的文化」。這種「無兵的文化」所造成的，用雷海宗另一句話來說，就是「文弱的習氣」。陳之邁說中國人常自詡這種「文弱的習氣」是中國之所以能夠「保持中國文化不受外族同化的工具。」他老實不客氣地指出：中國在歷史上有好幾

14 陳之邁，《中國政制建設的理論》（長沙：商務，1939）。

次被外族征服而滅亡。

有些中國人以歷史上中國在被「外族的征服而滅亡」以後，能用以把外族同化的方法從敗部復活為榮。陳之邁反之。他想像中國近代歷史的發展也許會完全不同，如果中國人在蒙古入侵的時候，就能夠不「希圖以中國『文弱的習氣』軟化強悍的蒙古人」，而是反其道而行：「用洋務運動那時的積極情緒，模仿蒙古人的武藝，也許中國在那時便開始復興起來，也許滿族的入關便至少不是那樣輕而易舉。我們唯有企圖軟化我們的侵略者，使其失卻了抵抗的能力，使其墮落頹廢，同我們一樣的墮落頹廢。」（頁9）

陳之邁願意承認：「從文化史的眼光看來，文化的保持也許較國家的存在尤為重要。」然而，他說那是一種自欺欺人的說詞。這種自欺欺人之譚，他說只不過是一種「自衛的機制」。用他可能會有政治上的禁忌而避之不用的字眼來說，就是阿Q。比自欺欺人更嚴重的是，在歐美挾其船堅炮利以及文化雙重優越的態勢的衝擊之下，這種阿Q精神不但在政治上會導致國家的滅亡，而且在文化上反被西洋人給同化了：

> 鴉片戰爭以後的情形卻大不相同了……以中國的舊式軍器來對付西洋的堅甲利兵，其慘敗固然是在意料之中……我們中國自古以來所享有的「文弱的習氣」抵抗不了西洋的槍砲，同時西洋人帶來的文化也著著優越於我們。
>
> 同時，我們固有的，具有強度同化能力的文化，此時也表現缺乏同化的能力。以「文弱的習氣」見長的文化不特是抵禦不了西洋的堅甲利兵，就是以「物質」見長的西洋文化也頗有同化我們的危險（頁5-7、8）。

在指出了中國文化上的缺失以後，陳之邁指出根據西洋歷史上的經驗，改革不外乎是在兩條道路之間做一選擇：革命或者是改革。在革命與改革之間，陳之邁說「一個富有歷史常識的人」會贊成改革，原因有三：

一、他的歷史常識使得他不敢相信人類社會能有盡善盡美之一日；二、〔對〕革命論者社會公敵的選擇不敢貿然全部接受；三、他研究過去革命的效果，使他不能承認人類社會有全部進步的可能。（頁18）。

然而，陳之邁一定瞭然「革命」——更確切地說，「國民革命」——一詞是孫中山、蔣介石的口頭禪，所以他緊接地說：

在這兩種進步方式裡，我們發現了革命與改革的理論。中國現在還在革命，中國現在也在改革。我們是否已經清晰的明瞭這兩種進步方式的基本意義？……我們熱烈地期望著中國的復興，了解中國政治社會改造的必要。我們在此關頭，似乎要較清楚認識革命兩種進步方式的真諦。不然我們便是盲從，便是瞎幹。我們一片純潔的心靈也許促使我們做出了誤國害國的行為（頁22）。

就以英國為例，在十九世紀裡，所有政黨在自由貿易與保護關稅方面的爭端已經進入尾聲。到了一八三二年，選舉法案也已經成為事實。英國在十九世紀後半期政治上所爭的都是些不涉及立國根本的問題。因此，只有改革而沒有革命的問題。然而，等到二十世紀工黨勃興以後，問題就不同了。這是因為這牽涉到了英國是否要實行社會主義的根本問題了。所以陳之邁歸結說：

我們研究改革與革命的理論，在觀察各國的政治改造的時候，這一個原則是可以普遍應用。無論我們如何主張和平改革，有的時候暴力革命是不可避免的。同時，我們也有深切認識，和平的改革是每個國家所必須走的道路，因為不是每一個政治問題都要牽涉到國家的根本。凡是不致牽涉到國家根本的問題，惟有用改革的方式；牽涉到國家根本之時，當然是捨暴力流血的革命別無其他的道路（頁29—30）。

牽涉到根本的問題的時候，非用革命的方法不可。這個普世的原則完全適用於中國：「中國國民黨的清黨政策的決定是因為認定共產黨是以推翻國民黨全部統治權為其職志，故牽涉到國家的根本問題。這樣才有十年剿滅長征的苦痛經驗。」

可以慶幸的是，陳之邁用歡呼的口吻說，中國已經進入了可以使用改革的方法的階段：「需要用暴力推翻的對象二十七年前已壽終正寢。清室遺留的餘毒——軍閥官僚——也在十年前肅清了。今後的途徑是再不必用暴力來對內的了。我們是循著這條康莊大道來建國的」（頁31－32）。

中國既然已經揮別了革命，走上了和平漸進的建國的「康莊大道」了，接下來的考驗，用陳之邁的話來說，就是如何用最適合的政治制度來從事建國的事業了。這是「因為沒有善良的政府，一切政治建設均無由著手。」

所謂的政治制度也者，就是陳之邁在學成歸國幾年之間建言獻策的重點。現在成為國民黨黨工的他，在一開始論述的時候居然還不經意地揮灑出了他從前作為政治學者的餘暉，不但歷數清末以來中國在政制設計上的搖擺，而且甚至還點出了國民黨在政制上的矛盾，亦即，「一個基本原則是分權，一個原則卻是黨治。」（頁40－41）這個矛盾，就是陳之邁從前一再申論的孫中山脫胎於西方「三權分立」原則的「五權憲法」的「分權」，與脫胎於蘇聯的「一黨專政」的「黨治」之間的矛盾。

只是，才剛化身為國民黨黨工的陳之邁一時還找不到一個能言之成理的論據來化解這個矛盾。他唯一能夠自圓其說的，是說「一黨專政」是世界最新的潮流。在一黨專政的理論下：「一個國家中法律上只容許一個政黨存在。這個政黨總攬政權，不能更易。這個形式是嶄新的，與傳統英國式的政黨政治迥乎不同。」而訓政就是中國實行一黨專政的方式：「在這個時期之中，訓政的目標是確立中國立國的精神。我們在上文裡屢屢說到立國是必須要有立國的精神的。有了立國的精神然後才能蘄求政治的建設。訓政時期的目標就在確立立國的精

神，而其方法則取一黨專政的方式。」（頁51－52）

他承認國民黨雖然說要行憲、要「還政於民」，但其所草擬的憲法所體現的還是一黨專政。比如說，其所草擬的憲法雖然已有七種之多，但第一條始終是：「中華民國為三民主義共和國。」換句話說，「三民主義將為中國的立國精神，從草定憲法的人看來，殆已成為定論。」

問題是，這個「中華民國為三民主義共和國」的憲草的第一條並不是所有的中國人所認同的。黨外人士認為：「所謂憲政本身便是自由主義的一種制度，容許人民有政治上的自由，可以自由組織政黨，競爭政權。既然可以自由組織政黨，當然可以標橥三民主義以外的主義，以與三民主義抗爭。」（頁45－46）

面對這種反對國民黨一黨專政——以三民主義作為立國的精神——的批判應當如何化解呢？陳之邁一再地迂迴論述，也一再強調其「複雜」、「不簡單」、「有許多困難」，但就是提不出化解之道。驚人的是，在他提不出能為國民黨一黨專政作辯護的理由以後，他居然訴諸人們對政爭的厭惡與恐懼的心理，就像從清末開始梁啟超的立憲派批評革命會導致列強的干預，導致中國被瓜分的老調一樣：「他們仍然不能忘情於民國初年的局面，沒有一個、而是有許多立國精神的局面，政黨林立，爭奪廝殺。這種的勢力及其主張是不明白立國精神的重要，也許又要耽誤建國幾十年寶貴的光陰。」（頁52）

更驚人的是，除了挑起人們對政爭的厭惡與恐懼之心以外，陳之邁還訴諸「生米已經煮成熟飯」的不可逆轉論。他說一黨專政已經成為事實，再多的爭辯不但只是辭費，而且有礙依循三民主義建國的進程：「我們不必再費篇幅來說明三民主義為中國立國精神的原理……中華民國有了全國人民，除極少數外，所共同信仰不渝的立國精神。也許我們惋惜這個局面來得遲，白白使我們喪失了二十八年寶貴的光陰。」（頁53）

最不堪的是，他把三民主義說成是孫中山和國民黨送給中國人民的禮物：「我們可以說三民主義是孫中山先生和國民黨送給全體中國人民的。既經中國的人民接受以後，三民主義就成為中國的立國精神，不特為國民黨員所信仰，抑且為全中國的人民所信仰。這才取得了立國精神的地位。」（頁54）

《中國政制建設的理論》這本宣傳冊子，充分地暴露出陳之邁從作為政治學者轉換成為國民黨的黨工，並不是像換一件衣服那麼容易的。更確切地說，成為國民黨的黨工的他，在下意識裡還認為他是一個政治學者。一黨專政與民主憲政之間的矛盾並不是唯一一個讓他為之詞窮，而訴諸恐懼、既成事實、甚至是國民黨賜給中國的禮物的例子。

另外一個陳之邁自相矛盾而不自知的例子是他一方面說中國走的是民主的道路，一方面又說三民主義不是自由主義。這是因為陳之邁把自由主義定義為十九世紀放任主義之下限縮政府的權力的政府論。他又再度徵引孫中山的話，強調「中國的人民不是缺乏自由而是自由太多」，「因此絕對不能來模仿自由主義者的政府權小的辦法，放任自由的辦法。沒有一個強有力的政府，人民永遠是凝結不起來成為一個堅強的國家。這一點是孫中山先生在民權主義中最重要的一個結論。」（頁58）

陳之邁渾然忘卻了他在這本宣傳冊子的二十幾頁前才諄諄教誨讀者不要為過時了的政治學教科書所囿，而不知即使在西方民主國家裡，放任主義的自由主義已經是十九世紀的陳跡，而改採行政權集中的政制了，特別是他所津津樂道的所謂的「危機政府」（crisis government）的理念。

從另外一個角度來看，陳之邁之所以會自相矛盾而不自知，是因為他是在選擇性地挪用西方的政治理論，其目的在於要證明三民主義是一個有別於自由主義、法西斯主義、共產主義，具有中國特色的政治理論。這是作為國民黨的黨工的陳之邁從寫《中國政制建設的理論》開始所要建立的一個理論。

為了要證明三民主義有別於自由主義，陳之邁就必須強調所謂的自由主義是傳統的自由主義——也就是他從學成歸國以後就一直鄙夷為是十九世紀的歷史陳跡的自由主義。因此，他在比較民生主義與自由主義之別的時候，他所強調的就是其迴異於十九世紀放任主義的資本主義：

民生主義要求平均地權。擔負這個平均責任的，顯然的不是地主自己，也顯然的不是農民用暴力攫取地主的土地。平均地權的負責者只有一個——政府。民生主義要節制資本。擔負這個節制責任的，顯然的不是資本家自己，也顯然的不是工人去用暴力搶奪資本家的資本……節制資本的負責者只有一個——政府。民生主義要求的是有權力的政府，不是放任無為的政府。（頁62－63）

陳之邁不是不知道「放任無為的政府」即使在英國、美國都早已經不存在了。他在同一頁的最後一段就說：「經濟社會之需要統制在事實上已完全證明。即傳統自由資本主義的英美，也在統制它們的經濟社會。」（頁63－64）然而，他已經不是一個政治學者了，他無需講究邏輯與理論上的一致性。他不但無需在一本書裡講究邏輯與理論上的一致性，他而且也無需顧慮到「今日之我」與「昨日之我」的一致性。

作為國民黨的黨工以後的陳之邁不但對民生主義有了新的詮釋，他對民權主義也開始作了新的詮釋。從前作為政治學者的陳之邁說孫中山的「五權憲法」是脫胎於西方孟德斯鳩的「三權分立」的原則，現在的陳之邁說法就完全不同了：

許多人以為五權憲法的理論同孟德斯鳩的三權分立互相制衡的理論在根本上是相同的，所不同的是三權之外又加上兩權，使其益加完備……這種看法拙見以為是不對的……孟德斯鳩的三權分立與互相制衡的學說……其整套的目的就在如何可以使政府達到無能，以便人民的自由得到充分的保障……放任主義要求政府無權，民治與否是他們所不甚注意的（頁90－91）。

陳之邁在用國民黨詮釋三民主義是要建立「萬能政府」的語言，來抨擊孟德斯鳩制衡之下所造成的「軟弱無能」的政府的同時，又復強調「人民有政權，但政府卻有治權」的理論「不是互相衝突的，而是相互貫通的。」他反問說：

在理論上由人民產生而又可以由人民罷免的政府是人民信任的政府，甚而直截了當等於是人民自己的政府，人民為什麼要不信任自己？為什麼要對於自己的政府懷疑猜忌？為什麼要令許多直接或間接由人民產生而可以由人民罷免的政府機關彼此懷疑猜忌（頁92）？

陳之邁越說越意氣風發，就徵引了他作為政治學者時候最津津樂道英美引領二十世紀政制風騷的「危機政府」與「威爾遜獨裁」的理念來作註腳，渾然忘卻了他已經信誓旦旦地把三民主義與英美所代表的自由主義區別開來了：

事實上民主集權的理論也是二十世紀的主要潮流……。集權的政府是近代國家所必需，是中國所必需，它並不與民主的理論衝突，且為真正民主理論必然的結論，兼為世界上一致的潮流（頁93－94）。

這句「集權的政府是近代國家所必需，是中國所必需，它並不與民主的理論衝突，且為真正民主理論必然的結論，兼為世界上一致的潮流。」就像一隻矛一樣，刺穿了陳之邁說三民主義不是自由主義的盾。然而，陳之邁雖然說三民主義不是自由主義，但他也同時強調三民主義不是法西斯主義、共產主義。事實上，他所要說的是：雖然三民主義不是十八、十九世紀的自由主義，但它仍然屬於民主的陣營。有意味的是，他用來辯護中國是屬於民主陣營的論據，還是他作為政治學者時候所一再挪用、濫用的巴塞特的「民主政治是一種和平的解決政治爭議的方法」的說詞。

只是，當時的中國還沒有脫離訓政的階段。陳之邁只能用想像來勾畫出行憲以後人民有政權，政府有萬能的治權的中國：

政府有全權是集權，故可以說是民主集權。人民所選舉的政府統治人民。這個政府並不代表人民的一部分來對於人民的另一部分施行獨裁壓迫甚至於剷除根絕，如蘇聯的無產階級對於資產階級一樣……中國的理想的確是老老實實的民主集權（頁76－77）。

陳之邁告誡中國人要有耐心，不要妄想一步登天：

然而中國的政治建設究竟不是這樣容易達到的。明瞭一種理想不能一步登天達到是有政治的修養，妄想在法律上做漂亮的文章是沒有政治的修養……訓政的理論是中國的人民從專制而步入憲政自由一定的經過訓練，經過訓練後民權自由才可以逐步推行。在這訓練期中人民的政權和自由均要受極大的限制。但是這種局面並不是終極的鵠的。反之，它是達到自由享受必經的階段（頁81）。

況且，訓政不但不是獨裁，而且只是暫時的，國民黨「還政於民」是可期的：「訓政總歸不能同今日的獨裁政治同日而語……中國的訓政不是一個人而是一黨的專政……訓政的目的不是永遠訓政，而是一個一定的時期。達到這個時期的終了時是要『還政於民』」的。所以中山先生說訓政之於中國人民好像是伊尹之於太甲。雖然國民黨在此時享有權力，這是暫時的而非永遠的（頁82）

現在成為國民黨的黨工的陳之邁淪落到徵引蔣介石的訓詞，說真正的自由不是個人的，而是國家民族的。他說：

蔣先生在第一居國民參政會開幕的演辭中闡發此點最為透切：

> 尤其在此整個民族存亡絕續之交，我們真正民主的自由，決不是講個人或少數人的自由，以求得整個國家民族的自由。可以說，我們要求得自由，更是要認清國家與個人的地位所在，和時代與環境的需要，使法律有效，抗戰有利，以建立我們民主的政治的楷模，奠定整個民族自由的的基礎（頁87－88）。

陳之邁在《政治教育引論》和《中國政制建設的理論》這兩本在寫作時間上是重疊的姊妹篇裡已經十足黨工化了。然而，那只不過是他從學者變成黨工的初階而已。當時的他還仍然停留在以「西」證「中」——用他所學的西方政治學的理論來詮釋或為國民黨的三民主義辯護——的階段。最好的明證，就是他在四個月以後發表在《東方雜誌》上的〈抗戰兩年來的政制〉。[15]

在〈抗戰兩年來的政制〉裡，陳之邁仍然不厭其煩地發揮他從寫博士論文的時候就已經服膺的「危機政府」的理念，如何從第一次世界大戰濫觴到世界經濟大恐慌時期成為西方民主國家的政制的經過。在這種修改憲法、把行政權集中於元首一身的趨勢，卒使「美國的戰時總統威爾遜，在一九一七年後，有獨裁總統之稱。」如果連民主制度的楷模的美國都走上了「獨裁」的道路，則國民黨在「九一八事變」以後在政制上的改變，諸如：「產生了軍事委員會以綜理全國的軍事，卒至演成今日該會舉足輕重的地位。」等等「在行政權的提高」，則「自亦是順應時勢要求的。」換句話說，國民黨的「訓政」或者「訓政」的無限期的延長，其所反映的，是中國也師法了民主國家「危機政府」的典範：

> 從二十一年〔1932〕以來，我國屢屢有國內的軍事行動……例如在南昌行營的時代，即有若干極重要的行政改革，其目的全在協助軍事……到了抗戰軍興之後，尤能運用靈敏，指揮便利……換言之，自從

「九一八」以來，我國的中央及地方政制上即已步入危機政府的途程之上。

然而，作為黨工的陳之邁仍然不以說國民黨是站在民主的陣營裡為滿足。他還要進一步的禮讚在民主的陣營裡，國民黨是青出於藍而勝於藍：

> 民權主義的主旨，本來與歐美之所謂民權不同。中山先生在他的講演中對於西洋各國的選舉制度即有許多深刻的批評，和近代政治思想中的所謂「民主政治的批評」（critics of democracy）同出一轍。中國之所謂民權，不是徒然沿襲西方的濫調而是有所改良的。其改良著重之點，即在量的方面以外還須顧慮到人民代表質的講求。外國人常譏笑英國的選舉制度，竟不能使十九世紀的當代大儒（John Stuart Mill）當選為人民的代表。在他去競選時還受到土棍地痞的無情侮辱。這種譏評同中山先生在民權主義中對於美國選舉的批評（即博士與汽車夫競選的故事）實完全同一情調。

陳之邁從學者成為國民黨黨工的文章還有很多，但已經沒有贅述的必要。他成為徹頭徹尾的黨工的文字也不少，但已不堪卒讀。在本章的結束，讓我就以他成為徹頭徹尾的黨工以後所寫的《中國政府》作為代表，來做為一個樣本。

《中國政府》是一九四五年十月先在重慶、接著十二月在上海出版的。出版的時候，陳之邁已經到華盛頓大使館擔任文化參事從事反共宣傳的工作超過一年半的時間了。單從文字的數量來說，這套分為上、中、下三冊的書，是他一生當中最大部頭的著作，應該是曾經作為學者的他引以為傲的關門之作。然而，結果並不如

15 陳之邁，〈抗戰兩年來的政制〉，《東方雜誌》，36.14，1939年7月16日，頁5-11.

此。一九七五年二月七日他還在羅馬出任駐教廷大使。當天他心情特別鬱悶，在日記裡慨嘆說：「寫了一生竟無一件傳世之作。有之只有《中國書法》一書而已。學力不夠是因為時間都浪費在累牘。」[16]

這本《中國的書法》是他在駐澳大利亞大使任內所寫的，是墨爾本大學出版社在一九六六年出版的。這也許是因為在從政三十五年（其中包括他自嘲為「放逐異域」外放為參事、大使的三十年）以後，作為學者的過去已經彷如隔世，已經不在他回顧的範圍之內。然而，在他的眼裡，《中國政府》不是他的「傳世之作」也是不言而喻的了。

我在第三章的啟始徵引了陳之邁一九四七年十二月二十七日的雜記。在那則雜記裡，他敘述了他請當時在哈佛講學的錢端升到他在華盛頓的家裡喝茶。錢端升是他從前在清華大學讀書時候的老師，後來介紹他到清華任教，但跟他已經走到了意識形態的敵對陣營。在話不投機的談話中，陳之邁說錢端升批評他的《中國政府》「理論不夠。」他在那則雜記裡說：「其實我的那本書，既不擁護，也不批評，只是平鋪直敘。錢先生說『理論不夠』，正是我的初衷也。」[17]

我在本書的分析裡已經充分地顯示了陳之邁那句話言不由衷：一、《中國政府》所體現的並不是他的「初衷」。二、《中國政府》絕對不是「既不擁護，也不批評，只是平鋪直敘。」《中國政府》與他學成歸國時的「初衷」相去何止千里。那是一本黨工的宣傳品。

俗話說：「畫龍點睛」。在勾畫出從學者淪為國民黨黨工的陳之邁以後，《中國政府》有可以用來點睛之妙。套用陳之邁的話，我只要「平鋪直敘」地徵引《中國政府》第一冊裡的幾段話，就可以為成為黨工的他「畫龍點睛」了：

從前作為學者的他說「一黨專政」的理念是蘇聯創始的，現在作為黨工的他則說「一黨專政」的理念是孫中山發明的，蘇聯以及法西斯的德國與義大利都只是後進國，都只是增益了「一黨專政」的理論，並證明了其可行性：

孫中山先生自始不贊成在中國立刻實行英美式的政黨政治……孫先生在民國三年組織「中華革命黨」，而將以前參加民初政黨政治的國民黨解散。這個時候是西曆一九一四年，遠在蘇俄共產革命以前。（頁24）

「一黨專政」的理念是孫中山發明的，陳之邁說：證據之一，是蔣介石的訓詞：

> 本來以黨建國的制度可以說是本黨總理孫先生所最先發明的。本黨推翻滿清，創立民國，就是以黨建國的開始；後來蘇聯繼起，德義仿行，都以黨員的努力完成了革命，復興了國家！（蔣介石，〈五屆四中全會演講〉，《總裁對於黨務之演講（二）》）
>
> 所以以黨治國的理論實為孫先生所創始，蘇聯革命的成功，不過使我們對於這個辦法益增信念而已。自從中華革命黨在民國三年組成之後，一黨專政的理論已經成熟。民國十二年、十三年改組為中國國民黨，這個理論遂成定制。十四年國民政府成立，「黨治」的字樣第一次出現於法律之上。

「一黨專政」的理念是孫中山發明的的第二個證據，在於孫中山所領導的「同盟會」所楬櫫的理念以及孫中山反對《臨時約法》以及反對把「同盟會」改組為國民黨：

> 同盟會改成國民黨之後，中國政治社會上發生了極端畸形之狀態。同盟會是一個秘密革命的團體，國

---

16 陳之邁，1975年2月7日日記，「陳之邁檔案：1975年日記」(062-01-01-012).

17 「陳之邁雜記」，December 27, 1947，「1947年資料」卷，「陳之邁檔案」(062-01-02-006).

民黨則是一個公開的政黨，與別的政黨爭取政權。《臨時約法》規定的政治制度是議會制度。國會由人民選舉，內閣對國會負責。

這明是英國式的政黨政治……現在同盟會改變為國民黨而成為許多政黨中的一個，事實上即是放棄了三民主義的立場，使得中國在民國初年成了一個具有自由主義的政制形式而其實是沒有立國精神的畸形國家。

中山先生是最看清這個畸形狀態的。他根本反對《臨時約法》，反對同盟會改為國民黨。一個國家必須要有一個立國的精神。這個的立國精神應為三民主義。沒有立國精神的國家是沒有基礎的國家。它的政策一定極端紛亂。只是中山先生的看法，也是理論與日後的事實證明十分準確的看法。（頁48－49）

每一個成功的革命都有其指導的理論。這個理論在其革命成功以後，就成為其立國的精神：

世界史乘上每一個革命運動必定有其指導的理論，亦即是革命的主義。革命的主義在革命成功以後便成了那個國家的立國精神。西洋十八與十九世紀各國的革命主義是自由主義；二十世紀的俄國革命主義是共產主義；其後義大利的革命主義是法西斯主義；德意志的革命主義是國家社會主義。（頁43）

當今世界上的國家，依其立國的精神來分類共有四個類型。中國是其中一個類型：

一個國家獨立生存於國際社會中一定要有它的「立國精神」。這個「立國精神」規定國家的類型。大別講來，當今世界的重要國家，就其「立國精神」可以區別為四個類型：第一，自由主義的國家，如英國、美國；第二，蘇維埃共產主義的國家，即蘇聯；第三，法西斯主義的國家，如德國、義大利、日本；第四，三民主義的國家，即中國。這四個類型的國家各具有不同的「立國精神」，它們的政制組織和一切

典章法度都不是一樣的。（頁131）

三民主義不是自由主義，它是一個「為人民謀幸福」的主義：

> 三民主義不是自由主義。這是極顯而易見的。三民主義國家中的政府是「為人民謀幸福」而設立的，它不以消極無為保障自由為已足……與英美等國二十世紀所暢行的所謂「社會福利國家觀念」相近似……
>
> 孫中山先生在民權主義的講演中說得非常透切，他認定中國往時的政體雖為專制政體，但人民卻並不缺乏自由……「我們的革命主義便是集合起來的士敏土〔注：水泥〕，能夠把四萬萬人都用革命主義集合起來成一個大團體。」……從此看來，中國革命的目的不是以爭取個人自由為主題曲，而是以爭取國家的自由為其最大的目標。（頁133）
>
> ……
>
> 雖然，三民主義者也是篤愛自由的。孫中山先生曾講自由之於人類比作空氣之於人類，或水之於魚類，無之則是窒息而死的……不過在革命的過程中，國家民族的自由佔著優先的地位，因為「民族主義是提倡國家的自由的」。然而三民主義所提倡的自由，與傳統自由主義者所提倡的自由，是不相同的：三民主義終非自由主義。（頁134）

陳之邁再度強調說「五權憲法」的理論來自於孟德斯鳩三權分立的學說，是一種謬誤的說法：

> 以前許多論政治的人，時常將孟德斯鳩的三權學說與孫中山先生的五權憲法理論相互比較，認定這兩種理論學說在根本上是相同的，其異點僅在加入了考試和監察二權而已。這種說法似乎是對於五權憲法缺乏根

本的認識。我們再重複來說一遍：三權學說的目的在產生一個無能的政府，五權憲法的目的則在將權與能分立之後，予政府以全部之能，使其成為一個具有無限威力的萬能政府。三權學說的行政、立法、司法三權分立以後更要使其相互牽制均衡，而五權憲法的行政、立法、司法、考試、監察五權分立以後不使其發生相互牽制均衡的作用。五權憲法制度下是無所謂牽制均衡的，有之則在政權與治權間之均衡。（頁137）

陳之邁說如果須要證據來支持他這個說法，可以信手拈來蔣介石的訓詞：

蔣總裁在一篇演講中指出：

我們五權憲法的精神與特點就在於他不同於一般的三權憲法，就在於他有考試與監察兩種權能……現在任何國家與政府，都不能缺少這兩個施政要件，亦就不能缺少這兩個政治權能，否則……那個國家的政治就不能上軌道……總理有見及此，所以特別參酌先進各國的三權憲法，採取我國歷代特有的成規，將考試與監察兩權從行政與立法權裡面抽出來，發明五權憲法，以為建設國家，實行主義的利器。（〈當前建國要務與五權制度實施之要領〉）（頁138－139）

我在本章裡已經慨嘆地說過：說來頗為可悲。從前孟子言必稱堯舜，現在從教授淪為黨工的陳之邁則是言必稱孫中山、蔣介石。這就是他為學而優則仕所付出的代價。

第七章　黨工使美記：酸甜苦辣十一年

陳之邁在「回憶錄資料匯集」裡記一九四三年六月二十七日，蔣公召見：「這次我是以作家資格召見的……出乎意料之外的，蔣公問我有無轉入外交之意。余答絕無此意。蓋近年來所辦者為地方政治，將來亦擬此為工作，但蔣公仍囑考慮。」[1]有意味的是，他當時明明在朝為官，是行政院參事兼第一組主任，但卻是以作家資格召見的。更有意味的是，蔣介石問他是否有轉入外交的意願，而他的回答是：「絕無此意」。

他在晚年回憶蔣廷黻的文章裡，提到了他跟蔣廷黻在一九四二年早春的一段對話。蔣廷黻問他戰後他打算做什麼。陳之邁回說他想回清華教書，蔣廷黻則建議說：「你在行政院辦理地方行政多年，《市組織法》就是你起草的。我想戰後你也不必回清華教書了。我想你應當做香港市長。你會說廣東話又通英文，這該是你理想的職務。你父母可以接到香港去呵。」[2]

在「回憶錄資料匯集」一些零星片段裡，陳之邁提起在他離開學術界以後有兩次聽說他有外放的機會。第一次在一九三八年九月。當時，他聽錢端升說胡適有意找他去他出任大使館的一等秘書。可惜「後無下文」。一九四四年，他又聽說蔣廷黻有意推薦他為「UNRRA（聯合國善後救濟總署）職員，亦無下文。」

最後，外放的機會終於來扣門了。一九四四年二月底，駐美大使魏道明回國述職，邀請陳之邁為駐美大使館參事。有關此事，他在「札記與資料」裡的描述最為詳盡：

> 魏對我說：「你辦了五年地方行政，成了專家了。將來你的出路是到外省任民政廳長，回中央任內政部次長，最高只到此為止。做官不能成為專家。專家的出路是極有限的。到了此時，你該改行了，改業外交，多得點經驗，將來才有出路。我在美要你幫忙，因為你懂內政，尤其是共產黨問題。對美宣傳要懂內政，才能有效。」
>
> 我請教甘乃光（時任內次）他同意我改行。他說：

「一個人在中國政治上抬頭要有基礎。基礎有三：黨、政、軍。你一項都沒有，混下去無抬頭之望。唯一希望是靠『老番』（注：他們顯然是用廣東話交談的）。在國際上有聲望，可以希望抬頭。你去美國罷。」[3]

陳之邁在年表簡編一九四四年條裡記：「四月十七日赴美事決定。」蔣介石在六月十六日召見陳之邁。[4]五天以後，二十一日，陳之邁就離開重慶。他從重慶搭飛機到昆明。從昆明飛越喜馬拉雅山到加爾各達、克拉蚩。然後再經北非的開羅、卡薩布蘭卡，北渡大西洋到加拿大的紐芬蘭。最後在六月二十七日飛抵紐約。

初生之犢

陳之邁在抵達紐約以後，用英文寫他到美國的雄心壯志，筆端流露出他年輕氣盛的俾倪與自負：

> 我就要開啟我人生的新頁了——外交。我還不知道我要怎麼走。我的想法是：我的責任是向美國人解釋中國的情況，而不是例行公事地和「國務院」打交道。擺在眼前的是共產黨的問題，是美國人越來越關心的問題。從一九四三年開始，有一個可能是由莫斯科主導的有組織、有人指使的醜化國民政府的陰謀（at-

1 「陳之邁檔案：回憶錄資料匯集（062-01-08-091）」
2 陳之邁，〈蔣廷黻的志事與平生（一）〉，《傳記文學》，8.3，1966年3月，頁8-9.
3 「陳之邁檔案：札記與資料」（062-01-08-074）
4 《事略稿本》，1944年6月16日，「蔣中正總統文物」，002-060100-00189-016.

tempt）。與此同時，或者可以說是從反面來看這個問題，同樣這一批人讚美中國共產黨，稱讚他們溫和的政策、對基本自由的擁護、土地改革的政策、以及他們的民主作風。

中國共產黨的問題是我被交付的主要的工作。之所以會派我到美國來，而不是派一個職業外交人員，就是因為我了解中國共產黨的活動。我在行政院所負責的就是這些問題，所以能夠比較清楚地向美國人說明共產黨的陰謀及其奸計。我知道我會遇到困難，因為中國共產黨顯然在美國有很多朋友。

我離開重慶以前，就跟張厲生〔注：時任行政院秘書長〕談過這個問題。我說，在宣傳上我們永遠不可能贏共產黨，因為毛澤東在美國至少有十萬名同志。他們就像效忠史達林、厄爾．白勞德（Earl Browder）〔注：美國共產黨總書記〕一樣地效忠毛澤東。事實上，他們是一體的。可是，在這個世界上，我們要去哪裡找一個不是中國人的國民黨黨員呢？我記得我也跟陳布雷〔注：蔣介石侍從室主任〕說了同樣的話。他告訴我說我們只能盡力而為。這確是實話。

所以，我的第一個夢想是能親眼目睹和約的簽訂。我希望能親眼目睹羅斯福、邱吉爾、史達林、和蔣公，也許再加上戴高樂，圍坐在談判桌上締結和約。我希望我會是和歐洲、日本簽訂和約的中國代表團的成員。

在功成身退以後，我會回到書房，重拾起我一九三七年離開的那美輪美奐、典藏豐富的清華圖書館時所割捨的。也許Nancy〔憲初〕可以學學藝術、音樂、或者再加上室內裝潢。[5]

有意味的是，他對張厲生、陳布雷說的那段話，七年以後，卻被他說成是他對蔣介石所說的話。一九五一年，他寫給美國媒體界名人、批判羅斯福「新政」的健將、麥卡錫（Joseph McCarthy）的支持者福林（John T. Flynn）一封信：

> 一九四四年六月，在我即將離開重慶到美國來的時候，我晉見蔣介石將軍。他在召見我的時候，告訴我要特別用心把中國共產黨的實情告訴美國人。他說他不明白為什麼美國政府以及美國人當中，有那麼多人會如此被蒙蔽。在召見當中，我演繹出了一個論點：中國共產黨在這個國家裡至少有十萬名效忠它的同志（意指美國共產黨的黨員），以及一大票甘心販賣共產黨路線的同路人。相對地，國民黨只有一個美國黨員，亦即，莫里斯·威廉（Maurice William）博士。[6]

這是典型的年輕氣盛的自吹自擂以及自抬身價，把自己吹得彷彿是蔣介石的親信，而且是一個在他面前能敢言直道的幕僚。

這還不是他唯一一次自抬身價，把自己說得好像是蔣介石的親信。一九四八年十一月二十八日，他在當天寫給亨利·魯斯的《時代》雜誌的編輯畢爾（Jack Beal）的信裡說：

> 在過去十年裡，我也一直在他〔注：蔣介石〕身邊（in close quarters）工作。我深信他仍然是中國唯一的領袖。
>
> 蔣在抗戰期間擔任閣揆〔注：行政院長〕的時候，我有五年是內閣〔注：行政院〕的秘書。[7]

這「在過去十年裡，我也一直在他身邊工作」的說法，當然是匪夷所思的，因為他當時已經在美國四年

5 「陳之邁檔案：1944年資料（062-01-02-001）」.

6 Chen Chih-mai to John Flynn, July 27, 1951,「陳之邁檔案：John T. Flynn 冊（062-01-07-332）」.

7 Chen Chih-mai to Jack Beal, November 28, 1948,「陳之邁檔案：Jack Beal 冊（062-01-07-265）」.

半了。這一扣除，即使他曾經在蔣介石身邊工作過，也就只剩下一半的時間了。而且，從他在年表簡編裡的記錄，他從來就不在蔣介石身邊工作；蔣介石只召見過他兩次。

就是他所謂的「五年的內閣秘書」的經歷，也是經不起檢證的，因為一九三七下半年他還在長沙的臨時大學執教。他是在一九三九年五月二日，行政院會議通過為參事，十五日才上任的。而且他在上任一個月以後，被派任為第一組主任，主辦「新縣制」，跟行政院會議牽不上任何關係。在陳之邁所提供的這個履歷表裡，第一組主任搖身一變，變成了「行政院主秘」！

究竟陳之邁負責行政會議的行政工作是在什麼時候？負責了多久？年表簡編一九四一年條：「十二月兼任議事組主任」。到底是暫時兼任？還是長期兼任？他沒說清楚。即使假定他是一直以第一組主任兼任議事組主任，不管是從一九四一年九月還是從十二月算起，到他一九四四年六月奉命赴美，時間都不到三年。

而且，即使陳之邁兼任議事組主任有三年的時間，他其實根本就不曾在蔣介石「身邊工作」過的。他在「我的日記：行政院條」裡的另一句話就透露了真相了：

蔣公如來主持院會，侍從室先一晚通知。往往是因孔院長不能來……在戰爭期中，行政院的事以孔為主，蔣公很少過問。

行政院的事既然如陳之邁所說的：「蔣公很少過問」，則他所謂的「在過去十年裡，我也一直在他身邊工作」云云的自吹自擂也就不攻自破了。

陳之邁在晉見蔣介石的時候，只有聽訓、接受指令的份，而不可能大放厥詞，這才是當時最可能的場景。他在「回憶錄資料匯集」裡所記錄的一段可能就是最信實的：

一九四四年六月十六日，蔣公召見。

這次召見是出國前請示到美後工作的重點，尤其是關於對美關於中共問題的宣傳。

蔣公提示下列各點：

一、沒有一個國家在戰爭期間不期望國內的團結。國共之鬥爭實因中共不能與政府團結。

二、中共妨礙抗戰。國軍如用武力，可予消滅，但中央不願採用這個辦法。

三、中央對於中共初未採封鎖。如中央〔注：筆誤，應該是「中共」〕果不就範，儘可予以消滅，用不著封鎖。

四、中蘇邊界最長，應能和好。中國寄以期望。但蘇聯並未參加抗日，且與日寇簽訂條約，致使日寇在東北之部隊可以入關攻我。

五、中共破壞抗戰，美在華軍隊自能洞悉。中共部隊不守軍紀，濫行擴充勢力，有目共睹。

六、中國目前之新聞言論檢查辦法純為防共。今後除共黨之惡意宣傳外，一律可有言論自由。

具體工作方式：

一、以關於解散新四軍的白皮書向美友人解說。

二、儘量與新聞界聯絡，費用實報實銷。

三、隨時直接報告美邦情形。[8]

陳之邁是在一九四四年六月二十七日抵達紐約的。一個月以後，他第一個重要的任務就來了。當時孔祥熙

8 「我的日記」，「陳之邁檔案：回憶錄資料匯集卷（062-01-08-091）」.

到了美國，作為中國首席代表參加「布雷頓森林會議」（The Bretton Woods Conference）。七月二十七日，「中美商工協會」（the China-American Council of Commerce and Industry, Inc.）在紐約有名的「華爾道夫大飯店」（Waldorf-Astoria）舉行酒會宴請孔祥熙。孔祥熙在酒會裡的致詞是陳之邁捉刀的。

這個酒會裡致詞的人很多，而且很多都說得很好。唯一例外的是孔祥熙。孔祥熙這篇致詞的稿子是陳之邁寫的，可是他發現連作為作者的自己，都聽不懂孔祥熙在說什麼：

> 最後，孔祥熙致詞。我自認我的稿子寫得還可以。可是，天呀！孔祥熙唸得極差（他有那種典型的中國人把一些音節省略掉的習慣），連寫這篇稿子、而且把內容從頭到尾背得滾瓜爛熟的我，都不知道他在講什麼。

這個酒會讓陳之邁像劉姥姥進大觀園一樣大開眼界。同時對他這個初進外交戰場的初生之犢而言，也是一個震撼教育。他在當天的日記裡寫下他的感想：

> 這是我第一次見識到一個「最高層級的外交場面」（big time diplomacy），確實令人興奮不已……大家已經開始為未來——擊敗了「小日本」（Japs）以後的未來——綢繆。到底你要一個什麼樣的中國？許多人直言不諱，說國民黨政府令人討厭、可憎。在羅斯福、華萊士〔正、副總統〕領導下的美國希望有一個「進步的中國」。共產的俄國〔在大戰裡〕所扮演的重要的角色，使「進步」在跟「反動」對照之下，成為一個重要的概念。一般說來，大家希望有一個比較激進的中國。

然而，與此同時，他們在外交上行禮如儀（diplomatic niceties）。為孔博士所辦的這個酒會就是一個例子。美國政府、美國人民都不喜歡國民黨政府。這是鐵錚錚的冷酷的事實，我們倒不如直接去面對。中國共產黨是一個嚴峻的挑戰。他們在國際上日漸取得地位（importance）：他們是「進步的」；他們是「敵後游擊隊」（partisans）；他們很可能贏得未來。所有這些都是我們必須去與之奮戰的說法，不只是去指出它們是錯的，而且還必須用具體的事實來證明我們所可作的。[9]

策略：戮力民主的國民黨對比獨裁的共產黨的散兵游勇

陳之邁在「中美商工協會」酒會後所寫下來的感想，已經很清楚地點出了問題的癥結，連對策也呼之欲出了。他在八月十日用英文寫的札記裡，作了詳細的說明：

> 在過去幾天，我花了很多的心思去思考我在美國工作所必須遵循的「路線」（line）。根本的結論是去駁斥（fight）共產黨的宣傳——與其說是駁斥來自於中國的共產黨的宣傳，毋寧說是駁斥美國人為中國共產黨所作的宣傳。**這是首要的目標，所有其它的問題都必須是次要的**。
>
> ……
>
> 依據左派的說法，「反共」走到頭就是法西斯主義。墨索里尼、希特勒都是以反共起家的。如果把蔣公（Chiang）刻畫成一個堅決的（uncompromising）「反共者」，則在左派的心目中，他就是一個「法西斯主義者」。這就恰恰是共產黨給他的稱號。這在目前是一個很難去反駁的問題，因為人們對法西斯主義的憎

9 「陳之邁檔案：1944年資料（062-01-02-001）」，1944年7月27日札記。

惡是如此地——而且也是理應如此地——強烈。問題是：如何可以反共而又不是一個法西斯主義者。

左派的宣傳說：蔣公不用共產黨軍隊去打日本人。相反地，他用胡宗南的軍隊去封鎖延安。於是，反共就意味著內戰。所有這些宣傳所要說的結論是：蔣公必須和共產黨合作，跟他們聯合。這對共產黨來說就是正中下懷。毛澤東不就呼籲說要成立聯合政府嗎？

這就把政府逼得只能採取守勢（on the defensive）。於是，蔣公就必須說，他也想和共產黨合作。這就是共產黨一直想要的。蔣公就必須同意！[10]

想法既定，陳之邁就在八月十五日呈遞了他到美國以後給蔣介石的第一個報告：

> 共黨在美捏造事實，對我攻訐背景顯明，但自由思想作家多為蒙蔽。惟此時正面與共黨鬥爭似不相宜，因美人多以我國或再釀成內爭為慮。且義、德法西斯均曾樹反共旗幟，難免附會。似應儘量與美國社會各方聯絡，隨時指陳其謬誤較為妥善。聰公〔注：魏道明〕大使七七赴西部各地演講。報紙極端重視，首頁特大刊載，重要人士均多響應，並自承以前錯誤，說明攻擊我國破壞聯合國團結，適為仇者所快。晚近得《紐約前鋒論壇報》專欄允為連作數文揭發中共陰謀。庸公〔孔祥熙〕近飭籌組中美文化協會，亦擬以宣傳為主要工作。我國新頒人身保護法，美國反響極佳。國內各種民主設施，如地方自治、檢查書報改革等消息，較戰事新聞尤能收宣傳之效，似宜隨時電美宣揚。以上應否擇要呈報委座，乞奪。晚陳之邁謹叩。[11]

宣傳目標對策既定，陳之邁就著手進行工作。他的作法之一自然是發表演講、廣播、並接受訪問。他在一九五一年三月十一日的英文札記裡記：「我最近就我所作的札記裡的資料作了一個統計。從一九四四年六月到現在，我已經在美國各地作了九十一個演講和廣播。這算是一個記錄吧？」[12]

用演講作宣傳有一個不容易克服的問題。用陳之邁在一九五一年七月給福林那封信裡的話來說：「一般大眾向來就不太採信官方的報告。」由於陳之邁很快地就體認到美國「一般大眾向來就不太採信官方的報告」，他於是採用了另外一個策略，讓美國人代打。這也就是說，提供資料給美國人，讓他們替國民黨作宣傳。這個由美國人代打的策略，顧維鈞認為最高明。他在一九五三年一月二十一日的札記裡記下了顧維鈞讚賞他這個策略的話：

讓美國人替我們發言還是比較好的方法。演講的效果非常有限。「比較有效的方法是之邁一直以來的作法，把資料提供給〔注：原文是"feed"，直譯是『餵給』〕美國人。」[13]

由於陳之邁在美宣傳主要的策略，是把資料「餵給」美國人，讓他們代打，「陳之邁檔案」裡留下了許多他分析共產黨的資料。相對地，「陳之邁檔案」裡所留下來的有關他自己的演講反而篇數不多，完全顯示不出他在七年之間作了超過九十一個演講和廣播。然而，這並不足為奇。就像我在《舍我其誰：胡適》裡所指出的，在美國巡迴演說方面，胡適是「一稿走天下」的鼻祖。陳之邁亦然。就以「陳之邁檔案」裡所留下來的演講稿來看，題目儘管不同，內容多半重複。

即使已經身為黨工，但曾幾何時還是政治學者的他，很清楚國民黨、共產黨其實是同根生的。一九四九年

10「陳之邁檔案：1944年資料（062-01-02-001）」，1944年8月10日札記.
11 陳之邁致陳布雷，1944年8月15日，「陳之邁檔案：1944年資料（062-01-02-001）」.
12「陳之邁檔案：1951年資料（062-01-02-014）」，1951年3月11日札記.
13「陳之邁檔案：1953年資料（062-01-02-018）」，1953年1月21日札記.

國民黨潰敗以後，他百思不解明明兩黨都是列寧式的政黨，為什麼美國政府與專欄作家卻偏袒共產黨而容不下蔣介石。就像他在一九五〇年七月二十四日給厄特利的信裡所抱怨的：從史迪威、埃文斯・卡爾遜（Evans Carlson）、到白修德（Teddy White）、斯諾（Edgar Snow），都說蔣介石「法西斯」，殊不知「國民黨這些獨裁的特徵並不是模仿墨索里尼或希特勒，而是像拉鐵摩爾（Owen Lattimore）那些美國人所景仰的史達林及其共產黨。」[14]

在一開始的時候，究竟要如何在批判共產黨的同時宣傳國民黨的民主，陳之邁還找不到著力點。在披掛上陣的時候，他不但居然搬出了他十年前還是政治學者時候——雖然已經開始奉承並為蔣介石和國民黨辯護——的論點，而且還說出了他後來會完全推翻，同時，如果蔣介石懂英文一定會震怒的話。最好的證據就是他九月二十五日接受美國「戰事新聞處」（Office of War Information）所作的訪問。在這個有關「中國共產黨的問題」（the Communist problem in China）的訪問裡，陳之邁說：

> 中國共產黨和國民黨之間的同，要遠超過於它們之間的異。而且這些異也已經在消弭之中。他補充說：「在最重要的兩點上，雙方在基本上看法相同：一、和平解決不但是雙方所要的（desirable），而且也是可能的；二、這個問題完全是一個中國內政的（domestic）問題。」

更會讓他後來追悔莫及的，是中共的問題跟蘇聯一點關係都沒有的說法：

> 我們不認為中國共產黨的問題跟蘇聯或者任何其它國家有任何干連。我們有信心認為我國國內的共產黨的問題，絲毫都不會影響到莫斯科和重慶之間的友好的關係。反過來說，我們也深信中蘇之間的關係不會影響到中國的問題。[15]

陳之邁在這個訪問稿裡犯了兩個在宣傳上重大的錯誤：第一，蔣介石對共產黨不但一直是懷柔以待，而且認為是可以用和平、民主的方法解決的。第二，共產黨純屬內政問題，與蘇聯無涉。第三，國民黨與共產黨之間的同要超過於異。

這三個在宣傳上重大的錯誤，所犯的原因不同。陳之邁之所以會犯下那麼大的錯誤，說共產黨純屬內政問題與蘇聯無涉，其最大的原因是因為當時蘇聯是和美國共同對抗軸心國的盟邦，而且當時蘇聯所承認的中國是在重慶的國民黨政府。他之所以會強調說國民黨與共產黨之間的同要超過於異，而且即使是異也已經快速地在消弭中，原因可能就是為了要營造中國沒有內戰之虞，能團結一致抵抗日本的形象。用他在給蔣介石的報告裡的話來說：「惟此時正面與共黨鬥爭似不相宜，因美人多以我國或再釀成內爭為慮。」

第一個錯誤：蔣介石對共產黨不但一直是懷柔以待，而且認為是可以用和平的方法，遵循民主程序的架構來協商的。其所犯的原因，就是因為他想要證明蔣介石是民主的，不是美國人筆下的一黨專政的法西斯主義者。他在接下去的兩年半的時間裡，他至少有三次搬出了他十年前還是政治學者時候所引用的歪理，亦即，以蔣介石在一九三四年十一月二十七日「感」電裡所說的：「國內問題取決於政治，不取決於武力」作為證據，片面地挪用巴塞特的觀點，把蔣介石這句話詮釋為符合「民主政治的根本」、抓住了民主政治的神髓。

第一次是在一九四四年十一月十八日。當天他在「芝加哥國際事務協會」（**Chicago Council on International Affairs**）演講〈戰爭下的中國〉（**China at War**）：

---

14 Chen Chih-mai to Freda Utley, July 24, 1950,「陳之邁檔案：Freda Utley卷（062-01-02-018）」.

15 Chen Chih-mai, "The Communist problem in China interview, September 1944," enclosed in Paul A. Shinkman to Chen Chih-mai, September 25th, 1944,「陳之邁檔案：1944年演講稿（062-01-08-003）」.

> 政府的政策一直是視中國共產黨的問題是一個內政的問題——確實是一個內政問題——是必須要用政治的方法來解決的。蔣介石將軍最近又在一個記者招待會裡宣布：只要他是中國政府的領袖，中國就不會有內戰。[16]

第二次的地點在「底特律世界研究協會」（World Study Council of Detroit）。時間應該是在一九四四年十一月十八日左右，題目是：〈中國要聞〉（What Is Happening in China）。他在分析中國共產黨問題的時候說：

> 有人說民主是一種數人頭，而不是打破頭的政治方式。中國政府一直就是遵循政治，而不是軍事的方法，想把共產黨納入中央政府統一的指揮之下來共同擊敗敵人。[17]

第三次是一九四七年一月二十三日在「華盛頓俱樂部」（the Washington Club）以〈中國邁入一個新時代〉（China Enters a New Era）為題的演講裡：

> 這麼多年來，蔣介石總統所領導的中國政府一直試圖用和平與政治的方法來解決共產黨的問題。換句話說，在能維護國內的和平與國家統一的條件之下，政府一直是開誠布公地歡迎共產黨**參與管理事務**〔注：粗體字為我所加〕（administration of affairs）。美國政府希望我們能**與共產黨合作**〔注：指組織聯合政府〕。我們也急欲如此。[18]

我在這段話裡用粗體字標示出來的兩個關鍵字是有深意的，因為作為黨工的陳之邁在這裡是用玩弄文字遊戲的方法來睜著眼睛說謊話。他為什麼會說：「政府一直是開誠布公地歡迎共產黨**參與管理事務**」——語意含混到不知所云的「管理事務」——而不是說「參與國事」？他為什麼會說：「美國政府希望我們能**與共產黨合作**。我們也急欲如此」，而不是說「組織聯合政府」？

答案在四年以後揭曉。原來蔣介石在美國的壓力之下答應組織聯合政府，根本就是在敷衍美國，陽奉陰違，從來就是玩假的。陳之邁在一九五一年五月四日用英文寫了一份有關「聯合政府」的備忘錄。他在這個備忘錄裡錄下了蔣介石、毛澤東、杜魯門、以及蘇聯對「聯合政府」的意見。其中，有關蔣介石的部分最有意味，暴露出了他四年以前說：「政府一直是開誠布公地歡迎共產黨**參與管理事務**」那句話不但果然是在玩弄文字遊戲，而且根本就是撒謊。他說：

> 蔣介石將軍在許多場合裡都說了「中國共產黨問題取決於政治。」但他從來就沒有主張在中國政府的行政部門裡建立一個聯合政府。然而，中國共產黨是被允許加入戰時的「國民參政會」的。那是一個由在野人士所組成的一個諮詢團體。

16 Chen Chih-mai, "China at War," November 18,1944, Chicago Council on International Affairs,「陳之邁檔案：1944年演講稿（062-01-08-003）」.

17 Chen Chih-mai, "What Is Happening in China," n.d., World Study Council of Detroit,「陳之邁檔案：1944年演講稿（062-01-08-003）」.

18 Chen Chih-mai, "China Enters a New Era," January 23,1947, Washington Club,「陳之邁檔案：1947年演講稿（062-01-08-006）」.

這段最有意味的話還有一段最有意味的中文眉注：

當年我們一再表示有誠意與中共合作（其實沒有）。現在惹此麻煩，又要說明，真莫名其妙也。[19]

陳之邁對美國人信誓旦旦地宣稱蔣介石「一直是開誠布公地歡迎共產黨參與管理事務」，而且願意配合「美國政府希望我們能與共產黨合作」的政策，「急欲」跟共產黨組織聯合政府。

陳之邁撒謊的，還不只是聯合政府的政策。他另外一個撒謊的重點，是宣傳國民黨是民主的。比如說，他一九四四年十一月十七日在「辛辛那提外交政策協會」（The Foreign Policy Association of Cincinnati）的演講〈中國與世界和平〉（China and World Peace）裡，就從美國剛舉行過的總統大選，來稱讚國民黨在一九三六年舉行的國民大會選舉是中國邁向民主的一個里程碑：

十一月七日的〔美國總統〕大選讓我想起了八年前的回憶。一九三六年，中國舉行了一個全國性的大選，選舉中國的國會。那次的大選是要由人民直選出來的一八〇〇名國民代表來通過中華民國的憲法。那是中國史上第一次的普選。該部憲法的通過，就會意味著是中國締造民主這個漫長的歷程的完成。我們所進行的是一個史無前例的要把四億五千萬的人民組織成為一個民主國家的大業。那會是遠東第一個民主國家。

陳之邁說，遺憾的是，日本當時不但已經佔領了滿洲，而且還把中國早在一九一一年就已經推翻的滿清末帝溥儀帶去當滿洲國的皇帝。因此，一九三六年的普選並不包括滿洲。[20]有意味的是，陳之邁沒有接著說，更遺憾的是，這個「意味著是中國締造民主這個漫長的歷程的完成」的大業並沒有完成，因為隨著中日戰爭爆發，這個「中國史上第一次的普選」就無疾而終了，遑論是要召開國民大會來通過憲法了。

一個月以後，陳之邁在紐約有名的「公民演講廳」（Town Hall）演講〈中國的實情〉（The Truth About China）。在這篇演講裡，陳之邁把國民黨政府形容成為一個從一九三一年就已經是建立在一個過渡的憲法的基礎上的政府了：

> 就以目前中國政府的民主基礎為例，很少〔美國〕人肯去回想目前的中國政府是建立在一九三一年的臨時憲法（Provisional Constitution）的基礎上的。該憲法是由各職業團體——農會、商會、自由業（例如：律師、醫生、教師）——所選出來的代表所組成的「國民會議」所制定的。[21]

陳之邁在這兩個演講裡所宣傳的國民黨民主的謊言，都可以用他自己從前所揮的「矛」來攻他現在所用來擋將的「盾」。先說他所謂的「一九三一年的臨時憲法」。這個他所謂的「臨時憲法」就是《訓政時期約法》。我們注意到他不是用「訓政」，而是用「臨時」來矇騙。在他學成歸國的「初衷」裡，他形容國民黨的《訓政時期約法》及其《憲法草案初稿》是中國制憲史上最不倫不類的「四不像」的怪物。

我們可以拿昨日之陳之邁的「矛」來攻今日之陳之邁的「盾」的，其實不只一支。他除了攻《訓政時期約法》那支矛以外，還有一支攻他所謂的制定了《訓政時期約法》的「國民會議」。

19 Chen' s notes on the idea of the coalition government, May 4, 1951（Folder）「陳之邁檔案：1951年資料（062-01-02-014）」.

20 Chen Chih-mai, "China and World Peace," the Foreign Policy Association of Cincinnati, November 17, 1944,「陳之邁檔案：1944年演講稿（062-01-08-003）」.

21 Chen Chih-mai, "The Truth About China," Town Hall, New York, December 13, 1944,「陳之邁檔案：1944年演講稿（062-01-08-003）」.

他在〈中國的實情〉的演講裡，稱道他美其名曰「臨時的憲法」的《訓政時期約法》，是由各職業團體所選出來的代表所組成的「國民會議」所制定的。他的意思是說這種職業代表制符合歐洲民主國家的作法。然而，他一九三六年在《清華學報》上所發表的〈民國二十年國民會議的選舉〉一文裡的「矛」，則明白地指出中國根本就沒有實行職業代表制度的條件：「此制是所謂『工業民主政治』（industrial democracy）之一種，適宜於工業化後所必然產生的職業（the professions）極度發達的國家。這個大前提中國缺乏，不待申論。」一九三一年的選舉最嚴重的問題還不在此。最嚴重的有兩個：一、「國民會議是民選的，但並不是純粹民選的。」這是因為「有許多人是不必經民選而能去組成國民會議的。」例如：「中國國民黨中央執行委員會、中央監察委員會各委員、及國民政府委員。」二、是陳之邁在〈中國的實情〉的演講裡完全避而不提的，亦即，國民黨許多要員不但是這個「國民會議」的當然代表，而且「在二十年〔1931〕，黨即是政府，當然令人起政府『製造選舉』〔注：這是陳之邁的直譯，原文是："make the elections"，亦即，『製造選舉結果』的意思〕的疑念。」[22]

同樣地可以用昨日之陳之邁的「矛」來攻今日之陳之邁的「盾」的例子，是他對一九三六年國民大會的選舉，是「中國締造民主這個漫長的歷程的完成」的禮讚。從前的陳之邁並不是一味地禮讚一九三六年的國民大會的初選的；他有禮讚的一篇，但也有批判的一篇。他在一九三六年九月二十七日發表的〈論國民大會的選舉〉一文裡的阿諛，與一九四四年演講裡的禮讚連用字遣詞都相仿。比如他說：「這次國民大會的召集是訓政時期的結束，是憲政時期的開端」、「現在國民黨『還政於民』了，讓人民享受並運用這四種『政權』了。這是民權國家的創設，是新中國的曙光。」

然而，他在一九三七年五、六月間脫軌演出時在五月二日所發表的〈從國民大會的選舉談到中國政治的前途〉，就可以拿來作為「矛」，攻他在〈中國與世界和平〉的演講裡的「盾」了。選舉法以及執行上的缺失固然是問題，但他批判最力的是：「選舉法裡所規定的公民宣誓誓詞、國民大會代表開會時的誓詞，都必須要宣誓效忠三民主義、五權憲法、孫中山遺教。連憲法草案的弁言都說是要建立『中華民國為三民主義共和國』。」因此，他呼籲國民黨必須要在民主與獨裁這兩條背道而馳的大路之間作一選擇。

謳歌國民黨民主，是陳之邁在美國雙管齊下的宣傳策略之一；另外一環就是批判中國共產黨。批判中國共產黨的重點，用他在「中美工商協會」為孔祥熙所舉辦的酒會後的感想來說，就是「他們是『進步的』；他們是『敵後游擊隊』（partisans）」的說法。

他一九四四年十一月十八日在「芝加哥國際事務協會」的演講：〈戰爭下的中國〉用的就是雙管齊下的宣傳策略，而且也是他在接下去的三年所一再強調的三個論點：一、中國共產黨是一個內政的問題，是必須用蔣介石所說的政治的方法來解決的；二、中國共產黨是一小撮散兵游勇而已，完全沒有在中國抗戰上扮演任何角色。三、中國共產黨獨裁，不為中國的自由人士以及生性民主的中國老百姓所支持。第一點是他謳歌蔣介石以及國民黨民主的宣傳，上文已經分析，不再贅述。關於第二點，他說：

> 中國共產黨的重要性完全是被誇張了。以人數、軍力、戰鬥力、以及支持者來說，共產黨屬於絕對的少數。
>
> 以作戰來說，打仗的就是政府的軍隊。在上海、南京，沒有任何共產黨的軍隊參加；台兒莊、徐州沒有；漢口也沒有；長沙、常德的四場戰役沒有；去年在衡陽、桂林的戰役也沒有；更不用說在緬甸「史迪威公路」的戰役了。許多駐在中國的美國軍事領袖——我但願我能透露他們的名字——告訴我說，共產黨游擊隊的活動是極其有限的。

22 陳之邁，〈民國二十年國民會議的選舉〉，《清華學報》11.2（1936年4月），頁425-460.

在把中共描述為沒有任何戰力的散兵游勇以後，陳之邁強調他們得不到中國的自由人士的支持：

> 另外一個事實是，即使是同情共產黨的主張的人都承認，共產黨得不到中國的自由人士的支持。自由人士不支持共產黨的原因很多：因為共產黨不是自由的，遠比重慶政府不自由；因為共產黨不是一個正常（ordinary）的政黨；因為他們是企圖用武裝奪權的游勇；因為他們主張要有一個軟弱無力的中央政府以及由半獨立的省份所組成的一個散漫的聯邦政府；因為他們要推翻蔣介石將軍，而他是所有公正的觀察家都公認為是能夠把中國團結在一起的力量。[23]

他在「底特律世界研究協會」演講的〈中國要聞〉（What Is Happening in China）裡所說的兩點，第一點說的還是中共的軍力薄弱：

> 他們的軍力被嚴重地誇大了。中國共產黨能打仗的兵最多只有十萬人，而中國政府有五百萬人。而且就像我們大部分的部隊一樣，共軍的配備極差。[24]

一九四五年二月十四日，陳之邁在「外籍記者俱樂部」（Overseas Press Club）在「蓮花俱樂部」（Lotus Club）的午餐會上作了一個演講。《紐約時報》在次日以〈中國共產黨被貶抑〉（Chinese Reds Minimized）為題所作的報導，強調的是：中國的自由人士不支持中國共產黨：

> 中國共產黨在思想與作為上是獨裁的。而且，作為「唯黨是從」的人（partisans）〔注："partisans" 可以是「敵後游擊隊」，也可以是「唯黨是從」的意思。陳之邁把這個在二戰時期常常是正面的用詞用負面的意思來使用〕，陳

之邁說他們把黨的利益放在國家之上。他宣稱說：中國為數眾多的自由與民主人士「不支持中國共產黨的願意，就正因為共產黨徒不是自由和民主人士。」[25]

到了一九四七年一月，馬歇爾調停中國內戰失敗回到美國，陳之邁對共產黨問題的分析開始有了一點的轉變。比如說，兩年來一再強調共產黨是一個內政的問題與蘇聯無關的他，現在開始說中共的問題是一個世界共產問題的一部分。比如說，他在該年一月二十三日在「華盛頓俱樂部」以〈中國邁入一個新時代〉為題的演講裡就說：

> 每一個人都知道他們不是有自主意識的人（free agents）。他們的目標跟世界上所有地區的共產黨是相同的。他們是一小戳立意要控制整個國家的人。他們如果成功，是違反了絕大多數人的意願，且不用說這種結果對世界所會造成的巨大的影響。

然而，他仍然認為中共只是一小撮散兵游勇：「他們在人數上很小。儘管他們奪去了大量〈日軍所留下的〉武器，他們沒有什麼戰力。」[26]

---

23 Chen Chih-mai, "China at War," November 18,1944, Chicago Council International Affairs,「陳之邁檔案：1944年演講稿（062-01-08-003）」.

24 Chen Chih-mai, "What Is Happening in China," n.d., World Study Council of Detroit,「陳之邁檔案：1944年演講稿（062-01-08-003）」.

25 "Chinese Reds Minimized," The New York Times, February 15, 1945, p.11.

26 Chen Chih-mai, "China Enters a New Era," January 23,1947, Washington Club,「陳之邁檔案：1947年演講稿（062-01-08-006）」.

一九四六年，國民黨軍隊在東北節節勝利。次年三月，胡宗南的部隊甚至拿下延安。陳之邁更加信心滿滿。他五月十三日在「紐約上海午餐會」（Shanghai Tiffin Club of New York）演講〈中國的下一步〉（The Next Step in China）。他鄙夷地說，把中國當時正在進行的剿共戰事稱之為「內戰」完全是用詞不當。他說他百思不解：

> 許多在此地以及在國內的人都覺得很奇怪，為什麼共產黨對他們的軍力會那麼有信心？為什麼他們堅持反美的政策？共產黨說他們會守住山海關、錦州、瀋陽、四平街、長春、張家口、延安。除了四平街也許是個例外以外，所有這些城市，包括其老巢延安，他們都是不戰而退。打仗的記錄如此，我們真不知道毛澤東、朱德、周恩來要如何面對其淒慘的未來呢？[27]

與此同時，陳之邁對中國自由人士的態度也開始轉變。他一九四八年三月二十三日在「空軍大學」（Air University）的演講裡就開始用「偽自由主義者」來稱呼他們了：

> 在中國，我們也有一群識見混淆、短視的「偽自由主義者」（pseudo-liberals）。他們認為抵抗共產黨在軍事上的挑戰是愚笨的。他們主張姑息（appeasement）的政策。他們對政府施壓，要政府接受共產黨的要求，不管那些要求是如何的不合理，只要停戰就好。他們全都住在政府治理的地區，而卻利用他們所享有的自由去煽動本意良好但衝動的學生出來示威遊行。他們組織工人罷工。他們稱呼自己為「民主同盟」，聯合香港、新加坡等地的共產黨猛烈地譴責政府，提倡向共產黨投降的政策。[28]

在國共內戰形勢逆轉以後，陳之邁在一九四八年十一月二十八日寫給隨同馬歇爾到中國以後成為國民政府顧問的畢爾（Jack Beal）一封信。在那封信裡，他說了一個令人匪夷所思的謊話。他說蔣介石之所以會在中國失去威信，根本的原因是因為他親美：

> 我在國內的朋友給我的信，讓我覺得蔣的威信在最近幾年一落千丈。他的一些部將被共產黨打敗可以部分地解釋這個現象。控制通貨膨脹的經濟措施失敗也是一個很大的原因。然而，經過我深思熟慮以後所得的結論，我認為讓他受創最深而且也是最根本的，就是蔣對美國堅定不移的信心〔注：他在這句話旁用中文作了眉注：「親美」〕。
>
> 蔣在抗戰期間擔任閣揆〔注：行政院長〕的時候，我有五年是內閣〔注：行政院〕的秘書。在那些年裡，我有機會觀察到的一個事實是：蔣雖然從來沒有訪問過美國，但是相當親美的。他極為景仰美國以及美國所代表的理想。他喜歡拿美國的情形來和中國比較，說中國比不上美國。事實上，我認為在他的心裡，美國是他拿來衡量一切的準繩。

陳之邁接著舉例說明蔣介石親美的程度：

> 他這個人的耐心（patience）似乎是無限的。他一路走來對〔美國〕的信心從來就沒有少過一分（one iota）。他一直努力地想要改變美國人的想法。美國要他做的事，他全做了，舉凡召開國民大會、通過憲

27 Chen Chih-mai, "The Next Step in China," the Shanghai Tiffin Club, New York, May 13, 1947,「陳之邁檔案：1947年演講稿（062-01-08-006）」.

28 Chen Chih-mai, "China's National and Economic Objectives in the Next Twenty-Year Period," Air University, Maxwell Field, Alabama, March 23, 1948,「陳之邁檔案：1948年演講稿（062-01-08-007）」.

法、舉行全國的普選，甚至一度認真地考慮把總統的位子讓賢給比較「民主進步」、「比較能和外國人合作」的人，亦即，美國人的寵兒（darling）胡適博士。現在資料出來了，他是真心要讓賢給胡適。就在昨天，他又請胡適組閣，可是胡適婉拒了。

陳之邁寫這封信的時候，美國大選已經結束了。國民黨從蔣介石以降，連胡適、傅斯年，全都押寶在共和黨的杜威。結果是民主黨的杜魯門勝選。在美國集中全力遊說共和黨、並堅信杜威一定會勝選的陳之邁覺得天都要塌下來了。在這封信裡，他不惜說謊，把蔣介石描寫成不管哪一黨在美國執政，就是唯美是從：

> 他對美國的信心是完全超越黨派的（definitely non-partisan）。我有證據可以證明他並不像他的一些同志（associates）一樣，認為只有共和黨才會幫助中國，而民主黨不會——至少不會是大幅度的。他對大選結果的失望，並沒有像他的一些幕僚那麼深。我認為他在心裡仍然是景仰著馬歇爾將軍，而且不認為他沒有辦法和馬歇爾合作。

所有這些都是謊言。陳之邁當然不會知道蔣介石在日記裡一再地咒罵馬歇爾，說：「美馬〔歇爾〕之冷酷殘忍甚於俄史〔達林〕之陰狠毒辣」、「時代不幸，既生俄史，復生美馬」，甚至蓋棺論定說：「害人類者，俄史；亂世界者，美馬。不僅我中華民國已為其害陷，即其本國之美利堅亦必將為其所斷送。」然而，即使陳之邁不知道蔣介石憎恨馬歇爾到這個地步，他渴望共和黨的杜威勝選、厭惡馬歇爾，陳之邁是完全知情的。

在描寫蔣介石是如何地唯美是從以後，陳之邁扼腕地總結說：這麼無怨無悔澈底親美的蔣介石，卻因為美國「拔一毛而利中國，不為也」，而使他失去了威信：

> 戰後所發生的一長串的事件雖然沒有減低蔣對美國的信心，但確實是使他作為中國領袖的地位變得越來越困難。在人民的心裡，蔣所代表的是中美合作。他對美國的信心已經讓越來越多的追隨者認為是不對的（unjustified）。他失去了威信，原因就是因為美國最近「不支持蔣介石」的中國政策——或者說，毫無政策——使美國在中國失去了威信。[29]

對國民黨和陳之邁而言，杜威敗選的當下，真的是地動山搖。陳之邁個人的前途黯淡、不知何去何從固不待言，連整個國民黨在美宣傳工作的方針頓然失措。有意味的是，就在陳之邁和國民黨以為山窮水盡的時候，居然峰迴路轉。美國的共和黨開始反撲，不但攻擊民主黨對共產黨姑息，而且開始指控美國的政府、媒體裡充斥著共產黨員及其同路人。這就是麥卡錫主義的濫觴，冷戰的開始。

麥卡錫主義的濫觴、冷戰的開始，對國民黨而言是生機的再現，對陳之邁而言，則是在仕途上的起死回生。陳之邁在美國從事宣傳、遊說工作已經滿了四年了。由於他所來往的盡是共和黨的策士寫手、反共鬥士、前共產黨員，他很快地就學會了如何附隨共和黨的宣傳攻勢，把蔣介石描寫成為民主黨政策之下的無辜的受害者。

這個宣傳上的新調，在一九四九年初正式登場。當時雖然國民黨已經潰敗，但陳之邁說國民黨在軍事上失利並不是因為共產黨原來就比較強。他繼續堅持他一再說中共是散兵游勇的說法。他說共產黨之所以能夠在一夕之間坐大，完全是外來的因素所造成的。他一九四九年一月十八日在華盛頓「俄亥俄州立大學校友會俱樂部」（Ohio State Alumni Club）的演講〈美國與中國〉（The United States and China）裡就強調：他四年來一再宣稱中共的問題是被誇大了的說法在基本上是正確的。他說改變的不是中共，而是國民黨政府所無法控制的兩

29 Chen Chih-mai to Jack Beal, November 28, 1948,「陳之邁檔案：Jack Beal冊（062-01-07-265）」.

個因素。而這兩個因素都是來自國外的。其中一個他可以大膽地說，就是蘇聯的介入：「在蘇聯撤軍的時候，滿洲已經完全在擁有日本軍工廠所生產的裝備的共產黨的控制之下。他們充分地利用了《雅爾達協定》以及一九四五年的《中蘇友好條約》給予他們的優勢。」另外一個來自國外的因素他雖然不敢明說，但他其實是用拐彎抹角的方式在怪罪美國，亦即，共產黨利用馬歇爾在一九四六—四七年間強加諸中國的「停戰」擴充勢力：「一九四六年一月，共產黨自己承認他們的軍隊的數目與國軍相比，是一比六。到了今天，他們的人數超過了國軍的數目，到了二比一的比數。」他以貌似反躬自省，其實是指桑罵槐地責怪美國的方式說：

> 今天共產黨之所以能夠坐大，完全是因為我們一再拒絕視他們為國際陰謀家，而總是把他們的所作所為歸因於是出於善良的動機（best of intentions），總以為我們終究可以達成共識（meeting of minds）。我們一直以為我們可以跟他們達成協議，認為他們跟我們一樣會遵守雙方費盡九牛二虎之力方才達成的協議。我們的無知所造成的悲劇是無以倫比的，而且可能為時已晚（the hour is very late）。
>
> 我忍不住覺得眼前的情況對貴國和對我國都一樣是極為可慮的。[30]

在一九四九年一月，陳之邁必須拐彎抹角，用看似自責的方式指桑罵槐怪罪美國是可以理解的，因為當時的國民黨對美國仍然存有一絲最後的希望。然而，到了《白皮書》在八月發表，意味著美國正式地放棄了蔣介石，特別是中華人民共和國成立以後，一切都化為烏有。最重要的是，美國共和黨抨擊民主黨輸掉了中國的宣傳甚囂塵上。陳之邁也就無須再投鼠忌器，而可以乘勢借風把國民黨內戰的失敗完全怪罪在民主黨的身上了。

他一九四九年十一月十七日在紐約「共和黨青年俱樂部」（Young Republican Club）所演講的〈中國、蘇聯、和美國〉（China, the Soviet Union, and the United States）就是一個典型的例證。陳之邁這個演講的聽眾是共和黨的青年，等於是在對信眾傳教，對著共和黨青年批判民主黨。然而，陳之邁還是要求這個演講不能公布。

無怪乎陳之邁要求他這個演講是非正式、不公開的，因為他這個演講就是對馬歇爾的一份控訴狀。他控訴馬歇爾到中國去調停國共內戰的時候，逼迫蔣介石接受共產黨的要求，以不堅持要拿下赤峰與多倫作為停戰的條件。他餘怒未消地說：

> 馬歇爾將軍在一九四六年一月得意洋洋地宣佈說他成功地勸蔣將軍接受了共產黨的條件。停戰協定於焉底定！馬歇爾隨即返回美國宣告他的使命圓滿成功。

陳之邁更忿然地說：「赤峰提供了共產黨滲透進入滿洲的大門。這個外交上的勝利不是中國的，也不是美國的，而是拱手讓給共產主義和蘇聯的。」

《白皮書》既然對蔣介石那麼絕情，陳之邁於是就把它當成證據來控訴馬歇爾：

> 國務院在中國《白皮書》裡的描述顯示了這些事實：馬歇爾將軍是如何堅持停戰協定包括滿洲；他是如何抗議政府在滿洲攻擊共產黨；他是如何威脅政府，說如果政府攻打哈爾濱和齊齊哈爾，他就要離開中國。蘇聯政府的策略是給予共產黨最大、最不受羈絆的機會在滿洲坐大。馬歇爾將軍堅持停戰的政策，不管是有意還是無意，適足以保護共產黨，讓其不受到攻擊和殲滅。這幾個因素加起來——中國政府對美國客氣到幾近愚蠢、蘇聯的狡詐背信、美國特使的短視——就造成了我們今天所目睹的局面。
>
> 中國歷史的發展在在地證明了一個事實：得滿洲者，得華北；得華北者，得中國。就像滿洲人在十

30 Chen Chih-mai, "The United States and China," Ohio State Alumni Club, Washington, D.C., January 18, 1949,「陳之邁檔案：1949年演講稿（062-01-08-008）」.

七世紀中長驅直入滅了明朝，日本在一九三八年長驅直下取廣州一樣，共產黨在鞏固了其在滿洲的基地以後，就可以如入無人之境了。

對比這整個背景，那些什麼國民黨貪腐無能、共產黨得人心、土地改革、以及那些成百上千個誰對誰錯的指控，根本就是末節。問題在於地緣政治，而不在於一兩個政治人物及其缺點，更不在於意識形態或主義。

陳之邁越說越激動，甚至教訓其美國起來：

如果我們覺得已經愛莫能助，即使我們不敢面對事實，至少要有勇氣去學習。讓我們不要老是在細枝末節上糾結，互相叫罵，或寫些上千頁的書〔注：指《白皮書》〕來粉飾我們過去所犯的錯誤，而且是怪罪於無辜。這種作法只會為我們帶來災難。[31]

國民黨把內戰輸給共產黨怪罪給蘇聯的介入以及馬歇爾的調停，而完全不檢討自己貪腐無能。這是從蔣介石，到他派駐美國的外交使節（如顧維鈞、蔣廷黻、陳之邁）、國舅宋子文、國師策士胡適、天主教樞機于斌，所亟亟於販賣的宣傳。只是，這適足以把自己捲進冷戰時期美國民主與共和黨之間的鬥爭，成為其俎上肉，而還痴想有能夠分到一杯羹的份兒。

挫折：聽者藐藐

許多二十世紀奉派赴美從事宣傳的中國人發現美國人是不容易說動的。蔣廷黻、胡適就已經領教過其冷暖只能自知、而無法為外人道也的滋味與苦衷。他們與陳之邁所面對的問題不同，但所感受到的挫折感則雷同。蔣廷黻、胡適有撼動不了美國的孤立論，無法呼籲其出面干涉日本侵略中國的挫折感。蔣廷黻形容美國的孤立論「強固一如水泥，外加鋼筋——美國清教徒的鋼筋」；胡適說：「蓋孤立論是美國人的一個傳統信仰，非筆舌所能摧毀。」

等陳之邁在一九四四年六月底抵達到美國的時候，孤立主義已經不再是問題。美國不但早已參戰，而且已經成功地在諾曼第登陸，勝利已經在望。美國不但不再孤立，而且開始成為一個以維持世界和平與秩序以及維護普世價值為己任的超級強國。

諷刺的是，美國以維持世界和平與秩序以及維護普世價值為己任，對中國而言毋寧是一個雙面刃。當美國「在國際和平與正義上扮演一個積極、堅定的領導的角色」符合蔣介石與國民黨的利益的時候，美國是一個正義之師；反之，美國就變成了干涉內政了。

曾幾何時，蔣介石才心急如焚地一再催促胡適要求美國出面干涉打敗日本。才五年不到，等蔣介石派陳之邁到美國作宣傳工作的時候，對美國的干涉，他就避之唯恐不及了。他給陳之邁的訓令第一條：「沒有一個國家在戰爭期間不期望國內的團結。國共之鬥爭實因中共不能與政府團結。」明白宣示消滅破壞團結的中共是政

31 Chen Chih-mai, "China, Soviet Union, and the United States," Young Republican Club, New York, November 17,1949,「陳之邁檔案：1949年演講稿（062-01-08-008）」.

府執行其合法的權力。第五條：「中共破壞抗戰，美在華軍隊自能洞悉。中共部隊不守軍紀，濫行擴充勢力，有目共睹。」指出中共破壞團結、擴充叛亂勢力，是有目共睹的事實，連在華的美軍都能洞悉。第三條：「中央對於中共初未採封鎖。如中共果不就範，儘可予以消滅，用不著封鎖。」趾高氣揚地宣稱要消滅中共易如反掌，何須封鎖！

蔣介石要陳之邁向美國傳達的，說穿了，就是共產黨的問題是內政的問題，而國民黨知道自己在做什麼，也知道要怎麼做。他所要求的。是請美國不要干涉，放手讓國民黨用武力解決共產黨。

無怪乎陳之邁在到了美國以後的兩年之間一再地強調中共的問題是內政的問題，甚至強調與蘇聯無關。這種宣傳是建立在國民黨自信滿滿，認為可以輕而易舉地把中共解決的信心之上的。諷刺的是，等到內戰的情勢逆轉以後，陳之邁以及整個蔣介石的宣傳機制才開始做一百八十度的大轉彎，把中共的問題說成是共產國際陰謀的一部分。

陳之邁初到美國的時候，跟蔣介石給他的訓令裡的想法一樣，以為他工作的重點就是在向美國人宣傳中共的不是。用他在「中美商工協會」酒會以後所寫的感想裡的話來說，駁斥美國人為中國共產黨所作的宣傳，「是首要的目標，所有其它的問題都必須是次要的。」他一定萬萬也想不到，才兩年不到，他在美宣傳的「首要目標」，居然反過來是要為他所效忠的國民黨作辯護。

美國會不喜歡國民黨，陳之邁認為癥結在於美國的媒體充斥著自由主義者。除了史沫特萊（Agnes Smedley）、以《紅星照耀中國》（*Red Star Over China*）聞名於世的斯諾（Edgar Snow）、以及他討厭的自由主義者以外，還有納桑尼爾・裴斐（Nathaniel Peffer）。裴斐在上海和北京做過幾年記者，後來出任哥倫比亞大學的教授。

我在上文提到了他一九四七年五月十三日在「紐約上海午餐會」的演講〈中國的下一步〉。在那個演講裡，他就火力全開抨擊這些自由主義者了，特別是裴斐。他說這些自由主義者視國民黨為反動。他鄙夷地說：

他們自相矛盾，說中國政府既無能又法西斯。我們承認法西斯確實不好，而且絕不應該再讓它製造災禍下去。然而，在法西斯的罪孽裡，無能並不是其中之一。根據我的了解，法西斯與全能（omni-compe-tence）幾乎等於是同義詞。我們如果是前者〔注：無能〕，就不可能同時也是後者〔注：法西斯〕。那些一定要派我們兩者都是的人，不是不知道他們在說什麼，就是別有用心，帶著宣傳的目的在攻擊我們。

那些批評今天的中國政府的人，忘卻了——或者是蓄意地忘卻了——三個重要的事實。

這三個事實裡，最重要的是第一個：

他們忘卻了他們所議論的中國政府，就是在一九二六——二八年間推翻了軍閥的政府，就是在一九三七年抗戰爆發以前十年之間推行了許多開明的政策，讓中國後來能夠英勇地抵抗日本的政府。那是同一個政府，是在蔣介石將軍所領導之下的國民黨政府。它為中國作出了莫大的貢獻。在它的領導之下對抗日、對盟邦作出了無比的貢獻。

他反問說：

一個真誠研究公共事務的人一定會問：為什麼有著這麼光輝歷史的國民黨會突然間變成像白修德（Ted-dy White）、裴斐筆下所形容的呢？答案是，今天的國民黨並不像是這些作者所說的那個樣子。它仍然是同一群在蔣介石將軍所領導之下的人，矢志於孫中山博士的主義，戮力於領導國家渡過難關，邁向建立一個強盛民主中國的目標。

陳之邁一定是以為如果他強調國民黨政府裡盡是留美歸國學生，美國人聽了會覺得那一定是一個好政府，所以他說：

> 批評我們的人，例如裴斐和白修德，也忘了今天的中國政府裡的留美歸國男女學生的數目，比世界上任何國家的政府都來得多。美國政府和許多公民團體都相信美國能對世界其它地區作出貢獻最好的方法，就是透過民眾與文化的合作。用退還的庚款資送中國學生到美國來留學，一直被稱許為是美國最睿智的政策。我本人就是那個政策的受益者，而且深深地感激我有這個絕佳的機會。今天中國的政府裡還有好幾千個留美歸國學生，而且許多都位居要職。
>
> 然而，這個由接受過美國教育的男女留學生所組成的政府，居然被裴斐指控為「近代史上、當今世界上最壞的政府——最無能、腐敗、強取豪奪（spoliation）、半法西斯的鎮壓、了無正當的政策（lack of decency of purpose）。」我讀到這一句這麼武斷的話的時候，幾乎想問說：如果裴斐教授的指控是正確的，則美國提供中國學生到美國來讀書的機會豈不反而是害（a signal disservice）了中國嗎？
>
> 不！我拒絕相信這個說法。我完全不能相信由那麼多在貴國的教室與實驗室裡訓練出來的傑出人才所組成的今天的中國政府，會遜於慈禧太后的朝廷，或者袁世凱、曹錕、張作霖、以及其他軍閥的顧問。我拒絕相信它會遜於——甫過世的鮑威爾（J.B. Powell）在其《在華二十五年》（*My Twenty-Five Years in China*）一書裡說找不到一個留美歸國學生的——中共的「政治局」。我仍然對美國的教育以及〔國務院所負責的〕文化合作計畫有信心。我要指出，裴斐教授去年就是在這個計畫的贊助之下去中國訪問的。[32]

許多人誤以為一個人留美就會美化，會崇尚自由、民主、法治，至少會有一點美國式的行事為人之風。其實不然。陳之邁就是一個很好的例子。他居然因為裴斐去中國訪問是由國務院的國際合作計畫贊助的，就一狀告到國務院去了。

他在「紐約上海午餐會」作了演講的第二天，就寫信向次國務卿威廉・班頓（William Benton）告發裴斐了：

> 我不知道閣下是否注意到了裴斐教授在五月四日《紐約時報雜誌》（*New York Times Magazine*）上所發表的〈受苦受難的中國特寫〉（Close-up of China in Travail）。在這篇文章裡，裴斐教授說：「目前的中國政府是近代史上、當今世界上最糟的政府——最無能、腐敗、強取豪奪、半法西斯的鎮壓、了無正當的政策。」他又說：「控制國民黨的那些人沒有一丁點兒的意願去成立一個憲政的政府，或者放棄他們的特權。」他同時把蔣介石總統形容成為「一個革命成功以前的軍閥，在外表上加了薄薄一層『現代』（modernism）與『衛理公會』（Methodism）〔注：宋美齡與蔣介石所信的教派〕的包裝。」
>
> 我以華盛頓中國大使館文化參事的身份，寫這封信向閣下提出我對這篇文章的看法。今天的中國政府，不管是在其改組之前或之後，是由許多在美國受過教育的男女留學生所組成的。這些我們在中國稱之為「留美歸國學生」在我們目前政府裡所佔的比例，超過中國過去所有的政府。如果裴斐教授說中國政府是「今天世界上最壞的政府」的指控是正確的，如果這種指控在美國民眾當中流傳，這會對中國以及美國政府所熱切推行的民眾與文化合作的計畫造成負面的影響。
>
> 據報導，裴斐教授去年去中國訪問是由國務院「國際新聞與文化合作處」（Division on International Information and Cultural Cooperation）贊助的。如果真是如此，則裴斐教授對中國政府負面的以及沒有事實根據的無端的批評，是與促進國際了解與合作的這種民眾交換計畫的宗旨背道而馳的。[33]

---

32 Chen Chih-mai, "The Next Step in China," the Shanghai Tiffin Club, New York, May 13, 1947,「陳之邁檔案：1947年演講稿（062-01-08-006）」.

33 Chen Chih-mai to William Benton, May 14, 1947,「陳之邁檔案：William Benton卷（062-01-07-266）」.

陳之邁這一狀真的是告得自曝其短。他是用中國式的思考方式，認為資助裴斐去中國訪問的既然是國務院，國務院自然有權管束裴斐的言論。班頓在回信裡說得很客氣，但也直率地告訴陳之邁，說國務院對合作交換計畫，跟受資助的學者的言論，根本是風馬牛不相及的兩回事：

我當然並不贊同裴斐博士所有的，甚至大部分的結論。與此同時，我不認為他的指控對中國與美國之間的民眾與資訊的交流計畫會產生負面的影響。

從二十五年前庚款留美計畫開始以後，「留美歸國學生」在中國政府裡扮演重要的角色這點來看，我們可以說美國的思想觀念從那時候開始就對中國各級政府產生了一定的影響。如果事實是如此，則我不認為裴斐博士對中國政府的苛評，可以被用來指摘貴國和我國政府所共同舉辦的民眾交流計畫。

會讓陳之邁感到尷尬的，是班頓用陳之邁的中國式的邏輯反將了他一軍：

然而，我要指出裴斐博士去年訪問中國的一件事。根據我的了解，他是在中國教育部的邀請之下去中國的。而且他在中國的時候，還擔任了教育部有關課程改革的顧問。因此，贊助他訪問中國的不只是本院的「國際新聞與文化合作處」，而且還有中國政府。

最尷尬的是，班頓暗指裴斐是中國政府自己選的：

國務院的政策是去贊助並推動合作交換，根據他國政府的希望，邀請其所須的領域裡的傑出專才去訪問。

34

陳之邁在寫給班頓這封信前一天在「紐約上海午餐會」所作的演講裡，鄙夷寫《中國驚雷》（*Thunder out of China*）的作者白修德、賈安娜（Annalee Jacoby）太年輕了，不但不了解國民黨光輝的歷史，而且是「蓄意地把一整段的中國歷史給抹煞掉了。」

陳之邁有所不知。他用來鄙夷白修德、賈安娜的話，完全適用於他自己。這不是裴斐第一次批評中國。作為一個長年駐在中國的記者，裴斐一直是一個同情中國老百姓、但批判中國政府的觀察家。最諷刺的是，陳之邁試圖用留美歸國學生在國民黨政府裡位居要職，來證明國民黨政府是進步的、民主的。殊不知早在一九二二年，裴斐就已經寫過一篇以〈歸國留學生〉（The Returned Students）為題的文章，嚴厲地指責留美歸國學生了。而且那篇文章還是發表在留美學生所出版的《留美學生月報》（*The Chinese Students' Monthly*）上的。裴斐說：

> 從我五年來在中國的所見所聞，我所不得不下的一個結論是，中國留學生作為一個階級，不但差勁到不足以代表他們的族類，而且，雖然得天獨厚，卻不成器。現在，我回到了美國，有機會接觸到一些留美學生。我發現我對他們深惡痛絕的地方，是他們油腔滑調、愛國光說不練、思想淺薄、而最令人憎惡的，是他們沾沾自喜、自我陶醉的樣子。[35]

事實上，陳之邁不是第一個，也不會是最後一個用政府裡盡是留美歸國學生來為國民黨辯護的中國人。兩年以後，奉蔣介石之命到美國作宣傳的鼎鼎大名的胡適，就祭出了同樣的理由。一九四九年五月七日，他從舊金山到了紐約。他接受「美聯社」（Associated Press）國際新聞專欄作家麥肯齊（DeWitt MacKenzie）的訪問：

34 William Benton to Chen Chih-mai, July 14, 1947,「陳之邁檔案：William Benton卷（062-01-07-266）」.

35 Nathaniel Peffer, "The Returned Students," *CSM*, XVII.6（April, 1922）, p.498.

著名的胡博士剛從他的國家抵達紐約開始他研究國際情勢之旅。我有機會在他的公寓裡一邊喝他所沏的茶，一邊和他聊天。我問他對於陳納德（Claire Chennault）將軍在參院軍事委員會（Senate Armed Services Committee）上的證詞有什麼看法。陳納德說美國還來得及拯救中國和亞洲，不讓其落入共產黨手中。其所需費用大概是一百萬美金一天。

胡博士回答說：「我不是軍事專家，不夠資格來判斷所需的費用。物質的援助，我們當然是無任歡迎。但是，我認為確切的數目如何的問題，不如美國在道義上可以對中國所作的幫助。」

「美國保證跟我們站在一起，那是最重要的。國民政府目前最大的弱點，是因為它以為已經失去了美國的支持而士氣低落。我現在可以告訴你：南京政府之所以會崩潰，完全是因為那種說美國已經愛莫能助的報導所造成的。這種報導在我國迅速地流傳著。你不能忘記我國至少有五萬個知識分子是在貴國受教育的（胡博士自己是康乃爾的畢業生以及許多美國大學的榮譽博士）。他們很自然地一直密切地關注著美國。美國對中國的一舉一動，他們立時就知道。消息也就不脛而走了。」[36]

同樣地，裴斐也不會是最後一個嚴厲指責留美歸國學生的美國人。我在《國師策士》裡指出一九四九年的胡適在美國的聲望已經開始走下坡了。麥肯齊的專欄是在全美國許多報紙同步刊載的。加州的《貝克斯菲爾德加州人報》（*The Bakersfield Californian*）五月十日的社論，就針對這篇訪問，澈底地譏諷了胡適：

胡博士剛抵達紐約來研究世界情勢。這就在在顯示出了胡博士的哲學的一個重點：未雨綢繆（prudence）。因為在紐約沉思世界情勢，要遠比在胡博士的祖國沉思要安全多了。胡博士提到了中國有五萬個在美國受過教育的知識分子。

事實是：這許多知識分子，對中國作出很少或幾乎沒有任何貢獻。他們贏不了我們的尊敬與支持。就光憑他們是在此受過教育這點，就足夠說明我們為什麼最後決定要撤出中國的理由。太多國民黨政府裡的領袖出賣了他們的國民。在他們的領導下的政府，連自己的人民都不尊敬了，遑論他人！

胡博士對南京政府崩潰所作的解釋，舌燦蓮花（glib），但根本就不是真的。當他的國家已經被他所謂的「共黨侵略者」逼到牆角的時候，他人卻在紐約「研究世界情勢」，這豈不怪哉！這就是太多中國所謂的知識分子和領袖的行徑——溜到其它安全的安身所在，然後詆毀處在困境裡的他人。

他們理應記得他們在美國所學到的東西——我們尊敬的是正直（integrity）、勇敢（bravery）、和堅毅（stamina）。我們在中國的平民當中看到許多這些美德。然而，這些平民，不是已經被丟給了共產黨，就是因為橫豎什麼都沒有而自願過去紅區。[37]

---

36 DeWitt MacKenzie, "Dr. Hu Shih Says China's Greatest Need Is US Moral Support," *The Ludington Daily News*（Michigan）, May 7, 1949, p.4.

37 "Editorial: Should Have Remembered," *The Bakersfield Californian*（Bakersfield, California）, May 10, 1949, p.32.

懺悔：必須要走民主、自由經濟的路

有一句會讓所有有識者為之氣結的名言：「謊話多說幾遍就會被當成是真的。」這句話據說是納粹宣傳部長約瑟夫．戈培爾（Joseph Goebbels）說的。這句話是用來形容老百姓是好騙的。有意味的是，這句話說不定也適用於黨工。這也就是說，如果一個黨工把同一句謊話多說幾遍，也許連他自己都會把它當成是真的。這就發生在陳之邁身上。他從一到美國開始，就開始一再地說國民黨是民主的，或者至少是邁向民主的，而且說他從來就是擁護民主、反對獨裁的。

一九四五年一月二十三日，時任國民黨中宣部國際宣傳處駐倫敦辦事處主任葉公超到了華盛頓。在談話中，葉公超提到共產黨在延安做得不錯。陳之邁說他承認葉公超有他的根據，但重點是：「共產政權是獨裁的政權。我反對所有的獨裁政權。我曾經批評國民政府想要獨裁的想法。共產政權意味著清算、集中營，等等。我對那一切通通反對。」[38]

陳之邁真的「曾經批評國民政府想要獨裁的想法」嗎？答案當然是否定的。即使他在一九三七年五、六月間突然作出脫軌演出的時候，他也沒有「批評國民政府想要獨裁的想法。」他只是指出國民黨的「五五憲草」融合了美蘇兩種不相容的憲法會造成「兩敗俱傷」的結果，而且他只是呼籲國民黨要在「一黨專政」和「多黨政治」的民主體制這兩條背道而馳的大路裡選擇一條。甚至是陳之邁學成歸國時候的「初衷」也完全沒有觸及民主與獨裁的問題，因為那時候的他所論列的是憲法的理論的問題。然而，一年不到，他已經開始讚美、阿諛國民黨了。到了一九三五年八月四日的〈政制改革的必要〉裡，他已經慨嘆國民黨模仿蘇聯的一黨專政做得不夠澈底，落到畫虎不成反類犬的地步。他公然宣揚「臥榻之旁豈容他人酣睡」的「黨外無黨」的「一黨專政」的主張。他把「一黨專政」美其名曰「危機政府」，說那是符合二十世紀行政權至上的最新潮流。[39]

他一九三七年五、六月間在《獨立評論》上的言論，既然是脫離他的常軌，顧名思義，就只是一時性的反常。果然，才一個月不到，在他七月去參加蔣介石所召開的「廬山談話會」的時候，他已經準備好要在會中主張繼續訓政，而且會駁斥主張立即實行憲政的人。他說：「抱持這種主張的人，不是想借國難時期來便利他們自己躍登政治的舞台，就是根本未曾將問題想通。如果有機會的話，我準備痛加駁斥。」[40]

等到陳之邁在一九三八年成為黨工以後，他在《中國政制建設的理論》裡可以說出「三民主義是孫中山先生和國民黨送給全體中國人民」的禮物如此不堪的話。不但如此，他三番兩次強調：「三民主義不是自由主義。」從前作為政治學者的他雖然不喜歡孟德斯鳩三權分立的原則，他還承認孫中山的五權憲法是脫胎於孟德斯鳩。現在作為黨工的他完全否認。他一再強調孟德斯鳩制衡原則所造成的是「軟弱無能」的政府，而孫中山的三民主義所要締造的是一個「萬能」的政府。

甚至「一黨專政」的來源的詮釋都不同了。從前作為政治學者的他把蘇聯作為一黨專政的老祖宗。作為黨工的他，在《中國政府》裡則宣稱：「孫中山先生自始不贊成在中國立刻實行英美式的政黨政治。」最重要的是：「以黨治國的理論實為孫先生所創始，蘇聯革命的成功，不過使我們對於這個辦法益增信念而已。」

陳之邁之所以會竄改他作為黨工的過去、漂白他仍然還是黨工的當下，並不是因為他體認到他從前或當下是錯的，因此刻意要竄改和漂白。他是睜著眼睛在說瞎話，繼續他宣傳中共獨裁、國民黨民主的黨工的行徑。他一點都沒有悔改，而且繼續說謊。最好的例證，就是他兩年以後為國民黨在「二二八事變」的屠殺所作的辯護。

在「二二八事變」發生整整七個月過後，一九四七年九月二十八日，陳之邁在給厄特利的信裡說：

---

38 January 23, 1945日記，「陳之邁檔案：1945年資料（062-01-02-002）」.
39 陳之邁，〈政制改革的必要〉，《獨立評論》，162號，1935年8月4日，頁2-5.
40 「陳之邁檔案：回憶錄資料匯集（062-01-08-092）」.

> 事實大致如下。如果中國是一個極權、法西斯、或共產黨的政府的話，他們一到台灣，就會把所有通敵者（collaborationists）全都抓起來，在凌晨處決。如果中國的政府是「民主派的」（"democrats"），他們會把所有通敵者抓起來，以罪犯或漢奸在法庭上審判他們。上述兩種都不是中國政府的作法。他們只不過是試圖用大陸來的中國人取代地方仕紳（prominent leaders），只剝奪了他們的財產和社會地位，而沒有剝奪他們的生命。
>
> 台灣受日本統治五十年。每一個地方「仕紳」都必然是通敵者；否則他就不可能會是一個「仕紳」，因為「小日本」是不可能會讓他有那個地位的。當時〔注：二二八發生的時候〕沒有任何受過良好教育的台灣人可以用，因為小日本佔領之下的台灣的教育體制是澈底「洗腦的」（indoctrinated）。於是，逍遙法外的「仕紳」就開始反對政府。陳儀作為將軍，只會想到用軍隊來壓制他們。這就引發了夏天〔注：原文如此〕所發生的悲劇和屠殺。
>
> 很奇怪的是，美國目擊者站在「仕紳」那邊，因為他們認為那是政府鎮壓當地人民。我並無意為陳儀或其殘酷的作法辯護。然而，我必須也要指出這些指摘者似乎忘了我們才剛打完了一場戰爭，而且台灣又被日本統治了半個世紀。中國政府的作法太笨了，沒有一接收就把他們全都處決；更笨的是，在事後用這種殘酷的方法去鎮壓他們。然而，事實是：這些人都是通敵者，完全不能被視為是中國的好公民。[41]

半年以後，陳之邁更進一步地把「二二八事變」被屠殺的地方仕紳形容成為雙重的賣國賊：先是被「小日本」洗腦的通敵者，後是向美國告洋狀的叛亂份子。他在給柯爾伯（Alfred Kohlberg）的信裡說：

> 我在戰時的重慶曾經是陳儀將軍的幕僚。他完全不是適合作為戰後第一任台灣省長的人選。我相信當時的情況一定是很不好的，而且陳儀是澈底地失政。
>
> 然而，我也必須要說台灣的「人民」，至少那些聒噪的人，就大多是在日本統治下的商會會長（President of the Chamber of Commerce）、地主和工廠的老闆，等等。如果國民政府不是寬大為懷的話，早就把他們全部給立時處決了。我們對他們寬大為懷，只沒收了他們的產業。
>
> 這些人就是到美國領事館去控訴我們的人，而美國人不去檢視他們是通敵者的事實，居然把他們視為「民間領袖」。事實上，他們每一個人都是挾怨報復中國政府，因此死命地反對我們。
>
> 也許我們寬大為懷的政策是錯的（毫無疑問的錯誤，是讓他們有叛亂的機會，並到美國領事館去控訴我們）。然而，從長遠的角度來看，我覺得我至少可以坦蕩蕩地說我們並沒有濫殺。[42]

換句話說，到了一九四八年五月，國民黨在東北的優勢都已經逆轉了，陳之邁依然不改其俾倪中共以及所有被鎮壓者的黨工的口吻。這真的是應了不見棺材不流淚的俗諺。

然而，這只是時間未到。一年以後，國民黨政權的崩潰，終於讓陳之邁見到了棺材。可惜陳之邁見到棺材當下的反應如何，他沒有文字留下。我們知道陳之邁從重慶時期一直到他到美國擔任宣傳的黨工期間都記有日記。然而，他這一長段工作性質敏感時期所寫的日記很可能已經被他自己在生前，或者擔任過駐聯合國大使蔣廷黻的秘書、深知文字可以賈禍的第二任夫人Lilyan在他死後銷毀。我們因此完全不知道國民黨的崩潰對陳之邁的震撼大到什麼程度。

---

41 Chen Chih-mai to Freda Utley, September 28, 1947,「陳之邁檔案：Freda Utley卷（062-01-07-486）」.

42 Chen Chih-mai to Kohlberg re 2-28-1947, May 4, 1948,「陳之邁檔案：Alfred Kohlberg卷（062-01-07-378）」.

見到棺材的陳之邁，在流淚之餘，居然作了一個黨工的懺悔。一九四九年六月中旬，他在報紙上讀到陳誠要台灣模仿英國的工黨實行社會主義的消息，深深以為不可。他在十八日寫信給胡適，沈痛地指出：中國必須痛定思痛，摒棄一切統制的幻想，老老實實地走自由經濟與自由政治的道路：

> 是日（昨日）見路透社消息（載《美洲日報》）說台灣陳辭修主席將在台做英勞工黨之社會主義……甚為擔憂。中國政府在一九二七至一九三七年間所行的政策比較開明自由，故有極為良好之成效。戰事發生遷渝後，種々統制辦法開始實行。計畫既不周密，又篤信殺一儆百哲學。擾民而得不到統制的實效。政府經營之事業，即在理論上亦官商不分，造成了官僚資本，窒息了自由企業。政府所營之事業件々賠本。政府的稅源日趨枯竭。越窮越統制，越統制而越窮。
>
> 中國現在絕對沒有英國所有的兩大條件（英國奉公守法的吏治、守法的人民；幾十億的美援）。且統制的政策已經有失敗的教訓。現在千萬不可再來試驗。陳公洽（陳儀）在閩管理糧食而造成饑荒，在台統制物價而釀成民變〔注：二二八〕。台灣現為「自由福利國」的“show window”（展示窗），絕對再受不了再度的民變。
>
> 我們對付共產獨裁，不能說我也共產獨裁。我們應當以自由經濟、自由政治同他抗爭，才有挽回的一線希望。共產黨實行嚴格的統制，我們行局部的貪污充斥的統制；他們行全能的獨裁，我們行有名無實的獨裁。結果我們一定失敗。
>
> 現在形勢惡劣至此，我們實不能不及早覺悟。斷々不能再讓沒有知識而只有權力慾的軍人再驅民於共黨。此點明眼的外人如魏德邁看得很清楚。那天的談話很澈底明白。希望先生在此時能坦白的阻止這種亂政。否則只有亡國滅種。[43]

別有意味的是，黨工一懺悔，對「二二八」的詮釋也完全不一樣了。一年以前，他把起而抗議的仕紳、民間領袖鄙夷為被日本人洗腦的「通敵者」，說沒有把他們「全都抓起來，在凌晨處決」已經是太便宜他們了。現在，他一反從前的詮釋，說「二二八」是陳儀濫行統制政策之下的官逼民反：「陳公洽在閩管理糧食而造成饑荒，在台統制物價而釀成民變。」

懺悔之心萌生，陳之邁如鯁在喉，不吐不快。然而，這種反黨的違紀的言論是不可為外人道也的。他只能告訴他信得過的人。胡適以外，他只對蔣廷黻、傅斯年吐露過。當時，他應蔣廷黻之請，把後者所想組織的「中國自由黨」的黨章翻譯成英文。九月十二日，在譯稿完成之後，他乘機在他給蔣廷黻的一封英文長信裡，淋漓盡致地抒發了他認為國民黨失敗的癥結所在：

> 一如你所知，國民政府根本的意識形態、國民黨的組織、黨與政府的關係等等，都是根據蘇聯的經驗的。雖然國民政府與國民黨反共，但它們是選擇用共產黨——極權主義的組織系統來反共。
>
> 這就導致了失敗，因為我們所用的組織系統是極權主義的。它無法培養出自由的氛圍——那是我們可以用來挑戰共產主義的。

歸根究底，陳之邁認為中國沒有實行計劃經濟的條件：

> 我現在完全體認到中國的官僚體系，由於欠缺接受過現代訓練的員吏、辦事的方法陳舊、最重要的是

43 陳之邁致胡適，1949年6月18日，「陳之邁檔案：1949年資料卷（062-01-02-010）」.

欠缺精確的國情資訊，是根本沒有能力去規劃國家發展的計畫或者是經營管理企業的。而在社會主義之下，所有這些都是政府的職務。我們沒有辦法實施價格管制的措施，因為我們的資訊太不完備，以致於無法定出明智、切合實際的價格政策……

上自中央政府，下至農村的大規模的政府管控，只會像是打開閘門一樣，讓貪污、任用親人（nepotism）、徇私（favoritism）、「中飽」（"squeeze"）、黑市、走私橫行——就是近年來國民政府為其所困的問題。我甚至認為那並不是公務員薪水太少的問題。畀予官員那麼大的權力的結果，無異於是給予他們那種即使是具有最高的道德操守的人都無法不去濫用的誘惑一樣。

接著，陳之邁就申論他寫這封信的主旨：

在中國，我們有一個幼稚的想法，認為英美的民主體制之下有「政治上的自由」，而在蘇聯的共產主義之下則有「經濟上的平等。」在美國，這屬於亨利．華萊士（Henry Wallace）〔注：一九四一—四五美國副總統，思想前進〕式的論調。我認為「中國自由黨」應該指出這種觀點是極其荒謬的：讓國家壟斷經濟，會完全剝奪個人在政治與經濟上的自由；蘇聯的工人是國家的奴隸，因為他失去了集體談判的自由。而且因為其雇主是壟斷的，他甚至失去了找新雇主的自由。

我認為這種〔中國自由黨的〕「意識形態」，如果能夠好好地提出，是對共產主義最好的答覆，遠勝於陳立夫提倡儒家思想、「新生活運動」、「民生史觀」、甚或三民主義。我認為在長期戰爭以後，「自由企業」的概念與傳統「與民休息」〔注：陳之邁原文所附的中譯〕的古老哲學是如合符節的。[44]

這真的是石破天驚！黨工幡然悔悟之餘，私下向三兩位他可以信賴的朋友透露說：對抗共產主義最好的利器，是英美式的「自由企業」，遠勝於「新生活運動」、「民生史觀」、甚或三民主義！

為什麼對抗共產主義，「自由企業」遠勝於三民主義？陳之邁在他給蔣廷黻的信裡沒有說明。有意味的是，兩年以後，一九五一年十一月四日，他在給胡適的一封長達二十五頁的信裡，就直言不諱地批評「三民主義」是十九世紀末、二十世紀初過時的看法：

> 前一個月，台北《中央日報》刊出陳院長辭修先生的主張，說到中國土地問題，共列有三個步驟：一、減租，二、土地公有，三、耕者有其田。我們不能不認為這是十分嚴重的問題，實較之許多共產主義國家更為激烈……至於自由中國採取這樣激烈的政策，是否可取得國際的同情，尤為極大的疑問。外國朝野對於國民黨並沒有所偏愛。其所以予我支持，一部分是因為我們的政策在反對共產。如果國民黨對於中國最重要的問題的對策，與中共並無區別，那麼他們又有什麼理由繼續支持自由中國呢？
>
> 我認為民主政治的一個根本原則是認為每一個個人都有他的自尊心。民主政治的精神即在造成一種環境，使得他能充分發揮他的自尊心，不依賴別人，也不依賴政府。他可以謀他自己的生活，致力於他個人環境的改善。共產主義的獨裁和法西斯的獨裁，一樣地否定這個個人的自尊心，把所有的人民都變成為獨裁政權的奴隸。這是我們反對共產獨裁和法西斯獨裁的原因。
>
> 信仰社會主義的人說資本主義要不得，因為勞工受資本家的壓迫和榨取。我們在資本主義的美國住了許多年，實在看不見有什麼壓迫和榨取。美國現在有四百萬家企業。一九五〇年利得達四一〇億元。政府徵收了一八〇億元所得稅。其餘二三〇億元大都是股東的紅利。美國各家企業的股票，在證券市場自由買賣，人々可以買之而成為股東之一員……雖然我們不知道究竟有多少人係各公司的股東，估計則在九百萬

44 Chen Chih-mai to Ting-fu Tsiang, September 12, 1949,「陳之邁檔案：Tingfu F. Tsiang 卷（062-01-07-483）」.

至一千八百萬人之間。同時那七千八百萬買了保險的人，也都是「資本家」之一種（以上均係根據一九四九年的統計）。

由此可見美國現在「勞」、「資」的界線是十分模糊的。更可見社會主義者根本不曾清楚認識他們反對的對象。我們很難想像說財富分配如此普及的一個國家是「反動」的、不「民主」的，而莫斯科，或過去六年的倫敦才是「民主」的。

自從國民政府成立以來，我想不出有什麼成功的民營事業。這個現象自然是十分危險的。

今後中國可走的方向只有給予中國人民以最大的機會，使得每個人都能發揮運用他的聰明和體力，而政府的作用即在為各方面造成這個機會。我們名之曰資本主義也可，名之曰自由經濟也可，但要有勇氣，不怕共產黨說我們「反動」……我們不能以半獨裁來打擊中共的真獨裁；不能以半共產來打擊中共的真共產。我們要打擊中共就要揭櫫與共產相反的制度，要打擊共產的一切。[45]

他在寫了那封長信以後，言猶未盡。幾天以後，十一月八日，他又寫了一封信向胡適申論台灣頭重於國營事業、腳輕於私人企業，嚴重地違反了自由世界揚棄社會主義的潮流。他沉痛地說：

無論國民黨如何的「進步」，如何「左傾」，究竟是不如中共來的澈底……在這條道路上賽跑，我們無論如何是趕不上中共的。[46]

然而，黨工的懺悔真能信嗎？他真的是放下屠刀了嗎？答案是否定的。陳之邁在開始懺悔了兩年以後給胡適的這封信就露出了馬腳。他一九五一年十一月四日那封信在批評陳誠對土地改革的主張「實較之許多共產主義國家更為激烈」以後所說的一段話是關鍵：

外國朝野對於國民黨並沒有所偏愛。其所以予我支持，一部分是因為我們的政策在反對共產。如果國民黨對於中國最重要的問題的對策，與中共並無區別，那麼他們又有什麼理由繼續支持自由中國呢？

換句話說，他的「懺悔」並不是把民主政治與自由企業視作一種作為人不可妥協的價值與目的，而毋寧是一種爭取「外國朝野」——質言之，就是美國——的支持的手段。套用他十一月八日給胡適第二封信裡的話來說：「無論國民黨如何的『進步』，如何『左傾』，究竟是不如中共來的澈底……在這條道路上賽跑，我們無論如何是趕不上中共的。」

事實上，如果陳之邁的「懺悔」是要用民主與自由企業為手段來達到爭取美援的目的，則他實際上根本就從來沒有懺悔過。從他到美國從事黨工宣傳伊始，他的最高指導原則就是為達目的，就必須因時制宜、靈活地運用手段。他一九四四年八月十五日由陳布雷轉呈蔣介石的第一個報告，就以過度抨擊共產黨會引發美國人擔心國共內戰為理由，建議多多宣傳國民黨在推行民主措施方面的進步：「我國新頒人身保護法，美國反響極佳。國內各種民主設施，如地方自治、檢查書報改革等消息，較戰事新聞尤能收宣傳之效，似宜隨時電美宣揚。」[47]

一年以後，英國工黨在一九四五年七月的大選大勝。這讓陳之邁覺得民主並不一定必須是美國式的民主以

---

45 陳之邁致胡適，1951年11月4日，「陳之邁檔案：1951年資料（062-01-02-015）」；原件藏「胡適紀念館」，HS-US01-079-004.
46 陳之邁致胡適，1951年11月8日，「陳之邁檔案：1951年資料（062-01-02-015）」；原件藏「胡適紀念館」，HS-US01-079-005.
47 陳之邁致陳布雷，1944年8月15日，「陳之邁檔案：1944年資料（062-01-02-001）」.

及自由企業，沒有必要亦步亦趨；「民生主義」之下的統制經濟與英國工黨的政策有若合符節的所在。他一九四五年九月二十五日給陳布雷的報告裡的第七點，反映的就是這個新的宣傳手段的運用：

關於宣傳方面。過去注重集中策應中共之陰謀，現在情勢似已變更。竊意以為今後宣傳之重心似應在闡揚我國民主及社會的各項改革，而其要點似在向美國各方說明本黨及政府之政策在改善人民之生活。一方面界以人民以各種民主的權利使其能盡量發揮其個性。另一方面則使其物質生活充裕並由政府予以各種法律上之保障。平均地權節制資本中央對此方面之設施如能以具體事實廣為傳布於國外，似可收極大宣傳之效。[48]

這個比附英國工黨的宣傳策略，陳之邁在四個月以後，就運用在他在「華盛頓俱樂部」（The Washington Club）所作的〈中國的政策與抱負〉（China's Policies and Aspirations）的演講裡。他說：

政府會在我國的經濟生活方面扮演一個重要的角色。許多重工業目前就是政府經營的。鐵路與兵工廠一直是國營的。主要的輪船公司與航空公司也是政府經營的。「中國中央銀行」一直就是國營的，就像「英格蘭銀行」〔在工黨治下〕即將成為國營一樣。[49]

然而，陳之邁這個比附英國工黨的宣傳手段顯然並沒有使用多久。這跟他在美國從事宣傳工作往來的盡是共和黨的策士有關係。與這些策士過從甚密的所得，讓他深知支持國民黨的共和黨，在政治、社會、經濟政策上保守。國民黨要得到共和黨的支持，必須以推行民主政治、自由企業作為手段。經過三年半的努力，他在一九四八年春天覺得豐收可期。用他四月二十一日上呈蔣介石的報告裡的話來說：「**以目前形勢觀之，如在今後**

半年內無急劇之變化，共和黨之勝利，殆已有十分把握。」該年共和黨的杜威大有贏得總統大選的態勢。他在上呈給蔣介石分析杜威有望勝選的這個九點報告裡，第八點是：「關於共和黨對我國政治之期望」。其中，「大要言之」的七項裡，與此處的分析相關的有四項（粗體字是蔣介石用藍筆圈出的字句）：

4、**希望我國能成真正民主國家**，但不可強求。**目前之需要為產生安定之局面，俾使人民能自求出路**，並希望我政府效率增高，引用有為之幹才，領導建國大業。

5、**關於土地改革不感特殊興趣。**

6、**希望我國注重自由經濟，勿走社會主義之途徑。**

7、**希望減少貿易限制**，准許自由進出口事業。[50]

陳之邁這個在一九四八年所提出來的以推行民主、自由企業作為手段來爭取美國的支持的策略，他不但在一九五一年給胡適的信裡申論，他而且在兩年以後共和黨的艾森豪勝選以後再度提出。一九五三年一月初，就在艾森豪即將就職總統以前，當時要回台灣就任「美援運用委員會」秘書長的王蓬（Martin Wong）跟他有一段談話。他在一月七日札記裡記：

---

48 陳之邁致陳布雷，1945年9月25日，「陳之邁檔案：1945年資料（062-01-02-003）」.

49 Chen Chih-mai, "China' s Policies and Aspirations," The Washington Club, November 29, 1945,「陳之邁檔案：1945年演講稿（062-01-08-004）」.

50 陳之邁呈蔣介石，1948年4月21日，「蔣中正總統文物」，002-080106-00026-014.

> 後來我們討論到所謂「四年計畫」……我反對用「計畫」字樣，尤其是幾年計畫字樣。那又是太像學蘇聯，不易為美方所了解。我說議員們不會研究，一看題目即生反感。
>
> 同時我又說，我們應當歡迎外國投資。12/22/52蔣廷黻對我說：「我雖然是個社會主義者，但也認為並非在此時此地。」中國走不走社會主義之路，是另一問題。問美國人要錢來實行社會主義，共和黨當政時則太不合時宜也。[51]

「問美國人要錢來實行社會主義，共和黨當政時則太不合時宜也。」這句話說得再傳神也不過了：天下哪有拿行乞來的錢去佈施的乞丐！更何況是要向新近贏得美國大選、反對社會福利政策的共和黨行乞來的美援去實行社會主義！

歸根究底，陳之邁所「懺悔」的是手段，而不是目的。他所「懺悔」的，是包括從前誇誇其談三民主義是中國立國的精神的自己在內，必須痛改前非，領悟到只有推行民主與自由企業才是能夠爭取到美援的手段。陳之邁的「懺悔」的侷限，不只在於民主與自由企業從來就不是他的目的，而只是他達成爭取到美援的目的的手段，而且在於他所效忠的不是他的國家，也不是他的黨，而是蔣介石。

陳之邁效忠蔣介石屬於個人崇拜，而且是終生不渝的。首先，他的效忠是盲目的。到了一九四七年九月二十五日，他都已經在給外交部的報告裡承認：「中共罪行已非今日之好資料。要在能發揚中央之善政，遂漸轉移其『貪污、無能、無效率』之印象。」然而，他居然可以在次年四月二十一日由陳布雷轉呈的報告裡阿諛蔣介石說：

> 一般之意見認為中國今日之所以未被民主黨斷送於中共，實因我國人民有英明之領袖，而認為**主席堅持抗拒共黨之政策，不特已挽救中國人民於赤禍，且對美國本身之安全亦有最重大之貢獻。**共和黨之主要

> **人物及上下兩院之議員暨地方黨部一致贊成積極援華，並著重於軍事上之援助。**[52]

陳之邁這段阿諛的話，看得蔣介石龍心大悅。我用粗體字標示出來的字句，是蔣介石在報告上圈點的。

陳之邁對蔣介石盲目效忠，已經到了不分是非，惟蔣介石是從的程度。他一九五〇年七月二十一日的札記裡的一段話就是一個明證。當時蔣介石都已經輸掉了中國，逃到台灣了：

> Colgate U.〔柯爾蓋特大學〕校長Everett Case〔凱斯〕問："Is there any sign of a third force in China?"〔中國有第三勢力的跡象嗎？〕我以此事告顧少川。他也說蔣為中美關係的障礙。應有順應的方法！大使為元首的代表，如此不信任元首又如何得了呢？[53]

陳之邁不只受不了顧維鈞居然會說出蔣介石是「中美關係的障礙」這樣的話，他同樣地受不了胡適所擺出的一副不是對蔣介石完全臣服的姿態。他在一九五三年六月一日的札記裡記：

> 去年胡對張純明說，他回台要貢獻三點：一、國民黨內應分派，互相執政，行內閣制；二、「胡適之

51 Chen Chih-mai's notes, January 7, 1953,「陳之邁檔案：1953年資料卷（062-01-02-018）」.

52 陳之邁呈蔣介石，1948年4月21日，「蔣中正總統文物」，002-080106-00026-014.

53 Chen Chih-mai's notes re J.Z. Huang's report from Taiwan, July 19, 1950,「陳之邁檔案：1950年資料卷（062-01-02-013）」.

以外，還應有言論自由」；三、蔣公應「下詔罪己」。這事如果真確，三點均大有問題也。[54]

這真是一日成黨工，終生為黨烘。陳之邁渾然忘卻了——或者是有意忘卻了——胡適這句「國民黨內應分派」的靈感來源就是他自己。他早在一九三五年就已經在《獨立評論》上所發表的〈政制改革的必要〉一文裡，就為國民黨貢獻了「黨外無黨、黨內有派」的雙管齊下的策略。其中，「黨內有派」是用來「醫治〔國民黨〕這種〔半死不活的〕可怕病症」的良方。[55]

對個人效忠與崇拜不是問題。問題在於陳之邁對蔣介石的效忠與崇拜已經是到了罔顧憲政體制的程度。最令人匪夷所思的，是在蔣介石在一九四九年一月底「下野」由李宗仁代理行使總統職權的時候，他跟一小撮蔣介石的死忠繞過李宗仁，私下向蔣介石報告、執行任務的違反憲政體制的行為。這一小撮的成員有六名，是：周宏濤、俞國華、李惟果、陳之邁、皮宗敢、毛邦初。周宏濤在一九五二年給俞大維的一個電報裡解釋說，他們活動是由他所發動，「經由國華兄商諸惟果、之邁、宗敢諸兄。當時邦初亦在其內。每週作綜合報告一次，由空軍辦事處譯發，用『公』字押尾。至總統復職各方正常報告恢復即行停止。」[56]

這一小撮「『公』字輩」效忠蔣介石、罔顧憲政體制的心態，在在地體現在他們一九五〇年七月二十六日給蔣介石的一個報告裡。請注意，這個報告是在周宏濤說在蔣介石「復職各方正常報告恢復即行停止」四個月以後所發出的：

此邦公正持平人士皆以為無論在爭取民族之自由獨立，或在抗拒英日蘇聯帝國主義之侵略，及在打擊共產主義之蔓延，鈞座均為亞洲人民之前鋒，且為最自然的領袖……

職等獻身黨國隨侍有年，謹當以擁護領袖為最高原則，盡其心力之所及與此邦公正反共人士說明此一趨向，以謀致今後中美兩國邦交之改善及達成反共抗俄之使命。[57]

這一小撮「『公』字輩」死忠，不但「以擁護領袖為最高原則」，而且其中的陳之邁在秘密被顧維鈞揭穿以後，還義正詞嚴地宣稱他們的所作所為是正當的，並且反過來指責顧維鈞是「小人」：

> 去見顧〔維鈞〕討論常務。他突然間對我動怒，說我們有一個「小組織」背著他給台灣作報告，讓外交部極為難堪。這點小事，他卻暴怒。我義正詞嚴地告訴他我們是奉命行事的。我們每一個人都有一份直通「蔣公」（Gimo）〔注：英文裡對蔣介石的簡稱〕的密碼，目的就是在給他作報告。「蔣公」須要各方給他的資訊以便訂定國事方針。採取這個措施是在「蔣公」引退的時候。當時他收不到政府的報告，包括顧的〔注：所以必須要有向他報告的「小組織」〕。由於當時已經是到了顧為梅貽琦設宴的時候了，我們的爭吵於是告一段落。[58]

陳之邁對蔣介石的效忠與崇拜是終生不渝的。一九七五年四月五日，在梵蒂岡擔任大使的他在電視上看到蔣介石死去的消息。他在當天的日記上記：

---

54 Chen Chih-mai's notes on Hu Shih, June 1,1953,「陳之邁檔案：1953年資料卷（062-01-02-019）」.
55 陳之邁，〈政制改革的必要〉，《獨立評論》，162號，1935年8月4日，頁2-5.
56 周宏濤電俞大維，April 2, 1952,「陳之邁檔案：「公」字電報卷（062-01-02-040）」.
57 「公」字輩報告蔣介石，July 26, 1950,「陳之邁檔案：1950年資料卷（062-01-02-013）」.
58 Chen Chih-mai's notes, January 22, 1951,「陳之邁檔案：1951年資料卷（062-01-02-014）」.

蔣總統於今天下午十一時五十分因心臟病逝世，享年八十八歲。這個悲痛的消息是在羅馬下午八時RAI-TV聽到的。當即抱頭痛哭……這幾年不利的消息太多，老人家情緒不佳。美日的背叛，越南高棉的崩潰，使老人家支持不住了。蔣總統之逝世是一個階段之結束，但他的睿智早有安排，多麼偉大！蔣總統之逝世也是我生命的一個段落，從一九三八到現在，三十七年了。今後展望茫茫，還撐下去嗎？

四月十日日記：

我想走了，回台北渡晚年。蔣公死了，我已無效忠具體對象。何必在國外受苦、受欺？[59]

「蔣總統之逝世是一個階段之結束，但他的睿智早有安排，多麼偉大！」這句話可謂石破天驚。原來陳之邁所效忠的不只是蔣介石，而且還包括其「睿智安排」家天下所傳位的蔣經國！

蔣介石早就準備家天下的事實，是他駐外使節及其幕僚所熟知的。他們承認也不是，否認也不是。陳之邁一九五三年一月七日的札記就把他們裡外不是人的難局最逼真地描述出來了：

蔣經國的問題，現在連續發生。12/27/52和1/7/53兩度與孔令傑〔注：孔祥熙次子〕談此事。他認為民主黨反對我們，勢將以此為題目。我們的朋友不易代辯。這是一個很艱難的問題。孔令傑的看法認為我們最好不參加這個糾紛，理由為：

一、參加時不能無條件支持，不免要說：「方法有考慮」、「做得也許過火」一類批評。傳回台灣易被曲解。「他們的神經是很敏銳的。」

二、如果我們所說與事實未盡相符，外國朋友對我們的信心也許反而動搖，影響其他事情，失卻朋友。12/23/52蔣廷黻同我也談過這個問題。他認為應予局部解釋。孔的說法有其道理，且我們對於事實真相不明，辯白也很不容易也。[60]

蔣介石死去以後，《新聞週刊》（*Newsweek*）有一篇文章批評蔣經國在台灣搞「個人崇拜」。陳之邁在七月十六日日記裡認為那是大驚小怪：

Newsweek〔《新聞週刊》〕說蔣經國"personality cult"〔個人崇拜〕。誠然如此，有何不可？不過不宜太過火耳。如《嘉言錄》等則大可不必。總不該與毛澤東一般見識也。[61]

一九七八年，陳之邁奉准退休以後從羅馬到台灣定居。他親眼目睹的台灣政局既沒有新意，也沒有願景。蔣經國在國民黨全會裡的致詞毫無新意。他二月十四日日記：「第十二屆二中全會開幕……蔣經國的開幕詞，沒有新的內容。」國民大會，用陳之邁直白的話來說，也只是民主憲政的裝飾品，作的都是表面文章。他三月四日日記：

自2/26以來國民大會第一屆第六次會議開幕。政府各首長即分別作報告。接著又有立法院開會，各首

59 陳之邁日記，1975年4月5、10日，「陳之邁檔案：1975年日記（062-01-01-012）」.
60 Chen Chih-mai's notes, January 7, 1953,「陳之邁檔案：1953年資料卷（062-01-02-018）」.
61 陳之邁日記，1975年7月16日，「陳之邁檔案：1975年日記（062-01-01-012）」.

長亦作報告。這是民主憲政的裝飾品。蔣經國、謝東閔更分別請客「拜託」，但因大勢入選已定，提不起興趣來。所謂「政治季節」要到5/20新總統、副總統就職才能告一段落。這些都是表面文章，但亦非做不可耳。[62]

「民主憲政的裝飾品」、「這些都是表面文章，但亦非做不可耳」。記下了這幾段話八個月以後，陳之邁就過世了。三十三年黨工的生涯。這是多麼無奈、淒滄的最後的表白。

兩次面臨降黜、流放「化外」的危機

一九七八年四月二日，在陳之邁過世前半年，當時到台北定居的他在日記裡記：

午應劉紹唐約，在附近富貴樓午餐。座中有陳香梅、黃季陸、方豪、陳公亮、沈雲龍、潘仰生等人，甚為愉快。

陳香梅多年不見，丰采依舊。近年來勤於寫作，均交「傳記文學社」出版。她嚴厲批評周書楷，說周使美五年"did a lot of damage to the country"〔極損國家利益〕。內情不明，無從判斷，但有一義最明：駐美大使做不得。余獲免，終身之大幸也。[63]

陳之邁把他沒有作成駐美大使說成是他「終身之大幸也」！這句看似不合常理的話，道盡了箇中滋味只有過來人方能領略的心酸。陳之邁在美國的宦途並不是一帆風順的。他因為在美國從事遊說工作，捲入「中國遊說團」的醜聞，幾乎被參院調查。在當下一定讓他膽戰心驚，在其後回想起來也一定是會讓他不寒而慄。此外，他至少面臨了兩次的危機：一次是降職甚或被召回國；另一次則有被流放到外交官圈「邊疆化外」的命運。只是，他在宦途上所遭遇的這兩次危機，其來龍去脈只有他自己所留下來的資料裡透露出一些端倪，完全沒有其它資料可以用來佐證。

有關他第一次在外交宦途上所遭遇的危機資料最少。我們所以能夠知道，完全是拜魏德邁（Albert Wedemeyer）的一封信所賜。這次的危機發生在一九四八年三月。根據魏德邁三月二十四日給蔣介石的信：

> 我希望閣下不會覺得我沒有禮貌，寫這封有關中國大使館參事陳之邁的信。我聽說，但必須強調不是他告訴我的，他被降職了。
>
> 他廣受華盛頓地區跟他有所過從的美國人的尊崇。我知道他為中國贏得了許多共和黨成員的支持。其中，包括總統候選人杜威以及新罕布夏參議員布里吉斯（Styles Bridges）。他是一個明智、坦率、能讓人信服的人。我跟所有中國大使館的人員都有交往。上從大使，下至館員，我排他第一。
>
> 由於我深知閣下注重公道，而且在要職上急欲用人唯才，我覺得這些資訊是閣下所必須有的。我認為要適切地獎勵他為國為民所作的貢獻，不是把他降職，而反而是要把他升職。[64]

---

62 陳之邁日記，1978年2月14、3月4日，「陳之邁檔案：1978年日記（062-01-01-015）」.

63 陳之邁日記，1978年1978年4月2日，「陳之邁檔案：1978年日記（062-01-01-015）」.

64 Albert Wedemeyer to Chiang Kai-shek, March 24, 1948,「陳之邁檔案：Albert Wedemeyer 卷（062-02-07-502）」.

魏德邁這封信立時達到了效果。蔣介石在一個星期以後，給皮宗敢的訓令就說明了一切：

> 皮武官：請轉告魏德邁將軍三月廿四日函悉。陳之邁參事努力，為余所深知，並無降黜之事。[65]

陳之邁這第一次在外交宦途上的危機當然可能只是空穴來風。如果是真有其事，除非有新的資料出現，我們大概永遠不會知其詳。重點是，他有賴蔣介石所不能得罪的洋人拔刀相助，逢凶化吉。

最諷刺的是，陳之邁這第一次在外交宦途上發生危機的時間點，正是他在美國的宣傳遊說工作上做得最為順手、最志得意滿的時候。四月二十一日，在他這第一次外交宦途上的危機解決以後，他經由陳布雷向蔣介石作了一個洋洋灑灑的報告，認為主張「全力援助中國」的共和黨總統候選人杜威有贏得該年總統大選的態勢。他報告說：「以目前形勢觀之，如在今後半年內無急劇之變化，共和黨之勝利，殆已有十分把握。」

在分析共和黨在美國總統大選獲勝在望的同時，陳之邁順勢自我表彰：

> 關於與共和黨之聯絡工作，**在過去三年半來，曾不斷進行，經常與其接談，並供給各種資料**。人事方面，既有數年之交往，情感已深。即對華無關之事，亦常為彼等所諮詢，可謂已相當取得其信任。（粗體字是蔣介石在報告上所圈點的。）[66]

陳之邁在這段自我表彰的文字裡所溢於言表的躊躇滿志，迥異於他一向在給蔣介石的報告裡的戰戰兢兢、字字琢磨、句句推敲的拘謹。這個改變我認為是陳之邁對他幾乎遭受降職的一個反動。在美國三年半與共和黨的幕僚策士常相往來以後，陳之邁已經自認為是一個在美國從事遊說的高手。降職對任何人都是打擊，何況是當時躊躇滿志的他！在錯愕、憤怒之餘，他萌生了「此處不留人，自有留人處」的去志。

我們不知道陳之邁是什麼時候提出辭呈的，而且顯然不只辭了一次。他在八月十六日的英文札記裡記說王世杰在當天給了他答覆：「他說他真的從來就沒有聽到有人攻擊我。他要我留任。陳布雷也在當天告訴我說我應該留任。我該怎麼做呢？」他用中文作了一個眉批：「辭職又不准。」[67]從這句眉批的語氣來看，這不是他第一次提出辭呈。

從他八月二十二日的英文札記，我們可以清楚地知道他「此處不留人，自有留人處」的規劃：

> 王、陳的來信沒有解決我辭職的問題。我又寫了一封信給他們，告訴他們說我保證會暫時留在美國，但我不願意在大使館裡留任。
>
> 後面那一點是我新近的別出心裁（brainchild）的想法，我認為有很多優點。我如果不被大使館的日常館務所羈絆，我就可以作得更好。我也可以比較自由地說話，而無須考慮所有正常外交上的禁忌。比如說，如果我就留在這裡擔任中國駐「聯合國糧食及農業組織」（FAO）的常任代表。許多國家在此地都有常駐代表。對我來說，這會是最理想的。古德文（Bill Goodwin）〔注：國民黨在美國所雇用的說客〕也認為這是一個好主意，強力鼓勵我那樣做。這就是我〔向陳布雷？〕提出的。[68]

陳之邁想要用「聯合國糧食及農業組織」中國常駐代表的身份留在美國繼續從事宣傳遊說的工作。有關他這個請求以及蔣介石的反應，他沒有留下任何資料。然而，從我在下文就會提到的他寫給古德文的一封信，我

---

65 蔣介石致皮宗敢電，1948年4月1日，「蔣中正總統文物」，002-080200-00328-005.

66 陳之邁呈蔣介石，1948年4月21日，「蔣中正總統文物」，002-080106-00026-014.

67 Chen Chih-mai' s notes on his request to resign, August 16, 1948,「陳之邁檔案：1948年資料卷（062-01-02-009）」.

68 Chen Chih-mai' s notes on his plan after resignation, August 22, 1948,「陳之邁檔案：1948年資料卷（062-01-02-009）」.

們可以知道一直到十一月二日美國大選以前，他仍然在努力尋求轉換工作，只是我不能確定是不是希望能當他在這則札記裡所說的「聯合國糧食及農業組織」的中國常駐代表。

陳之邁所期待的，是用杜威的勝選來證明他兩年來押寶共和黨的先見之明，從而以之笑傲所有抨擊他、害他幾乎被降職的人。結果，人算不如天算。十一月二日的總統大選，杜威居然落選。晴天霹靂，把躊躇滿志的他打落到他一生最深的低谷。他十一月三日的札記裡附載了他在大選結果揭曉以後就寫給陳布雷、王世杰引咎自責的兩封信。這兩封信的用字遣詞雷同。就以他給陳布雷的信為例：

> 晚近兩年來因共和黨在國會中佔多數，且頗能為我仗義執言，且據各方推測該黨頗有在明春執政可能，故在聯絡上偏重於該黨。今選舉結果恰成反面，不但兩年心血廢於一旦，且當時論見膚淺延誤大政，咎無所辭。[69]

陳之邁給陳布雷、王世杰的兩封信是典型的公文，只有官腔而沒有人味，完全沒有道出他晴天霹靂之下的心靈狀態，更遑論是說明他兩年多來所進行的宣傳遊說工作的來龍去脈了。

幸運的是，就像許多中國近代史上的名人——例如，胡適和蔣廷黻——的作法一樣，陳之邁也是喜歡、寧願、或者比較放心把在中文裡不為外人道也的秘密說給洋人聽。陳之邁在十一月四日寫給古德文的信，不但道出了杜威敗選，讓他感覺到他已經沒有未來了那種萬念俱灰的心境，而且也暢述了他兩年來從事宣傳遊說工作的策略以及原先對未來工作的願景：

> 我對新近的發展痛定思痛以後，作出了最後的結論。作為朋友，我要坦誠地對你全盤托出。這是我反躬自省的結果，我懇請你好好聆聽。

這星期二〔注：閏年十一月第一個星期二是美國總統大選日〕是澈底的潰敗。就像瀋陽陷落是一個大潰敗一樣，但從某個角度來說，這是更為澈底的潰敗。我們不用再自我欺騙了。想要從災餘的瓦礫堆裡去尋寶一定會是徒勞無功的。我們，其實是我，是跟它賭了。而這個賭，我們從各方面看來，都覺得應該是一個一定會贏的賭。結果剛好相反。我們輸了；我們被打趴了（licked）。

在此當下，我不可能期望我國人會再相信我的判斷，更遑論是繼續走我的路線。政府是不會聽推託之詞的。失敗了，就得走，儘管你可以把你所建議的作法說得振振有詞。我不會遭受懲戒，但我此後所能做的大概就是日常的館務了。我自己是想求去。如果不行，我會樂意做那些日常的館務的。可以確定的是，我是不會再走老路了，因為那條路的地基已經崩塌了。天已經塌下來了，我已經完了。

你不用再寫那封信了。那是一點用處都不會有的。我們的理由已經不能成立；我們的請求只會看起來荒謬可笑。不如就把它忘了吧。這整件事就是一個霉運。

其他人已經開始規劃新的路線。那是對的。他們會認為沒有必要去向少數派〔注：共和黨〕工作。這個想法也是對的。這是新的策略路線，不管對錯與否，就是這樣了。事實上，我已經擺明了我是不會參加的。

我希望你不會以為我是不負責任的，或者太過悲觀了。我兩者都不是。我仍然跟從前一樣想為國奉獻，盡我綿薄之力去阻擋世界共產主義的浪潮。然而，不可避免的結論是，我已經沒有資格去從事在信念上跟我四年來所走的路線相左的工作。我在那幾年所投入的努力、精力、與時間沒有得到任何的收穫。所以現在是到了我該撒手不管的時候了。這就是我要做的。

你記得我們在開始合作的時候，就已經說好我們不措意眼前的問題。我們是在為解決長遠的問題鋪路。那解決問題的時間點是在明年春天。那個〔我們所預想的〕明年的春天〔注：如果共和黨的杜威勝選，春

69 Chen Chih-mai's notes, November 3, 1948,「陳之邁檔案：1948年資料卷（062-01-02-009）」.

天就是他宣誓就職的時間〕已經不會來了。等那個時間到來的時候，我們——至少我是——會是形同陌路。假裝什麼事都沒有發生而繼續奮鬥只會讓我看起來更可笑而已。

在短期內我們還是會有機會做一些事，比如說，在報章雜誌上寫些文章，或者反駁共產黨惡意的攻擊。然而，就只有這些了。我們已經連一片可以立足其上的土地也沒有了。所以，我們就認命吧。

我早已把你當成一個摯友，如果你願意接受的話。我們之間的合作也是其樂融融，特別是我們對未來充滿了信心的時候。可是我們已經沒有那個未來了。這就是為什麼我會認定我除了在眼前的（the immediate）以及芝麻綠豆的日常（trivial）以外，什麼都沒有了。這就是我所要做的。好運不跟我們在一起，我們要有自知之明，我們是被打敗了。[70]

毫不意外地，古德文覺得陳之邁是杞人憂天。他次日的回信口氣傲慢已極：「你的反應很自然，但不正確。理由有二：第一，你不了解我國人民；第二，你不了解我國的政情。」在教訓完了陳之邁跟中國政府以後，他的原形就畢露了：

我認為我還是應該寫信給外交部長向他解釋這些改變。然而，為了尊重你在信中的意見，我不會提出讓你脫離大使館的請求，也不會在他們對目前的情況比較有信心以前要求〔他們給我〕一個長期的合約。[71]

古德文說得傲慢已極，一副教訓的口吻。他完全忘卻了他只是一名國民黨所雇用的說客。而且陳之邁還是他的恩人，一再地幫他牽線，說好話，讓他當說客的合約一延再延，連在杜威敗選以後亦然。

陳之邁也許對美國人、美國政情瞭解得不夠深入，但「我不會遭受懲戒」，這一句話就道破了他對中國政情是瞭如指掌的。在一九四八年，何止是陳之邁認定杜威篤定會當選。整個國民黨，從蔣介石以降，到他駐美的使節團，連胡適、傅斯年，全都押寶在共和黨的杜威。杜威敗選，絕對不只是陳之邁個人判斷的錯誤，而是整個國民黨政權以及許多親國民黨又自詡為知美的知識階級的集體的一廂情願。

毫不意外地，陳之邁不但沒有遭受懲戒，他還升了官，在一九五〇年加了公使銜。

同樣也毫不意外地，陳之邁不但沒有改變他在工作上著重於遊說共和黨的作法，他事實上是變本加厲，與共和黨的死硬派合作跟民主黨政府、特別是國務卿艾奇遜作對。陳之邁的行為一定是頗為人所知。蔣廷黻在一九五一年二月十九日寫了一封勸戒他的信：

> 從我得到的機密的訊息，艾奇遜頗後悔他過去所犯的錯誤，而希望和我國政府以及在美國的代表改善關係。他覺得很奇怪，我們當中有些人不是直接跟他聯繫，而是去找他在國會的政敵來介入。中國的朋友建議我們如果改變作法可能會得到更好的結果。他們更建議我們應當約束一下柯爾伯（Alfred Kohlberg）和莫凱（Frederick McKee）。[72]

陳之邁在二月二十一日用英文回了蔣廷黻他自認為是寫得最好的一封信，否認他有任何踰矩的行為。他說：

> 我們在華盛頓的所作所為，完全謹守不介入美國政治——這當然也包括政治人物——的原則。我們在這個國家是客，就必須做得像是客人一樣。

---

70 Chen Chih-mai to William Goodwin, November 4, 1948,「陳之邁檔案：中國遊說團（1）卷（062-01-02-028）」.

71 William Goodwin to Chen Chih-mai, November 5, 1948,「陳之邁檔案：中國遊說團（1）卷（062-01-02-028）」.

72 Tingfu Tsiang to Chen Chih-mai, February 19, 1951,「陳之邁檔案：Tingfu F. Tsiang卷（062-01-07-483）」.

他為自己辯護，說在民主、共和黨兩黨之間，他從來就不偏袒任何一方：「在國會議員方面，我也一直遵守不偏不倚的原則。民主黨、共和黨議員，我都有許多熟識的。他們會來找我，應該就是他們對遠東，特別是中國有興趣。」當然，他也不諱言他認為共和黨對蔣介石的政權比較友善：

眼睜睜的事實是：共和黨裡對中國有興趣的議員比民主黨多。這不是我所能控制的。我所能做的，就是對所有希望得到有關中國訊息的美國人一視同仁。我答覆參議員問題，就像我常常會幫助高中生寫有關中國的作文一樣。〔顧〕大使認為我們的職責誠然是要交朋友、說服不信任我們的人。然而，我們也不能因此而自外於對我們友善的人——不管他們對我們友善是因為他們就是心存善意還是因為有在政治上的因素。我認為這是一個很正確的原則，是我一直恪守的。[73]

然而，他在當天用英文寫的札記裡說的話不但完全不同，而且流露出對蔣廷黻、胡適等人對美國政府低聲下氣、唯唯諾諾的不齒：

收到廷黻的來信，馬上回信，寫得極為中規中矩（most careful job）。廷黻說他的美國朋友勸我們要避開「中國遊說團」、跟國務院親近、而且要謹慎並約束柯爾伯和莫凱！我的回信極為中規中矩，是可以放在檯面上的記錄（for the record），是我這一輩子寫得最好的一封之一。

可怕的是，這種言論〔注：對「中國遊說團」的攻擊等等〕中國人——亦即，胡適、俞大維、現在甚至也包括了蔣廷黻——最喜歡。他們不願意睜開眼睛看是我們的朋友救了我們；他們只知道要走正規的道路。等那些方法都失敗了，確實是失敗了，他們就只能等著排隊上斷頭台。我是不會輕易地投降的。為了我們國家的自由，我們必須奮戰。李幹的看法跟我一樣：永遠不能相信出賣過你的人。這句話最對。[74]

事實上，在陳之邁說得悲壯，說他「不會輕易投降」，不會像胡適、蔣廷黻等人「只能等著排隊上斷頭台」、「永遠不能相信出賣過你的人」的時候，正是台灣處境最為艱難的時刻。當時，蔣介石政權在聯合國裡已經接二連三挫敗。蔣介石堅持在一九五〇年在聯合國所再度提出的「控蘇案」，又被提交聯合國會期間的「過渡委員會」——又稱「小型聯大」——研究，等於是胎死腹中。當時美國又起意在聯合國提出台灣地位未定論的提案。讓蔣介石幾乎得了心臟病。彷彿壞事總是接二連三來一樣，還有那年年都困擾著台灣的中國代表權的問題。[75]

這對蔣介石來說，真可謂是可忍，孰不可忍。他在一九五〇年三月九日就已經表示：「余意決定自動退出，以全國格也。」[76] 一個月以後，陳之邁陪同美國記者參訪團到台灣訪問。期間，他幾次晉見蔣介石。他自己在晚年所記的回憶資料裡只記對話，完全不及於他的感想。

一年以後，在美國把「台灣地位未定論」的提案撤回、譴責中共在韓戰侵略案通過。在聯合國這一連串折衝的勝利以後，蔣廷黻奉召返國述職。他在一九五一年三月二十日抵達台北機場的時候，連他自己都覺得他是受到了英雄式的歡迎。這絕對不是他自我陶醉，連陳之邁在他一九五一年三月二十六日的英文札記裡都記說：「廷黻現在在台灣，受到像王公一般的歡迎。」當時擔任駐美大使的顧維鈞已經是到了人人都說該換的時候了。

---

73 Chen Chih-mai to Tingfu Tsiang, February 21, 1951,「陳之邁檔案：1951年資料卷（062-01-02-014）」.

74 Chen Chih-mai's notes on Tsiang Ting-fu's cautioning him re the China Lobby, February 21, 1951,「陳之邁檔案：1951年資料卷（062-01-02-014）」.

75 所有這些，請參見拙著，《蔣廷黻：從史學家到聯合國席次保衛戰的外交官》（台北：聯經出版公司，2021）。

76 呂芳上主編，《蔣中正先生年譜長編》，1950年3月9日，9.461-462.

陳之邁在當天的札記裡說有五個人是傳言中繼任的人選：「蔣廷黻、吳國楨、俞鴻鈞、俞大維、葉公超。廷黻相當有機會。」

最有意味的，是陳之邁說在新任駐美大使到任以後，他對是否去留的想法：

我的想法如下：如果新任駐美大使決定要背棄我們的朋友，跟敵人交好（如俞大維），我就辭職。我不如去的原因，因為那與我的信念不符。我的立場是：如果我們能夠說服馬歇爾、艾奇遜〔改變對華政策〕，很好。然而，我堅決認為那是不可能的。作為人，我們必須有朋友。我就是無法背棄朋友，特別是那是會不利於我們的國家。我真的希望我們的人不是那麼的笨？[77]

大話真的不要說得太早、太多。三個半月以後，一九五一年七月六日，陳之邁在晚年所編的「年表簡編」裡記：「Senator Wayne Morse〔摩爾斯參議員〕提議調查“China Lobby”〔中國遊說團〕。」

這個「中國遊說團」當然是一個空泛的名詞，特指在冷戰時期資金來源來自於蔣介石政權，支持蔣介石政權、為其遊說的一個團體。其成員包括美國人，例如國會議員，最有名的是被拉鐵摩爾在國會聽證的時候譏誚為那位「從台灣來的參議員」（the Senator from Taiwan）的諾蘭（William Knowland）參議員、周以德（Walter Judd）眾議員，以及其他不在政府裡的柯爾伯、莫凱，等等。然而，那些美國人。只要他們不違反法律，美國的法律保障他們行使他們在政治上的權益。陳之邁他們那一小撮「用『公』字押尾」的電報向蔣介石作秘密報告並與「中國遊說團」的美國成員串通的行為，如果沒有報備或者有所逾越，就違反了美國的法律。

陳之邁在一九四九年還在「『公』字」電報裡向蔣介石報告，說遊說工作合法。他在該年七月二十一日的電報裡，還在笑胡適冬烘：

> 我方在美活動似仍應行政立法雙方並重。對國會之聯絡只要嚴格依照美國法律進行，絕無危險。胡適之先生主張不對國會活動，似嫌偏頗。[78]

然而，兩個月以後，陳之邁已經在九月二十三日的「公」字電裡報告說：「《華盛頓郵報》攻擊我雇用古德文活動。」[79]

面對媒體日漸注意到他捲入民主黨、共和黨政爭的活動，陳之邁卻仍然掉以輕心。他在一九五〇年四月六日給蔣介石的「公」字電裡，居然在報告其與諾蘭德、周以德的談話以後，大剌剌地宣稱：「杜〔魯門〕總統才具有限……艾〔奇遜〕氏不去對華政策無轉變可能。」[80]

一年以後，陳之邁仍然認為所謂的「中國遊說團」的問題，只不過是美國民主、共和兩黨在玩的政治皮球。他在一九五一年三月二十四日的英文札記裡記他聽來的一種說法：由於「國會以及輿論一再地對國務院所執行的中國政策的批判，杜魯門對之頗為惱怒。國務院必須找一個替罪羔羊來頂杜魯門的怒氣。」[81]

到了一九五二年六月間，某些參議員對「中國遊說團」的反感，已經到了必須予以制裁的地步。根據《紐約時報》的一篇報導：

77 Chen Chih-mai's notes, March 26,「陳之邁檔案：1951年資料卷（062-01-02-014）」.
78 陳之邁呈蔣介石，「公」字電，July 21, 1949,「陳之邁檔案：「公」字電報卷（062-01-02-040）」.
79 陳之邁呈蔣介石，「公」字電，September 23, 1949,「陳之邁檔案：「公」字電報卷（062-01-02-040）」.
80 Chen Chih-mai's notes, April 6, 1950,「陳之邁檔案：「公」字電報卷（062-01-02-040）」.
81 Chen Chih-mai's notes, March 24, 1951,「陳之邁檔案：1951年資料卷（062-01-02-014）」.

有關「中國遊說團」的調查，摩爾斯參議員說：

> 如果調查的結果證明陳之邁、皮宗敢說的是實話〔注：亦即，他們不是一九四九年間那一系列打給蔣介石的秘密電報的作者〕，我會是第一個公開宣布的人。然而，如果調查結果證明了他們是這些電報的作者，則我認為我國政府就必須啟動外交上的手續，把這些人列為「不受美國歡迎的人物」(persons non grata to the United States) 逐回台灣。[82]

陳之邁萬萬也沒想到把柄就在人家手上。而這個把柄之所以會落在摩爾斯參議員手上，還是窩裡反的結果。原來在他那一小撮用「公」字電報向蔣介石作秘密報告的「六人幫」裡的毛邦初造反了。這就是蔣介石好任用親人、惟忠是用的結果。毛邦初是蔣介石元配毛福梅姐姐的兒子。第二次世界大戰期間，他就已經在美國負責空軍器材的採購。一九四九年以後，他擔任空軍駐美採購處代表。這種肥缺自然是會讓人眼紅的。毛邦初素行不良。陳之邁在他跟毛邦初還是同志的時候，雖然覺得毛邦初在生活上過得太過奢華，但似乎並不以為意。他說毛邦初：

> 在用錢方面有點不夠謹慎。他整修他在華盛頓的房子，搬到了紐約一個較好的公寓，買了全新的傢俱、一個大電視機、兩部卡迪拉克轎車、一部龐帝亞克轎車、參加兩個鄉村俱樂部、有好幾個僕佣，時常跟他的太太旅行。所有這些都是在周〔至柔〕〔注：時任參謀總長、空軍總司令〕攻擊他生活太過奢華的時候發生的。我覺得他是應該比較謹慎一點。[83]

毛邦初會造反，除了因為空軍有人眼紅以外，駐美採購處裡分贓不均也是一個重要的因素。毛邦初這件案子鬧得很大，震動了美國政壇，重創了蔣介石政權在美國的名譽。蔣介石下令召回毛邦初。毛邦初抗命。他貪污移轉到他名下的錢，據說是在千萬美金以上。毛邦初被蔣介石政權通緝以後，反過來指控蔣介石不是合法的總統。他說放在他手下的錢是他暫時替中國人民保管的。他要等中國人民選出了一個合法的政府以後再歸還給他們。然而他逃亡到墨西哥，後來被拘禁在監獄長達四年的時間裡，據說他每個月付三百五十美金給獄卒，讓他得以享受豪華的監獄生活：有僕佣、廚子、情婦凱莉（Agnes Kelly）每個星期還能到監獄裡跟他行房。蔣介石為了擺平這件醜聞，一度還請胡適出面斡旋。這整個案子一直要到一九五八年才由駐美大使葉公超和毛邦初和解。毛邦初交出兩百萬美元還給國民黨政府，國民黨政府則答應他留下二十萬美元作為其生活費，並撤銷所有對毛邦初的控告。

陳之邁在「年表簡編」一九五二年條下忿忿然用藍筆補記：

> "China Lobby" 之事，都是毛邦初／向維萱〔注：毛邦初助理〕搞出來的。他們想利用左派，反為左派所利用，可悲也。

陳之邁是摩爾斯參議員對「中國游說團」調查的重點。陳之邁在「年表簡編」一九五二年條下記：「四月十八日，Morse要求對余調查，對證筆跡。」換句話說，摩爾斯手中有毛邦初所提供的「公」字電報的副本。當時的陳之邁一定是膽戰心驚。他能夠暗自慶幸的是，參院所作的「中國游說團」調查最後是無疾而終。

一九五二年八月九日，《紐約時報》報導皮宗敢被調職召回台灣：

---

82 William White, "Atomic Spy Order Is Laid to Chinese," *The New York Times, June* 10, 1952, p.4.

83 Chen Chih-mai's notes, March 26, 1951,「陳之邁檔案：1951年資料卷（062-01-02-014）」.

> 中國〔台灣〕大使館今天宣布皮宗敢准將，摩爾斯參議員在「中國遊說團」調查案裡的被告之一，被調離軍事參事之職。大使館說這是一個例行的調遣。
>
> 這篇報導最後又提到了陳之邁：
>
> 這些〔「公」字〕電報的簽名貌似皮宗敢以及參事公使陳之邁的。皮將軍、陳參事立刻指稱這些電報是「偽造的」、「曲解的」。[84]

同謀的皮宗敢被召回，接下去自然就會是陳之邁了。這是典型的利用價值沒有了就甩掉、把所有過錯都由代罪羔羊來承擔的獨裁者的哲學。

有意味的是，陳之邁使美仕途上第二次的危機不是降職、召回，而是幾乎要被流放到外交圈的「化外邊疆」。更有意味的是，他這第二次在仕途上的危機當然有來自於美國的壓力，亦即，國會對干預了美國內政的「中國遊說團」的調查。然而，他這次的危機也有來自於國內的因素，包括幾個上司各自的盤算，以及有人想要爭取外放或調到美國的機會，因此覬覦陳之邁的位子，想要取而代之。有關所有這些種種，最詳細而且最生動的描述，是陳之邁自己在當時留下來的記錄。

他留下來的第一個用英文所寫的札記不但最長、最有意味，而且透露了他的抗拒之心：

> 十二月十日，顧大使告訴我說，他在四五天以前接到了葉公超的電話，說考慮要把我派任為駐巴拿馬公使，或者是駐阿根廷的公使與代辦。顧說葉表示我可以在兩者之間選一。他也說這個調任已經得到了總統的同意。

在談話中，顧說葉想要在駐外隊伍裡起用新人，但可用的人不多。他認為這對我而言是陞遷。他給我的感覺其實是在說：「走得好！」（Good riddance）。

我必須承認，我的第一個反應是我才不會願意去巴拿馬，阿根廷則還可以考慮。我已經在此地超過七年了。對我個人而言，我是真心願意換個環境。阿根廷是一個好的駐在地，而且我也可以休息一下，看看書、散散心。我趕回家把這個消息告訴南施。她也為我高興，只是孩子們極為沮喪。

在我做決定以前，我想跟一些好友商量。我第一個告訴的是周宏濤〔注：他昔日打「公」字電報給蔣介石的那一小撮「六人幫」死黨裡的頭頭〕。他是總統的機要秘書，剛好來美國處理毛〔邦初〕——向〔維萱〕的案子。周表示他完全意外，而且認為我應該留在這裡，特別是美國總統大選就要到了。他說他再過幾天就要回台灣了（他是十二月十七日離開的），他會問總統。他叫我在得到他的回音以前不要做決定。他說他會留下一份電報密碼給我，會透過密電告訴我事情的進展。

其次，我跟俞國華談（十二月十三日）。他的看法跟周一樣。他們兩人都不了解為什麼總統會同意。

接著，我就跟孔令傑和黃仁霖談。他們都慷慨激昂，從各個角度來分析問題。他們所理出來的脈絡真的是高超（ingene[i]ous）。他們認為我的派任是有人要取我的職位而代之的結果。他們認為那個人一定就是沈昌煥。他們會這麼認為是因為大家都知道沈是蔣經國的人。蔣經國的「政治部」跟在台灣的美軍顧問有很大的摩擦。他們認為沈想要離開那裡，所以用這個〔調到美國〕作為理由，以便〔讓美國人〕能比較了解小蔣。他們認為我們一定要把這個計謀擋下來。他們強力地建議我用南施的病情作為藉口——事實上是實情——拒絕被調。我同意，不管周在台灣得到的結果是什麼。

這兩個人真的是了解中國人玩政治的手法。他們也說黃仁霖應該間接地警告K. H. Fu，讓他向顧報告，

84 "General Pee Being Replaced," *The New York Times*, August 9, 1952, p.4.

說沈來了以後會亂了他的套。這樣就可以促使顧支持我。黃仁霖做得好極了。

於是，我作了決定，我會在美國再留一段時間。對這個決定，我其實有一點後悔，因為，我想我會喜歡布宜諾斯艾利斯、當地的牛排、南美洲美女（sinoritas）的。然而，現在還不是享樂的時候。

我在十二月二十一日告訴顧我的決定。我說陸遷的好意我心領，但南施的病情使她不能離開美國。顧似乎已經預料到我會作這個決定。他要我呈遞一個有關南施病情詳細的報告。我寫了〔注：中文眉批：「Nancy 6/5/52再開刀。可見非過分顧慮也。現開刀後還須照X Ray，仍未終了。July 28, 1952補記。」〕。顧會寫一封信給葉，而不是用打電報的方式。

我也告訴了李惟果〔注：「六人幫」之一〕。李非常憤慨，認為對我是一個羞辱。他說他會盡其所能阻擋在這個關鍵時刻把我調離美國的作法。事實上，他說他要向蔣經國報告。我勸阻了他。李認為是鄭震宇覬覦我的職位。這是可能的，因為鄭到最近為止是駐巴拿馬公使〔注：一九五一年八月離任〕。這的確是欺人太甚！試想：由鄭來取代我在華盛頓的位置！Fu也認為鄭是在背後搞鬼的人。

在第二次討論的時候，顧的態度好多了。顯然在一開始的時候，他很高興我要走了。可是在想過了以後，他一定是覺得留下我比沈或者鄭來更好。在討論的時候，他甚至說有些事情只有我做得了——顯然意指跟國會的聯繫——雖然他也同時抱怨說許多要被調離〔美國〕的人都拒絕。

在冷靜地省思這整件事以後，我不禁有點沮喪。在此地，有許多人說我做得很好。結果，居然是要把我調到世界的邊陲去，而除了幾位好友以外，沒有一個人為我說話。葉一點都不在乎；蔣公也一樣。我為什麼要為這個體制賣命呢？

我還沒有得到在十二月二十六日抵達台北的周的回音。也許我很快地就會有他的消息〔注：眉批：「cf〔參照〕1/7/52日記，宏濤來電。」〕。無論如何，這已經不重要了，我是絕對不會去的。85

陳之邁的推測一點都不錯，他很快就得到了周宏濤的密電了。他在美國的日記誠然現已不存，所以我們看不見他在前一段所提的「參照1/7/52日記，宏濤來電」的內容。然而，他在一九五二年三月二十四日的札記裡記：「之邁先生調使阿事已決定緩辦，請釋念。1952，1，4收到。」[86]拜他晚年在「年表簡編」一九五二年條裡的記錄，原來向他透露這個好消息的人不是別人，就是在一九五一年十二月留下一份電報密碼給陳之邁以便向他通風報信的周宏濤：「周宏濤自台北來電：「使阿（根廷）事決定緩辦，請釋念。」這兩個資料和在一起看，我們就知道陳之邁在一九五二年一月四日就已經知道他被流放到外交圈化外邊陲的危機已經化解了。

危機雖然已過，但陳之邁繼續補記他所聽來的消息。他在一九五二年八月二十五日的英文札記裡說：

> 孔令傑和黃仁霖今天從舊金山回來。我們在一起談了一陣子。
>
> 台北確實曾經想要把我調離華盛頓。對我的看法有兩派：一派認為我做得不錯；另外一派認為我應該為捅出「中國遊說團」這個馬蜂窩負責。蔣夫人屬於第一派。她擋下了要把我調離的決定。
>
> 黃仁霖告訴我一個秘密：台北想在十一月以後換大使，想要找一個適合繼任顧大使的人。他也說我會留任，而且會增加一些跟新聞方面相關的任務。我的同事裡會包括游建文。
>
> 這不是一個新的想法。事實上，這個想法已經談了好幾年了。未來會如何無法預期。我的想法是靜待其變。關鍵在於誰是下一任大使。我認為無論怎麼變，我是可以調適的，只是到什麼程度如何而已。[87]

85 Chen Chih-mai's notes, December 27, 1951,「余調阿根廷事」，「陳之邁檔案：1951年資料卷（062-01-02-015）」.

86 Chen Chih-mai's notes, March 24, 1952,「陳之邁檔案：1952年資料卷（062-01-02-017）」.

87 Chen Chih-mai's notes, August 25,1952,「陳之邁檔案：1952年資料卷（062-01-02-017）」.

兩個月以後，陳之邁在十月二十七日的札記裡透露了更多。他說當時領銜台灣代表團到聯合國開大會的葉公超告訴他說，要調陳之邁使阿根廷、巴拿馬是王世杰建議蔣介石的。蔣介石同意：

> 葉說：「王雪艇常愛出主意，且得蔣信任。」葉說他反對。他說：「之邁為有用之人，赴阿、赴巴均可有用。但之邁在美頗有功。」現在陳之邁遭受攻擊，「我們不應予以處分。功罪不可不分，否則太不公平。」沒想到過了一段時間以後，王世杰仍然對調派陳之邁之事並沒有忘懷，又提出該議。葉公超說他乘宋美齡召見他的時候告訴她說不應該調陳之邁。宋美齡同意，說她會："work on the Gimo"〔向蔣公下工夫〕。此事遂作罷論。

陳之邁頁底又自注：「上述之事，葉在12/19/52又說了一遍，但不如此次詳細。葉所說在時間上有點疑問：因為倡余赴阿根廷係去年十二月之事，"China Lobby"對我之攻擊係今年四月中旬之事。有意叫我赴阿時，我並未受任何人攻擊，被攻擊尚難成為他調的理由也。想來孔令傑的解釋有點道理，即有人，如沈昌煥，想來此地耳。」[88]

無論如何，夫人牌奏效，讓陳之邁化險為夷。不但如此，陳之邁除了他原來就有的參事之職以外，還繼續保住了他的公使銜。他在一九五三年七月六日的札記裡附上了蔣介石在六月十三日續聘他為公使的訓令。

陳之邁在有驚無險地度過這第二次外交仕途上的危機以後，他對美國國會對他的調查也許心有餘悸，但他輕舟已過萬重山了。儘管他就是註定沒有成為駐美大使的命，他終於在一九五五年被任命為駐菲律賓大使，實現他父親相信他「將來必定可以做到全權公使，甚至於大使」的心願。[89]

麥卡錫之友

在冷戰時期依附於蔣介石政權的反共尖兵、冷戰鬥士裡，胡適明明和共和黨裡的極右派常相往來，卻躲躲藏藏，欲掩彌彰；蔣廷黻則因為他具有費邊社社會主義的傾向而對主張「小政府、大社會」的共和黨裡的極右派敬而遠之。陳之邁則不掩他只跟極右派的共和黨人來往的事實。我們從陳之邁晚年在《傳記文學》上所發表的、後來由「傳記文學出版社」在一九七九年結集成冊出版的《患難中的美國友人》一書看來，他是以與這些極右派往來為與有榮焉的。試看那本書裡的幾篇文章的標題：〈美國反共猛將：麥加（卡）錫〉、〈美國反共鬥士：柯爾伯〉、〈紀念一位美國的文人鬥士〉、〈蔣總統的美國友人：蒲立德先生〉。其他幾位也都是知名的極右派：參議員塔夫特、惠利、諾蘭、以及共產黨員轉為反共鬥士的厄特利。

陳之邁常相往來的極右派人士裡，最有名、最聚訟紛紜、同時也在陳之邁的檔案裡留下最生動的資料的，就是麥卡錫。陳之邁在：〈美國反共猛將：麥加錫〉一文裡形容麥卡錫像是一顆彗星一樣：「他所掀起的反共運動有如一陣狂風疾雨，橫掃美國大陸。又好像一顆彗星，斜掠美國天空。」他在該文裡寫下他初識麥卡錫的場合，以及他對麥卡錫的描述：「我是在他任參議員後在華盛頓社交場合初次遇見麥加錫的。他的身材碩壯魁梧，生氣勃勃，談吐爽直，而略嫌粗魯。」[90]

在他晚年所編的「年表簡編」裡，陳之邁把他與麥卡錫初識繫於一九五〇年：

---

88 Chen Chih-mai's notes, October 27,1952,「陳之邁檔案：1952年資料卷（062-01-02-017）」.

89 Chen Chih-mai's notes, July 6,1953,「陳之邁檔案：1953年資料卷（062-01-02-020）」.

90 陳之邁，〈美國反共猛將：麥加錫〉，《傳記文學》，29.1（1976年7月），頁31.

一九五〇年三月二十六日，6:00 PM，顧大使囑余陪往訪 Senator Joseph R. McCarthy，地點在他女友 Jean Kerr〔寇爾〕家（3032 24th St., N. E., Tel H05046）。

McCarthy 結婚，余贈黃君璧山水畫小幅。

陳之邁說他跟麥卡錫「有過數面之緣」。他說得太過保留了。他跟麥卡錫熟悉的程度，可以從麥卡錫一九五三年三月十日在「雙橡園」大使館調侃他的話見其一斑。當時，宋美齡造訪華盛頓，下榻「雙橡園」。大使館連日為她設宴款待，冠蓋雲集。陳之邁列席了三月十日的晚宴。陳之邁記下了一段酒酣耳熱之際，麥卡錫當著許多中國人——包括顧維鈞——稱讚他的話。他說讓他有點不知所措：

「陳之邁這個傢伙是一個頂瓜瓜的政客。我本人是一個政客，是不會看走眼的。」「我要說這句話。我說這句話並不是因為我已經醉了（他手中握著一杯白蘭地）。陳之邁這個傢伙，是我認為對美國作出了最大的貢獻的四五個人當中的一個。」[91]

最能生動地描述了陳之邁與麥卡錫稱兄道弟的關係的，還是陳之邁自己的文字。他一九五四年五月七日寫給不到兩個星期就要成為他第二任夫人 Lilyan 的一封長信，既是描寫他和一對好友夫婦到麥卡錫家和他們夫婦通宵喝酒、聊天的點滴，也是一封情書。它傾訴了他對當時不在華盛頓——難不成是到內華達州辦離婚？（見第八章）——的 Lilyan 的相思，也讓她開始憧憬婚後在華盛頓政治社交圈裡所會過的多采多姿的生活。這封文情並茂的長信，展現了陳之邁一流的英文造詣與文采，以及他對美國俚語的嫻熟。同樣有意味的是，這封信也凸顯出了麥卡錫「談吐爽直，而略嫌粗魯」的一面：

親親我愛（Darling）：

這封信的副本會存檔在三環的筆記本裡，因此我用正式的稱呼。它所描述的是一個華盛頓人（Washingtonian）不可思議的（crazy）一天。其寓意也在向妳預示妳即將開始的生涯。

今天在開始的時候是再正常也不過了，就是一個平常的工作天。下午兩點，唐妮．戴維斯（Tony Davis）〔注：陳之邁在〈紀念一位美國的文人鬥士〉一文裡所描述的佛瑞斯特．戴維斯（Forrest Davis）的太太Isabella〕打電話給我，說佛瑞斯特今天要來，想要跟我一起吃晚餐。好啊！我晚餐沒約。傍晚6:30，唐妮說佛瑞斯特是從辛辛那提飛來的，7:33會到。我能載她到機場去接他嗎？好啊！這麼好的天氣，是出遊的好日子。

佛瑞斯特的飛機早十分鐘到。唐妮和我順利地接到了他。唐妮跟一個南美洲人有約，所以佛瑞斯特和我就哥倆們自己到只有會員能去的「大都會俱樂部」（Metropolitan Club）晚餐。我們到了俱樂部以後喝了三杯帶有檸檬皮捲的乾馬丁尼。我有了點醉意。我們的晚餐是：烤牛肉和鮮草莓。10:00，有人呼傳（paged）佛瑞斯特，是姬恩．麥卡錫（Jean McCarthy）〔注：麥卡錫夫人。他們是在一九五三年九月二十九日結婚的〕她說：喬（Joe）〔注：麥卡錫名字Joseph的暱稱〕回來了，要見我們倆。唐妮接著來了。我們於是一起開一部車〔注：顯然還是陳之邁的車〕去喬的新家。

我跟佛瑞斯特單獨相處了兩個多鐘頭……

我跟佛瑞斯特獨處，我問了他的婚外情。我這一問就讓他把話匣子打開了。艾芙琳（Evelyn）是個美女，五十歲了，但一點都看不出來。艾芙琳愛佛瑞斯特愛得要死，她想跟她的先生離婚，如果佛瑞斯特跟唐妮離婚的話。艾芙琳身段絕美。佛瑞斯特把她從頭到腳，一直到床笫間的表現都鉅細無遺地描述給我

91 Chen Chih-mai's notes on Mm Chiang's stay at the Twin Oaks, March 13, 1953,「陳之邁檔案：1953年資料卷（062-01-02-018）」.

聽。只是，艾芙琳天生是個騷貨。她見到一個就挑逗一個，特別是年輕的男人。有好幾次，佛瑞斯特吃醋到受不得了。在這種情況之下，他該怎麼做呢？

我們在10:30出發去麥卡錫夫婦家，11:00左右到。麥卡錫夫婦住在華盛頓東南區一棟老式的房子，是喬的仰慕者最近奉送給他們的，是一棟三層樓的房子，有很大的客廳、飯廳、臥室，等等。姬恩的腳踝還沒好，所以還拄著腋杖。我們一到，喬和姬恩就帶我們參觀他們的家，每間都看，下至地下室，上達閣樓。有趣的是，他們的房子完全沒有佈置，就那麼三、兩件散置的傢俱。沒有地毯，沒有畫，沒有窗簾，什麼都沒有。有些房間完全是空的。黃君璧的畫會掛在壁爐上的牆上，可是還沒框好。

佛瑞斯特和唐妮把消息告訴喬和姬恩：

陳〔注：五月十九日〕要結婚了！

「給我們看那女孩的照片！」

「喔！真漂亮！陳，你好小子（you lucky dog）！」坐在客廳一角的狗打了一個哈欠。

姬恩問：「你們什麼時候度完蜜月？」又說：「你一定要帶她來見我們，好好地痛快一場！」

「我們的地址是不公開的，電話號碼不在電話號碼簿上。拿一張紙把我們的號碼寫下……」

「她會作中國菜嗎？哪天讓Lilyan跟姬恩作一桌晚餐給我們吃。」

「佛瑞斯特！你他媽的什麼時候要搬回華盛頓？辛辛那提是一個鬼住的地方。」

姬恩要唐妮給她意見，選房間的色調，還有窗簾。

12:00整，打開電視：是一小時的麥卡錫—斯蒂文斯聽證（the McCarthy-Stevens hearings）的摘要。

我們都沈默地看著，只有喬偶爾會評論說：「聽那句話！真他媽的？」

「陳！你的看法如何？」

陳有點尷尬，因為他並沒有太關注這個聽證。因此，他只能用他從國內的朋友那兒聽來的話來搪塞。

「在美國這種民主國家裡，」陳開始說：「民選的官員就像是一面石牆一樣。你沒辦法把它拆掉，只能由其選民不要他。喬就是一個民選的官員。喬有很多敵人：所有的共產黨徒、同路人、各色各樣的舔共份子（pinkos）和麥當勞式的自由份子（McLiberals）。然而，這些人都是在政治上有色彩的人。他們找不到一個領袖來攻擊喬。本頓（Bill Benton）試過一次。本頓是一個不錯的選擇，因為像喬一樣，他是由康涅狄卡州的人選出來的。本頓有一個問題。他出擊的時候是他要競選連任的時候。他用「麥卡錫主義」作為競選的主題。可憐的本頓，他落選了。喬在奇維克〔注：Ralph Zwicker少將〕聽證會的時候得罪了陸軍的高層。他們的虛榮心受傷。所以陸軍高層也加入了喬那一長串的敵人名單裡。」

「最奇怪的事發生了。為了要攻擊喬，有些人就要當熟透了的番茄。結果，陸軍部長就自願充當那個熟透了的番茄。所有喬的敵人都為他加油。斯蒂文斯不是一個民選的官員。但他自願當，而且立刻被接受了。於是他這顆熟透了的番茄就被扔向那一面石牆了。在一陣喧嘩以後，你可以看到那顆熟透了的番茄是砸爛在石牆上了。它也許可以打掉石牆上鬆動的一顆釘子，例如，柯恩（Roy Cohn），但那石牆仍然是不動如山；可是那可憐的番茄現在只是石牆上的渣渣而已。」

「我不了解的是，為什麼陸軍部長會決定要當一個番茄？為什麼他甘願充當喬的一群非常有問題的敵人的工具？」

陳用這個問題來結束他的看法。他相當累了，時間已經是凌晨1:00。在三杯馬丁尼以後，他又喝了兩杯蘇格蘭威士忌和水。他相當醉了。但實際上他的心是在遙遠的內華達州的雷諾。

「這是我聽到的對這些聽證會最好的詮釋。」喬驚嘆道。

佛瑞斯特說：「太好了！我會把它盜用在我的專欄裡，不管你准不准我。」

「你們知道嗎？陳是華盛頓裡最聰明的外國人。我真希望他是美國人，他就可以當美國的參議員。」喬作了總結。

「可憐的陳！他在戀愛中。他的心不在政治上。我們該走了。」唐妮說。

「喔，不！我們再喝一杯！」姬恩說完就拄著腋杖起來去倒了酒。

「你知道！你一定對最近美國對國民黨中國的政策感到欣慰。」喬說著：「我們還能求什麼？」

在我說了一些有關福爾摩沙話以後，談話就倏然結束了。

「你們不會有問題的。蔣公是日前活在世界上最偉大的一個人。我真希望能夠見到他。」喬說著。但不可避免的，話題總是一直回到聽證。

我們離開麥卡錫家的時候，是3:00整。我們穿過城區開到了戴維斯家。

「陳！讓我們喝一杯睡前酒！」佛瑞斯特說。

「好！就一杯睡前酒。然後我就一定要回家去了。」

我們於是就喝了一杯睡前酒。唐妮坐在沙發椅上睡著了。在喝睡前酒的時候，佛瑞斯特和陳談起美國同性戀的問題。我們會談到這個問題是因為我們談到了羅伯特・奧本海默（Robert Oppenheimer）的案子。共產黨用女人去色誘這個可憐不知所措的物理學家。

「我不喜歡共產黨的原因，是因為他們從來就沒試過用女人來色誘我。」陳說著。

佛瑞斯特整張臉都亮了起來：「今天早上《華盛頓郵報》上那張龔澎〔注：中國外交部情報司司長，當時中國參加日內瓦會議代表團員之二〕的照片如何？」

「喔！她在重慶的時候誘惑了所有的人！我們有四年住在同一棟樓裡，但她從來就沒有誘惑過我！可惡！」

說完了那些話，我終於離開了。那時候是清晨4:00，整條麻州大道是空的。我留了一張條子給雷，告訴他不要等我早餐，就睡著了。但我在平常起床的時間9:00就醒了。我只睡了三個半鐘頭。

今天早上我所做的第一件事就是寫信給妳，給從整個晚上到今天早上都跟我同在的甜心。我要讓她知道她未來的生活會是什麼樣子的。不知道她會不會喜歡。也許她會。她喜歡政治。有一天在雷諾還跟李斯（Bill Reece）徹夜不停地談到清晨四點呢！她怎麼會沒有辦法跟更加能言善道的喬或者佛瑞斯特談政治呢？就讓她試試看吧。[92]

陳之邁說：「也許麥加錫就是一位蓋棺而永無定論的人物。」然而，他對麥卡錫其實是有他自己的蓋棺定論的。他在一九七六年所寫的〈美國反共猛將：麥加錫〉誠然是在事過境遷以後撫今追昔的一篇文章。然而，從前作為反共尖兵、冷戰鬥士裡的一員的他，二十年以後，仍然是從同樣的角度來評價麥卡錫：

> 麥加錫這個人是有勇氣的。在他看來，戰後國際共黨泛濫成災，美國勢力的節節退縮，馬歇爾應負最大的責任……
>
> 關於亞洲方面，他說到馬歇爾之寵信史迪威；說到馬歇爾在雅爾達會議堅持犧牲中國利益，付出重大代價引導蘇聯參加對日作戰；說到馬歇爾之赴華調解國共之爭及迫使中國組織聯合政府；說到在中國大陸危急的重要關頭扣發援華的軍火等等。
>
> ……二十五年後……想到世界今日面臨的局勢及其危險。撫今追昔，真不禁感慨係之。

然而，即使曾經是反共尖兵、冷戰鬥士的一員，在二十五年以後，在撫今追昔之餘，也不得不承認麥卡錫以及他所代表的麥卡錫主義有其斲喪民主政治的深遠的影響：

---

92 Chen Chih-mai to Darling〔Lilyan Foo 趙荷因〕, May 7, 1954,「陳之邁檔案：1954年資料卷（062-01-02-023）」.

麥加錫反共運動以及由此而引起的種種忠貞調查，使親共、袒共分子，或則被迫離開釐定政策的政府職位，或則不敢明目張膽發表有利於共黨的言論，銷聲匿跡，不敢抬頭。在美國這樣一個民主國家，這種現象是否盡符理想，自不無疑問。麥加錫主義之終於受到譴責及唾棄，其造因亦在於此。[93]

93 陳之邁，〈美國反共猛將：麥加錫〉，《傳記文學》，29.1（1976年7月），頁33-34.

第八章　女人緣·美嬌娘·第二春

陳之邁是一個好談論女人、也頗有女人緣的男人。他在清華讀書的時候是否有女朋友，我們不知道。以他的個性以及對女人的興趣，如果有的話，他應該會留下一些鱗爪的。最具有指標意義的，是他晚年在匯集他留美生涯的資料的時候，讀書生活的回憶就只是流水帳式的寥寥幾筆。相對地，他卻刻意追述他當時所交往的女性朋友。我在第一章裡指出陳之邁之所以只留下很少他在清華以及留美生涯的資料，也許是因為他只教了四年的書以後就學而優則仕去了。他在重慶從政七年以後，在海外從事外交長達三十三年。陳之邁可能早已不自認為是一個學者了。既然不自認為是一個學者，晚年開始匯集資料準備寫回憶錄的他，也就自然不會措意他留美的讀書生活了。然而，在他極其零星、片段的回憶裡，他特意留下了他跟一些美國女友的交往。不但記下了她們的名字、興趣、相貌、而且還特意強調他與她們「過從甚密」、「同遊」、看電影，等等。其細節雖然不多，只點到為止，但其有意撩撥、引人遐思的意味遠超過他回憶他讀書生活的點滴。

一九〇八年出生的陳之邁，一直到一九三八年一月十五日才跟黎憲初結婚。當時的他已經三十歲半了。以當時人普遍早婚的現象來看，陳之邁算是晚婚的。有關陳之邁跟女性的傳言不少。只是值得注意的是，這些傳聞的來源可能就是一個，就是當時也想吃黎憲初的天鵝肉的吳宓。當然，吳宓可能是從別人那兒聽來的，也有可能是他們在清華同事的時候，在吳宓為單身教授所組成的「飯團」或宿舍裡，聽陳之邁吹噓其「閱女多矣」及其「斬獲」的英雄史所得的印象。然而，傳言不管是親聞還是耳聞，都有可能聽錯、會錯意、張冠李戴、時空錯置、講一个影生一个囝、妄自聯想、遽下結論，更不用說是以訛傳訛了。

在這些傳言裡，最惡毒的——用吳宓勸戒黎憲初要三思而行、甚至在婚都已經結了以後的話來說——是：

「邁在美國與猶太美婦同居二年事」以及「邁在平津曾與其嫂相愛，同居二載，關係未斷。」[1]

這兩個傳言都經不起檢證。首先，陳之邁在美國與一位猶太女子同居兩年的傳言，不要說在美國當時《排華法案》的大氛圍之下可能性不高，而且陳之邁在哥大三年除了開始的幾個月以外，是住在單身研究生宿舍裡的。他最先是住在「晨邊公園」區，因治安不良，在次年遷往李文斯頓樓。從李文斯頓樓，他又換到約翰·傑伊樓。一九三二年，他還到駐美公使館擔任「甲種學習員」。最後，在一九三三年回到紐約，提交論文。換句話說，在哥大三年住在單身研究生宿舍，其間還有半年多以上的時間住在華盛頓的陳之邁是不可能跟一位猶太女子同居兩年的。

然而，陳之邁在哥大期間確實認得一位猶太女子，只是不是在哥大，而是在康乃爾大學，而且只是一九三一年夏天。「年表簡編」一九三一條記：「是年夏天到康乃爾大學消夏讀書。在Ithaca〔綺色佳〕識一猶太女子Kathleen Friedberg〔凱瑟琳・傅莉珀〕。」值得注意的是，陳之邁只說「識一猶太女子」，而不像他提到他在哥大認識的女子「碧眼黃髮」、「與余相交甚密」、「與我過從甚密」。當然，這並不排除有時候越是親密反是越是要掩藏的可能性。然而，這就難免像是在雞蛋裡挑骨頭，或者說棉花店沒有彈棉花的聲音，老闆就一定是死了的說法一樣了。

至於有關陳之邁「在平津曾與其嫂相愛，同居二載」的傳言，則屬於匪夷所思、而且死無對證的範疇了。陳之邁有兩個哥哥，說「與其嫂相愛」，指的究竟是大嫂還是二嫂？以生理年齡來判斷，這個亂倫的可能性很低。大哥之達是一八八七年生的，比陳之邁大二十一歲。大嫂即使比較年輕，也幾乎可以當陳之邁的媽媽，可以說是在完全可以被排除之列。更何況之達一生跟他的妻子都住在濟南。用陳之邁在〈我畢生最難忘的人〉（The Most Unforgettable Character I' ve Met）一文裡的話來說：「在結婚不久以後，他就把新娘接到了濟南，終生住在那裡。」

之逵是一八九五年生的，比陳之邁大十三歲。之逵在陳之邁留學歸國的時候是住在上海，結了婚與否他沒說。陳之邁在晚年所寫的〈我的父母〉一文裡，說他在一九五五年秋天調任為駐菲律賓大使以後，他住在新加坡的二哥設法報知他留在中國的父親。如果之逵是有妻子的人，如果陳之邁曾經跟「二嫂」亂倫過，則他二哥

1《吳宓日記》，1937.11.27, 6.263；1937.12.4, 6.268.

不但不會繼續跟他保持聯繫，遑論是有心通知父親陳之邁終於當成大使的光宗耀祖的好消息了。

當然，天下事沒有絕對不可能的。在沒有證據的情況之下，我們只能從常理來看待傳聞。誠然，天下事不合常理的所在多有。常理是不能用來作為檢證的標準的。歸根結底，我們應該去追究的，不是某個傳聞是否屬實，而毋寧是那個傳聞是否攸關大局或者是否影響到相關的人與事，否則不但是干卿底事，而且根本就是皇帝不急急死太監。

「閱女多矣」的他、經歷過「生死戀」的她

陳之邁好談論女人，但他所留下來的談論女人的文字不多。這是很容易理解的。畢竟作為教授，談論女人未免有失身分。等到他後來成為黨政官員，談論女人更是有失官箴了。然而，陳之邁好談論女人至少有一個人證，那就是吳宓一九三六年九月一日日記：「午飯後，1－4在趙訪熊室中閒談。陳之邁述暑中旅途之所見聞及關於女子之故事。」

陳之邁自己所留下來的談論女人的文字，從留美時期到中年，全都是晚年為寫回憶錄而寫下來的。當然，這不一定可以作為他一向就好談論女人的證據。這是因為研究已經證明了「性慾亢進」（hypersexuality）以及不當的性行徑（inappropriate sexual behavior），包括婚內或婚外的性行為、自慰、對性有異常的興趣、愛觸碰不管認不認得的人的肌體，都是患有失智症的徵兆。

我之所以會提出「性慾亢進」以及不當的性行徑屬於失智症的徵兆之一，是因為陳之邁談論女人的文字都是在晚年所寫的。有意味的是，吳宓那一則日記：「陳之邁述〔1936〕暑中旅途之所見聞及關於女子之故事。」可以既被用來證明，也可以被用來否定的旁證。

在作為證明的旁證的一面，我們可以與之拿來對照陳之邁一九三六年在《獨立評論》上所發表的〈漫遊雜感〉的五篇系列。這是他該年夏天接受行政院的委託到東南各省去考察行政督察專員制度以後所寫下來的雜感，我在第五章裡徵引分析過了。他那五篇〈漫遊雜感〉寫下了他在「旅途之所見聞」，但不及於「關於女子之故事」。

反之，陳之邁在晚年所寫的「回憶錄資料匯集」裡，重點卻是「關於女子之故事」，而不是他在「旅途之所見聞」。他說他在「民國二十五年〔1936〕夏間到江蘇、浙江、江西、安徽等省考察新近成立的行政督察專員制度。」政府「派了一位勤務兵」為其隨從。他回憶說：

> 遊威尼斯者例以當地獨有的木船稱為Gondola〔貢多拉平底船〕者作為交通工具。而在蘇州所乘的則為女子所抬的肩輿。蘇州抬肩輿的女子，體格健壯，絕不纖弱，登山渡橋，步履如飛。
>
> 金華。當地人告訴我，金華亦「盛產」美女，就是村莊中的農家姑娘，也生得眉清目秀，明媚姣嬈。[2]

作為否定的旁證的一面，則是說其實陳之邁在年輕的時候就已經好談論女人了。他之所以在〈漫遊雜感〉裡只寫下他在「旅途之所見聞」，而不及於「關於女子之故事」，完全是因為他顧及他教授的身分的結果。換句話說，「旅途之所見聞」是可以形諸文字的，而「關於女子之故事」則是茶餘酒後可以作為友朋之間談笑之資，不登大雅之堂。

在陳之邁晚年所寫的「回憶錄資料匯集」裡，還有兩則「關於女子之故事」。一則寫的是他在中日戰爭爆發以後，他在長沙「臨時大學」教學之餘，跟幾位教授在長沙附近最喜歡去遊玩的一個地方：

2 「陳之邁檔案：回憶錄資料匯集（062-01-08-092）」.

我們最喜歡遊湘江中的長島，名為水陸洲。我們約上幾位朋友買舟環遊，最為舒暢。水陸洲上面有農田，也有果園。我們到長沙時正逢橘子上市。偶到島上的果園購買。有一處果園賣橘子的是一位妙齡女郎，小家碧玉，婀娜多姿。我們的同事金龍蓀（岳霖）是湖南人，能講長沙話，喜歡和這位女孩子搭訕，講價錢，拉々扯々。我們在一旁湊熱鬧。經過兩次以後，這位湘女再不出來了。橘子由她的母親代銷。從此水陸洲上便再無我們的足跡了。[3]

另外一則是他學而優則仕以後有一次坐飛機出差在飛機上的「豔遇」：

民國二十七年〔1938〕五月下旬，教育部又派我考察廣西省戰時教育狀況……這次我有意改乘飛機……五月三十日清晨，我到武昌機場……乘客除我以外，只有三位：一位中年男子，一位中年婦人，還有一位少婦。我猜想……少婦則為側室……這架飛機的確很小，只有四個客座。中年夫婦併坐在前排，少婦和我併坐在後排。飛機引擎發動，隨即在跑道上滑行，速度加急。這個時候，坐在我旁邊的少婦全身抖顫，面無人色，甚至於不顧男女授受不親之義，偎倚在我身旁，一隻冷冰々的右手緊々的握著我的左手，怪可憐的。等到飛機順利升空拉平之後，她才逐漸寧靜下來……到了長沙之後，她的「老爺」在旁，她更不敢向我說什麼話，只是偷偷的以眉目傳達她對我給她安慰的謝意，未交一語而別。[4]

說到不期而遇的「豔遇」，就不能不提同樣也是陳之邁在晚年所寫但發表了的〈德國印象記——舊遊雜憶之四〉。

陳之邁這一系列六篇以《舊遊雜憶》為題，描寫他一九三三年學成歸國的時候取道歐洲旅遊經歷的文章，我已經在第二章裡分析過了。他這一系列《舊遊雜憶》裡的〈德國印象記——舊遊雜憶之四〉，有與整個「舊遊雜憶」的主題最格格不入——或至少是突兀——的一節。那就是我在第二章裡以「曼斯小鎮豔遇」為副標題的一部分所描寫的他在曼斯小鎮上的一個豔遇。

陳之邁描述他在到了曼斯（Mainz）小鎮當晚，到廣場亭榭的酒座坐下。他原來只想是要喝啤酒看人跳舞。沒想到酒座裡一位「金髮碧眼的妙齡女子」居然來電邀他共舞。惶恐之餘，「在西方住了幾年，知道對女性必須尊敬」的陳之邁，覺得「只有答應她，立即趨前和她共舞。」沒想到在一舞之後欲罷不能。整個晚上，他們居然「舞了約十次之多」。他們「交談的話甚少」。陳之邁認為那位女子「到音樂場來的目的是消遣，消遣便須有伴。想來我的情形也是一樣，故相約渡此良宵。」陳之邁作結論說：

> 我們共舞時，彼此依偎，儼如情侶，卻彼此不通姓名。曲終人散，一聲謝謝，各自東西，事如春夢了無痕。萍水相逢，最好是不要拉拉扯扯。這是歐洲人的人生哲學。入境問俗，別有一番滋味，可供追憶。

更有意味的，是〈德國印象記〉裡有關他遊歷柏林的雜憶。對柏林，他的雜憶主要是在發揮德國從威瑪政體瓦解到希特勒崛起的歷程。唯一說到他自己在柏林的點滴的，是他住進彼得士公寓巧遇歐陽予倩並與他多次漫遊柏林的情形。在寥寥數筆的素描裡，他卻不忘歐陽予倩「嚴重警告我千萬不可在彼得士小姐身上打主意」的一句話。

最令人匪夷所思的，是他居然談起猴子的性生活：「在一個燠熱的下午，我們同遊柏林著名世界的動物園。忽然遇到豪雨，躲在養猴子的亭榭中一小時之久，得有機會充分領略猴子的性生活。」

3 「陳之邁檔案：回憶錄資料匯集（062-01-08-092）」.

4 「陳之邁檔案：回憶錄資料匯集（062-01-08-092）」.

現在，在勾勒出「性慾亢進」以及不當的性行徑屬於失智症的徵兆之一的研究成果以後，為什麼陳之邁會寫出與整個系列文章的主題格格不入的「曼斯小鎮豔遇」背後深層的原因就呼之欲出了。

陳之邁在晚年所寫的這些「關於女子之故事」，甚至「豔遇」，用今天的標準來看，根本稀鬆平常，一點都沒有大驚小怪的必要。他在晚年所寫的跟「性」扯得上關係、最露骨、但卻又屬於極短篇的，只有一筆，亦即，他一九四四年從重慶飛紐約，六月二十五日在北非卡薩布蘭卡（Casablanca）停留的時候，去看了一場性表演的經驗：

> 先到一個妓女集中的地方，美國人稱之為Women's City〔女人城〕……我們坐下來之後看一場表演，是兩個妓女表演性舞，一個偽裝男子。五分鐘表演完畢，付了些錢便算完事。[5]

有意味的是，這場性表演的描述還有他當年用英文所寫的一個版本，雖然沒有晚年所寫的露骨，但描述得更為詳細、完整，不但是用遊記的方式撰寫，而且還寫下了他自己的感受：

> 六月二十五日，卡薩布蘭卡
>
> 住安法飯店（Anfa Hotel）〔注：羅斯福、邱吉爾一九四三年開會的地點〕……我一輩子不知道世界上有如此豪華的所在。我就是要盡情地享受。在現代的浴室裡泡了澡以後，我就躺到床上去了。我一路疲累已極，只有睡一覺能夠讓我復甦。

陳之邁說當地美國海軍司令官反正閑得沒事幹，說要當他的導遊。他雇了一輛馬車：「說要親自帶我們這一群去逛。」陳之邁在這則卡薩布蘭卡一日遊的遊記裡，有時候用單數，有時候用複數，所以我不是很確定當天出遊的是他一個人還是一群人。陳之邁這次赴美所搭的飛機，用他離開重慶時描述的話來說：

> 整架飛機滿是中國人〔注：中文眉注「連我共九人」〕。除了我以外，都是去美國「布雷頓森林」(Bretton Woods)參加「國際貨幣」會議的。

我們所不知道的是：是不是所有同機的九個人都去開洋葷了。總之：

> 我們到了「阿拉伯女人城」(Arab City of Women)。簇擁著我們的女人，腰部以上一絲不掛……她們皮膚的色澤偏黑，是西班牙和穆爾人的混種，有著姣美的面孔和優美的曲線……她們都是妓女……美國海軍司令官告訴我說絕對、絕對不能「碰」她們。她們都有病……
>
> 美國司令官帶著我們逛。他告訴我們說當地最有名的是一種香茶。他想我們也許有興趣品嚐一下。他在一間房子外面停了下來。我們都進去。我們被領進了一間小屋，暗暗的。大家都坐了下來。一個老婦人接待我們。很快地，「茶」就端進來了。一個茶壺和許多小杯子。美國司令官叫我們也不要碰那個「茶」〔注：矛盾的是，那位司令官進去之前才說：「他想我們也許有興趣品嚐一下。」〕，因為杯子可能有菌。有一陣子，我們就侷促地坐在那裡。美國司令官和那位老婦用法文交談著。
>
> 接著就是表演。兩個極為美麗、黝黑的土著女子走了進來，全身一絲不掛地撩撥著我們每一個人。她們用乳房、屁股、性器官〔注：打字稿最後這三個字用「X」字鍵連續打上去遮掉，代以「赤裸裸的身軀」("naked bodies")，但可以依稀辨識出是「性器官」〕，對我們搔首弄姿，想要誘惑我們留下來。

5 「陳之邁檔案：回憶錄資料匯集（062-01-08-091）」.

美國司令官跟我們坐在一起，告訴我們絕對不可以給她們任何鼓勵。事實上，這場表演下流、可憎到極點，我根本就待不下去。可是美國司令官要我們留下來看一場舞蹈（“to see a dance”）。那場舞就是由那兩位一絲不掛的女子表演的。其實根本就不是舞蹈，就是不停地扭動（wiggling）她們的身體〔作衝刺迎合的動作〕。

陳之邁說他不禁慨嘆著說：「有些土著女子美麗已極。我完全不理解為什麼那麼多漂亮的女人會如此淫蕩呢！」[6]

陳之邁這兩個中英文版的「卡薩布蘭卡一日遊」最大不同的所在，不是當年的英文版完整詳細，而晚年的中文版則言簡意賅。最大的不同，在於英文版描寫表演的女子用字露骨：「一絲不掛」、用她們的「乳房、屁股、性器官對我們搔首弄姿」。然而，到了關鍵的所在，卻含蓄地說他們所表演的舞蹈，「就是不停地扭動她們的身體。」反之，中文版雖然就三言兩語，卻直搗黃龍：「是兩個妓女表演性舞，一個偽裝男子。」

這兩個版本都同樣地說明了陳之邁好談女人的本性，而中文版則彰顯出了他晚年對描繪性事似乎更少了一分禁忌的傾向。

我為什麼要勾勒出「性慾亢進」以及不當的性行徑屬於失智症的徵兆之一呢？我的目的，並不在意指陳之邁晚年有失智的徵兆，而毋寧是在凸顯出一個常被人忽視的問題。我們都曾經目睹或者耳聞一些長者喜歡把玩年輕女性的手，甚至於去觸碰其肌體。我們不該把他們一概地貶為「老不羞」、變態，而必須去探究那是否是失智的徵兆。

如果好觀察女人、好談論女人、也頗有女人緣的陳之邁可以自詡「閱女多矣」，他的第一任夫人黎憲初則是從刻骨銘心的「生死戀」走過了一遭的女性。

傳統文化裡，有「閱女多矣」的說法，而且是正面的，但不可能會有「閱男多矣」的說法。「閱女多矣」，不管是妻妾成群，還是流連花叢，男人可以說得施施然，讓稱羨者大興其「大丈夫當如是也」之歎。「閱男多矣」，則不見於詞彙，也不容於倫常。如果硬要襲用的話，只不過是「人盡可夫」、「不守婦道」的同義詞。用陳之邁在「卡薩布蘭卡一日遊」裡的話來說：怎麼「會如此淫蕩呢！」

有意味的是，如果陳之邁可以自詡為「閱女多矣」，黎憲初也可以負詞正用地自詡她「閱男多矣」。陳之邁在留美的時候跟好幾位美國女性朋友看電影、「同遊」、「過從甚密」，黎憲初刻骨銘心的「生死戀」暫且先不表，她在清華讀書的時候也有過男朋友。陳之邁不但知情，而且還跟他一起去接剛到美國的她以及兒女，歡聚了一場。

陳之邁在晚年所寫的「回憶錄資料匯集」有「憲初及小孩來美」一則，描寫他在一九四四年九月同黎憲初的前男朋友去芝加哥火車站接妻子：「憲初在清華時的男朋友同學〔注：陳之邁自己刪除了「朋友」兩字〕鄭家頤……多年老友，一同去接憲初，並且暢敘一場，亦人生樂事也。」[7]

陳之邁在一九四四年當時的記錄，描寫得更為詳細而生動：

> 一九四四年九月十五日
>
> 去芝加哥跟Nancy〔憲初〕、Kitty〔陳歌〕、和Bobby〔陳歆〕。他們先到加爾各達，然後再去孟買等船。他們在八月十二日離開孟買。他們所搭的是美國的運輸艦，都是德國戰俘。為了躲開日本的潛艇，他們必須駛往澳大利亞，可是又不准在雪梨登岸。九月十一日，張紫常打了電報通知說他們當天到了洛杉磯。

---

6 「陳之邁檔案：1944年資料（062-01-02-001）」.

7 「陳之邁檔案：回憶錄資料匯集（062-01-08-091）」.

現在他們到了美國。我跟憲初從前在清華的男朋友鄭家頤在下午1:25一起去車站接他們。鄭家頤現在是鄭寶南在芝加哥「中央通訊社」的助手。鄭家頤當然也是我的朋友。他現在跟一個美國女孩結婚了。她的名字也是Nancy〔南施〕。[8]

有意味的是，黎憲初的生日究竟是哪一天，陳之邁都說不清楚。他在〈亡妻黎憲初〉一文裡，說黎憲初「於民國元年〔1912〕五月三十日（農曆四月二十二日）出生於湖南省湘潭縣長塘。」[9]問題是，一九一二年五月三十日換算成農曆不是四月二十二日，而是四月十四日。這個錯誤的原因可能很多。當時恐怕並沒有登記戶籍這件事。如果有的話，也許是晚報出生日期的錯誤，或者是登記錯誤；如果登記戶籍是後來才有的事，則登記錯誤更是可能的。當初登記已經錯誤，大家又不疑有誤。陳之邁後來也從來沒想過去查萬年曆，於是就將錯就錯了。無論如何，以當時普遍使用農曆的習慣來看，陳之邁所記的農曆生日也許才是正確的。如果我的推斷正確，換算成陽曆以後，黎憲初的生日應該是一九一二年六月七日，比陳之邁小四歲。

黎憲初家境富裕。父親黎錦熙是北京師範大學的教授，並任國文系主任。黎錦熙在一九一八年從湘潭到北京時，黎憲初才六歲。她在師大女附中畢業以後，在一九二八年考進清華大學，是該年清華大學所招考的第一屆十一名女學生裡的一名，她進的是西洋文學系。當年進西洋文學系的女生一共四名：黎憲初、歐陽采薇、李家瀛、尹萃英。據說由於她們經常一起讀書玩耍，外形氣質又佳，有「四喜丸子」的暱稱。

黎憲初有音樂方面的天賦。她的叔父李錦暉是當時音樂界知名之士，提倡時代歌曲，組織了一個「明月歌舞團」，表演他所作的歌曲。陳之邁說：

> 憲初還在清華讀書之時，錦暉先生即想拉她加入「明月歌舞團」，但為她所婉卻。她有音樂天才。無論什麼調子，她聽一兩遍便可上口，在鋼琴上彈得出來。興致來時唱上幾首流行歌曲，聞者嘆為絕響。

只是，有音樂天賦，唱起歌來會讓「聞者嘆為絕響」的黎憲初志不在音樂，而是在文學，特別醉心於新詩。從醉心於新詩，陳之邁就直指為什麼黎憲初會與詩人方瑋德墜入那刻骨銘心的「生死戀」了：

然而，她卻醉心於文學，尤其是新詩，而不是音樂舞蹈。她所最崇拜的是徐志摩。在徐氏與陸小曼結婚時，她和幾位女朋友曾混入禮堂一瞻這位詩人的風采。她出校門後結交了幾位青年詩人。其中一位是方瑋德，是方令〔孝〕孺的後人。他們並且訂了婚約。不幸方君染了重病，憲初親侍湯藥。方君死後，她寫了一篇悼念文字，刊於報章，悲惋悽愴，十分動人，傳誦一時。我首次聽到她，就是看到這篇文字。

方瑋德是安徽桐城人，跟陳之邁一樣，是一九〇八年出生的。他是南京中央大學畢業的，主修跟黎憲初一樣，是外文。[10]他一九三二年大學畢業。該年秋天，他跟隨九姑方令孺到北平遊覽。十二月，在一個茶會上，他認識了黎憲初，兩人一見鍾情。遺憾的是，兩人才交往幾次，就給戰火給拆散了。次年一月三日，山海關被日軍攻陷。北平人心惶惶。黎憲初回湖南故鄉避難，而方瑋德則先回了南京，然後再到廈門集美學校教書。

別離與遠距，可以是男女交往最大的敵人，也可以是最好的朋友，因為那可以讓一對心有靈犀一點通、心有巧思、文筆優美的男女用書信來培養、燃燒他們的戀情。經過兩年情書的往返，黎憲初與方瑋德已經成為熱

---

8 「陳之邁檔案：1944年資料（062-01-02-001）」.

9 陳之邁，〈亡妻黎憲初〉，《傳記文學》，31.4，1977年10月，頁65-68。以下有關陳之邁對黎憲初的回憶，都是根據此文，不再贅注。

10 有關方瑋德的身世與他與黎憲初的「生死戀」，除非另有徵引以外，是根據秦瑟，〈一個為愛而生的詩人〉，https://kknews.cc/news/q3eypjy.html，以及〈關於方瑋德的另外一些資料〉，https://www.douban.com/group/topic/30193456/?_i=73629242d6EG-9，2024年2月8日上網。

戀的情侶。不幸的是，熱戀當中的方瑋德的健康狀況開始惡化。一九三三年冬，他的舊病在廈門復發。次年夏天，他到南京、上海醫病。該年九月，他北上跟當時已經回到北平的黎憲初重聚。黎憲初答應跟他訂婚。兩人在北平度過了一段甜蜜的日子，徜徉於「北海公園，共舞於北京飯店，情書連連，情詩不斷。」他開始的時候是看中醫，一直到十二月下旬才住進德國醫院。只是，當時已經藥石罔效，醫生判斷只有六個月的存活期。果然，他在五月九日過世。

黎憲初與方瑋德都是詩人。他們寫給對方的情書與新詩都清新雋永。就各舉他們寫給對方的一封信與新詩為例：

> 瑋德：我告訴你，我有個理想的園地是為瑋德與憲初享受的。瑋德！靜靜地聽我講：（可惜我不會寫得與我幻想的那般美！）瑋德記著！這個理想的園裡沒有別人，僅僅瑋德和憲初兩個人。他們兩個人在這園子裡面靜靜地聽著潺潺流水的聲音，聞著四圍花草的馨香。前面一望是隱約依稀的遠山。抬頭一看蔚藍的天空淨得一片雲也沒有了。不！太淨了沒有意思，還得有幾片淡淡的輕飄飄的雲彩點綴在上面，一彎明月掛在樹梢頭，幾顆亮晶晶的星星在太空上，四周靜得只聽見流水的潺潺——不！又靜得怕人了，還得來點動人的音樂，遠遠的被一陣陣微風飄送過來，極輕、極美、極幽靜、極溫柔的音樂。瑋德和憲初沈醉在這大自然中了。瑋德忽然指著流水說：「我願作這流水。」憲初說：「我願做那飄在水上的一片葉子，永遠隨著流水跑。」瑋德又說：「假使那片葉子被岩石絆住不能隨著流水走了呢？」憲初答：「於是那片葉子就永遠懸在那兒流淚，看著流水帶了別的一片葉子跑，淚枯而死。」……瑋德！我想像的能實現嗎？難哩！上哪去找這理想的園地？好吧，我只得在我的心之一角開闢這樣的一個理想的園地，我常常步到那裡與瑋德相會。什麼跳舞廳、會客室，那些俗地方哪值得我們留戀！瑋德你說對吧？瑋德！我等著你的禮物哩。呵，珍貴的禮物！用全世界和我換，我搖頭，不動心。

方瑋德有獻給黎憲初〈九龍壁〉新詩一首：

第一條龍說：「我要顏色！」我交給他金色的鱗甲；
第二條龍說：「我要光！」我又交給他一雙珠眼；
第三條龍說：「我要氣！」我讓雲霞飛進他的嘴裡；
第四條、第五條龍要的是冠冕。我吩咐他們戴肉角，掛上鬚鬢；
第六條龍要聲音，第七條龍要天矯，我一齊交給他們，怒吟和驚嘯；
第八條龍問他們的巢穴，我定好大海洋，深山，大湖泊；
第九條龍走過來——像一陣風——「讓我們一起飛吧，飛上天庭。」
「南茜〔Nancy〕！交給我妳的靈魂，交給我妳的心！」[11]

黎憲初在方瑋德過世以後有〈哭瑋德〉一篇，字字錐心，哀婉至極又不失其自持與端莊：

瑋！我告訴你，你可放心。你的身後一切的辦理，全是六姑依照你生時帶玩笑囑咐她的。大紅綢子蓋在你的全身後，將你抬到冰床上。

我守在你的身旁直到半夜。我時時揭開綢巾用我的臉去溫暖你的臉。你臉上盡是我的淚水，你可覺得？我輕輕叫你，你可聽見？我總以為你是睡熟了，我不敢作聲，怕將你驚醒。

11 轉引自吳學昭：〈父親吳宓與他的知音方瑋德〉，https://www.douban.com/group/topic/98097617/?_i=74926532d6EG-9，2024年2月9日上網。

第二日早上是你裝殮的時侯。瑋！我告訴你，你准歡喜。你的全身是我的熱淚將你擦淨的，你的頭髮我給你輕輕梳好。瑋！你放心，你並沒有絲毫可怕的樣子！你的面貌如生。嘴角往上翹翹的微微露出一列潔白整齊的牙齒，還滿帶有生前微笑時那一點嫵媚。你穿著我給你做的一套絲棉褲襖，你一定覺得異常溫暖。

你不是頂愛我給你寫的那些信。你講過要我放在你的身邊，還有我的照片也都一起永遠依伴你。瑋！你不會寂寞！

可恨那班野人！他們硬將你抬入一個可怕陰氣沈沈的木箱子裡面。蓋上不夠，還得加上釘。那一下、一下捶打的釘，全釘入我的心！

瑋德擁有黎憲初，死也無憾！

這篇〈哭瑋德〉寫得真的是再真摯、至愛也不過了。曾經擁有過黎憲初，方瑋德真的是「死也無憾」：

瑋！你是不是到人間來騙騙人玩的？你就有如一朵雲霞在我眼前一閃。你的光芒照耀得我眼花繚亂，使別的一切全暗淡而眼裡只有你的時侯，你走了，去了！我呢？瑋德！告訴我，該怎樣打發走我後面的一大堆愁苦日子？我想你想得日夜悲泣，你可傷心？我終日蜷伏在我的小小暗暗的寢室裡。那裡面有你的照片。我日以鮮花供奉你，我對你垂淚、嘆息、痴望。如今我只歡喜寂寞。我怕人、怕陽光、怕聲音，只希望一切是靜，是朦朧。我知道我的瑋瑋會輕輕地走來看我。我抱著一顆慘痛破碎的心等你來醫治彌補。你可真的要來！

陳之邁說黎憲初寫的〈哭瑋德〉：「悲惋悽愴，十分動人，傳誦一時。」這不是溢辭。每一個人都會希望有人愛他，而且是毫無保留的愛。然而，諷刺的是，並不是每一個人都有愛人的心和能力。黎憲初的可愛，就在於她有把她自己的身心一無保留地全部奉獻給她心愛的人的心與能力。黎憲初這種能把自己完全奉獻給她所愛人的心和能力，不只是及於方瑋德，而且也奉獻給了她的母親。換句話說，她的愛心與能力不但體現在她對方瑋德刻骨銘心的愛，而且也體現在她對母親「割股療親」的愛。陳之邁回憶說：

> 抗戰的前一年〔1936〕，憲初的母親患了重病，延請中醫診治，沒有見效，奄奄一息。據憲初的記錄，那年初冬，憲初母親生日，臥病在床。許多親友都來賀壽。大家都想著那是她老人家一生最後的一次生日了，不能不來，並借此「沖喜」。壽宴也比往年豐富。晚上，幾位老太太在庭院安置香燭敬神保佑。憲初叩頭許願。其時有北平協和醫學院的醫生說，這種病可以輸血治療。在那個時候，捐血是駭人聽聞的，以為捐血者實冒生命的危險。憲初受過新式教育，相信西醫的說法，決定自行捐血救母，果然收到奇效，過了些時竟完全康復了。憲初的孝心感動了黎家的親戚朋友，將她的捐血救母比作二十四孝的「割股療親」，要發起運動宣揚她的孝心，將她列為「二十五孝」。

黎憲初以捐血這種當時的中國人認為簡直是傳統孝子「割股療親」救母再現的故事，其來源自然是黎家的人，但陳之邁並不是唯一一個傳述這個故事的人。吳宓在一九三七年二月十二日日記記他去協和醫院探黎憲初父親黎錦熙的病。黎錦熙告訴他其女兒憲初以己血輸入母體，故母大見好，一時得延壽命云云。吳宓也提到古代割股療親的故事，讚嘆說：「憲初本多情之人。其賦性如此，故愛瑋德若斯之篤。又侍母疾，今乃輸血。事固一源，誠可欽敬者矣！」[12]

---

12 《吳宓日記》，1937.2.12, 6. 74.

恩愛夫妻

陳之邁認識黎憲初是在一九三六年秋天。用他自己的描述來說：

我是在民國二十五年秋天的一個下午初次見到憲初的。那天我和清華大學教授吳雨僧（宓）和陳岱孫（總）在北平中山公園來今雨軒品茗，遇到憲初和家人也在那裡。憲初是吳雨僧的學生。走過來打招呼。是時她的未婚夫方瑋德病逝不久。她穿著黑色旗袍，不施脂粉，給我以很深刻的印象。吳雨僧當時說，下星期日中午他將在東興樓宴請一位英國文學家，約憲初、岱孫和我作陪，我們都答應了。那時我心中不禁暗喜，因為這項應酬使我又多一次與憲初相晤。東興樓之約很盡歡。那位英國文學家及其夫人都很有風趣，談笑風生。憲初則仍是穿著黑色旗袍，淡妝素抹，偶然參加談話，英語流利，給人一種溫文儒雅的印象。

陳之邁第二次見到黎憲初是在一年以後，在天津，而且是偶遇。原來陳之邁在一九三七年七月中去牯嶺參加在參加蔣介石在廬山召開的談話會。談話會結束以後，他跟陳岱孫在八月間一起從南京搭火車北返。抵達天津以後，他們住進法租界一家旅館。雖然當時天津到北平的火車仍然通行，但他在晚年的回憶裡說，由於他「被日軍特務機關指為『反日份子』。」如果回到北平以後日軍到他家搜查，他顧慮會嚇著雙親。在陳岱孫的勸說之下，他們又在八月底從天津搭乘英商的郵輪到青島。陳之邁這第二次見到黎憲初，根據他在也是晚年所寫的〈亡妻黎憲初〉，就是在天津法租界那家旅館裡。陳之邁在〈亡妻黎憲初〉裡回憶說：

我們〔注：他和陳岱孫在開完廬山談話會以後〕乃乘津浦鐵路火車北上。不料到了天津便堵住了，不能回到北平。我們在天津法租界一家旅館裡暫住，忽然在走廊上見到憲初。她走上來問「兩位陳先生好」。她告訴我們說，北平淪陷時，她的父親適在河南講學。她現在正在奉母回湘。交通工具已有著落，明日啟程。這時是在民國二十六年〔1937〕九月上旬。

陳之邁到了天津以後沒繼續回到北平，究竟是因為擔心會連累到父母還是因為火車已經不通，當然無關緊要。至於他說當時是在九月上旬則是錯誤的，應該一如我在第六章所說的，是在八月底，因為他九月八日已經跟胡適「由南京乘江輪到長沙。」

這就叫作天公作美。有誰會料到各自被戰火驅離北平的黎憲初和陳之邁，會在造化的安排之下，卻又有緣千里來相會地先後到了長沙？在黎憲初，是「奉母回湘」；在陳之邁，是到由北大、清華、南開在長沙所組成的「臨時大學」任教。

最有意味的是，就在陳之邁初見黎憲初，然後在一年以後，在命運的安排之下，一步步地走向跟她結為連理的路途當中，吳宓所扮演的角色，卻先是自己也癩蛤蟆想吃天鵝肉，繼而在天鵝肉吃不成以後，挑撥離間，甚至在黎憲初都已經跟陳之邁結婚了以後仍然不肯罷休。

先說癩蛤蟆想吃天鵝肉。

吳宓一九三六年七月十二日日記最可堪玩味：

按宓現今所接近之諸女士中，（一）敬〔指張敬〕與宓在精神思想（文學藝術）上，最相契合。（二）絢〔陳絢〕於事務及實際生活，最能幫助宓，使宓舒適。（三）錚〔方錚〕日常與宓晤談過往之機會最多，對宓最熟習。（四）憲初如昔之薇〔歐陽采薇〕，可稱社交美人，且又具歷史之關係，戀愛痛苦之同情。然宓愛以上諸君皆不如K（高棣華）。宓愛K正如昔之愛彥，而K之年少活潑天真處則又似薇。然若論（1）年齡之相差；（2）師生關係之受攻詆；（3）K友朋甚多，而不易取得；論此三點則K似若最不適宜於宓之愛……然事實上，則宓之愛K勝過其他諸君，此亦未可如何之事。

K而外，則為憲初。正如昔愛彥之時，亦頗繫心於薇也。但宓與瑋德為知友，則恆視憲初為吾友之妻或吾之弟婦（以未亡人守節）。又與黎錦熙先生為僚友，則又視憲初為世姪，為通家之晚輩。此二觀念，反使宓不能對憲初親近。合以上種種，在宓之寸心中，憲初實不抵K；此則由真切之經驗及感觸而可知者也。[13]

吳宓不只是見一個愛一個，他而且是每一個都要，已經是到了齊人之福不饜，妻妾成群最好不過的程度。在他這則可堪玩味的日記裡，「可稱社交美人，且又具歷史之關係，戀愛痛苦之同情」的黎憲初排在K之後，原因是因為：「但宓與瑋德為知友，則恆視憲初為吾友之妻或吾之弟婦（以未亡人守節）。又與黎錦熙先生為僚友，則又視憲初為世姪，為通家之晚輩。此二觀念，反使宓不能對憲初親近。」

乍看之下，吳宓有他在道德上的矜持，自己劃出他不能逾越的雷池，不准自己「親近」「以未亡人」身份為「知友」方瑋德「守節」的黎憲初。然而，半個月以後，他就露出馬腳了。八月二日日記：

昨晚頗思憲初。翻書占卜，得蘇軾和陶（贈羊長史）詩云：「……老馬不耐放，長鳴思副輿。故知根塵在，未免病藥俱……」似指宓年老而仍不能斷絕愛情者。今晨電憲初，約其來清華游談。憲初詢以有無特別事故；答曰無。憲初遂以「天將雨」辭不來。[14]

兩個多星期以後，八月二十六日，他約黎憲初遊北海。當天日記是吳宓最愛在日記裡窺伺女體的典型：

至3:30黎憲初如約來。著深藍衫、白布鞋，甚美。遂沿瓊島西岸步入。宓擬坐鐵椅，而憲初謂不宜。再進，坐瓊島正西之某園茶桌，臨湖，風景極美。於是久坐，直至晚7:00，憲初始別去。是日憲初贈宓《瑋德詩文集》。所談均關於瑋德、九姑及J者。憲初甚不喜宓擬介見姚、毛二君，謂二十八日之宴恐不能赴。宓謂無須勉強。憲初又謂伊最不喜人之姓毛。宓味〔昧？〕其意，不知何指。或係不悅於宓之繫戀於M，然亦未敢遽斷憲初之意也。憲初又言葉企孫為人甚好，而憲初父（黎錦熙先生）亦喜科學家之明智而有系統。憲初此言，似含願與葉企孫為友之意，當更徐圖之。[15]

最石破天驚的是吳宓十二月十九日的日記：

晨作函致黎憲初慰問，並告以周煦良君寒假北游尚未決定云云。不見憲初已三月。近讀Fielding〔費爾丁〕及Thackeray〔薩克萊〕之小說。益覺憲初為純厚多情而可愛之女子，甚似Amelia〔《愛蜜莉亞》〕書中之Amelia Harris（Mrs. Booth）〔愛蜜莉亞．哈瑞絲（布斯太太）〕及Vanity Fair〔《浮華世界》〕書中之Amelia Sedley（Mrs. George Osborne）〔愛蜜莉亞．塞德里（喬治．奧斯本太太）〕。

13 《吳宓日記》，1936.7.12, 6.12-13.

14 《吳宓日記》，1936.8.2, 6.28.

15 《吳宓日記》，1936.8.26, 6.47-48.

吾今後將以Amelia名憲初。而憲初既奉侍瑋德不治之疾，困苦於純摯之愛情者二載。瑋德甫葬，憲初又侍父母之疾。今則母病益危。半載日夜侍榻前。焦憂傷感，直可憐可敬哉！

昨父諭，以K既有男友，宜即藉機進行憲初，初不可再失之。宓於憲初，不但同情，亦實愛之。但以（一）瑋德為我之友若弟。憲初終為瑋德之憲初，我不應娶之。且（二）我曾有心一及彥etc.（以及她人）之往事，與Dobbin〔杜斌〕之一生專愛Amelia者不同。故憲初雖為Amelia，而我實不敢自比Dobbin，故寧願介紹煦良等好友與憲初。[16]

原來吳宓不只是在日記裡抒發他對黎憲初的愛意，他而且也告訴了他的父親。因此，他的父親勸他不要再三心兩意。套用吳宓自己的話來說：「K友朋甚多，而不易取得。」黎憲初跟方瑋德雖然只是訂了婚，但再套用吳宓自己的話來說：畢竟已經是一個「守過節」的「未亡人」，換句話說，等於是一個寡婦。他父親勸他要把握機會，不要失之交臂。

然而，把黎憲初視為是未醮而孀的「寡婦」還不是這則日記裡最石破天驚的地方。最石破天驚的地方，是他用《愛蜜莉亞》以及《浮華世界》裡的主人翁來類比黎憲初與方瑋德是雙重的引喻失當。《愛蜜莉亞》以及《浮華世界》裡的愛蜜莉亞誠然都是從一而終的典型。《愛蜜莉亞》裡的愛蜜莉亞在其先生布斯冤枉被判無期徒刑期間，為其先生守貞，堅拒其他男人的追求。《浮華世界》裡的愛蜜莉亞在其先生奧斯本在滑鐵盧戰役戰死以後，獨立扶養其遺腹子，而且一再婉拒從她結婚以前就一直深愛著她的杜斌的追求。然而，這兩本小說裡的愛蜜莉亞都屬於馴從、輕信、愚貞的類型，完全不適合拿來類比黎憲初。這是第一重的引喻失當。

《愛蜜莉亞》以及《浮華世界》裡的愛蜜莉亞都屬於愚貞的類型，因為她們的先生都是背叛她們的。《愛蜜莉亞》裡的愛蜜莉亞先是跟布斯私奔。她在布斯被判無期徒刑期間拒絕其他男人的追求，四處奔走為他洗冤，渾然不知道他跟另外一個女人有染。無獨有偶，《浮華世界》裡的愛蜜莉亞也是用家庭革命的方式而選擇自己的結婚對象的。她不顧父親的反對跟奧斯本結婚。結果，奧斯本不但在滑鐵盧戰役裡戰死，而且在他上戰場以前還曾經慫恿愛蜜莉亞的閨蜜蓓琪（Becky）跟他私奔。愛蜜莉亞在奧斯本戰死以後，含辛茹苦扶養著她的遺腹子。深愛著她的杜斌私下出資，以奧斯本的年金的名義資助她過活。然而，堅決以為奧斯本愛她、要為他守貞的愛蜜莉亞一再地婉拒杜斌的求婚。一直要到多年以後，等蓓琪給她看了奧斯本邀她一起私奔的信以後，她才看清了真相答應跟杜斌結婚。

把《愛蜜莉亞》裡的布斯和《浮華世界》裡的奧斯本這兩個對妻子不忠的人物，拿來類比方瑋德，這是第二重的引喻失當。

我願意相信吳宓這雙重的引喻失當只是單純的引喻失當，而不是寓褒貶於譬喻。我也願意相信吳宓對方瑋德的推崇是真心的。方瑋德病逝以後，吳宓的輓聯是：

愛神與死神交爭，名在情場，讖語成真。濟慈〔Keats〕英國詩人得君憐同病；[17]

詩友兼心友盡喪，獨行嘆逝，輓章未就。雪萊〔Shelley〕英國詩人比我愧乏才。

我更相信吳宓在一九三六年十二月十九日日記裡的話是出自心腑的：「宓於憲初，不但同情，亦實愛之。」他在〈輓方瑋德〉五言律詩八首裡的第五首云：

16 《吳宓日記》，1936.12.19, 6.63-64.

17 同為結核病。

哭君誰最痛？梵嬺〔・〕卜郎恩。[18]

緣短別仍久，情深泣代言。

半年親藥餌，臨歿易衾袢。

篋里瑤函秘，嘔心認血痕。[19]

話說到了長沙的陳之邁，當然知道黎憲初已經回到了長沙的家，說不定也老早探聽出她住在哪裡。然而，在回憶裡，他還是鋪陳了他們是如何不期而遇的驚喜：

有一天我去探望我素所景仰的陳寅恪先生，地址是長沙麻園嶺北大路王家巷四號。我到了之後才發現這是黎劭西〔黎錦熙〕先生的寓所，因此我又再度見到憲初，真可謂有緣。憲初告訴我，我們在天津旅館把別之後，她便奉母搭船南下。所謂艙位只是甲板的一個角落，風吹浪打，到長沙後她便病倒了。幸虧長沙有湘雅醫院，總算治好了。我看她比以前清瘦了些，說話聲音微弱，兩唇有點抖戰。她所穿的仍是深色旗袍。

陳之邁在晚年的回憶裡，可能已經記不得他究竟是在哪一天，「真可謂有緣」，去拜望了當時暫寓黎憲初家的陳寅恪。然而，當時也對黎憲初仍然不忘情的吳宓，則在日記裡記下了他得知黎憲初地址時的雀躍。吳宓是在一九三七年十一月十九日下午帶著高棣華等人抵達長沙火車站，然後立即就住進了青年會的。當天下午，吳宓出去拜訪了一些人，包括去了臨時大學所借用的「湖南聖經學院」。有意味的是，他去參訪單身教授宿舍的時候，碰到了外文系的陳福田。陳福田說他家就在長沙，所以他只是偶爾去他的寢室讀書。他說吳宓可以搬去他的寢室暫住，吳宓當即接受他的好意。真是冤家路窄，陳福田告訴他說：「對室為陳之邁，直下為Reicher

〔雷夏，注：清華大學德文教授〕所居，均常晤會。」一直到傍晚，吳宓才回到青年會：

> 時已7:30，宓仍冒雨踏泥，摸索紆曲而出。行久久，始得人力車，乘之，歸青年會，已8:00矣。宓獨自晚餐，並邀〔青年會幹事〕楊昌藩晤談。楊答：往者在北平師大肄業，常住黎劭西（錦熙）先生家中。宓從黎憲初小姐處，得知宓之一切，並讀宓《詩集》並宓所批點之徐志摩《愛眉小札》，故初見即能識宓也云云。因告宓以黎宅諸人近況，並其寓址。宓初到湘，已思及憲初。不謂在此能相見，喜甚。是夜大風，且雨，寒甚。而寓室高樓懸空，風從玻窗隙入，棉被又薄且小，甚苦寒云。[20]

第二天中午，吳宓就迫不及待地按址去尋訪黎憲初了。他在中午十二點先去探訪了前一晚已經就寢而不得見的湖南大學校長胡元倓。接著：

> 由此冒雨持傘。步行，尋訪，至北大路，大王家巷，四號，黎寓……憲初旋出。衣咖啡色袍，軟鞋。久病初癒，頗瘦損。述侍母南下途中辛苦致病情形。蓋住湘潭不久，即以病來湘雅。住院兩月，近始移出，仍常至院就醫云。[21]

18 吳宓自注：「Fanny Brawne乃濟慈所愛之女〔濟慈的未婚妻〕，今借指黎憲初女士。」

19 轉引自吳學昭：〈父親吳宓與他的知音方璋德〉，https://www.douban.com/group/topic/98097617/?_i=74926532d6EG-9, 2024年2月9日上網。

20《吳宓日記》，1936.11.19, 6.258.

21《吳宓日記》，1937.11.20, 6.258.

五天以後，鍥而不捨的吳宓又去探望了黎憲初。他當天的日記一方面寫下了他自知黎憲初並不愛他的覺悟，但在另一方面卻又繼續癡人說夢：

> 上午9:00至黎宅，憲初與儻夫〔注：憲初弟弟黎澤閎〕夫婦方進西式早餐，糕點豐美，邀宓同食。畢，儻夫自掘防空壕於院中。憲初陪宓坐談……宓一向心愛憲初甚，惟以K故，遂未求取。然揣度憲初之心，蓋深感激宓而未必愛宓。
>
> 在北平時，憲初還我一書，中誤夾紙條，隨意書寫陳之邁之名，宓為心動。時在宓中央公園請宴之後。日前（十一月二十日）在此初見憲初，憲初述南下途中情形。無意中，亦云：「在天津火車中，遇見清華教授陳之邁等多人。」而日來邁屢邀宓與Reicher深夜茗談，亦言及憲初。謂彼如擇妻，必取若憲初者（聰明幹練），而不若K者（天真幼稚）。蓋彼經驗甚多，故亦要有經驗之女子，方覺有趣味云云。以此二微事，宓斷為憲初心實愛邁。
>
> 又日前憲初母獨與宓談，深稱憲初之孝。述其久病情形，仍盼宓能為介紹佳耦云云。宓遂有宴客之計劃。故今晨先詢憲初能否赴宴（大病初愈），並告以擬請何客。憲初答以可，但云：「到湘未嘗赴宴或訪友，於先生為初出也」。此宓今晨訪憲初之目的。其弟婦（法女）誤以宓為憲初之愛人，每從旁促憲初曰：「你現在應當唱歌，應當唱歌了」（原法語，今譯）。[22]

黎憲初答應吳宓請宴。陪客方面，還請吳宓定奪：「到湘未嘗赴宴或訪友，於先生為初出也。」聽在吳宓心裡，簡直是「妾隨君意」。大喜之下，吳宓就在十一月二十七日在「三和酒家」宴客。哪知不宴則已，一宴方知主客的芳心不在主人而是陪客，而且還是吳宓已經揣度出來的：「宓斷為憲初心實愛邁」：

> 晚6:30-9:00在三和酒家第一廳宴客（$15）。客及席位如圖〔注，繪於頁264，吳宓用她的英文名字Nancy稱呼她的黎憲初就坐在陳之邁旁邊〕……憲初著黑絨衣、黑鞋、黑澤其髮，而紅豔其顏頰。憲初先語我，謂「苟非先生寵招，我斷不能來，因病後未嘗出門也。」席間邁敬憲初酒，憲初豪飲立盡，且回敬邁。如是往復。邁甚喜之。[23]

雖然吳宓已經猜出黎憲初所中意的是陳之邁，但他其實還是不到黃河心不死。「席間邁敬憲初酒，憲初豪飲立盡，且回敬邁。如是往復。邁甚喜之。」吳宓看得好不錐心。

十一月二十九日下午，也許是要回請吳宓，黎憲初親自到宿舍邀請他：

> 下午4:00憲初來訪，欲邀宓至徐長興，與其家人共晚餐，而宓未在。明日接函始悉。但是晚毛子水在該酒館遇黎劭西亦已知之，且告宓矣。[24]

三天以後，十二月一日，吳宓應約到黎憲初家用餐：

22《吳宓日記》，1937.11.25, 6. 261-261.

23《吳宓日記》，1937.11.27, 6.263-264.

24《吳宓日記》，1937.11.29, 6.264-265.

上午10:00，至黎宅，兼訪陳寅恪夫婦（現寓黎宅樓上）。憲初等謂原擬請宓今日晚餐，今即改請午餐。餚饌甚為豐美，無非雞魚肉之類。他人之家所恆有，而宓在家未嘗得享受者也！與憲初久談。憲初述其父戀愛女書記事，故宓屢來宅中，未得見劭西先生也。[25]

眼看著天鵝即將擇木而棲，而自己並不是那根良木。吳宓心一橫，在十二月三日，利用陳之邁請他到黎家代為邀請黎憲初在第二天晚上赴宴的機會，使出了一個毒計，要破壞陳之邁的好事：

上午，雨止。宓銜邁命，至黎宅，請憲初明晚赴宴。憲初慨允。宓告憲初以邁在美國與猶太美婦同居二年事。憲初認為「此無可非議。」宓於是知憲初已傾心於邁，正如一九三二年J之傾心於何永佶。而憲初之於邁更類似Amelia Sedley〔愛蜜莉亞〕之於George Osborne〔奧斯本〕也。宓不禁悵然如有所失。11:00歸。[26]

如果從前吳宓把《愛蜜莉亞》裡的布斯和《浮華世界》裡的奧斯本拿來類比方瑋德是引喻失當，現在，「以邁在美國與猶太美婦同居二年事」——且不論是否屬實——為理由，把他類比成奧斯本，則還可以說是差可比擬了。

次日陳之邁請客的晚宴，彷彿天公也可憐他一樣，整晚傾盆大雨。儘管高朋滿座，而且美人就坐在他身旁，但她的心既不在他身上，也無心與他攀談。吳宓暗自神傷，終席獨飲：

夕，大雨。6:00偕邁及賀恩慈女士至瀟湘酒家，赴邁請宴。客有梁思成、林徽音夫婦，及顧毓琇等。憲初座與宓連。宓以孟光已接了梁鴻案，並以宓即將離此〔注：離開長沙到臨時大學文學院所在地的南岳〕，大有「今宵酒醒何處，楊柳岸曉風殘月」之感。故與憲初無多語，惟自飲酒而已。席散後，邁乘人力車，親送憲初歸黎宅。憲初與賀恩慈是夕皆黑衣，服裝恰成一對。宓歸即寢。仍大雨。[27]

吳宓只能在日記裡訴說他對黎憲初的單戀，以及在知道美人「心裡只有他、沒有我」以後的暗自飲泣。與之相對的，美人最後屬於他的陳之邁就無需辭費了。他在晚年所寫的〈亡妻黎憲初〉裡，在交代了他去拜望陳寅恪時，「驚喜發現」他就住黎憲初家，見到了「比以前清瘦了些，說話聲音微弱，兩唇有點抖戰」的她以後，就只需點出他倆「郎有情、女有意」的結局了：

從這個時候起，憲初和我時常在一起。她的健康逐漸恢復。最令我高興的是，她開始打扮起來，穿較鮮豔顏色的衣服，薄施脂粉，指甲也塗上淺紅色的蔻丹，正所謂「女為悅己者容」。民國二十六年十二月初，在一個月色朦朧的夜晚，我們同意結婚，婚期定在翌年的一月十五日。

關於他們的喜宴，早已續了絃的陳之邁在他晚年所寫的回憶裡也極其簡短：

結婚的禮堂設在長沙一座湖南館子，名叫「三和酒家」。證婚人自然是清華大學校長梅月涵（梅貽琦）先生。喜筵二十桌。酒過三巡，來賓致辭。蔣夢麟、傅孟真（斯年）、楊金甫（振聲）、潘光旦等先生都講

25《吳宓日記》，1937.12.1, 6.265-266.
26《吳宓日記》，1937.12.3, 6.267.
27《吳宓日記》，1937.12.4, 6.268.

了話。詼諧百出。傅孟真、楊金甫兩位先生並且威脅「鬧房」。潘光旦先生送的禮品是紅箋橫披「三和四喜」。「三和」是指結婚的場所「三和酒家」。「四喜」是指憲初在清華肄業時，是女生中渾名「四喜丸子」之一。其他三位為歐陽采薇、李家瀛、蔣恩鈿〔注：一說是：尹萃英〕，引起大家的讚賞。

可惜潘光旦等人講的話是如何的「詼諧百出」，現都已不存。陳之邁只說傅孟真、楊金甫威脅要「鬧洞房」。實際上，根據潘光旦的記載，他們是大鬧了洞房。說到「洞房」，當時陳之邁是住在臨時大學的單身教授宿舍的。然而，他特意借來了一個「新房」。在他晚年所編的「年表簡編」一九三八年條裡，他記：「新房借用上營盤街何浩若（孟吾）家。」

因此，當晚鬧洞房的所在並不是在單身宿舍裡，而是設在何浩若家的「新房」。而且，鬧洞房的並不就是幾個人，而是大夥兒一起起鬨的教授：

之邁在湘結婚，其偶為黎憲初女士，為清華畢業生，在校時與吳之椿夫人歐陽采薇等四女同學有四喜丸子之目：成婚之日為一月十五，宴客行禮則在三和酒家。余與〔沈〕弗齋、〔陳〕岱孫合送一喜對曰：三和四喜，元夜〔注：當天元宵〕雙星。

潘光旦等人在喜宴裡的致詞究竟有多「詼諧百出」，我們不知道。然而，潘光旦在喜宴、鬧洞房以後所作的「漫記」，何止是「詼諧百出」，根本令人拍案叫絕。只是，在拍案叫絕之餘，不禁要讓人笑罵這些文人實在太「缺德」了：

之邁成婚之夕，眾大鬧新房。〔王〕化成〔注：清華政治系教授〕碩然長者，獨不往。事後有人傳語謂實有苦衷。化成離平來湘，亦既四五月。怨曠之餘，曾求教於體育教授馬約翰先生。馬先生曰：可非法出精。於是非法出精之大議論，一時傳遍「聖經學院」。之邁之婚，同人無不見獵心喜，而化成悵觸尤多，竟不入鬧房之伙。同人有叩之者，則曰：鬧房後歸聖經學校宿舍，獨自對火盆發愣，有何意味？此段問答某日傳至新園。岱孫味而善之，頻點首曰：對火盆以嘆息。余亟應之曰：撫孤松而盤桓。

又一則：

之邁成婚之夕，化成獨不參加鬧房，前已記之。彼時之心理，余以為亦可用一四字聯括之，曰：見獵雖喜，過屠不嚼；於鬧房者則可謂：見獵狂喜，過屠大嚼！[28]

在瀟湘酒家「眾人皆歡、我獨悲」的吳宓，在酒席過後兩天，就離開長沙到臨時大學文學院在南岳的校區去了。他在日記裡沒說明他沒去參加陳之邁與黎憲初的婚禮的理由。事實上，接到喜帖的他，在當天的日記裡連提都沒有。這也許是他有先見之明，得以倖免他在洞房花燭夜，藉「撫孤松而盤桓」來撫慰他對新娘的相思以及「新郎不是我」的悲愴。

驚人的是，吳宓都已經聽到了陳之邁與黎憲初即將訂婚的消息以後，還是沒死了他想破壞他們的好事之心。吳宓之前對黎憲初說陳之邁曾經在美國跟一個猶太女人同居兩年的毒計既然沒有得逞。他這次可是狠了心，用了一個更加猛烈的毒計，亦即，陳之邁亂倫，跟他的嫂子在平津同居。有意味的是，時間也是兩年：

28 潘光旦，〈存人書屋拊掌漫記〉，《潘光旦文集》，11.153-154，156-157.

> 葉公超由長沙歸校，言憲初與陳之邁蹤跡極密，傳將訂婚。然邁在平津曾與其嫂相愛，同居二載，關係未斷。今邁對憲初是否誠心，恐憲初受損。楊振聲君等，謂當請宓以此事告憲初，俾知所戒備。宓已聞賀麟言其大略。宓本愛憲初，況負介紹之責。遂即致憲初長函，委婉陳述。此函寄憲初家中。乃函發不久，即接結婚喜帖。知憲初已與邁於本月十六日〔注：誤，是一月十五日〕，在三和酒家結婚矣。宓深慮函送至新宅，為邁所見。邁必恨宓甚也。[29]

在遭受了「新娘結婚了，新郎不是我」的重擊以後，吳宓居然厚顏以介紹人自居，從而憑藉其身分提醒新娘，說新郎是一匹亂倫之狼！

一九三八年一月二十六日，陳之邁邀吳宓當日下午三點去其與黎憲初婚後的新宅參加茶點招待會。吳宓3:00到的時候陳之邁還沒回來：

> 今日下午，已3:30而邁未在。宓遂得見憲初。憲初仍服咖啡色袍，軟鞋，比嫁前似更妍媚和柔。談次，憲初謂甚感激宓之寄函告密。彼件邁已對伊說明，謂與其嫂已斷絕關係，自可不究……宓聞言，知宓函到時，雖在婚後，然憲初回到黎家見之，邁終未得知，亦不擬告邁知云云。

俗話說君子成人之美。吳宓就是做不到。他都已經去參加人家的新婚茶點招待會了，可還是要說陳之邁的壞話：

> 直至4:20邁方歸……邁以茶點款客，語態均甚驕矜。乃謂：「今值危亂，我反娶妻，以重我之累，可

謂愚矣。」時憲初垂足坐床沿上。邁忽曰：「妳不要盡踏著我的拖鞋！」憲初怡然和色應之。總之，宓觀憲初實甚愛邁，而邁生性驕吝。將來恐不免使憲初氣苦。[30]

吳宓這個人一懷恨就會永遠記在心頭：

> 此後不及旬日，邁即改就教育部某職（初云學制委員，繼聞邁之職乃督學，曾至湘西考察學校）。遂挈憲初，乘飛機，至漢口就職。邁行前，來請宓至其家茶敘以為別。宓嫌其非禮，且天雨事忙，未赴。[31]

吳宓不但對陳之邁懷恨在心，他甚至咒詛他死。這無異於咒詛他信誓旦旦，說他「不但同情，亦實愛之」的黎憲初成為寡婦。更有甚者，他根本就是咒詛她去漢口會跟陳之邁一起死於日機的轟炸：

> 宓三月間在昆明聞Reicher〔雷夏〕言：當時，憲初極欲邁仍為聯大教授，共我等至雲南。經邁之諸友再三勸說，始屈從邁赴漢云云。按宓恆以憲初比擬Vanity Fair〔《浮華世界》〕書中之Amelia〔愛蜜莉亞〕。今憲初嫁得邁，真如George Osborne〔奧斯本〕。而此時之漢口，危迫日甚。敵機恆來轟炸，則更類彼書中之比利時京城矣。[32]

29 《吳宓日記》，1938.1.13-22, 6.284.
30 《吳宓日記》，1938.1.26, 6.288-289.
31 《吳宓日記》，1938.1.26, 6.288-289.
32 《吳宓日記》，1938.1.26, 6.288-289.

吳宓見不得陳之邁、黎憲初百年好合，咒詛他們死於非命，卻假惺惺地為自己辯護，說他之所以會一直找人探聽黎憲初婚後的生活，是因為他關心她，擔心她被陳之邁虐待：

宓以關懷憲初故，在蒙自曾函托紀雲秀在武漢調查。七月中，得紀覆函，謂「曾詢之於憲初之同級校友白光里君。知邁與憲初愛情綦篤。且以憲初之和美，其夫若非豺狼，必不忍虐遇之。又凡品格惡劣，對朋友及公眾不好者，對其妻與愛人未必橫暴。邁之對憲初亦當能溫存和善。可請釋念也。」云云。[33]

除了陳之邁並沒有虐待黎憲初以外，吳宓打聽來的有關他們的情報顯然都是正確的，連職稱以及曾經到湘西考察學校都是正確的。他聽雷夏轉述說：「憲初極欲邁仍為聯大教授，共我等至雲南。經邁之諸友再三勸說，始屈從邁赴漢云云。」雷夏的情報顯然是正確的。陳之邁在〈亡妻黎憲初〉裡回憶說：

憲初對於我改任行政官吏，頗感踟躕。她出身於世代書香家庭，嫁的是一位大學教授，實無意做一位公務員的妻室。但是她也能體諒我的苦衷。說定抗戰勝利之日我們便回北平，再過研究學問的安閒生活。

吳宓說陳之邁在決定不到昆明的西南聯大以後改行的情報也是正確的，不但是「就教育部某職」正確，而且連是在婚後「不及旬日」就「挈憲初，乘飛機，至漢口就職」也大致無誤。陳之邁在年表簡編一九三八年條裡記：「二月和黎憲初到漢口，為戰時教育設計委員會專門委員。」當然，就像我在第六章所描述的，嚴格來說，陳之邁真正學而優則仕是在一九三九年五月十五日，他正式開始到行政院上班擔任參事開始。

吳宓擔心陳之邁會虐待黎憲初，最是匪夷所思，彷彿全天下的男人裡只有他是最能「憐香惜玉」的。事實上，陳之邁與黎憲初是一對恩愛夫妻。他們不但相親相愛、互相扶持，而且能夠互相珍惜對方。陳之邁在〈亡妻黎憲初〉一文裡雖然用了許多傳統讚美妻子能「勤儉持家」的套語，但他在字裡行間所流露出來的珍視之情是極為真摯的：

> 戰時的生活是緊張而艱苦的。但是我們從無怨言。民國二十八年〔1939〕六月十六日，憲初生下了一個又白又胖的女孩。因為生在重慶郊外的歌樂山，取名曰「歌」。民國三十年〔1941〕一月二十八日，憲初又生了一個又白又胖的男孩，取名曰「歆」。是時敵機不斷空襲重慶。我家住在行政院在郊外新開市龍井灣所建的職員宿舍。茅屋一間，簡陋之極。但是龍井灣是一個幽靜的小山谷，饒有林泉之勝。我家的茅屋正是「綠滿窗前草不除，芭蕉分綠上窗紗」，至今還令人懷戀。憲初處此環境，主持家務，撫養子女，甚至於鬻簪珥，典衣物，維持一家最起碼的生活，而以兒女的營養為最優先。在這個階段，我在重慶曾家岩行政院辦公，即在辦公室裡住宿。偶有便車便到龍井灣去渡週末，和家人團聚，過的是很簡樸而愉快的生活。我們這樣〔從結婚到派赴美國為止〕過了七年。

陳之邁這段回憶顯然不是為了紀念而造作的。他在晚年為了撰寫回憶錄而蒐集的資料裡，錄下了他在結婚兩年以後所寫的一段文字，其所流露出來的真情是極為感人的：

> 渝市與龍井灣交通很便，有交通車經常往來。我幾乎每個週末都「回家」一次，與憲初團聚。
>
> 我當時曾寫了以下一段感想：
>
> 二年多結婚生活到了此時使得我更認識憲初是一個十二分可愛的女孩子，是我典型的一位太太。不！

33《吳宓日記》，1938.1.26, 6.288-289.

是我一生中最親愛的一位朋友。

我得承認她的性格與我的不同，但配搭起來卻恰巧成為一對。

這是我畢生最大的幸福。

我們常常在一塊兒憧憬著一個極美麗的將來：一個充滿幸福與快樂的小家庭，一對夫婦，一對孩子。

我做我的事，她沈迷於西洋文學之中，讀々笑々，相親相愛。

我希望她的母親能來同我們住，幫助她管理家務。她住在鄉間，我住在城裡，時々往來。

憲初能寫情書，她的聲音可愛。我希望常收到她的信，在傳聲筒裡聽她的聲音。

憲初最怕我做大官，因為她怕做大官的太々。

她是那樣的不平凡，不庸俗，這樣可愛的一個人。[34]

陳之邁回憶說：「最怕我做大官，因為她怕做大官的太々」的黎憲初，在一九四四年夏天陳之邁奉蔣介石之命到美國去作宣傳工作的時候，「對此沒有異議。」

陳之邁是在一九四四年六月二十一日從重慶啟程，從昆明飛越喜馬拉雅山到加爾各達、克拉蚩，再經北非的開羅、卡薩布蘭卡，北渡大西洋到加拿大的紐芬蘭，在六月二十七日飛抵紐約。

在陳之邁赴美兩個月以後，黎憲初帶著女兒陳歌、兒子陳歆離開重慶。跟陳之邁一樣，他們也是先到了加爾各達。只是，接下去的行程就不一樣了。陳之邁是從加爾各達搭飛機經由北非，進入大西洋，再經由紐芬蘭飛到紐約到美國去的。他飛了大半圈地球，但一共只用了一個星期的時間。黎憲初跟兩個孩子到了加爾各達以後是到孟買去等美國的運輸艦。這艘運輸艦載的都是德國戰俘。而且為了躲開日本的潛艇，他們必須駛往澳大利亞，然後再斜割橫渡南北太平洋到洛杉磯。光是從孟買到洛杉磯，就花了他們一個月的時間。陳之邁在〈亡妻黎憲初〉一文裡說，等他九月十五日到芝加哥去接他們的時候，「相別已三個月了。」

我在前文已經指出陳之邁是跟黎憲初從前在清華的男朋友鄭家頤一起去芝加哥火車站接他們的。陳之邁在說了鄭家頤當時已經跟一個美國女孩結婚了，她的名字也是Nancy〔南施〕以後，還有一段描述他跟孩子們重逢的情形：

> 至於我的孩子。喔！光是見到他們就夠興奮的了。他們有點膽怯的樣子，緊緊地抓著他們的媽媽。除此之外，他們高興得不得了。我就是在那個時候聽到了運輸艦上的美國人幫他們取了英文名字。女兒叫作"Kitty"〔凱蒂，凱薩琳的暱稱〕，兒子叫作"Bobby"〔鮑比，羅伯特的暱稱〕。還記得匯文的老師給我的名字是"Paul"〔保羅〕？

把妻小接到華盛頓以後，陳之邁說他們住進了「白羅德穆爾」飯店公寓（Broadmoor）五〇三號。那是一個有傢俱的公寓，有一間臥室，外加一個飯廳，每天的租金是八塊美金。[35]陳之邁沒有特別描述「白羅德穆爾」飯店公寓的樣子。幸好當時到美國出席「聯合國善後救濟總署」成立大會的蔣廷黻也住在這間公寓裡。蔣廷黻對「白羅德穆爾」飯店公寓相當滿意。他在家信裡說：

> 這裡很清淨。旅館旁邊就是石濱公園（Rock Creek Park）和動物園。這裡房間大而多：一間大客廳、一間小客廳、一間臥室、一間小飯廳、一間小廚房內有電氣冰箱、還有一間洗澡房……每月三百元。[36]

34 「我的日記：1940年私人生活」，「陳之邁檔案：回憶錄資料匯集（062-01-08-091）」.
35 「陳之邁檔案：1944年資料卷（062-01-02-001）」.
36 蔣廷黻致唐玉瑞與寶寶們，1944年3月10日，〈蔣廷黻家書〉，《傳記文學》，57.3，頁24.

從蔣廷黻對他所住公寓的描述、房間數、以及他所付的月租，我們可以判斷他住的公寓一定比陳之邁一家所住的好也大得多，因為陳之邁一天八塊美金的房租換算成月租就是兩百四十元。這三百元與兩百四十元的差額看起來不大，但是我們不要忘了我在《星星．月亮．太陽：胡適的情感世界》裡所提到的，在胡適當大使的時候跟他打情罵俏的羅慰慈（Roberta Lowitz）在紐約的租屋哲學。她的紐約的租屋哲學一定也適用於華盛頓：

> 我的理論是：在紐約，房租總額的最後十塊錢所能換取的，要遠遠超過第一個五十塊。我只多花了十塊錢租金，找到的公寓比我現有的好三倍。[37]

我們不知道陳之邁一家在「白羅德穆爾」飯店公寓住了多久。他們後來買了房子，在華盛頓西北區的奧德維街（Ordway Street）。今天在網上所能看到的資料是一九二六年蓋的。從網路上的照片來看，是一棟兩層樓的房子，素雅可愛。

有關黎憲初在華盛頓的生活，我們所知極少。陳之邁在〈亡妻黎憲初〉一文裡有一段簡短的敘述，雖然仍然是著重她持家有方的面向，但也描述出了她作為外交官夫人的端莊與得體：

> 在美國做家庭主婦是相當辛苦的。憲初在重慶時無論如何還有傭人。在美國則一切要自己操持，每天要做三餐飯、整理臥室、打掃房間、洗濯衣物，正所謂「日行千里，足不出戶。」憲初到美國原想進修學業，但進大學則殊無可能，多讀多聽則儘有機會。果然到美不久，她的英國語文大有進步。做外交官的妻子必須交際應酬。憲初雖不太熱中〔衷〕於此，卻能應付自如。她具有東方女性的特徵，端莊嫻靜，深為外國人士所讚美。

陳之邁一定是很珍愛黎憲初的。他在晚年所訂的「年表簡編」一九四六年條裡記：「一月七日，與憲初在紐約，買 **Tiffany**〔第凡內〕**.75 carat**〔克拉〕**$679** 鑽戒贈憲初酬她八年抗戰辛苦。」

眼看著黎憲初和陳之邁在華盛頓構築了他們在重慶時候所憧憬的：「一個充滿幸福與快樂的小家庭，一對夫婦，一對孩子。我做我的事，她沈迷於西洋文學之中，讀々笑々，相親相愛」的「極美麗的將來」。造化弄人，她卻罹患了癌症：

> 憲初的健康一向很好。不料在民國四十年〔1951〕八月初，她自己發現她的右乳內有硬塊。當即延醫診斷，判定為乳癌，於八月十三日施行手術。醫生當時即密告我，她的病情嚴重，在治療期間只能儘量減少她的痛苦。大約可有兩年時間。
>
> 在這兩年期間，她曾幾度進入華盛頓及紐約的醫院治療，不幸始終沒有好轉的信息。她自己知道她的病情嚴重，但絕不說一句感傷的話。痛苦時咬緊牙關熬過去。稍好時還是笑咪咪的，免得使我傷心。我知道她不願哭哭啼啼，故也忍住眼淚。憲初就是這樣體貼、這樣勇敢的人。

黎憲初在華盛頓醫治的情況我們不知道。一九五二年底在紐約醫院醫治的情況，由於有陳之邁寫給兒女以及幾位朋友的幾封信，留下了一些珍貴的資料。一九五二年十月上旬，陳之邁兩次到了紐約，第一次是代表駐美大使顧維鈞出席紐約唐人街雙十節的慶祝會，第二次是作為參加第七屆聯合國大會代表團的成員。除了出公差以外，陳之邁顯然也同時為了黎憲初要到紐約治療找住的地方。他在十月九日跟也是第七屆聯合國大會代表團的成員李幹及其夫人從華盛頓開車到紐約。他希望在台灣代表團在「帝國大廈」辦公室的附近找到一家可以

---

37 Hsiaohaitze [Roberta Lowitz] to Laotoutze [Hu Shih], Saturday [October 22, 1938].

按週計費的旅館：

> 結果，比我所預期的還困難。我先去打聽了「美術公寓」（the Beaux Arts Apartments）。李〔幹〕博士告訴我他們有月租$166.66美金的公寓。我以為那個公寓的陳設一定只是勉強可以湊合的（rather mediocre）。沒想到居然是最時髦典雅的。我在公寓的辦公室打聽得很詳細。這些房間——不是公寓——必須簽一年的租約；單人房可以按日出租，每天$7.50美金起價。就是單人房也是要十月十五日以後才有。
>
> 我於是就去了「都鐸旅館」（the Tudor Hotel），也是李博士所推薦的。那間旅館有$4美金一天的房間，可是很小。我跟經理談了以後，很高興地發現他們有$6美金一天的套房。按週租的話還可以講價。我訂下了一間，接下去就看運氣了。[38]

在訂好了旅館以後，陳之邁就回華盛頓去了。他在十月十三日再自己搭火車到紐約，就住進了「都鐸旅館」。

陳之邁沒說他是什麼時候帶黎憲初去紐約醫病的。然而，他兩年以後在一個英文札記的附記裡說他們在紐約住了三個月的時間。[39]這樣看來，他應該是在十月十三日搭火車到紐約以後不久，就又回到華盛頓，然後再開車載黎憲初到紐約去的。等陳之邁在十一月六日用英文寫信給兒女的時候，黎憲初已經住進醫院裡了：

> 媽媽和我收到了你們日前的來信……
>
> 我要你們知道媽媽經醫囑已經在今天早上住進「長老醫院」（the Presbyterian Hospital）了。
>
> 媽媽會在醫院至少住兩個星期的時間。她的左腿從我們來紐約以後更加惡化。醫生說她需要長期的治療，包括在住院兩個星期、出院以後的兩個月必須澈底休息——躺在床上、需要起來的時候必須坐輪椅。
>
> 我現在還是住在「都鐸旅館」。

媽媽的醫院在168街，就在喬治·華盛頓大橋附近。醫院對訪客很好，所以我每天晚上下班以後都可以去看她。我每天都去，開車大概二十分鐘。[40]

兩個星期以後，黎憲初出院。陳之邁在給兒女的信裡說：

> 媽媽在前天，十一月十八日，出院。我們在「美術公寓」租了一間公寓。地址是：紐約市，東44街307號，719N……
>
> 我們所住的新公寓很新，相當大，有一個可以推進牆裡的雙人床和小廚房。我們可以在公寓裡做菜，當然，是簡單的菜。我每天的作法是開車到唐人街去買一些作好的雞和其它肉類。我們自己煮飯和烹茶。一切都很俐落、方便。媽媽珍惜著每一個片刻……[41]

陳之邁和黎憲初在紐約住了三個月的時間以後，在聖誕節前兩天回到了華盛頓家裡。他在回到家當天用英文所作的札記寫得再感人也不過了：

---

38 Chen Chih-mai's notes, October 10, 1952,「陳之邁檔案：1952年資料卷（062-01-02-017）」.
39 Chen Chih-mai's notes re wife, December 23,1952,「陳之邁檔案：1952年資料卷（062-01-02-017）」.
40 Chen Chih-mai to Kitty and Bobby, November 6, 1952,「陳之邁檔案：1952年資料卷（062-01-02-017）」.
41 Chen Chih-mai to Kitty and Bobby, November 20, 1952,「陳之邁檔案：1952年資料卷（062-01-02-017）」.

南施跟我今天從紐約開車回華盛頓，7:30到家。旅途愉快。

南施跟我在紐約住了一段時間。我們先住在「都鐸旅館」的一間套房。接著她就住進「哈克尼司療養部」(Harkness Pavilion)〔注：即胡適得心臟病時所住的醫院〕，由哈金森醫生（Dr. Haadgenson）醫治她的腿疾。她出院以後，我們搬去位於44街和第二大道交接的「美術公寓」，到「聯合國」的新辦公室很方便。

我剛到的時候，她的腿痛得厲害。然而，我們決定要好好的享受，到了許多餐廳去吃飯。她行動不方便，但就像一個少女一樣，總是想盡辦掩飾她跛著走的腿。

她住院的時候，我每天都開車去探望她，就只一天沒去。她住的病房非常好，而且也非常喜歡菜單上的菜樣。我常常留下來分吃她的晚餐，因為份量實在太多了。不然，我就是自己在「大中央總站」(Grand Central)旁一家小中餐館吃。

所有這些都被一個陰影所籠罩著。那就是醫生說她已經沒有希望了，只是時間的問題。我們唯一所能做的，就是儘量讓她不要受到疼痛的折磨。當然，她並不知道。我的態度當然是讓她在她所剩餘的日子過得越快樂越好。

我們在「美術公寓」的公寓很好，有可以推進牆裡的床，陳設著相當有現代風的傢俱……我是開車來的。我的作法是開車到唐人街去買些現成的中國菜，她則煮點飯，等等。有時候張純明、鄭寶南會過來分享我們的小吃。有時候有些朋友會過來探望她。她很少出去。她住院的時候，我買了一個小的RCA牌的收音機給她，住在旅館的時候也整天裡開著。住在旅館的末期，在我去唐人街買了一些現成的中國菜回來以後，Lilyan Foo〔注：趙荷因，陳之邁第二任夫人〕、鄭錫霖、Hu Chun也會過來吃晚餐。我們吃得開心極了。

我盡所能讓南施快樂。她是一個非常好的妻子，愛我，為我生了兩個好孩子。我們已經走到了她就要離開我到另外一個世界去的時候了。我的悲痛不是筆墨所能形容的。然而，我必須強顏歡笑。在這些日子裡，我們比往常更加親密。她似乎也樂在其中。[42]

黎憲初一定是一個非常堅強而且能夠堅忍疼痛的人。她出院以後，陳之邁寫給方恩綬（Edward Fang）的一封信描寫了她出院以後的情況。方恩綬是陳之邁在清華讀書時候的網球球友。他在一九四一年移民去菲律賓，在一九四八年拿到菲律賓大學的醫學學位。陳之邁在跟方恩綬恢復聯繫以後，有好幾封信問他有關黎憲初的病情以及最好的診療方式。他在十二月三日給方恩綬的信裡報告他說黎憲初在十一月十八日出院：「她沒有疼痛，心情很好，完全不知道她病情很嚴重。」[43]

黎憲初自己真的是「完全不知道她病情很嚴重」嗎？聰明、敏於觀察、又經歷過「生死戀」的她，是不可能不會不知道她一再進出醫院所意味的嚴重性的。陳之邁在〈亡妻黎憲初〉所說的一段話，才可能是道出了她總是「笑咪咪的」，是因為她要「免得使我傷心」所體現的「體貼」、「勇敢」的愛：

她自己知道她的病情嚴重，但絕不說一句感傷的話。痛苦時咬緊牙關熬過去。稍好時還是笑咪咪的，免得使我傷心。我知道她不願哭哭啼啼，故也忍住眼淚。憲初就是這樣體貼、這樣勇敢的人。

除了「體貼」、「勇敢」、很能堅忍疼痛以外，黎憲初「就像一個少女一樣，總是想盡辦掩飾她跛著走的腿。」陳之邁這句話就道出了當時才四十歲心如少女的她。蔣廷黻在十一月二日請陳之邁夫婦晚餐。他在當天的日記裡記：「陳之邁和夫人南施來晚餐。之邁告訴我說南施有癌症，但似乎只跛了腿。她走下樓、上車，都

42 Chen Chih-mai's notes re wife, December 23,1952,「陳之邁檔案：1952年資料卷（062-01-02-017）」.

43 Chen Chih-mai to Eddie [Edward Fang], December 3, 1952,「陳之邁檔案：1952年資料卷（062-01-02-017）」.

不覺得痛，只是很小心而且走得慢而已。」[44]

然而，再堅強、再能堅忍疼痛的人，也終究還是不敵病魔的戕害的。陳之邁說胡適在韋蓮司邀請他們夫婦去綺色佳住了將近一個月，在即將離開綺色佳的時候寫信建議他們夫婦「去涼爽地點休息一個時期」。他說胡適的建議，使他決定在華盛頓附近馬里蘭州一個名為「柳濱」（Willows' Beach）的海邊租了一所小房子，讓憲初好好休息。

只是，「憲初到了柳濱之後病情轉劇，呼吸困難。」他在八月十四日給江季平的信裡說：

> 南施的病況在兩個星期以前又再度轉劇，極劇。X光片顯示惡性的腫瘤已經擴散到她整個胸腔。她開始飽受劇痛的折磨。她現在在接受一些新的治療，也許可以對她有些幫助。我遵照她的意思，沒有把這最新的情況告訴大部分的朋友。她已經病了整整兩年了。朋友對她實在太好了。她覺得很過意不去，一直讓朋友為她操心。我如果把她的近況告訴朋友，她會責怪我的。[45]

黎憲初卒於一九五三年八月三十日。

陳之邁在黎憲初過世一年半，一九五五年一月二十五日，也就是他續絃半年多以後，在他一九五二年十二月二十三日載黎憲初從紐約醫病回到華盛頓家裡當天所寫的英文札記之後，加寫下了幾段感言。字字出自心腑，極為感人：

> 回顧我們在紐約三個月的日子，我覺得我們是極其快樂的。那是我為這麼好的一位女性所能盡的微薄之心。我一再地告訴她說那幾個月是我們結婚十四年裡最快樂的一段時光。我真的是這麼相信的。人生總是以悲劇結束的。她的生命就要終結，對我來說就像是一個揮之不去的夢魘一樣，只要一想就讓我不寒而

慄。然而，那是誰都躲不掉的。我唯一能作的，就是讓她生命的最後是快樂、讓人能夠追憶的。

南施是一位勇敢的女性。她一定知道我的心情，但從來就沒有顯露出她是知道的。不管再如何地受病痛的折磨，她永遠是笑咪咪的。她是我可愛的妻子，是極好的女性。

我一直就想把我在那段時間裡的心情寫下來，但就是找不出時間，一直到今天——幾乎在南施過世一年半以後。我在整理有關第六屆聯合國大會的資料的時候，儘管工作的壓力，我整個情緒都崩潰了。我於是坐了下來寫下這段話。那是我跟南施在一起最快樂的幾個月——在她離開我那麼久了以後更是如此。我將來要寫一篇南施的小傳。希望在不久的將來就可以實現這個願望。[46]

這個願望他終於在二十二年後實現。那就是他一九七七年發表在《傳記文學》上的〈亡妻黎憲初〉。

---

44 Tsiang Tingfu diaries, November 2, 1952.

45 Chen Chih-mai to H.C., August 14, 1953,「陳之邁檔案：1953年資料卷（062-01-02-021）」.

46 Chen Chih-mai’s notes appended to his January 25,1955,「陳之邁檔案：1952年資料卷（062-01-02-017）」.

續絃

陳之邁在他晚年所編的「年表簡編」一九五三年條下記：

七月二十日，吳國禎到Washington（大使館及各方歡迎）
八月三十日，憲初病逝
十月二十日，初識趙荷因
十月二十三日，奉召返台北

這四則裡，「十月二十日，初識趙荷因」是曲筆。他一定要把「初識趙荷因」——他的第二任夫人——放在「憲初病逝」之後，這是他的道德觀念作祟的結果。一九五四年二月二十日，蔣廷黻在日記裡說：

在家裡跟訂了婚的陳之邁、Lilyan Foo有一個橋局。之邁是正宗的中國作風（in true Chinese fashion），隱藏（hides）他的情意，而比較美國化的Lilyan，則是盡性表露（as demonstrative as possible）。[47]

蔣廷黻不了解陳之邁。陳之邁不是一個無法當眾示愛的人。「閱女多矣」的他之所以會在蔣廷黻夫婦之前「隱藏著」他對都已經跟他訂了婚的Lilyan的「情意」，並不是因為那是「正宗的中國作風」。誰說「正宗的中國作風」是不當眾示愛的？傳統的文人雅士、現代的巨商大賈在青樓、會所、酒廊、舞廳裡的「眾樂樂」，不也是當眾示愛的一種嗎？

陳之邁之所以會在蔣廷黻夫婦之前「隱藏著」他對Lilyan的「情意」，就像他在「年表簡編」裡一定要把「初識趙荷因」放在「憲初病逝」之後的理由是一樣的。一言以蔽之，他一定是覺得在他第一任夫人憲初病逝之前就「初識」他第二任夫人Lilyan，未免會為人所議，是道德上的瑕疵。

陳之邁之所以特別會在蔣廷黻夫婦之前不自在，無法自然地流露出他對Lilyan的情意，一定有他很複雜的心理因素。一方面，他可能自己覺得在黎憲初過世才半年就要再婚，似乎有點說不過去。另一方面，蔣廷黻夫婦不但認得黎憲初而且來往過。此外，Lilyan還是蔣廷黻駐聯合國代表團的秘書，從一九五〇年十二月一直到她一九五四年三月跟陳之邁結婚要搬到華盛頓去而辭職為止。

Lilyan（趙荷因），一九二三年六月十一日生於華盛頓，跟陳之邁結婚的時候快要滿三十一歲。她比陳之邁年輕十四歲，比黎憲初年輕十歲。她是趙國材的女兒。趙國材跟胡適一樣，是一九一〇年第二批庚款生。他是康乃爾大學的學士、威斯康辛大學的碩士。他在一九一三年擔任清華學校副校長，一九一五—一九一六年清華駐美遊學代理監督，一九一八年任清華代理校長，一九二二年復任清華副校長。

Lilyan的身世我們知道的不多。在她出生不久以後，她父親從華盛頓「游美清華學生監督」離任，回中國出任清華副校長。因此，她應該是在襁褓之中就跟父母返回中國。她成長的經過我們一無所知，唯一知道的是她結婚很早。她在一九四三年十一月二十七日，當時才二十一歲，在上海跟金伯銘結婚。金伯銘是留美歸國學生。他先在一九三二年取得了密西根大學的市政管理的碩士學位，然後又在一九三三年取得工程的碩士學位。他們結婚的時候，金伯銘是上海「浙江興業銀行」的襄理。只可惜這個婚姻只維持了兩年。一九四五年十一月二十四日，**Lilyan**以「精神痛苦，不堪同居」為理由，訴請跟金伯銘離婚。[48]

---

47 Tsiang Tingfu diaries, February 20, 1954.

48 〈上海地方法院關於趙荷因訴金伯銘離婚案〉（1945年），「上海市檔案館」，檔號 Q185-3-475。感謝Edward Mears先生提供該項資料。

我們不知道Lilyan是什麼時候回到美國的。然而，我們知道她在一九五〇年十二月成為蔣廷黻在聯合國辦公室的秘書之前，她工作的機構是「美國在華醫藥促進局」（American Bureau for Medical Advancement in China or ABMAC）〔注：前身是「美國醫藥援華會」（American Bureau for Medical Aid to China）〕。[49]當時她已經又結婚了。先生名叫Charles Foo，是華裔美國人，當時是美國陸軍少校。我們雖然不知道她這一段婚姻是什麼時候開始的，但是蔣廷黻在日記裡在一開始的時候都稱呼她為Mrs. Foo。她成為蔣廷黻秘書的時候二十八歲。

聯合國一九五一年十一月在巴黎召開的第六屆大會，蔣廷黻是帶著Lilyan去參加的。在巴黎的時候，蔣廷黻常帶她去遊皇宮、羅浮宮、不同的博物館、出遊、看歌劇、在宴會中一起跳舞，到餐廳去吃飯，等等。我在《蔣廷黻：從史學家到聯合國席次保衛戰的外交官》裡描寫了蔣廷黻認為他第二任夫人Hilda有好吃醋的一面。比如說，他一九五二年四月十九日，邀請了鄭寶南、Lilyan跟他和Donald去打高爾夫球。Hilda本來是不去的。結果當天早上，她突然間說她也要去：「當我告訴她說五個人沒辦法一起打的時候，她生了氣。我於是說那我把我的位置讓給她，她也不願意。當然，她是在嫉妒Lilyan。我們於是就自己去了。晚上六點鐘回來。Hilda不在家。」[50]

我們不知道Lilyan跟她的先生Charles的婚姻是什麼時候開始出問題的。從蔣廷黻的日記，我們知道至少到一九五一年九月初他們的關係一定還可以，因為蔣廷黻在九月四日的日記裡說：「Lilyan把我弄得非請（got me to invite）她和她先生Charles到Old China〔『中國酒家』〕晚餐不可。」[51]

兩年以後，蔣廷黻一九五三年十二月三十日日記：

> 帶Lilyan Foo去吃午餐。她想辭職到內華達州〔注：離婚法比較寬鬆〕去辦離婚，然後再婚。準新郎（prospective man）大概就是陳之邁。[52]

蔣廷黻在日記裡沒說，但他一定心有戚戚焉。他自己在三年前才用了從墨西哥郵購離婚證書的方法跟他的前任夫人唐玉瑞離婚然後再跟Hilda結婚。有意味的是，蔣廷黻顯然沒有幫Lilyan出點子。

兩個月以後，蔣廷黻在日記裡再提到Lilyan，就是我在本節啟始提到的他一九五四年二月二十日那則日記，亦即，訂了婚的陳之邁、Lilyan到他家打橋牌，陳之邁隱藏著他的情意，而Lilyan則自然流露那一則。

蔣廷黻在日記裡再次——也是最後一次——提到Lilyan是兩個星期以後。三月八日：「Lilyan Foo跟她的未婚夫陳之邁到華盛頓去。」相當有意味的是，蔣廷黻在日記裡已經早就只用Lilyan稱呼她。現在，Lilyan明明都已經跟陳之邁訂了婚而且就要跟他結婚了，蔣廷黻在日記裡卻偏偏要連名帶她前夫的姓稱呼她Lilyan Foo！難不成這是蔣廷黻的春秋筆法！

如果陳之邁記他在一九五三年「十月二十日，初識趙荷因」是曲筆，那麼他究竟是什麼時候「初識」Lilyan的？答案其實就在Lilyan在陳之邁過世以後贈送給中央研究院近代史研究所的檔案裡。由於陳之邁過世突然，他沒有時間有系統地去篩選他的檔案。誠然，他在美國從事宣傳以及遊說的工作的資料，特別是他從一九四四年到一九五五年在美國所寫的日記，大概都被他——或者是Lilyan——整批地銷毀了。然而，也許因為資料實在是太多了，一些他不可能會願意為外人道也的隱私就成了漏網之魚了。

事實上，陳之邁在一九五二年十二月二十三日描寫他跟黎憲初在紐約醫病三個月的生活裡，有一句話就說明了他並不是在一九五三年十月二十日才「初識」Lilyan的：「住在旅館的末期，在我去唐人街買了一些現成的中國菜回來以後，Lilyan Foo、鄭錫霖、Hu Chun也會過來吃晚餐。我們吃得開心極了。」

---

49 Emma Mills to May-ling Soong Chiang, September 13, 1951, "Emma Delong Mills Papers," WCA_MSS_2_227, Wellesley College.
50 Tsiang Tingfu diaries, April 19, 1952.
51 Tsiang Tingfu diaries, September 4, 1951.
52 Tsiang Tingfu diaries, December 30, 1951.

陳之邁不但並不是在一九五三年十月二十日才「初識」Lilyan的，他而且在黎憲初過世以前就已經跟Lilyan有過他們「初次」的約會了。陳之邁「年表簡編」一九五三年的第一條是：「七月二十日，吳國楨到Washington（大使館及各方歡迎）。」他在「年表簡編」裡所沒有說的是，他在吳國楨到華盛頓以前，已經在十五日到紐約去見他了。他當天的札記記：

> 三時，訪吳國禎，談一小時。我的印象他的美國朋友很多。大家對他之去職，均不甚滿意。他雖〔未〕明云，但字裡行間聽得出來。[53]

次日，七月十六日，他就跟Lilyan有了他們的「初次約會」：

> 12:45約Lilyan——Longchamps〔帝國大廈裡有名的「隆禪」餐廳〕——午飯。去Radio City〔無線電城〕看"The Band Wagon"〔龍鳳香車〕
> 赴Lum's Garden晚飯
> 去Trans-Lux〔戲院〕看"The Sea Around Us"〔我們周遭的海洋〕——甚好
> 在Fifth Ave〔第五大道〕看Shriner's parade〔許萊納大人開玩具車的遊行〕
> 送Lilyan回家
> 是日天氣甚熱。許久沒有過這樣生活了。偶一為之，亦甚有趣。L[ilyan].的丈夫在台北，另有女友。L.有與他離婚之議。[54]

如果一九五三年七月十六日，是陳之邁跟Lilyan「初次約會」，那麼他「初識」Lilyan究竟是在什麼時候？

由於Lilyan從一九五〇年十二月就已經成為蔣廷黻的秘書了，常常因公出差到紐約，甚至經常作為代表團成員之一參加聯合國大會的陳之邁一定早在那之前就認識Lilyan了。結果，陳之邁在當年所寫的資料裡就留下了他說是「初識」Lilyan的時間點。他在一九五四年的資料裡，存放了一份他一九五二年四月二十八日去「廣場飯店」（Plaza Hotel）出席「援助中國知識份子難民」（Aid Refugee Chinese Intellectuals）的成立大會餐會的節目單。他在那份節目單上用中文作了註記：

> **余曾參加此集會。那時第一次看見荷因。現在已是我的太々了。頃在紐約友人以此見示，保存留念。**[55]

不管陳之邁跟Lilyan「初次約會」是在一九五三年七月十六日還是更早，他們很快地就像是熱戀中的情侶了。陳之邁在「年表簡編」裡把「初識趙荷因」定在黎憲初過世以後是完全可以理解的。然而，把時間定在「十月二十日」就讓人有點像丈二金剛摸不著頭腦了。「年表簡編」接著記：「十月二十三日，奉召返台北」。「十月二十日，初識趙荷因」跟「十月二十三日，奉召返台北」在表面上沒有任何關聯。然而，就正是拜了他「奉召返台北」所造成的「小別勝新婚」的相思之賜，他倆留下了陳之邁絕對不是在「十月二十日，初識趙荷因」的證據。

事實上，早在十月九日，在陳之邁說他「初識趙荷因」前十一天，當時人在芝加哥的Lilyan就在電報裡留下了他們是在熱戀中的字句了：

---

53 Chen Chih-mai's notes in Chinese re trip to NY, July 15,1953,「陳之邁檔案：1953年資料卷（062-01-02-020）」.

54 Chen Chih-mai's notes in Chinese re a date with Lilyan, July 16,1953,「陳之邁檔案：1953年資料卷（062-01-02-020）」.

55 Chen Chih-mai's note on the program of Dinner of Aid Refugee Chinese Intellectuals, Incorporated, April 28, 1952 Hotel Plaza, New York City, October 16,1954,「陳之邁檔案：1954年資料卷（062-01-02-024）」.

平安抵達。一路平淡無奇。我但願我人是在紐約。愛你的Lilyan。[56]

十月二十三日，陳之邁在給兒女的信裡告訴他們他的行程：「我要在今天上午飛西雅圖，經阿拉斯加、日本，到福爾摩沙。我會離開大約三個星期。」[57]

也許為了要避人耳目，免得招來閒言閒語，Lilyan當天沒去送機。她在當天寫給陳之邁的信是用駐聯合國代表團的信箋寫的，打情罵俏以外，洋溢著她的情思與愛意：

親愛的之邁：

我極為內疚，因為今天早上沒去送你。為了安撫我的良心，我立刻就寫這封信彌補。我是放在外交郵袋〔注：可以豁免檢查〕裡的。如果你覺得在收到以前有人拆過，請讓我知道。

這接下去的幾個星期裡，我要用臥療的方式來治療我的相思病。儘量地睡、儘量地吃——管它會用多少錢！

唐尼今天早上給了我鑰匙。我見到強尼的時候，會告訴他車子該怎麼處理。

給我信！要學柳下惠（behave yourself）！

你永遠的……

又：信寄：161西16街，15L。[58]

也許為了確保他們的戀情不外洩，Lilyan繼續用駐聯合國代表團的信箋寫信，而且可能也是繼續放在外交郵袋裡寄給陳之邁。十月二十七日的信：

親愛的之邁：

很高興知道戴德華（[George] Taylor）和魏特夫（[Karl] Wittfogel）開車到西雅圖機場去看你。我以為魏特夫人是在紐約，在哥倫比亞大學。這次行動很好，極為成功。我希望可以不受干擾繼續下去。然而，這就是人生。

紐約很無聊，但我週末很忙。星期五，那位我跟你說過的台灣醫生請艾瑪跟我晚餐。她還請了台灣警備隊的林〔士賢〕先生以及一對美國夫婦。林這個人很有意思。他來底特律參加一個警察會議，幾乎不會說英文，但說得一口漂亮的北京話。晚餐後，那對美國夫婦必須趕回去讓照顧他們的孩子的人回家。兩位台灣人就來我們這裡談到半夜。

林把台灣說得天花亂墜。他喜歡這裡的生活，但他受不了紐約的生活費。他跟謝先生幾乎說服了艾瑪明年就搬到台灣去住。那是一個想法。艾瑪在艾玲五月底畢業以後就可以完全一身輕了。我們的租約七月到期，而我在一九五四年夏末另有——或者應該說是在擬定——計畫。艾瑪不想跟任何其他人合租，所以她如果搬去台北（她可以教英文）倒不失為一個好辦法。至於我，就是搬到別處去。你覺得如何呢？

星期六我出去買絲襪和皮鞋。前者買到了，但後者沒有——必須訂。我晚上自己在家，艾瑪去〔康州〕的斯坦福（Stamford）過週末。

星期天早上我掙扎地起床代表廷黻和Hilda去參加聖派翠克大教堂（St. Patrick's Cathedral）的彌撒。

趕快回來吧！這裡的每一個人都想念著你。

你永遠的**Lilyan**

---

56 Lilyan to Chen Chih-mai telegram, Oct. 9, 1953,「陳之邁檔案：1953年資料卷（062-01-02-021）」.

57 Chen Chih-mai to Kitty and Bobby, October 23, 1953,「陳之邁檔案：1953年資料卷（062-01-02-021）」.

58 Lilyan to Chen Chih-mai, October 23, 1953,「陳之邁檔案：1953年資料卷（062-01-02-021）」.

又：你的車子停在聯合國的車庫裡。不要忘了告訴我你什麼時候要回來，我才可以叫強尼把車子送去維修。[59]

十月三十日的信，Lilyan就沒放在外交郵袋裡，顯然是用普通航空信的方式，而且也改用了親密的稱呼：

親愛的：

我希望你已經收到了我寄到我們在台北的辦公室給你的信了。告訴我！為什麼我每天都急切地去看我的信箱？為什麼我看到了你給我的信會那麼的高興？今天早上我看到了你從東京給我的信。如果你覺得「但願妳也在這裡」聽起來毫無新意，但卻道盡了你的心情（sounds trite but appropriate），你覺得如果我說我「但願是跟你在一起」呢？我真的但願是呢！

真是度日如年。從你離開那天算起，到今天是整整一個星期，但我覺得好像已經是萬年了！我密切地注意N〔注：尼克森〕的行蹤。我將會每天都數他還有幾天會到〔台北〕。

親愛的！玉與珍珠，我兩樣都愛。事實上，珍珠跟玉搭配起來，我覺得是世界上最美麗的。我不知道中國傳統怎麼看，但那是我的看法。你買什麼都可以。就是你只有人回來，什麼都沒買，我還是會很高興的。如果遠東的東西確實很便宜，也許你應該看看訂婚的戒指。這次，我要一個能夠圈得牢固的戒指〔注：是百年好合的隱喻嗎？〕

我還沒有收到C.或者T.的信，讓我有點焦急。你見到後者了嗎？他怎麼說呢？會要很久的時間嗎？

我從上星期五〔注：陳之邁啟程赴台〕來所過的日子是如此地靜寂，我簡直不像是我自己了。我每天都在數日子。真是度日如年。

趕快回來吧！我想吃四川菜——彷彿好像那是我唯一希望你趕快回來的理由一樣〔注：他們在一起的時候可能常吃四川菜〕！

愛你的
L.

又：詹姆士（James）想要用你的車子。我告訴他說他必須打電報得到你的允准。他開車的技術很爛。[60]

Lilyan這封情書就完全戳破了陳之邁是在「十月二十日，初識趙荷因」的曲筆了。如果他真的是在二十日才初識Lilyan，除非他們是一「初識」就急速墮入愛河，怎麼可能在他二十三日「奉召返台北」才一個星期就已經覺得像是「萬年了」，甚至要買訂婚戒指！

除了戳破了陳之邁的曲筆以外，Lilyan這封信裡還有幾個她跟陳之邁訴說相思情之餘的秘辛。那些秘辛不知內情的人是看不懂的。首先，是她那句：「我密切地注意N〔注：尼克森〕的行蹤。我將會每天都數他還有幾天會到〔台北〕。」尼克森到台北跟她思念陳之邁、數他還有幾天才會回到美國有什麼關係呢？原來，蔣介石原先是要陳之邁到台灣去負責聯絡接待尼克森的事宜。結果，他在最後一刻改變主意，要陳之邁在尼克森抵達以前就離開台灣。蔣廷黻在日記裡說明了原因。他在十月二十一日，亦即，陳之邁啟程赴台前兩天的日記裡記：「陳之邁告訴我他奉召回福爾摩沙，是為了擔任尼克森訪台時的聯絡官（liaison officer）。」[61]

結果，陳之邁在回到美國以後，告訴蔣廷黻說政府臨時改變主意。蔣廷黻在十一月九日日記裡記：

陳之邁從福爾摩沙回來。政府決定不讓他在尼克森到訪的時候人在台灣，因為怕會被曲解以及給予

59 Lilyan to Chen Chih-mai, October 27, 1953,「陳之邁檔案：1953年資料卷（062-01-02-021）」.
60 Lilyan to Chen Chih-mai, October 30, 1953,「陳之邁檔案：1953年資料卷（062-01-02-021）」.
61 Tsiang Tingfu diaries, October 21, 1953.

〔共產黨的〕同路人以攻擊的口實。[62]

原來陳之邁捲入「中國遊說團」的醜聞以致於被美國參院調查的記錄，現在讓蔣介石及其幕僚有所顧忌，要避免讓他和作為麥卡錫戰友的尼克森同時出現在台灣。

蔣廷黻是在陳之邁回到美國以後才知道蔣介石政府臨時改變了主意。然而，Lilyan是第一個知道這個消息的人。果然，尼克森是在十一月八日抵達台灣的，而陳之邁在十一月五日就已經離開了。無怪乎Lilyan要「密切地注意N的行蹤。我將會每天都數他還有幾天會到〔台北〕。」

毫不足奇的，當時陳之邁寫給Lilyan的信現都已不存。除了因為有政治上的秘辛以外，還有他不願為外人所知的親密的話語。

在這封信裡，Lilyan說：「我還沒有收到C.或者T.的信，讓我有點焦急。」這句話像謎語一樣地費解。我認為謎底就在Lilyan的下一封信裡。她十一月二日的信：

最親愛的：

你的車現在在詹姆士那裡，我很擔心。他還沒拿到國際駕照。我只能希望他在開始開車以前拿到。車子現在還在「奧茲摩比」（Old's）車行裡，等著換一個新的消音器、檢查變速器，等等。詹姆士會付所有那些費用。你買了保險了吧？強尼告訴我說去年詹姆士撞壞了劉鍇的車子，還好沒撞爛。你最好還是趕快回來，以便能把車子取回。

我今天早上接到Charles在十月二十七日寫的信。他說：「妳在信上說妳的律師會跟我聯繫。他到現在還沒有。然而，由於我知道律師有時候是慢條斯理的，妳是否能告訴我他的地址和姓名？這樣，如果他一直沒跟我聯繫，我就可以跟他聯繫。等我跟他談了以後，我就能夠回覆妳所開出的離婚的條件。」

> Thanmoh方面有消息嗎？我還沒收到你在台北寫的信。你從西雅圖、東京來的信都收到了。今天會有一班從東京來的飛機（西北航空）。我希望機上會有一封你的信。請你催一下Twanmoh，要他加把勁。我知道你也一樣急著要解決這件事，但你一定可以了解人在紐約的我，沒辦法盯著這件事的進展，是極其挫折的。我但願我人就在台北。
>
> 有關尼克森的訪問，你還聽說了什麼？我但願他也能加緊腳步。我想念你。
>
> 愛你的Lilyan[63]

Lilyan在這封信所透露出來的信息是：想要離婚的是她而不是Charles，所以Charles才會說，等他跟Lilyan的律師談過了以後，「我就能夠回覆妳所開出的離婚的條件。」

此外，Lilyan在這封信裡所提到的Thanmoh或者Twanmoh可能就是端木愷。如果是的話，他就是從前設法幫蔣廷黻跟唐玉瑞離婚的那位律師。

這如果不是急病亂投醫，就是他們實在是已經走投無路了。從前蔣廷黻要跟唐玉瑞離婚，端木愷沒幫成。現在Lilyan要跟Charles離婚，找的居然還是端木愷。

有意味的是，陳之邁「奉召返台北」，同時請端木愷幫忙解決Lilyan要跟Charles離婚的問題的時候，他在台北見到了從前在重慶的朋友徐芳及其先生徐培根。他說徐芳對他續絃的問題極為熱心。他在十月三十一日的札記裡記：

62 Tsiang Tingfu diaries, November 9, 1953.

63 Lilyan to Chen Chih-mai, November 2, 1953,「陳之邁檔案：1953年資料卷（062-01-02-021）」.

> 八時，偕胡慶育訪徐培根、徐芳，飲酒甚多，至暢。徐芳（舟生）仍不減當年，對余續絃事極熱心。[64]

徐芳到底知道多少？她對陳之邁「續絃事極熱心。」究竟是要幫他介紹對象？還是也知道「奉召返台北」的陳之邁，除了公事以外，還有他也「急著要解決」Lilyan要跟Charles離婚的問題？所有這些，我們都不知道，因為陳之邁守口如瓶。

有意味的是，陳之邁後來跟徐培根、徐芳還成為親家。陳之邁的兒子陳歆跟徐培根、徐芳的女兒徐振容後來在紐約結婚。

我們也不知道Lilyan要跟Charles離婚之事，端木愷是否斡旋成功。看來是沒有。我在本節上文徵引了蔣廷黻一九五三年十二月三十日的日記。當時，陳之邁已經回到美國將近兩個月了。蔣廷黻在那則日記裡記：

> 帶Lilyan Foo去吃午餐。她想辭職到內華達州〔注：離婚法比較寬鬆〕去辦離婚，然後再婚。準新郎大概就是陳之邁。

「準新郎大概就是陳之邁。」這句說得相當奇怪。既然都知道誰是「準新郎」了，還有什麼「大概就是」可言的呢！

然而，即使婚還沒離成，陳之邁跟Lilyan已經等不及了。對熱戀中的情侶而言，就是明天也是難以忍受的等待。

一九五四年二月二十日是一個大日子。陳之邁用他在第五街一家名店買的華麗的鑽戒向跟Lilyan求婚：

Diamond platinum ring〔鑽戒白金戒指〕$1020.00
Ring contains: 1 round diamond 1.23 cts〔克拉〕.
6 round diamonds .30 cts.
2 baguette diamonds .38 cts.

只是，陳之邁當天寫的札記一點都不羅曼蒂克：

今天我以此鑽石戒指給荷因。可以說是我們已經正式訂婚了。[65]

還好，雖然陳之邁在札記裡說得一點都不羅曼蒂克，但做得還是相當羅曼蒂克的。當晚就像是他跟Lilyan的洞房花燭夜一樣，他們是住在紐約豪華的「施黛特勒飯店」（Hotel Statler）。春宵一刻值千金，他們連住了兩個晚上。[66]

我們之所以會知道陳之邁跟Lilyan訂婚是在她跟Charles離了婚以前，完全是拜他跟我在上文提到的方恩綬來往信件之賜。這幾封信很珍貴，除了有關Lilyan以外，也提到了黎憲初。

方恩綬在得知黎憲初過世以後，在一九五三年九月二十日從菲律賓寫了一封出自心腑的弔唁信：

---

64 Chen Chih-mai’s notes on his trip in Taiwan, October 31, 1953,「陳之邁檔案：1953年資料卷（062-01-02-021）」.
65 Chen Chih-mai’s note, February 20, 1954,「陳之邁檔案：1954年資料卷（062-01-02-022）」.
66 Hotel Statler receipt for 2/20-22, paid Feb. 23, 1954,「陳之邁檔案：1954年資料卷（062-01-02-022）」.

我希望我說這句話不會再度勾起你的傷痛。我們當時所有的同學都喜歡南施。她真是一個和藹可親的女子。我從清華畢業以後就很少聽到有關她的消息了。去年我在歐美之行前收到你的信，得知她是你的夫人，就非常為你高興；一來是因為作為你的夫人，她一定會讓你的人生快樂，二來我也會有機會在華盛頓跟她重逢。我從來就沒有料想到去年八月的重逢會是最後的一次。[67]

有關Lilyan，方恩綬在一九五五年一月二十七日的信裡回憶說，他一九五二年去台灣駐聯合國代表團造訪的時候沒有見到蔣廷黻，但在辦公室見到了他的秘書。他說那位女士非常親切，不但帶他到她和一位年長的美國女性同住的公寓去坐，而且還作了晚餐請他吃。[68]

陳之邁在一九五五年二月四日回信：

大函今天收到。是的，跟我結婚的女士，就是你一九五二年八月在紐約見到的那一位……

……

你見到她的時候，她還跟Charles Foo少校結婚。他是一位在美國陸軍服役的華裔美國人。他們已經分居多年了。他們去年春天離婚以後，Lilyan很快地就跟我結婚了。這幾個月來，我們過得很快樂。

Lilyan謝謝你的美言。她對我在華盛頓，特別是在聯合國大會的工作，幫助極大。在南施長年生病到她不幸過世，我很少參加社交活動，因此負了許多社交債。現在Lilyan幫我分批償還。我們現在就忙著安排請客。這是我在此地工作的一個面向：要如何妥當地安排，讓對的人坐在一起，在對的時候說對的話，等等。所有這些都煞費心思。她做得好極了。[69]

原來Lilyan一直要到一九五四年春天才得到Charles的同意，成功地和他離了婚。我們所不知道的，是Lilyan最後用的是什麼方法跟Charles離婚的，但可以推測他們離婚的地點可能是在台北，因為當時Charles人是在台灣，是「美軍顧問團」的一員。[70]

無怪乎陳之邁二月二十日那句話說得奇怪：「今天我以此鑽石戒指給荷因。可以說是我們已經正式訂婚了。」我一直以為他說得一點都不羅曼蒂克。原來他覺得自己是游離在法律的邊緣。

方恩綬在一九五五年三月六日的信更是石破天驚。我認為其所反映的，是那個男性中心主義時代的心態：

R.C.〔注：R.C. Chen，陳長桐，中國銀行總經理〕告訴我說，他從一個朋友那兒聽說南施的遺願是在她過世以後由Lilyan來接替她的位置。南施真的是愛你以及孩子們。你現在的幸福、家庭的和樂，會讓她在天之靈安息（give her soul eternal peace and satisfaction）。[71]

陳之邁在「年表簡編」一九五四年條下記：「五月十九日，與趙荷因結婚（Lilyan Chao於一九二二年六月十一日生於Washington, D.C.）。」

接著，顧維鈞在六月四日致信國務院，告知Lilyan已經在五月十九日跟陳之邁結婚，請國務院把Lilyan加入外交人員的名單裡。[72]

---

67 Eddie Fang to Chen Chih-mai, September 20, 1953,「陳之邁檔案：往來函電卷（062-01-07-327）」.
68 Eddie Fang to Chen Chih-mai, January 27, 1955,「陳之邁檔案：往來函電卷（062-01-07-327）」.
69 Chen Chih-mai to Eddie Fang, February 4, 1955,「陳之邁檔案：往來函電卷（062-01-07-327）」.
70 Emma Mills to May-ling Soong Chiang, September 13, 1951, "Emma Delong Mills Papers," WCA_MSS_2_227, Wellesley College.
71 Eddie Fang to Chen Chih-mai, March 6, 1955,「陳之邁檔案：往來函電卷（062-01-07-327）」.
72 Wellington Koo to the Secretary of State, June 4, 1954,「陳之邁檔案：往來函電卷（062-01-07-327）」.

有意味的是，陳之邁在他所勾勒的Lilyan的傳略點滴裡，只提到了她先前跟Charles Foo那一段婚姻，完全沒提及她二十歲出頭那一段為時更短的婚姻。難不成他根本就不知道Lilyan第一段的婚姻？

在方恩綬寫了一九五五年三月六日那封所謂的黎憲初的遺願的信五個月以後，陳之邁在八月十九日寫信告訴方恩綬，說他就要到馬尼拉去擔任駐菲律賓大使了：

> 有關我去馬尼拉的想法，是去年秋天外交部長葉〔公超〕來美國的時候第一次跟我談起的。我當時就同意接受起這個艱鉅的職位。之所以會拖到今天的原因，完全是因為要找一個能接替我在華盛頓的工作的人。我一直到今天上午才接到沈昌煥副部長的通知，要我準備上任。如果一切都按照計畫進行，我十月就會在馬尼拉了。[73]

陳之邁說得不錯，葉公超確實是在前一年就已經告訴他要派他擔任駐菲律賓大使的。他在一九五四年九月二十七日的札記裡記下了葉公超對他說的話：

> 今天葉公超對我說，我在美已十年。人才不宜通々集中美國，況且外交是有等級的，我也不應老當專員。他說他有意任我為駐菲大使，於聯大閉幕後赴任。[74]

在陳之邁寫信給方恩綬前一天的札記裡，他自己就已經用英文寫下他確定知道要出任駐菲律賓大使時的心境：

> 這個消息在家裡造成了一陣極大的騷動（a great deal of commotion）。我們離開以前有不計其數的事情需要做，而且是要立時去做。然而，在美國待了十一年以後，我們家裡的每一個人都渴望換個環境（eager to have a

change）。馬尼拉就是一個極有意味、極具挑戰性的職位。我從政以來，從來沒有當過一個部門的頭頭。我一直肩負著重任，可是從來就不曾當過「主管」（"boss"）。我希望這是一個能讓我一展身手的機會。[75]

陳之邁這一段話難免招來言不由衷之譏。任何人，不只是外交人員，都會以駐在美國，或至少是北美，為美缺，為第一選項。他在一九五二年前後幾乎被流放到外交圈邊疆化外、遠在南半球的阿根廷的故事就是一個最好的例子。當時的陳之邁捲進了「中國遊說團」的醜聞，遭受參院調查，把他留在美國不但對蔣介石政權不利，反而有害。此外，還有來自於外交部內部的因素，亦即，有人想要爭取外放的機會，覬覦陳之邁的位子，想要取而代之。那個人，孔令傑說是沈昌煥。事實上，何止是別人眼紅，連陳之邁自己以及他的好友也都以駐美為上上選。因此，周宏濤在得知陳之邁可能被流放的危機消弭了以後，特別從台北打電報告訴他：「使阿（根廷）事決定緩辦，請釋念。」如果出使阿根廷、巴拿馬形同流放，出使菲律賓難道不是等而下之嗎？

事實上，陳之邁八月十九日記的札記裡的一段話，在語氣上突兀的轉折，無意間洩露了他言不由衷的事實。他說他要被調到菲律賓去當大使的「消息在家裡造成了一陣極大的騷動。」"commotion"這個字是一個負面的名詞，是「騷動」、「混亂」、「喧嘩」、「擾攘」的意思。換句話說，陳之邁被從美國調往位於東南亞的菲律賓，對Lilyan、Kitty、Bobby來說，無異於晴天霹靂。然而，陳之邁馬上把大事化小，把那「一陣極大的騷動」，解釋成那是因為：「我們離開以前有不計其數的事情需要做，而且是要立時去做。」接著，他再作了一個在語氣上極為突兀的轉折：「然而，在美國待了十一年以後，我們家裡的每一個人都渴望換個環境。」

73 Chen Chih-mai to Eddie Fang, August 19, 1955,「陳之邁檔案：1955年資料卷（062-01-02-026）」.
74 Chen Chih-mai's note, September 27, 1954,「陳之邁檔案：1954年資料卷（062-01-02-024）」.
75 Chen Chih-mai's note reflecting on his being appointed Ambassador to the Philippines, August 18, 1955,「陳之邁檔案：1955年資料卷（062-01-02-026）」.

陳之邁不只是言不由衷，他還把自己的話硬派成是全家人都說的。「在美國待了十一年以後，我們家裡的每一個人都渴望換個環境。」這句話如果說的是他自己，外人無可置喙。他自己在美國待了十一年以後，也許是累了、膩了、甚至是怕了，想換個環境。然而，更可能的是，他所謂的「渴望換個環境」，其實是為自己被流放邊疆化外找個下台階，只不過是一種心理學上所說的「合理化」（rationalization）的防衛機制。他如何說自己都可以，因為他說的是自己。

然而，他怎麼知道他的女兒跟兒子會想換個環境？陳歌，或者毋寧稱呼她為Kitty，是一九三九年出生的；陳歆，或者毋寧稱呼他為Bobby，是一九四一年生的。在一九五五年他們的父親要赴菲律賓出任大使的時候，Kitty十六歲，Bobby十四歲，都是青少年了。無論是在美國或者其它國家，他們都已經是到了最不喜歡離開他們的朋友圈的年紀。他們雖然在中國出生，但他們到美國的時候，Kitty才五歲，Bobby才三歲。到了一九五五年的時候，他們誠然跟陳之邁一樣，都是來美國十一年了。對陳之邁自己來說，他大可以說他在美國「待了」十一年了。然而，對Kitty和Bobby來說，美國並不是他們「待了」十一年的「外國」，而是他們「長於斯」、唯一能認同的國家。換句話說，他們是美國人。所謂「換個環境」也者，根本就不在他們所思所想的世界裡。

如果對Kitty和Bobby來說，美國是他們「長於斯」的國家，對出生在華盛頓的Lilyan來說，美國是她「生於斯」的國家。我們怎麼知道她跟陳之邁一樣，也「渴望換個環境」呢？Lilyan雖然有中文名字，在台灣駐聯合國代表團辦公室擔任蔣廷黻的秘書多年，也許中文說得不錯，甚至也許還看得懂中文，但她是道道地地的美國人。對她而言，離開美國絕對不是「換個」環境，而是如何去「適應」新的環境的問題。有關這點，陳之邁自己心知肚明。到了一九七五年，Lilyan已經離開美國滿二十年了。她雖然跟隨著陳之邁歷任菲律賓、澳大利亞、日本、教廷的大使，但她還是一個道地的美國人。陳之邁在該年八月八日在羅馬所寫的一則日記就道出了問題的癥結：「荷因總不能適應中國式場合。應酬使她煩惱疲倦。將來回國退休，是一大問題。」[76]

陳之邁在跟Lilyan結婚以後，有關她的資料就不多了。這點不意外，除了少數的例外以外，住在一起的夫妻已經沒有寫信的必要了。陳之邁在一九五五年離開美國以後的日記是留下來了，現在保存在中研院近史所的檔案館。由於陳之邁晚年說他當外交官最快樂的日子是在澳大利亞的七年，從一九五九年到一九六六年，當年的澳大利亞有白澳政策，也許他在澳大利亞的日記會有在英語世界裡比較自在的Lilyan的點滴，但那已經不在本書討論的範圍。

陳之邁晚年的日記有幾則提到Lilyan的地方。比如說，他一九七五年的日記，除了在前一段裡所提到的「荷因總不能適應中國式場合。應酬使她煩惱疲倦」以外，還有三月二十日一則：

Bosotto來，一片悲觀，前途茫々，幾無一如意事了，怎麼得了！荷因的情緒亦差，家事煩惱。六年太久了，諸事厭煩。我亦如此。

十二月二十三日也頗有意味：

8:35PM歌兒與弦孫到X。偕荷因到車站接她們。能在聖誕期中團聚，含飴弄孫，是人生一樂。荷因的情感自然不同，我得謹慎小心。歌兒現與Britten Dean不睦，或將離婚。但我不喜歡Britten，離婚也罷。這種事做父親的以少干涉為宜。

76 1975年8月8日日記，「陳之邁檔案：1975年日記卷（062-01-01-012）」.

對陳之邁而言，歌兒與弦孫在聖誕期間來訪，「含飴弄孫，是人生一樂。」然而，Kitty並不是Lilyan生的，「荷因的情感自然不同，我得謹慎小心。」

陳之邁在一九七八年獲准辭去駐教廷大使的職位，在一月二十五日跟Lilyan到台北退休。他在他人生最後一年的日記裡有幾則提到了Lilyan，頗能反映出她的個性以及他倆在晚年的相處模式。

一月三十一日

荷因天々出去看房子。我一任她選擇。這裡的公寓很貴，須一百六十萬左右。我只要一張床、一張書桌、一個書架而已。現在尚無合適者。

三月五日

魏宗鐸（中國商業銀行董事長）請荷因打球去了。賸了我一個人在家。看々報，上午就過去了。回國一個多月，心緒仍未穩定下來。不能適應新的環境，身體感覺疲倦。一天一晚，睡眠時間特多。又慮健康不良，將來成為殘廢。思之思之，不得安寧。老境是令人恐懼的。

三月二十七日

9:00am到三軍醫院訪李有柄（？）。他要我去照X光，驗血等々。我的腿病，他頗悲觀。血管閉塞已至腿間。大約總有一天我完全不能行動，真是可怕之極。老年無可戀者，長命未必是福。但願不成殘廢，連累荷因而已。

五月二十三日

Roma〔羅馬〕運來的行李及汽車。種種手續之麻煩，難以想像。今天荷因去跑了一個上午。遠至倉庫，大發脾氣。真也難怪她。

七月三十日

荷因要求太苛，常發脾氣。天氣又熱至三十五度，無交通工具。

八月三日

荷因仍然天天到新居，忙得不可開交。好在她很健康。她做事有一套，特別麻煩，別人幫不上忙。其實我亦無此精力了。

八月十七日

搬家！新居尚未完全修好，不過可以住了。地址為逸仙路二十六巷七號十二樓。房子不大，但是荷因設計的。廿幾年來，第一次又有自備〔？〕住處，今後生活應當安定些。

晚年的陳之邁已經不再用Lilyan來稱呼他的伴侶了，而總是用她的中文名字荷因來稱呼她。陳之邁不但人老了，他的心境更老了。她不再是他眼中的Lilyan，羅曼蒂克也不再。

結論

一九五五年陳之邁被任命為駐菲律賓大使的時候，他才四十七歲，正是他的壯年，等於才是他人生的開始。然而，既悲劇也諷刺的是，他人生的開始，也是他一生的巔峰的結束。美國不只是全世界主要的外交戰場，更可以說是唯一值得折衝樽俎，或者說，折衝樽俎的結果才真正算數的外交戰場。葉公超說：「人才不宜通々集中美國。」這句話固然說得不錯，但試問：世界上有幾個國家即使不將所有人才「通々集中美國」，敢不把其外交菁英集中在美國？

對陳之邁個人而言，作為冷戰鬥士、蔣介石的反共尖兵的他，在離開了冷戰主戰場的美國以後，他就等於是英雄無用武之地了。對國民黨政權而言，那就意味著陳之邁的利用價值已經沒有了。「狡兔死，走狗烹」那句從前講究權謀駕馭之術的人所愛說的話，用在陳之邁身上真是在適切也不過了。他們那一小撮在蔣介石一九四九年一月底「下野」以後，違反了憲政體制，繞過李宗仁，私下向蔣介石報告、執行任務的「『公』字輩」的「六人幫」——周宏濤、俞國華、李惟果、陳之邁、皮宗敢、毛邦初——已經形同解散。周宏濤是蔣介石心腹，機要室主任，雖然時負秘密任務赴美，人常駐台灣。毛邦初已經早在一九五一年叛逃，在墨西哥享受他豪華的監獄生活：有僕佣、廚子、還有美國情婦每個星期到監獄跟他行房。皮宗敢也已經在一九五二年八月在美國參院「中國遊說團」調查的壓力之下而被調回台灣了。俞國華有蔣介石的「掌櫃」之稱，在一九五五年離開美國到台灣接掌中央信託局。陳之邁是最後一個，在該年十月被調到菲律賓出任大使。

陳之邁到菲律賓出任大使，從職別上來看是高昇，從駐美大使館參事兼公使銜　任為大使。然而，從在外交戰略地位上位居核心的美國，從人人皆謂為美缺的美國，調到外交戰略地位邊緣的菲律賓，即使貴為大使，形同流放。

陳之邁可以引以為慰的，是他至少沒有淪落到「走狗烹」的地步。從某個角度來說，他被調離美國以後二十三年的榮華的大使生涯，是一種酬庸，酬庸他作為黨工在美國為蔣介石效勞的十一年。在菲律賓的四年，從一九五五年到一九五九年，陳之邁唯一還能有用武之地的，是他的英文，因為英文是菲律賓的官方語言之一。

一九五九年，陳之邁被調任為駐澳大利亞大使。在澳大利亞的七年，不只是讓喜歡生活在英語世界裡的Lilyan過得愉快，用陳之邁自己在過世那年所寫的一則日記裡的話來說：「一生最快樂的是Australia〔澳大利亞〕的七年。」[1]從這個意義來說，在陳之邁二十三年的大使生涯裡，最具有酬庸意義的，就是他駐澳大利亞的七年。

澳大利亞以後，陳之邁在一九六六年被調任為駐日大使。從一九六六年到一九六九年，這駐日大使的三年，對不懂日文、不懂日本、又一輩子仇日的他，是極具嘲諷意義的。用陳之邁一九七五年九月十八日在羅馬擔任駐教廷大使時所寫的一則日記裡的話來說，倍感諷刺：

> 「九一八」四十四週年。我是約莫在那個時候進入社會的。四十四年了。我並且做了駐日大使，和日本人講敦睦外交。百感交集，不知從何說起也。[2]

蔣介石政權毫無章法的舉措所在多有。派任不懂日文、不懂日本、又仇日的陳之邁為駐日大使就是一個典型的例子。不過，如果一個人不能與時俱進，腦袋又僵化，即使懂日文，甚至早年留學日本，也不是派赴日本

1 1978年8月10日日記，「陳之邁檔案：1978年日記卷（062-01-01-015）」.
2 1975年9月18日日記，「陳之邁檔案：1975年日記卷（062-01-01-012）」.

從事親善工作的適切人選。陳之邁回憶他擔任駐日大使時，所謂的「知日派」的張群訪問日本的一件小故事就是一個最好的例子：

一九六七年十月

張岳君以顧問身分到日本參加「中日合作策進會」年會。是時大陸正在進行文革，如火如荼。日本朝野備極注意。《每日新聞》總編輯田中香苗安排節目請張講大陸文革情況，張請陳建中代講。張要講「六十年來的中日關係」。田中不要，懇談會取消。「後來在另外一個場合」，張群還是講了那個題目。「聽者不耐煩，紛々離席。張所講的均是老生常談，實無精彩。我聽的也覺索然無味也。」[3]

當了三年的駐日大使以後，陳之邁在一九六九年被調任為駐教廷大使，一直到他在一九七八年一月奉准退休離任，為時八年。

教廷大使的職位是一個閒差。用陳之邁自己的話來說，是一個「無干重要」的外交崗位。他說這句話是在一九七五年二月八日。當時，誰都知道中美建交在即。當年十二月，美國總統福特（Gerald Ford）就要訪問北京，更顯示出建交只是時間的問題而已。陳之邁在當天的日記裡說：

台北應有心理準備。賴美主義應 scale down〔調降〕了。教廷怎樣？就難說了，反正無干重要也。

教廷大使不但是一個「無干重要」的外交崗位，陳之邁而且也知道那就是他外交生涯的最後一站，接下去就是退休了。

這種意識到自己已經是走到人生最後的一程，而這最後的一程又是一個閒差的感覺，最是會讓人意氣消沈、心灰意懶的。陳之邁是在一九六九年七月二十二日向教宗呈遞國書的。很快地，他就開始滋生自己半輩子為人作嫁反共是所為何來的疑問。

> 一九七二年十月十日：
> 我在羅馬Hotel Columbus〔哥倫布酒店〕舉行國慶酒會，到的客人特別踴躍，超過往年。
> 陸軍總司令于豪章上將訪Spain〔西班牙〕，10/15道出Roma〔羅馬〕，我對他說此事，並謂：我在招待客人。大家都說幾句同情的話。
> 神職人說：「我為你的國家祈禱」、「上帝保佑你的國家」。
> 普通人說：「我們對你的國家的境遇，十分同情。」
> John Cabot Lodge〔小亨利．洛奇〕說：「往年我未來，今年特別來。」
> 使我感覺，他們都是到醫院來「慰問」，並不是來同申慶祝，令人欲哭無淚。
> 于豪章居然聽懂了，但是「國策是不能變的！」[4]

一大半輩子身為黨工的陳之邁當然知道什麼是可以寫下來的，以及什麼是可以留下來的，才不致於會因文字而賈禍。然而，晚年的他已經給了自己較為寬鬆的尺度。因此，他才敢說那些來參加「雙十國慶」酒會的客人所說的話：「使我感覺，他們都是到醫院來『慰問』，並不是來同申慶祝，令人欲哭無淚。」他說得更大膽

3 1967年10月，「陳之邁檔案：札記與資料卷（062-01-08-074）」.
4 1972年10月10日，「陳之邁檔案：札記與資料卷（062-01-08-074）」.

的是：「于豪章居然聽懂了，但是『國策是不能變的！』」

他一九七五年一月六日的日記，就從根本懷疑了他在外交戰場上當了二十五年的反共尖兵的意義：

今天我想，轉任外交卅年，打了廿五年保衛戰。保衛戰有兩方面：（1）不使外國承認中共；（2）要駐在國在UN〔聯合國〕助我。這算是外交嗎？[5]

陳之邁所質疑的，已經不只是「打了廿五年」不承認中共、不讓中共進聯合國的「保衛戰」，「算是外交嗎？」他甚至有了他是否虛擲了他的一生的悔恨。他二月七日日記：

論中國文化，這〔Roma〕是一片沙漠。沒有人知道陶淵明是誰，沒有人體會我為先人遺作所費的一番心思。長此下去，豈不令人發狂！寫一信給劉紹唐，大發牢騷。人生完全受命運支配。放逐異域三十年。有人還認為我有福，官運亨通，一帆風順。其實苦惱正多。何況是望七之年，體弱氣衰，精神不振。國事身事又諸多拂逆，百不如意。現在唯一可以使我貪生的只是寫作。多寫些，總是好的。但寫了一生竟無一件傳世之作。有之只有《中國書法》一書而已。學力不夠是因為時間都浪費在累牘。忙了一輩子，而外交陷於孤立，所謂〔為〕何來？

「寫了一生竟無一件傳世之作……忙了一輩子，而外交陷於孤立，所謂〔為〕何來？」他越想越痛心、氣餒。於是在一九七五年二月八日的日記裡大發牢騷：

US在向承認之路走去。想來Ford〔福特總統〕今年訪平〔注：一九七五年十二月一—五日〕，就實現了。

> 方法是現狀的反面。承認中共，我設辦事處也沒有什麼了不起的。共同防禦條約本是廢紙。撤軍撤館又有何關係？廿五年之爭，快結束了，誰之過耶？台北應有心理準備。賴美主義應scale down〔調降〕了。教廷怎樣？就難說了，反正無干重要也。

這句「承認中共，我設辦事處也沒有什麼了不起的。」他的意思是「兩個中國」？還是「一個中華人民共和國；一個中華民國」？還是歸根結底等於是——他絕對不可能認同的——「一個中國；一個台灣」？最為大膽的，是「廿五年之爭，快結束了，誰之過耶？」這句話。毫無疑問地，他所謂的「廿五年之爭」，指的就是一九四九年。然而，「快結束了」是什麼意思？是指「內戰」就要結束了嗎？要怎麼「結束」呢？從上下文的語氣來看，顯然指的是在中國的共產黨會吃下在台灣的國民黨。

最有意味的，是「誰之過耶？」這個問句。從他從前作為冷戰鬥士、蔣介石的反共尖兵，把國民黨潰敗的原因全部都怪罪在馬歇爾、艾奇遜身上的一貫的論點來看，這句「誰之過耶？」所意味的應該是美國之過。然而，晚年鬥志全消、心灰意懶的他看法很可能完全不同了。試看他的前一句話：「承認中共，我設辦事處也沒有什麼了不起的。共同防禦條約本是廢紙。撤軍撤館又有何關係？」如果美國承認中共，把台灣降級「設辦事處也沒有什麼了不起」，難不成他這句「誰之過耶？」指的是早知如此何必當初的「國共內戰」？再推演之，難不成指的是如果美國早知如此，何必當初拒絕承認中共呢？

就在他驀然回首、醒悟到「一生竟無一件傳世之作」，虛擲一生為人作嫁作到頭來卻是徒勞無功的反共保衛戰的時候，晴天霹靂，蔣介石死了：

5 1975年1月6日日記，「陳之邁檔案：1975年日記卷（062-01-01-012）」。以下所徵引的1975年日記均出自此卷。

四月五日：

蔣總統於今天下午十一時五十分因心臟病逝世，享年八十八歲。這個悲痛的消息是在羅馬下午八時RAI-TV聽到的。當即抱頭痛哭……這幾年不利的消息太多，老人家情緒不佳。美日的背叛，越南高棉的崩潰，使老人家支持不住了。蔣總統之逝世是一個階段之結束，但他的睿智早有安排，多麼偉大！蔣總統之逝世也是我生命的一個段落，從一九三八到現在，三十七年了。今後展望茫茫，還撐下去嗎？

蔣介石之死，使得陳之邁覺得他已經沒有在國外繼續混下去的意義。四月十日日記：

我想走了，回台北渡晚年。蔣公死了，我已無效忠具體對象，何必在國外受苦、受欺？

鬥志全無、萬念俱灰的陳之邁於是提出了辭呈，等著脫離那嚼之無味、棄之可惜的教廷大使之職：

七月十八日：

退休之請，仍無消息，殊不耐煩。

當時，碰巧辜振甫一家到羅馬渡假。陳之邁告訴他他想到台北去退休的計畫。辜振甫給他的有關台北房產以及物價的資訊，讓他覺得可以放心地到台北去安享晚年：

七月九日：

我和振甫談台北退休計畫……一棟小公寓得須$50,000。先付20%，分期付款。每月花費二萬台幣，便很舒服。他可以為我安排，一切沒有問題。所言使我大為放心，不必求助於外交部或其他朋友。

只是，一個月以後，辭呈是否批准仍然渺無音信。

八月十日：

台北會准我退休嗎？退休之後又做些什麼？後者成算在心：再寫幾本書，了此一生。寫不成傳世之作，至少不是全無價值，也就於願已足了。

做了大半生外交官，而國家的外交到了一蹶不振之境。國破家亡，一生離亂。這是不足道的，亦非我所能控制的。如果有幾本書留下，也就是了。一生最快樂的是Australia〔澳大利亞〕的七年，也最有成績。外交工作成就已成泡影，留下的只有《中國書法》一書，或可流傳。

結果，陳之邁的辭呈居然被退回。失望之餘，他只好抱著當一天和尚撞一天鐘的心態撐下去。一直到一九七八年一月，他才獲准正式退休。

一月一日：

今年將是生命史上大轉變的一年。本月廿四日即將回國，結束三三年海外漂流生活，回國去定居了。

這是一個大轉變，吉凶未卜。且不去理會。[6]

有意味的是，左等右盼的退休一旦到來，卻難免讓他不勝惆悵：

一月二十日：
到使館辦公。最後一次了。雜事仍多，不勝依々。
九年在此辦公，令人實在滄海桑田之感。

一月二十三日是他跟Lilyan在羅馬的最後一天：「在Roma〔羅馬〕最後一天。一切都準備好了。」哪裡知道他一到台北，就處處不滿意，不但生活上如此，而且也有被「棄之如敝履」的感慨。更讓他預想不到的，是經濟上的壓力。也許辜振甫在羅馬告訴他的台北的物價與房價都與實際不符，或者是他去的地方、暫住的地方、以及所買的公寓都是頂級的：

一月二十五日：
抵台北。當晚宿自由之家，甚不滿意。決定明晨移居統一飯店。

一月二十七日：
到外交部。訪錢次長、胡司長、高代司長等。顧問每月只有9,000台幣，豈足生活？不知怎樣才好。
心緒殊為煩亂。

一月二十九日：

晚鑄秋請吃復興園。小吃，每人亦須US$10。可見台灣生活並不便宜也。今後如何生活？心緒亦頗不寧。四十年為政府服務，結果如此。只有唱高調，一身貢獻國家而已。

一月三十日：

11:00往訪沈昌煥。談了半小時，毫無內容，以後也不必再去了。雖非棄如敝履，也夠冷落的。

二月三日：

預定一所公寓，逸安大樓，在國父紀念館之旁，四十六坪，1,680,000。六月交屋。

二月十日：

陳公亮來，同去看房子。結果租定了華美聯合大廈7-I房間。租金NT19,900嫌貴些，但無他辦法。長住統一大飯店是不可能的。

有意味的是，陳之邁在一九七五年八月八日的日記裡說：「荷因總不能適應中國式場合。應酬使她煩惱疲倦。將來回國退休，是一大問題。」結果，在世界上許多地方住了三十四年的他，也有他不適應的時候。一九七八年三月五日日記：

6 1978年1月1日日記，「陳之邁檔案：1978年日記卷（062-01-01-015）」。以下所徵引的1978年日記均出自此卷。

魏宗鐸（中國商業銀行董事長）請荷因打球去了。賸了我一個人在家。看々報，上午就過去了。回國一個多月，心緒仍未穩定下來。不能適應新的環境，身體感覺疲倦。一天一晚，睡眠時間特多。又慮健康不良，將來成為殘廢。思之思之，不得安寧。老境是令人恐懼的。

四月二十二日日記：

晨晏起。與呂光夫人同到American Club〔美國俱樂部〕午飯。外國地方，一片寧靜，與中國餐館之一片喧鬧，另一世界。

在經濟的壓力之下，陳之邁不得不另找外快。一個是寫文章賺稿費。他在羅馬的時候就已經固定在《傳記文學》上發表文章了。寫文章除了有稿費以外，還說不定可以讓他有一些文字可以留下來。用他一九七五年二月七日在羅馬所寫的日記裡的話來說：「現在唯一可以使我貪生的只是寫作。多寫些，總是好的。」

二月一日：

劉紹唐來，送20,000元《傳記文學》稿費。

二月二日：

我在旅館裡開始寫專欄。第一炮要放得響，頗不容易也。姑且引教宗之言：「中華民國為真正的中國」予以發揮，希望寫得出一篇好文來。

除了寫文章賺稿費以外，他也接受了政大國際問題研究中心的工作：

二月二十一日：

下午蔡維屏邀往木柵國際問題研究中心。他要我任特約研究員及國際關係組召集人。我願幫忙，但不能受約束。只拿車馬費，每月2,000，有小汽車接送。稿費每年20,000寫一兩篇文字，還未完全講定。

二月二十五日：

國際問題研究中心的聘書來了。大約非接受不可。既不能常去，報酬甚薄，無可奈何也。

二月二十六日：

來台已一個月，迄感nervous〔焦慮不安〕。不能安定下來，也不能徹底休息。這是因為生活尚不能安定。同時收入太少，實不足以糊口。總仍得為生活打算，而無路可走，奈何々々。

最有意味的是，由於陳之邁一九三〇年代在《獨立評論》發表過文章，在當時一些嚮往政治自由的台灣年輕人的眼裡，他是在其自由主義光環的餘暉下最後的一位。他們不了解陳之邁當時所楬櫫的，是「黨外無黨」、一黨專政的政治哲學，更不知道他後來成為呼喊三民主義萬歲的國民黨黨工。他三月十日的日記：

陳宏正，台灣紡織界人士，熱心文化事業，鼓勵青年。他早與我同〔通〕信，要我寫胡適傳。又為「仙人掌出版社」請我寫有關《獨立評論》的文字。我不知道他的底細，但何必擔心？

今晚他約了許多年青的出版界人士與我共餐。其中有「仙人掌」、「雄獅」、「遠景」等々。大家都有許多意見。

這批青年是對黨與政府不滿的。他們爭的是放寬新聞自由的尺度。政府實在管得太嚴了。《獨立評論》即不能翻印，因為有翁文灝〔注：一九五一年回中國，被國民黨視為投匪份子〕的文章。結果只能出《選集》，共六冊。

「我不知道他的底細，但何必擔心？」其所反映的，是黨工原始的本能反射（primitive reflex）：只要不是朋友，就假定是敵人，或至少是來臥底的。

黨工是人類裡的「驚弓之鳥」。當鬥爭成為其第二天性以後，他們永遠是戰戰兢兢的，唯恐朋友會背叛他們，唯恐誤觸其所效忠的領袖之逆鱗。因此，他們總是處處提防，事事報備。有關後者，最可笑、也最令人不齒的，是陳之邁為了是否把他從前所著的《中國政府》翻成英文作為美國大學教材，並以之作為反駁錢端升的《中國政府與政治》一書對國民黨的批評，而向王世杰請示的一件事。他在一九五三年七月二日寫信給王世杰：

美國各大學「比較憲法」、「比較政府」課程，雖一般注意歐洲法制，對於遠東各國亦多涉及。關於中國部分，各大學所用者為錢端升所著之*Chinese Government and Politics*〔《中國政府與政治》〕。其中對於我政府頗多批評，在宣傳上殊有不利。近有人來說，以晚從前曾寫有《中國政府》三冊，且曾在清華、北大、及中政校教授此課。囑考慮是否可用前教授名義，寫一描述中國政制之教材。因付印需時一年，可改用油印，以備各大學參考。晚經考慮，認為有下列數項問題，尚須斟酌：

一、晚現為外交官吏，是否應從事寫作？用前教授名義是否適宜？

二、描述我國法制，固當以現行憲法為主，但如不同時描述共黨偽政權之政制，外人必認為不完全。以晚現在之地位，是否適宜描述匪偽政制，頗成疑問。且此為學術性的著作，自不應有政治意見之表示。但如

> 對匪偽政權不作批評，在晚之地位及良心上亦多不安。鈞長為我國政治學界之耆宿，敢以此事奉陳，究應如何取捨。亟乞賜予指示，俾有遵循。無任感禱。[7]

毫不意外地，王世杰建議他不要為之：

> 七月二日惠書及附件均誦悉。《今日台灣》已另如囑由平郵補寄卅冊，關於印行《中國政府》一節，鄙意與尊見所疑慮者略同。承詢特復，仍請察酌為盼。[8]

無獨有偶，就在陳之邁請示王世杰是否把他的《中國政府》一書翻成英文的前一年，亦即，一九五二年，胡適也請葉公超、王世杰等人請示蔣介石，問他是否可以接受牛津大學講座教授的提名。我在《舍我其誰：胡適，第四部，國師策士，1932-1962》裡分析了這件事。當時，胡適都已經去信英國牛津大學的漢學家德效騫（Homer Dubs），說他願意接受提名為牛津大學的「史伯鼎東方哲學宗教講座教授」（Spalding Professorship of Eastern Philosophies & Religions）的候選人了。然而，胡適答應了以後卻又後悔了，因為「英國政府已承認了中國共產黨的政權，故我曾很感覺遲疑。」他於是寫信給葉公超，請他同王世杰、羅家倫商量。同時強調說：「如必要時，可問總統蔣公的意見。」

毫不意外地，胡適在九月十一日日記記：「今天得葉公超從台灣打來的電話，說Oxford的事，他個人贊成我去。但王雪艇、羅志希都不贊成我去。蔣公也不贊成。」他並且在次日日記：「今天得雪艇電：George

7 陳之邁致王世杰，1953年7月2日，「陳之邁檔案：王世杰卷（062-01-07-014）」.
8 王世杰致陳之邁，1953年7月13日，「陳之邁檔案：王世杰卷（062-01-07-014）」.

showed me your letter which I have discussed with Lo and Chiang. We all urge you to decline offer〔葉公超給我看您的信。我跟羅家倫、蔣介石討論過。我們都敦促您婉拒〕。」胡適立刻在次日去信婉拒提名。

陳之邁是黨工，胡適不是。然而，對於是否可以考慮去當時已經承認中共政權的英國任教，他仍然覺得有請示蔣介石的必要。在威權政治之下，沒有所謂的學術的歸學術，政治的歸政治這回事，也就昭然若揭了。

陳之邁在羅馬的時候，在日記裡誠然說了一些黨工不太可能敢說的話。比如說，他質疑「打了廿五年」不承認中共、不讓中共進聯合國的「保衛戰」，「算是外交嗎」？又比如他寫到美國福特總統要訪問中國就意味著美國承認中國在即。他反問說：「承認中共，我設辦事處也沒有什麼了不起的。」更大膽的是：「共同防禦條約本是廢紙。撤軍撤館又有何關係？廿五年之爭，快結束了，誰之過耶？」

然而，這並不表示黨工的他已經醒悟了。就像他在羅馬電視上看到蔣介石死了的消息以後「抱頭痛哭」、「蔣公死了，我已無效忠具體對象」的心態所顯示的，他一朝為黨工，終生為黨工，至死不渝。

在抱頭痛哭蔣介石之死之餘，他說：「蔣總統之逝世是一個階段之結束，但他的睿智早有安排，多麼偉大！」一個多月以後，他說：

> 蔣經國任中央主席等事。自然沒有反對的言論，一致擁護。處在這個時代，要有領導。純民主國家那一套已不能應付敵人。US的矛盾是既要自由又要領導，結果弄得向越共投降。希望中國在這個矛盾中知所自處。[9]

他不但認為蔣介石把總統的職位私相授受，用父傳子的方式傳給蔣經國的安排是「睿智」、「偉大」的，他而且認為那是必要的：「處在這個時代，要有領導。」美國的民主制度的問題，他認為是一種「既要自由又要領導」的矛盾。其結果是「向越共投降」。所以他會下結論說：「希望中國在這個矛盾中知所自處。」

台灣可以從美國的矛盾所造成的苦果中汲取教訓，顯然就意味著台灣的威權體制不但是必要的，而且是優越的，所以他才會在七月十六日的日記裡說：

> *Newsweek*〔《新聞週刊》〕說蔣經國 "personality cult"〔搞個人崇拜〕。誠然如此，有何不可？不過不宜太過火耳。如《嘉言錄》等則大可不必。總不該與毛澤東一般見識也。[10]

他在日記裡可以私下質疑「打了廿五年」徒勞無功的反共「保衛戰」，但要他筆之於書、見諸報端，則是黨工打死也不敢為的。他在該年十月十五日日記裡記：

> 劉紹唐來信，盼寫有關蔣公之文。但事均屬機密，確無從著筆。這是很可惜的，但此非其時。我可以說，紀念蔣公之文，無一可看者。我也許寫得出點東西，而不能寫。真寫出來，也許闖禍，奈何々々。[11]

如果人在羅馬的他已經如此謹慎，更何況是人都到了台北準備養老以終的他。他二月十四日日記：「第十二屆二中全會開幕……蔣經國的開幕詞，沒有新的內容。」[12]

三月四日日記：

---

9 1975年5月13日日記，「陳之邁檔案：1975年日記卷（062-01-01-012）」.
10 陳之邁日記，1975年7月16日，「陳之邁檔案：1975年日記（062-01-01-012）」.
11 陳之邁日記，1975年10月15日，「陳之邁檔案：1975年日記（062-01-01-012）」.
12 陳之邁日記，1978年2月14日，「陳之邁檔案：1978年日記（062-01-01-012）」.

自2/26以來國民大會第一屆第六次會議開幕。政府各首長即分別作報告。接著又有立法院開會，各首長亦作報告。這是民主憲政的裝飾品。蔣經國、謝東閔更分別請客「拜託」，但因大勢入選已定，提不起興趣來。所謂「政治季節」要到5/20新總統、副總統就職才能告一段落。這些都是表面文章，但亦非做不可耳。[13]

陳之邁可以成為一個傑出的政治學者，但是他選擇學而優則仕的結果是淪為黨工。這個選擇決定了他一生所走的道路。他為蔣介石效忠，先是在重慶工作七年，然後再為蔣介石在美國作宣傳、遊說的工作十一年。這十八年，特別是在美國的十一年，為了忠君只問目的、不擇手段的努力，為他換來了二十三年榮華的大使生涯的酬庸。從他們家求取功名、做官的祖業、以及他自己一輩子企求學而優則仕的角度來看，這是再圓滿也不過的完結篇了。然而，這個學而優則仕的圓滿結局是他用一大半輩子作為黨工的代價所換取來的。

一九七八年大使卸任跟Lilyan搬到台北退休的他，眼看著台北的物價遠比他想像中的高，擔心他是否能有一個舒適的晚年，他慨嘆：「四十年為政府服務，結果如此。只有唱高調，一身貢獻國家而已。」到了台北五天以後，他去拜見了外交部長沈昌煥：「談了半小時，毫無內容，以後也不必再去了。雖非棄如敝屣，也夠冷落的。」

陳之邁固然是實現了他學而優則仕的夙願，而且得享其果實，得以作為榮華富貴的大使以終。然而，晚年回顧他自己的一生，對他為學而優則仕所付出的代價真的是一點遺憾都沒有嗎？他一九七五年在羅馬的一則日記最是感慨萬千：「做了大半生外交官，而國家的外交到了一蹶不振之境。國破家亡，一生離亂。」

然而，最讓他引以為憾的，是他為學而優則仕所付出的代價：「寫了一生竟無一件傳世之作。」

13 陳之邁日記，1978年3月4日，「陳之邁檔案：1978年日記（062-01-01-012）」.

陳之邁：學而優則仕的誘惑與代價

作　　者　江勇振
總 編 輯　龐君豪
責任編輯　歐陽瑩
封面設計　可樂、楊國長
排　　版　楊國長

發 行 人　曾大福
出　　版　暖暖書屋文化事業股份有限公司
地　　址　台北市大安區青田街 5 巷 13 號 1 樓
電　　話　02-23916380　傳真　02-23911186
總 經 銷　聯合發行股份有限公司
地址　231 新北市新店區寶橋路 235 巷 6 弄 6 號 2 樓
電話　02-29178022　傳真　02-29158614

印　　製　博創印藝文化事業有限公司
出版日期　2025 年 8（初版一刷）
定　　價　550 元

國家圖書館出版品預行編目 (CIP) 資料

陳之邁 學而優則仕的誘惑與代價 / 江勇振著 . -- 初版 . -- 臺北市 : 暖暖書屋文化事業股份有限公司 , 2025.08, 416 面 ; 16×23 公分
ISBN 978-626-7457-40-5(平裝)

1.CST: 陳之邁 2.CST: 傳記

783.3886　　114007056

有著作權　翻印必究（缺頁或破損，請寄回更換）